中国社会科学院老年学者文库

西安事变发生在中华民族面临危亡之际，国共两党生死决斗之时，言战易而谈和难。双方诉诸武力，两败俱伤，外敌乘虚而入，国将不国；一方复仇，审蒋谋蒋，尤为愚蠢，终遭唾弃。唯省委协力让，求同存异，共赴国难，全力御侮，才是最上上策。

经张杨、中共、宋氏兄妹，以及苏俄共产国际等多方合力，促成西安事变的和平解决，而张学良之功居首。由此，国共内战渐归停止，对日抗战终开其端。国共两党重又一次对立党派实现政治妥协而载诸青史的范例。

李义彬先生自一九七0年代末参修《中国新民主革命通史》起，即开始研究西安事变，已近四十春秋。《西安事变史略》一卷，史料确凿，叙事真实，议论平允，全书踏实之论，尤注重历史细节，是近年西安事变史研究的最新成果。

陈铮健 二0一六年四月九日海南五指山舍

A BRIEF HISTORY OF THE XI'AN INCIDENT

李义彬 著

西安事变史略

社会科学文献出版社
SOCIAL SCIENCES ACADEMIC PRESS (CHINA)

目　　录

引　言

　　光阴荏苒，斗转星移，张学良、杨虎城两位爱国将军发动的西安事变已经过去 80 个春秋。随着时光的流逝，历史的变迁，以及与此事件相关的历史资料的大量发掘，人们对这次事变的认识更加清楚，对其伟大的历史意义和深远影响，有了更加深刻的理解。

　　西安事变发生在 1936 年 12 月 12 日，有其偶然性；但它有深刻的历史根源，它是 20 世纪 30 年代中国历史发展的必然产物，是当时中国社会错综复杂的诸多矛盾发展的必然结果。

　　近一百多年来，中华民族外患频仍，灾难深重。到了 20 世纪 30 年代，更面临着亡国灭种的危险。

　　19 世纪 80 年代以前，中国面对的外来侵略者主要是以英国为首的西方列强。19 世纪 80 年代以后，与我们只有一水之隔的日本取而代之，成为侵略中国的急先锋。

　　日本早就觊觎中国，首要目标是富饶的东北地区。辽宁、吉林、黑龙江这三省地域辽阔，其面积是日本本土的两倍以上，人口 3000 万，盛产粮食、煤炭、钢铁等战略物资。这里与日本当时的殖民地朝鲜山水相连，可与日本连成一片。1929 年开始的世界经济危机，迅速波及日本。与 1929 年相比，1931 年日本的工业总产值下降 1/3，对外贸易减少近半，国际收支出现巨额赤字，黄金源源外流。与此同时，严重的农业危机相伴而来，1931 年粮食丰收，米价大幅下跌，农民负债累累。经济危机促使日本国内阶级矛盾激化。

　　为了摆脱如此严重的经济危机和政治危机，日本军部和一些军国主义分子极力鼓噪加快侵华步伐。九一八事变就是在这样的背景下发生的。早在 20 世纪初，日本就把侵略的触角伸入东北。它在日俄战争中击败俄国，把辽东半岛、南满铁路攫为己有，并在铁路沿线驻扎军队。1931 年它发动九一八事变，仅用一星期时间，就侵占了中国东北的 30 座城市，辽宁、吉林两省宣告陷落。不久，日军就侵占了整个东北三省，110 万平方公里的国土沦为日本帝国主义的殖民地，3000 万同胞被踏在日寇的铁蹄之下。

然而，贪婪的日本侵略者并不以占领东三省为满足，接着又染指热河。当时热河的工农业生产比较落后，没有多大的经济价值；但它位于辽宁与察哈尔之间，是东北通向内地和察哈尔的重要通道，还可连接外蒙古和苏联，是军事上和政治上的一个重要屏障和缓冲地带。日军占据热河，既可巩固其在东北的殖民统治，又为其进犯华北提供了一个桥头堡。

1933 年 1 月，热河陷落，河北和察哈尔危在旦夕。同年 5 月，南京国民政府与日方签订《塘沽停战协定》。这个协定实际上承认了长城一线为日军占领线，也等于认可日本对中国东北地区的非法占领。至此，华北门户洞开，已处于日军刺刀的直接威胁之下。

中华民族有着反抗外来侵略、捍卫国家独立和维护民族尊严的光荣传统，在华北危机到达极点、国家濒临灭亡的紧要关头，中国人民高声呐喊："起来，不愿做奴隶的人们！用我们的血肉，筑成我们新的长城！"首先行动起来挽危救亡的是北平的青年学生。

北平的青年学生具有爱国的光荣传统。每当国家遭遇危难，他们都挺身而出，站在救国运动的第一线。20 世纪初第一次世界大战结束，列强要瓜分中国，日本向袁世凯提出了旨在灭亡中国的"二十一条"，北平学生掀起了五四爱国运动；日本帝国主义侵占东北后，又将侵略魔爪伸向华北，北平学生身处国防第一线，切身感受到亡国的危险。1935 年 12 月 9 日，伟大的爱国救亡运动在古都北平爆发了。北平学生喊出的反对日本侵略、反对"华北自治"和"停止内战，一致抗日"的口号，反映了当时全国人民的心声。"一二·九"点燃的星星之火，迅速形成燎原之势，一场全国规模的抗日救亡运动在神州大地蓬勃兴起！

进入 1936 年，日本帝国主义对中国的侵略不断升级，它在继续策动华北五省"自治"的同时，大量增兵华北，准备发动全面侵华战争；而南京政府却继续坚持"攘外必先安内"的政策，集中全力进行"剿共"内战，压制人民的反日爱国运动。政府不抗日，又不允许群众抗日，那么就迫切需要全国各地分散的救国力量联合起来，承担起挽危救亡的使命。1936 年 3 月 28 日，全国 16 个城市的学生代表在上海集会，成立中国学生救国联合会筹备会。他们把促进全国救国力量的大团结视为己任，立即派代表分赴华北、华中、华南各地，与当地的学生组织和救亡团体联系，请他们派代表到上海出席全国学联成立会和全国各界救国联合会成立大会。

　　就在日本帝国主义准备发动全面侵华战争、中华民族面临生死危亡的时刻，中共中央率领中央红军经过万里长征到达了陕甘地区，高高举起了抗日救亡的旗帜。1935 年 12 月召开的政治局瓦窑堡会议，决定在政治上放弃关门主义，实行抗日民族统一战线政策，以组织浩浩荡荡的抗日大军；关于军事战略方针，决定"要以坚决的民族革命战争，反抗日本帝国主义的侵略，把国内战争与民族战争结合起来"，红军抓紧准备渡河东征，"准备直接对日作战"。[①] 中共地下党组织为加强对国民党统治区群众救亡运动的领导，成立中共江苏省临时委员会，由邓洁任书记，胡乔木、王翰、钱俊瑞等为委员，主要负责救国会的工作。

　　经过两个多月的筹备，1936 年 5 月 31 日至 6 月 1 日，全国各界救国联合会成立大会在上海举行。救国会是一个带有爱国统一战线性质的半公开的群众团体。入会者没有严格限制，只要不是汉奸卖国贼，主张抗日救国的人就可参加。全国各界救国联合会的成立，使分散的爱国力量开始汇合成浩浩荡荡的救亡大军，推动着抗日救亡运动继续向纵深发展。震惊中外的西安事变，就是在红军长征胜利到达陕甘、全国抗日救亡运动的推动和影响下爆发的。张学良、杨虎城两位爱国将军在国家危难时刻，不顾个人生死和毁誉，毅然发动"兵谏"，迫使蒋介石南京政府放弃了"攘外必先安内"的误国政策，改变了近代中国历史的前进方向，国内时局发生了根本转变：和平代替了内战，团结代替了分裂，出现了全民抗日的新局面。

---

① 中共中央文献研究室编《毛泽东年谱》上卷，人民出版社、中央文献出版社，1993，第 497～498 页。

第一章　东北易帜

一　主政东北

　　1928 年前，张学良和蒋介石还处于敌对状态。蒋介石是国民党新军阀的代表，在英美帝国主义和江浙财团支持下，背叛了孙中山联俄、联共和扶助农工的三大政策，四一二政变后，在南京建立起与武汉国民政府相对立的政权。奉系军阀当时除控制东北、华北外，其势力范围一度扩展到江浙一带。1928 年蒋介石发动第二次北伐，主要是剑指当时势力最强的奉系军阀。

　　豪门出身的张学良，辽宁海城人，1901 年出生，是奉系军阀首领张作霖的长子。他从小接受封建传统思想熏陶，成年后又受到资产阶级思想影响。1919 年 7 月东北讲武堂毕业后，任奉天督军署营长，不久升任卫队旅团长，后又升任东三省巡阅使卫队旅旅长。不到一年时间，军阶由少校升至上校。1920 年 11 月，晋升陆军少将。1922 年 3 月，张作霖派兵入关，挑起第一次直奉战争。张学良在这次战争中开始崭露头角。他担任奉军东路第二梯队司令，在讲武堂读书时的战术教官郭松龄任副司令，指挥三、八旅及第四混成旅作战。当奉军败退时，他们率部退至山海关，顽强阻击追击的直军，遏止了直军的攻势，迫使双方停战议和。第一次直奉战争后，张学良任东三省陆军整理处参谋长，在郭松龄辅佐下整军经武。他们着力培养中下级军官，提高其军事素质；人事任免，坚持以学术能力、战功为准，逐步清除托人情、钻门路的恶习；实行军需独立，完善后勤制度；废除打骂士兵陋习；对士兵严格训练，强调实用。在东北地区雄厚经济实力的支撑下，经过两年整顿，奉军统一了编制，统一了制度，开始走向正规化，战斗力有了明显提高。此时，奉军号称拥兵 30 万，其中步兵旅 27 个，骑兵旅 5 个，还有成团建制的炮兵。此外，奉军还组建了国内堪称一流的空军和海军部队，1924 年从国外购买了 120 架新式飞机。

1924 年 9 月，张作霖为争夺北京政权，再次派兵入关，发动第二次直奉战争。作为奉军第三军军长的张学良，指挥一、三联军共 6 万人，从正面进攻山海关直军主力部队。正当直奉激烈交战时，直军第三路总司令冯玉祥发动北京政变，吴佩孚率少数部队回援北京，奉军乘机经热河、冷口，占领滦州，切断直军退路，促使直军动摇。吴佩孚见败局已定，遂由天津乘船南逃。

第二次直奉战争后，奉系入主北京。张学良被任命为京榆驻军司令，所部驻北京至山海关一线。1925 年 4 月，张任升陆军中将；同年 10 月，被任命为第三军团长，辖 3 个军，7 万余人，是奉军的主力。

1926 年 7 月，蒋介石统帅的国民革命军从广东出师北伐，迅速攻占湖南、江西两省，击溃了吴佩孚、孙传芳的主力。奉系军阀张作霖纠集和联合其他各派军阀抵抗国民革命军北伐。1926 年 11 月，张作霖任安国军总司令，发表"讨赤"宣言，与北伐军作战。1927 年 2 月，张学良等率奉军 6 个军进入河南，伺机进攻武汉。4 月 12 日蒋介石"清党"反共，背叛革命，宁汉分裂，武汉国民政府仍举着革命旗帜，继续北伐。在豫南地区，北伐军与奉军交火，结果北伐军以少胜多，以弱胜强，奉军撤退至黄河以北。

冯玉祥、阎锡山投蒋后，蒋介石发动第二次北伐。张作霖派张宗昌、褚玉璞守护津浦路，抵御蒋介石的进攻；派张学良、杨宇霆负责西线，展开对冯玉祥、阎锡山的进攻。5 月 1 日，蒋介石占领济南。5 月 3 日，日本制造济南惨案，屠杀中国军民 5000 人，阻止蒋介石北伐。

济南惨案前后，南北双方密使往还，讨论奉方和平退回关外，蒋军和平接收京津地区。开始，张作霖不愿和平交出京津地区，在张学良、杨宇霆的劝说、促进下，张作霖终于同意退出关内。1928 年 6 月 3 日他乘火车离开北平，当次日火车行至沈阳郊区皇姑屯时，被日本关东军埋设的炸药炸死。日本之所以要把张作霖置于死地，是因为他对日本并不是百依百顺，言听计从。日本炸死张作霖，想换一个完全听从他们摆布的新傀儡。

皇姑屯事件发生时，张学良正在北京处理撤军等善后事宜。惊悉其父张作霖在皇姑屯遭遇日军谋害后，力持镇静，5日赶到滦州，将军务交给杨宇霆。为避免其父亲的悲剧重演，他化装成普通士兵，随同卫队营于17日回到奉天。

对张作霖的逝世，东北当局一开始采取严格保密措施，直到张学良返回奉天，才公开宣布这一消息。7月2日，奉天、吉林、黑龙江三省议会联合召开大会，推举张学良为东三省保安总司令兼奉天省保安司令。27岁的张学良继承父业，开始主政东北。

二　东北易帜

张学良在以张作相为首的奉系元老的鼎力扶持下，顺理成章地实现了子承父业，登上了"东北王"的宝座。但他的"仕途"并不平坦。如何处理同南京和日本的关系，是归顺南京，实现国家统一，依靠全国之力来抵抗日本的侵略；还是投靠日本，卖国求荣？摆在张学良面前的这两条道路必须由他做出选择，可以说这是对他政治生涯的第一个考验。当时日本帝国主义极欲扩张在东北的权益，甚至要把满蒙从中国分离出去，使它像朝鲜一样成为日本的附属国。张学良是一位具有爱国思想的青年将军，不愿做日本的傀儡。如今又结下杀父之仇，他对日本人更加不满。家仇国难集于一身的张学良清楚，对外单靠奉军力量无法抵抗日本帝国主义的侵略；对内也没有实力与南京对抗，奉军只有40万人，而南京军队号称百万，且得到英美等国支持。权衡利弊，面对现实，张学良极力主张国家统一，把东北置于南京国民政府的统一领导之下。1928年6月，奉军退出华北后，蒋介石和平接收了京津地区。不久，新疆宣告易帜。此时，除东北还在挂象征着北洋军阀统治的五色旗外，全国都已挂起南京国民政府的青天白日旗。7月1日，张学良致电蒋介石、冯玉祥、阎锡山等，表示他愿顺从民意，不妨碍国家的统一，表示可派代表去北平谈判。

南京方面接受京津地区后，有人主张立即派兵出关，用武力统一中国；但大多数人不同意动武，主张用和平方法促使东北易帜。蒋介石先是派何成濬去沈阳和滦州，会见张学良和杨宇霆，劝说东北易帜。7月初，张学良派邢士廉、王树翰入关，与蒋讨论统一条件。蒋介石7月10日在北平会见张的代表时表示，东北升起中华民国国旗，接受孙中山的三民主义，这是和平统一的基本前提。张的代表提出的主要条件是：南京任命张学良为东北政治机构的领袖，南京不在东北驻军，不干预张学良在东北的人事任免，热河特区并入东北。邢士廉等表示，南京如接受上述条件，东北可以易帜。经过多次讨论，南京决定接受东北方面的条件，用和平方法解决东北问题。

正当张学良准备宣布东北易帜时，日本站出来极力加以反对和阻挠。一直把东北视为自己"生命线"、想吞并满蒙地区的日本，自然不希望中国统一，不希望东北统辖于南京政府之下。7月19日，日本驻沈阳总领事林久治郎力劝张学良不要与南京联合，并表示如南京军队进攻东北，日本将不惜一切代价，对他全力相助。接着，日本政府又任命前驻华公使林权助为特使，8月4日赶到沈阳，名为参加张作霖的葬礼，实为阻挠东北易帜。他在几次会见张学良时，态度骄横，气焰嚣张，极尽威逼利诱之能事。他向张转达田中首相的意见，强调日本在满蒙有特殊权益，暗示张学良不要与南京联合。张学良向他解释了自己的处境和准备易帜的意愿，并说自己固然尊重日本方面的劝告，但不能因此违背东北的民意。强调统一与否，是中国内政。林权助听到这里，勃然大怒，歇斯底里地狂叫：就是不许你"易帜"！日本已下定决心，即使有干涉中国内政之嫌，也在所不惜！他威胁张说：现在不是评论孰是孰非的时候，你如违背田中首相的意愿，日本将不惜在东北使用武力。林权助又表示，如果张学良专心维持东北地区的安全和秩序，日本将鼎力相助，答应向张提供顾问和其他援助。张学良在答复林权助时再次申明，在事关国家统一问题上，他不能做违反国人意愿的事，同时又表示他已意识到在东北保护日本权益的必要性。

日本的干涉和阻挠只是拖长了东北与南京谈判的时间，却没有动摇张学良与南京谋求统一的决心。10月3日，蒋介石任命张学良为南京国民政府委员。南京政府为实现和平统一，决定对东北实行优惠政策，同意东北方面提出的意见：原东北三省的高级官员易帜后职位不变；将热河省划归张学良管辖；由东北派人到南京学习党务，回去后在东北各地建立国民党地方党部。张学良10月12日宣布东北是中国的一部分；10月16日，派胡若愚去南京安排处理有关易帜的最后事宜。南京政府再次决定，有关东北的内政事务，南京概不过问，但外交权原则上收归中央。12月29日，张学良正式宣布易帜，在东北各地降下了五色旗，挂上了青天白日旗。12月31日，蒋介石任命张学良为东北边防军总司令。随后，张又就任东北政务委员会委员长。

东北易帜，实现了全中国形式上的统一，这使日本觊觎东北版图的企图受挫，但它仍不甘心，坚持扩张在满蒙的权益，妄图解决"满蒙悬案"，获得新建五条铁路的权力。林久治郎在向张学良祝贺荣任东北保安总司令时，提出铁路交涉问题。张袭其父张作霖的故技，继续拖延。并说：地方当局已无权过问外交，请日本直接与南京国民政府交涉。1929年1月，日本又派曾担任张作霖顾问的町野武马见张，企图解决铁路权益问题，张以同样说法予以拒绝。

蒋介石从形式上统一了全国，但其地位很不稳固。他直接控制的地方只有长江下游几省，其他广大地区则由其他地方实力派控制。1929年1月，蒋在南京召开编遣会议，企图裁减其他派系军队，扩大自己的实力。为集权于"中央"，他决定取消各地以军事长官为主席的政治分会，还一手包办召开国民党"三大"，排斥反对派。所有这些"削藩"的举措，遭到各地方实力派的抵制和反对。各个派系为巩固和扩大自己的地盘和实力，与蒋发生武装冲突。1929年，李宗仁、冯玉祥、张发奎、唐生智等都曾起兵反蒋，但都被蒋用政治或军事手段予以瓦解。1930年初，阎锡山首先举起反蒋旗帜，他于2月10日致电蒋介石，要求他下野。蒋2月12日复电阎锡山，拒绝引退。于是，反蒋各派及国民党改组派、西山会议派的代表纷纷前往太原，表示拥戴阎锡山为反蒋领袖。3月15日，国民革命军第二、三、四集团军的57名将领联名通电反蒋。"通电"历数蒋的罪行，促蒋下野，并一致拥戴阎锡山为全国陆海空军总司令，冯玉祥、李宗仁等为副总司令。4月1日，反蒋联盟把军队改编成八个方面军，开赴前线。蒋介石以国民政府名义免去阎锡山的本兼各职，并以国民革命军总司令名义通电讨伐阎、冯。一场规模空前的蒋、阎、冯军阀大混战，即将在中原地区展开。

原驻陕西的冯玉祥部队，5月17日东出潼关，沿陇海铁路前进，接连占领开封、商丘，逼近徐州。蒋军5月12日从徐州西进，迎击冯军，双方在许昌、临颍一带激战。与此同时，李宗仁、张发奎的军队，在白崇禧指挥下由广西北上，攻占衡阳、长沙、岳阳，威逼武汉。蒋介石腹背受敌，陷于困境。武汉行营主任何应钦指挥湖北和粤北的蒋军夹击白崇禧部队，夺回岳阳、长沙，危局才开始扭转。北方的晋军从山东青城附近渡过黄河，攻克济南，蒋军在山东处于守势。国民党新军阀们为争权夺地，互相厮杀，遭殃的是黎民百姓。他们生命遭涂炭，农田和房屋遭毁坏，被迫背井离乡，流离失所，无家可归。

面对双方势均力敌、旗鼓相当的局面，雄踞东北、拥兵自重的张学良成了举足轻重的关键人物。双方都千方百计地争取张站在自己一边来。阎、冯发表言论，举荐张为全国陆海空军副总司令，派多名代表到沈阳游说，希望他参加反蒋联盟，至少也要在关外严守中立。蒋介石先后派方本仁、吴铁城去东北见张，后又派张群把全国陆海空军副总司令的委任状送到沈阳。蒋还允诺，只要张站在南京一边，黄河以北可由张节制，东北方面可派4名代表到南京政府中担任部长职务。蒋、阎双方都明白，东北军以其雄厚的实力和所处的战略地位，是决定双方力量对比和战争胜负的重要筹码。可以说，当时谁赢得了张学良，谁就赢得了这场战争。

张学良对中原大战的态度，起初是犹豫不决，中立观望。对南北双方的奉承、拉拢，都表面敷衍，虚与委蛇。对各方要求，不置可否，不作任何承诺。经过几个月认真观察和慎重思考，到8、9月间，他才最后确定站在蒋介石一边。张学良之所以做出如此抉择，主要是考虑东北地处边陲，日本窥伺已久，如欲抵御外侮，必须保持国内统一，方能聚集各方力量，捍卫国家领土主权；同时他也看到，反蒋联盟虽人多势众，但其中派系林立，各怀异心，联合难以持久。1930年9月18日，张学良向全国发表"巧电"，表示："不忍见各地同胞再罹惨劫"，"吁请各方，即日罢兵以纾民困"，并表示"凡我袍泽，均宜静候中央处置"。[①] 这就是要各方均听命于南京的蒋介石。第二天，张便命于学忠和王树常率10万精锐部队开入河北省。张学良用"武力调停"中原大战，这是继东北易帜后，他政治生涯上的又一次重要抉择。他不仅帮助蒋从形式上实现了统一，还在危难时刻助蒋击败了反对派，维护和巩固了蒋的地位。

张学良率部入关，反蒋联盟败局已定。阎、冯会同国民党改组派汪精卫等9月初在北平拼凑起来的反蒋政府和国民党扩大会议顷刻土崩瓦解。阎锡山立刻宣布辞去这个政府主席职务，其他官员和代表纷纷逃离北平，退避太原。东北军第一军军长于学忠9月21日率部抵达天津，26日进入北平。10月10日，阎锡山、冯玉祥等致电张学良，宣布停战。至此，历时半年的中原大战宣告结束。这次内战，双方参战军队达百余万，死伤官兵约30万人，人民生命财产的损失更难以计数。

为酬答张学良在中原大战中的功劳，南京允许入关的10万东北军占据河北省的各个战略要地，中央军则驻扎外围地区。南京当局还决定，所有华北善后事宜，统由张学良负责处理。为兑现东北军入关前南京政府允诺的条件，10月3日，于学忠就任平津卫戍司令，王树常就任河北省主席，并把河北省省会移到第二军驻地天津。10月9日，张学良在沈阳正式就任全国陆海空军副总司令，吴铁城代表国民党中央、张群代表南京政府专程到沈阳参加典礼。11月，张在北平筹设副司令行营。南京政府又于1931年1月1日明令北平副司令行营节制东北、华北各省军事。于是，张学良的势力范围由东北扩展到华北，冀察两省及平、津、青岛三市均由他控制，晋绥也归他节制。

11月12日，张学良以国民政府委员名义偕夫人于凤至应蒋之邀到达南京。蒋派张群、贺耀祖专程到济南迎接。张在南京逗留20多天，与蒋多次接触，磋商东北、华北有关事宜。张还由蒋介石介绍参加了国民党。翌年5月，张学良第二次去南京出席国民会议。张在浦口过江时，江上的军舰和

---

① 《民国日报》1930年9月19日。

南岸狮子山的炮台礼炮齐鸣，南京军政大员齐集下关迎接，金陵城内到处张贴欢迎标语。张被推举为国民会议主席团成员，曾主持两次会议，与会者摄影时张与蒋并列前排中央。张俨然成为蒋一人之下、万人之上的中国第二号人物。

张学良竭诚拥戴蒋介石，为表示诚心诚意地与蒋合作，他倾囊相助。张把东北海军 20 多艘舰船全部送给蒋介石，其中包括当时国内吨位最大的"海圻"号和"海琛"号。南京没有独立的炮兵部队，张送给蒋一个炮兵队，把炮兵司令邹作华也送了过去。张还把最好的空军教官送给蒋的航空学校。张学良对蒋介石如此忠贞不贰、信赖无疑，九一八时他不折不扣地仿照蒋介石对日实行不抵抗政策，就毫不奇怪了。

第二章　"不抵抗将军"

一　东北沦亡

侵吞满蒙，占领中国，进而称霸亚洲，这是日本田中内阁 1928 年制定的"大陆政策"。关东军是实施日本这项基本国策的急先锋。关东军中的少壮军人板垣征四郎、石原莞尔等疯狂鼓动武装侵占东北，并于 1931 年 6 月秘密制定了发动侵略战争的"柳条湖铁路爆破计划"。

九一八前大批东北军的精锐部队接连入关，严重削弱了东北地区的防卫力量，这为关东军发动九一八事变提供了方便。1930 年 9 月，张学良为助蒋平定阎、冯，派 10 个旅的精锐部队入关。1931 年 7 月，拥兵 6 万的石友三在冀南邢台发出反蒋倒张通电，挥师北进，企图先占领平津，再夺取东北，以取得日本帝国主义的直接援助。为平定石友三叛乱，张学良又从东北抽调 4 个旅进关参战。九一八前，东北军入关部队已达 20 万人左右，且都是精锐之师；留在关外的 10 万左右东北军，大多是装备较差的省防军。

张学良 1931 年 5 月从南京参加国民会议后回到北平，因患严重的伤寒病住院治疗。从此，他再也没有回过东北。有关东北的军政事务，他委托东北边防军代理司令长官张作相、参谋长荣臻和辽宁省主席臧式毅代为处理。这时，日本关东军在东北发动事变的蛛丝马迹已日益显露。张学良致电蒋介石，请示机宜。蒋介石 7 月 11 日复张电中说：日本阴险狡猾，但现在不是我们抗日之时，劝张"督饬所部，切勿使民众发生轨外行动"。张学良自幼即痛恨日本侵略，后又结下杀父之仇，誓与日本不共戴天。但他当时认为日本军事实力强大，仅靠东北军的力量无法与之抗衡，战争一旦爆发，中方必败。他1928年"易帜"，这也是原因之一。因此，他很容易接受并忠实执行蒋介石的不抵抗政策。东北形势吃紧后，王以哲等部分东北军官员建议从华北抽调部分东北军充实东北防务，张学良不予采纳。日本在东北不断挑衅，制造事端，先后发生"中村事件""万宝山事件"，引起国人极大愤慨。蒋害怕群众掀起反日浪潮，7月23日发表告国人文告，强调"攘外必先安内"，说："不先消灭赤匪，恢复民族之元气，则不能御侮。"① 9月初，荣臻、臧式毅派人到北平向张学良报告东北的危急形势，张除将情况转报南京外，嘱咐来人说：东北的大事请张作相、臧式毅、荣臻酌情处理，重要问题要依靠中央，不能单独对外。9月6日，张学良致电荣臻，指出：对日外交"极宜力求稳慎，对于日本无论其如何寻事，我方务须万分容忍，不与反抗，免滋事端。希迅即密电各属切实注意为要。"张作相曾主张抵抗日本侵略，张学良向他发出特急电报说："奉密电令，我国遵守非战公约，不准衅自我开。特令遵照。"②

张学良在九一八事变时之所以实行不抵抗政策，一是因为事先有蒋介石不准抵抗的命令；同时也因为他对日本的判断有误，正如后来他在台湾恢复自由后向日本广播协会记者反复解释的那样："我对九一八事变判断错误了"，"我的判断是日本的军人实在是无能，实在是狂妄。我当时想，假如他们真这么做，不但对中国不利，对日本也是不利的。假设我是日本人，我决不这么做，因为这么做后果对日本一定是很不好的。所以我想日本不会这样做"。③ 张学良在向历史学家做口述历史时也谈到这个问题。他说，九一八时"我情报不够，我判断错误！……日本从来它也不敢这么样的扩张，这么大的厉害，怎么敢？！那么，我也判断：这于你日本也不利啊，你要这么样做法，世界上你怎么交代？那个时候，我们也可以说迷信什么

---

① 秦孝仪总编纂《总统蒋公大事长编初稿》第2卷，台北，中正教育基金会，1978，第116页。
② 方正等编《张学良和东北军》，中国文史出版社，1986，第213页。
③ 毕万闻主编《张学良文集》（2），新华出版社，1992，第1155页。

'九国条约'啊，什么国联啊，门户开放啊这些玩意儿，你这样一来，世界上你怎么站脚？"① 张学良的这种思想，严重影响了他的部属。尽管当时东北形势已危急万分，可是东北当局丝毫没做应变准备。事变发生时，在沈阳的东北军处于群龙无首的状态。代理司令长官张作相正在锦州为其父治丧，参谋长荣臻在沈阳为其父祝寿，黑龙江政府主席万福麟远在北平，驻沈阳主力部队第七旅旅长王以哲不在营内，两个团长也回了家。枪响后，团长王铁汉才匆忙赶回北大营。由于事先毫无准备，部队指挥失灵，在遭受较大伤亡后，被迫退出北大营。当晚，沈阳即被日本关东军占领。

事变爆发时，张学良正在北平一个戏院里陪英国公使看京剧，当他得知荣臻来电话报告日军进攻北大营的消息时，急忙赶回协和医院与荣通电话。荣向他报告了日军进攻情况，并说根据南京的不抵抗政策，东北军没有抵抗。

张学良连夜在协和医院召集在北平的东北军将领戢翼翘、于学忠、万福麟、鲍文樾等开会。张对大家说：日军挑衅，我们守土有责，理应抵抗；不过仅靠我们的力量难以应付。我们应速报中央，听候处理。如全国抗战，东北军在第一线作战，义不容辞。张不想事态扩大，以免兵连祸结，殃及全国。

第二天，张学良在北平先后召开东北外交委员会会议和部分学者、名流、政客和部属参加的座谈会。他在这两个会上都强调要听命中央，依赖国联。23 日，张派万福麟、鲍文樾专程去南京向蒋介石报告请示。

事变发生时，蒋介石正乘军舰由南京去九江，督促对江西的红军和中央革命根据地进行第三次"围剿"。他得知九一八事变消息后，9 月 21 日赶回南京，召集党政军各界要员商讨对策，强调务须慎重，避免冲突，主张把日本的入侵提交国联和"非战公约"签字国处理。他在南京国民党员大会上说："此刻必须上下一致，先以公理对强权，以和平对野蛮，忍痛含愤，暂取逆来顺受态度，以待国际公理之判断。"告诫民众要"严守纪律，服从政府，尊重纪律，勿作轨外之妄动"。② 22 日，蒋介石对南京参加抗日

---

① 唐德刚：《张学良口述历史》，台北，远流出版公司，2012，第 279 页。
② 上海《民国日报》1931 年 9 月 23 日。

游行请愿的学生们也发表了与上述内容相同的讲话。蒋在接见张学良的代表万福麟、鲍文樾时说："你们回去告诉汉卿，现在他一切要听我的决定，万不可自作主张，千万要忍辱负重，顾及全局。"①

由于张学良对日本的侵略采取了不抵抗政策，关东军几乎没有遇到什么抵抗，就轻易地占领了东三省。关东军发动九一八事变时，日本在东北的兵力不过1万多人，在东三省的东北军有10余万人。仅就沈阳而言，中国军队人数超过日军几倍，占绝对优势。但在不抵抗命令束缚下，东北军不抵抗，日军的突然袭击得手，在一两天内就占领了沈阳、长春、安东（丹东）、营口、本溪等地。不到一个星期，辽、吉两省的大部分地方相继陷落。日军只是因为兵力不足和担心引起国际干涉，特别是害怕黑龙江对岸的苏联干涉，才没有立即向黑龙江发起进攻。

九一八事变后，南京政府向国际联盟提出上诉，请其制止日本的侵略。国联两次做出决议，要求日本停止侵略东北并撤兵，日本根本不予理睬。11月，英、美、法等国提出划锦州为中立区建议，其主要内容是中国军队撤入山海关，日军停止进攻辽西地区。日本为缓和国际舆论压力和向东北增派军队，假称同意英美等国建议，由其驻华代办矢野出面与张学良交涉。张学良、蒋介石为换取日本停止进攻锦州，决定接受英、美的建议，将驻锦州的东北军三个旅调往关内，锦州及大凌河右岸由公安骑兵总队维持治安。可是，日本接受锦州中立区的建议只是个缓兵计，当大批东北军从辽西撤往关内后，日本便将4万多部队部署在沈阳及其以西地区，准备进攻锦州。1932年1月2日，日军强渡大凌河向西进犯。此时，在辽西地区还集结着4万多东北军正规部队和公安部队，有人主张要拼死抵抗一下，可张学良仍不主张打。结果，1月3日锦州失守，日军1月10日前即进到山海关外。2月6日，哈尔滨宣告失陷。至此，东三省全部被日军占领。

东三省的沦陷，主要责任无疑应由制定不抵抗政策的蒋介石来负；但守土有责、忠实执行蒋的不抵抗政策而招致领土丧失的张学良，也有不可推卸的责任。九一八事变后，国人讥称他为"不抵抗将军"。

① 洪钫：《九一八事变当时的张学良》，载全国政协文史资料研究委员会编《文史资料选辑》第6辑，中华书局，1960。

张学良执行蒋介石的不抵抗政策，不仅导致东三省大好河山沦入敌手，3000 万东北同胞成为任人宰割蹂躏的亡国奴，也使他自食苦果。如果说，祖宗庐舍的被毁和万贯家财的流失还是小事的话，那么，10 万守军溃散，东北空军彻底毁灭，流落到关内的 26 万东北军须依靠南京接济和施舍来过活，赖以雄踞一方的地盘丧失，由此而带来的声誉降低和政治地位的下降，这对张学良来说不能不是致命打击。实力的削弱和经济上的依赖，必然导致在政治上成为他人的附庸。

二 下野赴欧

在全国舆论压力下，张学良 1931 年 12 月 15 日向南京政府提出辞去陆海空军副总司令职务。南京政府照准，改任张为北平绥靖公署主任，坐镇北平。

东三省沦陷后，热河和河北直接处在日本侵略者的刺刀之下。为加强山海关一带的防务，张学良于 1932 年 7 月设立临永警备区，任命驻守山海关的第九旅旅长何柱国为警备司令，增派步兵、骑兵各一旅及炮兵、工兵各一营归何指挥，负责守卫临榆、抚宁、昌黎、卢龙、迁安等地。他指示何柱国要凭险据守，防止日军向关内进犯；但要避免与日军接触，以防事态扩大。这种不战不和的方针，反映出此时的张学良既想抗日又不敢单独抗日的矛盾心理。

日本关东军通过发动九一八事变轻易占领东三省，使其实力和地位得以迅速膨胀，这使日本另一支侵华军华北驻屯军极为羡慕和眼馋，急欲仿效，首先要在山海关发难。根据《辛丑条约》规定，日本在山海关南和秦皇岛都驻扎军队。城内虽有两营中国军队驻扎，但受上述条约限制不得设防，构筑工事。1932 年 1 月 1 日晚，华北驻屯军山海关守备队长河落正次郎发起对山海关的进攻。他原以为中国守军不会抵抗，可是日军进攻开始后，城内中国守军奋起抵抗。何柱国严守不扩大事态方针，战斗打响后，他不派兵支援山海关守军。城内的两营中国军队面对敌人海陆空军的联合进攻，孤立无援，结果除少数人突围外，其余全部壮烈牺牲。1月3日下午，山海关宣告失守。日军攻占山海关，为其进犯热河解除了侧翼威胁。2月21日，日本关东军以锦州为基地，发起对热河的进犯。

当时守卫热河的汤玉麟，是张作霖的老伙伴，郭松龄倒戈反奉失败后，汤被任命为热河省主席。到任几年来，他横征暴敛，大开烟禁，专横跋扈，是个腐败无能的"土皇帝"。伪满洲国成立后，他又同日本勾勾搭搭。张学良有意撤换他，但考虑到他属父辈，于是先征询张作相的意见。张作相劝张学良慎重从事，张学良犹豫不决，没撤换他。汤知道后更为不满。张作相派人前去劝说，汤虽表示守土有责，但他毫无抗日的决心和准备。在九一八后的一年多时间里，热河没有认真修筑防御工事，防御能力十分薄弱。

在日本发起对热河进攻以前，蒋介石于1932年1月25日致电张学良，指出日军侵犯热河，已为期不远，要求张学良"照预定计划，火速布置，勿稍犹豫"，并强调："今日之事，惟有决战可以挽救民心，虽败犹可图存，否则必为民族千古之罪人。"① 蒋在此电中还表示，他已准备6个师的兵力，可随时北上增援，还可接济粮食、弹药。蒋介石的上述许诺是讲给人听的，以表示他主张抵抗日本侵略热河；事实上他的这些诺言并未完全兑现，到日军已发起进攻热河时，他才匆忙令驻守潼关的黄杰第二师，驻徐州、蚌埠的关麟征第二十五师，驻孝感的刘戡第八十三师北上。

2月17日，南京政府行政院代理院长宋子文等与张学良一起到热河省会承德视察，以表示支持热河抗战。宋对热河军民讲了一套空话，说什么你们打到哪里，我宋子文就到哪里，中央誓做你们的后盾。他慷慨激昂地发表完演说，就匆匆返回北平。至于敌我态势、作战方针等这些迫在眉睫的问题，他未做任何说明。

2月21日，10万多关东军和伪满军队分三路向热河展开进攻。同一天，张学良才匆忙做应变部署，成立2个集团军，各辖3个军团。第一集团军由张学良自兼总司令，下辖于学忠的第一军团、商震的第二军团和宋哲元的第三军团，负责防守滦东及至喜峰口长城一线。第二集团军由张作相任总

---

① 毕万闻主编《张学良文集》（1），新华出版社，1992，第624页。

司令，下辖万福麟的第四军团、汤玉麟的第五军团和张作相自兼的第六军团，负责防守热河。

张作相担任第二集团军总司令是在日军进攻热河三天之前才决定的。他临危受命，仓促上阵，指挥不灵。汤玉麟根本不想抗战，其他部队刚刚进入热河，立足未稳，各线兵力还未完全集结。日军进攻一开始，汤玉麟的旅长崔兴五就叛国投敌，把开鲁拱手让给敌人，致使北路日军直袭赤峰。万福麟部战败后不按计划向承德集中，而直奔喜峰口。当热河危难之际，汤玉麟急忙用汽车队和骆驼队运走自己的财产，并于 3 月 3 日撤出承德，逃往天津日租界。孙殿英退往察北。张作相空手退回古北口。日军仅用 13 天时间就占领了热河。

继东三省后，热河又陷入敌手，全国人民悲愤到了极点。除怒斥南京政府外，失土有责的张学良也成为众矢之的，遭到严厉谴责。这些谴责，有的来自社会舆论，更主要的是来自南京和地方的高级官吏。两年前联合阎锡山、冯玉祥反蒋，最终因东北军入关而垮台的汪精卫，如今是南京政府行政院院长。热河沦陷后，他率先挑起谴责张学良的运动。他攻击和挖苦张说：你在以往内战中对自己同胞作战十分勇敢；而如今面对外国强敌，却胆小怯懦。汪要求张辞职下野，以免使平津再步东北和锦州之后尘。阎锡山、冯玉祥、孙科以及广东、西北的军事将领也附和汪的意见，呼吁张下野出洋。

3 月 7 日，张学良引咎辞职。他在给南京政府的电报中说："自东北沦陷之后，效力行间，妄冀戴罪图功，勉求自赎。讵料热河之变未逾旬日，失地千里，虽有种种原因，酿成恶果，要皆学良一人诚信未孚，指挥不当，以致上负政府督责之殷，下无以对国民付托之重。"张恳请南京当局"速赐命令，准免各职，以示惩儆。"① 张同时表示，他要坚持长城一线，并拟亲率东北军反攻热河。他下令缉拿临阵脱逃的汤玉麟。万福麟败退后想回北平，张学良严令他率部反攻，如擅自回来要拿人头见他。

蒋介石决定让张学良做替罪羔羊。3 月 6 日，蒋离开"剿共"前线南

---

① 天津《大公报》1933 年 3 月 8 日。

昌，经武汉到达石家庄，宋子文陪同前来。在这里，蒋征询何应钦、黄绍竑等对张学良辞职的意见，何、黄均表示赞同，并说张辞职后东北军不会发生问题。蒋听后更加放心，遂于3月7日电邀张学良到保定见面。张学良从北平乘火车于3月9日晨到达保定，他在火车上对随行人员说，此次前来是想同蒋商量反攻热河的计划。若是中央决心抗日，就应对日宣战，动员全国一切力量与日本一拼，他有决心亲临前线指挥对日作战。蒋介石派宋子文先到保定，向张传达蒋同意他辞职的意向。宋形象地说，譬如二人同舟，风浪骤起，必有一人先下水，否则将同遭灭顶之灾。张听后决定代蒋受过，辞职下野。他对宋说，当然我先下水，请蒋不必烦心。蒋介石本人9日下午到达保定，张与宋登上蒋的专车，蒋对张说：现在全国舆论攻击我们二人，我与你是同舟共命，若不先下去一人，难免同遭灭顶之灾。所以我同意你辞职，待机再起。

随后，宋子文与张学良商议张辞职的善后事宜。张要求保留东北军，并建议这20多万东北军改编为4个军：五十一军，于学忠担任军长，下辖5个师；五十三军，万福麟任军长，下辖6个师；五十七军，何柱国任军长，下辖3个师；六十七军，王以哲任军长，下辖3个师。张、宋还商定，于学忠仍任河北省主席，派东北军参谋长鲍文樾担任北平军分会办公厅主任。当日深夜谈完后，宋子文去向蒋复命。蒋因张的辞职保住了他的地位，不得不同意张保留东北军的要求，并答应每月给东北军200万元军饷，其中130万元由南京拨付，另70万由华北解决。

张学良返回北平后，立刻于3月11日宣布辞职。同日发表通电，以自己"易帜"后的经历表白对蒋和南京的一贯忠诚，字里行间流露出他今日辞职并非出于自愿，而是不得已而为之。电文说，他就任以来，"始终以巩固中央，统一中国而为职志，兢兢业业，未尝或渝，即如不顾日本之公开恫吓而易帜，辅导国民党在东北之活动，与夫（民国）十九年秋余奉命入关，拥护中国统一，凡此种种，事实俱在。盖余深信，惟健全政府，然后可以御外侮也。'九一八'之变发生，余正卧病在平，初以诉诸国联，必主张公道，洎乎日军侵热，余奉命守土，仍率师整旅，与敌周旋，接战以来，将士效命者，颇不乏人，无论事之成败若何，然部下之为国牺牲者，已以万计矣"。通电说:"此次蒋公北来,会商之下,益觉余今日引咎辞职,即所以效命党国,巩固中央之最善办法,故毅然下野,以谢国人。"此时的张学良,对他的部属和官兵深怀眷念和惜别之情,在通电中深情地说:"惟眷念多年袍泽,东北之健儿,孰非国家之将士,十九年奉命率其入关,援助中央,于今国难未已,国土未复,无家可归者数万人,但盼中央俯察彼等劳苦,予以指导,并请社会人士加以援助,彼等为国为乡,皆抱热诚,并熟悉东北情形,倘遇报国之机,加以使用,俾得为收复东北之效命,遂其志愿,免于飘泊,于斯愿矣。"①

3月12日,张学良乘飞机离开北平到达上海。在这里,他以惊人的毅力戒除了始于1925年的吸毒恶嗜。4月10日,他在夫人于凤至和赵媞、三个子女及顾问端纳、翻译沈祖同陪同下,从上海搭乘意大利邮轮赴欧洲"考察"。

---

① 《国闻周报》第10卷第11期,1933年3月。

第三章　走联共抗日道路

一　随蒋"剿共"

张学良一行 5 月 12 日到达意大利，在这里待的时间较久。张受到墨索里尼的热情接待。墨索里尼的女婿齐亚诺，曾任意大利驻华大使，与张学良交往甚密。张在意大利期间，齐亚诺经常向张宣传法西斯主义理论，并说中国之所以不富强，是因为领袖太多，主张不统一，力量不集中。对此，张颇以为然。旅欧期间，张还到英国、德国、瑞士、丹麦、瑞典等国考察。他还想去苏联，蒋介石不准他去。苏联方面也不欢迎他去。张欣赏英国的议会民主，但觉得这种办法不适合于中国，因为中国的政治要安定，就非用开明的集权不可。张学良当时认为，摆在中国面前的只有两条路可走：一是法西斯道路，二是共产主义道路。

1933 年 11 月，国内发生福建事变。李济深联合陈铭枢、蒋光鼐、蔡廷锴等率领的十九路军，举起抗日反蒋旗帜，在福州成立福建人民政府，与南京对抗。福建方面曾派人到河北策动东北军共同反蒋。竭诚拥护蒋介石统一中国、一心依靠蒋介石领导抗日收复失地的张学良，在欧洲接到了他在国内的办公室关于上述情况的报告，唯恐他的部属和军队参与反蒋活动，便急忙回国。他后来谈到这个问题时说："我在欧洲的时候，对于返国实在是非常踌躇，当时有这两个问题在我脑海中萦绕着：（1）东北问题是在我张学良身上负着，东北军的改善当然也要我来切实负责，我究竟有无这个决心与能力？（2）尤其是我能否约束住自己？因为对于这两点深加考虑，所以当时是迟疑不决，后来闽变发生了，如果不赶快回来，深恐发生什么问题，那就太对不起国家和长官了，于是毅然决然的回来。"① 张途经香港时，蒋介石曾派代表前往迎接。东北方面的代表米春霖也到香港欢迎。张在香港曾与胡汉民会面，胡劝张留在香港，参加反蒋的西南政府。张慨然谢绝，于 1934 年 1 月 8 日回到上海。戒毒后出国放察二百多天的张学良身体健壮，容光焕发，与出国前判若两人。

1 月 22 日，蒋介石在南京会见张学良。张要求到蒋的侍从室供职，以便面对面接受蒋的教诲，遭蒋拒绝。当时蒋正在对红军发动第五次"围剿"，他希望张重新统率东北军，参加"剿共"作战，让张担任鄂豫皖三省"剿匪"总部副总司令，代行他自兼的总司令职务。张表示同意。本来已厌倦内战、回国就想参加抗日的张学良，为什么回国后又受命"剿共"呢？这主要是因为张学良当时是"攘外必先安内"政策的拥护者。张当时认为："在中国现阶段的救国任务中，剿匪乃是开始步骤，肃清共匪实不啻图存救亡的先决问题。"② 他向其部属训话时说："我们的国家，现在已到了万分危急的时候，内忧外患，重重逼来，大家再不努力，马上就有亡国灭种的可能。不过今日惟一的先决问题，是在'安内'，能'安内'，才能产生一个健全的政府，才能'攘外'，才能谈到收复失地，而'安内'最重要的工作，便是消灭赤匪。"③

1934 年 2 月，南京政府正式任命张学良为鄂豫皖三省"剿匪"总部副总司令。张 3 月 1 日在武昌就职。他从华北调来 10 万东北军，其中有王以哲的六十七军，从河北廊房调到豫南潢川、商城一带；何柱国的五十七军，由滦东调到鄂东麻城、宋埠一带；刘多荃的一〇五师，调到平汉路南段。此外，五十一军的两个师和五十三军的一个师，也调到武汉外围的溪口、孝感、花园、黄陂一带；其余的 16 万东北军由于学忠、万福麟指挥，仍留

① 张学良：《对东北各军送庐山军训团第一期毕业各官长的训话》（1934 年 7 月 27 日），毕万闻主编《张学良文集》（2），第 769～770 页。

② 张学良：《对奉派视察之各部队主任及参谋中校团附的讲话》，毕万闻主编《张学良文集》（2），第 690 页。

③ 张学良：《视察鄂东对五十七军官兵的训词》，毕万闻主编《张学良文集》（2），第 678 页。

驻河北，力图坚守这块反攻东北、收复失地的前哨阵地。张学良在鄂豫皖除统率南下的东北军外，还有部分杂牌军和中央军归他节制，共计 16 个师又 4 个独立旅，共 80 多个团，合计约 20 万人。

原活动在鄂豫皖地区的红四方面军主力，早在 1932 年 10 月西去川陕。张学良在鄂豫皖所面对的红军，主要是由徐海东任军长、吴焕先任政治委员的红二十五军，约 3000 人。应当承认，此时的张学良对拥蒋反共十分卖力。他通过各种形式向部队灌输反共思想，诬蔑中国共产党及红军"罪恶滔天"，"是目前中国民族国家之当前最大的敌人"。东北军亡省亡家，流落关内，广大官兵不愿参加内战，盼望抗日，打回老家去。张针对这种情况反复向部队宣传蒋的不抵抗政策，说共产党的活动"使着我们无法集中实力与敌国作战，现在我们都应当认识：不安内，便不能攘外，要安内，必先剿灭赤匪，只有在扑灭赤匪以后，全国上下才能结成一致的对外战线，才能收复失地，所以，为着我们民族国家的利益，我们必须以剿灭赤匪为当前最要紧的任务。"[1] 张学良旅欧期间，深受当时盛行于意大利、德国的法西斯主义的影响，回国后极力宣传法西斯主义是挽救中国的良方，要求其下属和部队要绝对服从蒋介石领导，他说："自从九一八事变发生后，尤其是从我到国外去看了看，更深知在一个统一的国家里，必须绝对服从一个领袖的领导，才能够把国家复兴起来"，甚至说"即使这个领袖的领导错误，思想错误，行动错误，我们也必须无条件地跟着走，而且确认他的领导、思想和行动都是对的"，"无疑的，（蒋）委员长是我们的唯一领袖"。[2] 张学良不仅坐镇武汉，指挥各路军队"进剿"红军，还时常亲临前线督战。他过湖北的黄安、麻城，河南的潢川、商城和安徽的立煌、六安等地。每到一处，他都向部队训话，鼓励东北军部队要披甲还乡，但必须首先消灭红军。东北军一一五师姚东藩部 7 月 17 日在湖北长岗岭与红二十五军遭遇，被歼灭五个营。9 月初，红二十五军奔袭太湖县城，又歼敌警备旅一部。这是张学良走随蒋"剿共"道路尝到的第一个苦果。

---

[1] 张学良：《告将士书》（1934 年 5 月发表），毕万闻主编《张学良文集》（2），第 729 页。
[2] 张学良：《对东北各军师主任以上政工人员的训话》（1934 年 7 月 25 日），毕万闻主编《张学良文集》（2），第 759 ~ 760 页。

二 损兵折将

蒋介石对红军发动的第五次"围剿",不仅使在鄂豫皖地区的红四方面军转移川陕,也迫使在闽赣地区的中央红军于 1934 年 10 月放弃中央根据地,向湘、黔方向转移,开始了二万五千里长征。于是,蒋介石由南昌移住成都,指挥对长征红军的围追堵截。1935 年 2 月 21 日,南京下令裁撤鄂豫皖三省"剿匪"总部和武昌行营,另设武汉行营,任命张学良为行营主任,其主要任务是整军经武,准备抗日。可是,随着徐海东率领的红二十五军到达陕南,特别是中央红军经黔川向北转移,蒋介石决定将"剿匪"的重心由华中移往西北,在西安设立西北"剿匪"总司令部,调张学良到西北主持对红军作战。

还在 1935 年 5 月河北事件时,南京政府屈服于日本的压力,免去了于学忠的河北省主席职务,将于统率的五十一军调离河北,开往甘肃,重新任命于为川陕甘边区"剿匪"总部总司令,令其率部阻止长征红军通过该地前往陕甘。当年夏天,徐海东率部撤离鄂豫皖地区转移陕南时,王以哲的六十七军、何柱国的五十七军奉命尾追,他们经豫西至陕南,后又调到陕北。当张学良决定接受蒋介石命令到西北指挥"剿共"后,东北军除万福麟部五十三军和一个骑兵师驻保定,炮六、八两旅分驻洛阳、海州和武昌外,其余部队逐次西调。董英斌的五十七军驻陇东庆阳、合水一带;新组建的何柱国骑兵军驻邠州、平凉和西峰镇一带;刘多荃的独立一〇五师控制西安以北地区。此时,张学良除统率进入潼关的 20 万东北军外,杨虎城的十七路军 3 万人,宁夏马鸿逵部 2 万人,青海马步芳部万来人,也归他节制。在甘肃的中央军胡宗南部 3 万人,由蒋介石直接指挥。

张学良初入潼关,踌躇满志,无视红军的力量。他认为陕北的红军为数不过几千,装备落后,又是疲惫之师,不堪一击。用他装备精良的几十万军队,用不了几个月时间即可把红军"剿灭"干净。9 月中旬,徐海东率红二十五军由陕南转战到陕北,与刘志丹的红二十六军、二十七军会合,组成红十五军团，共 7000 多人。张学良决定乘红军立足未稳之机，指挥十二三万军队分三路向陕北红军发动第三次"围剿"，企图一举平定陕北。其部署是：王以哲的六十七军为中路，由洛川一带向北进攻肤施（今延安）；杨虎城的十七路军为右路，由韩城、澄县向北进攻；位于陇东庆阳、西峰镇一带的董英斌部五十七军、何柱国部骑兵军，由西向东进击。9 月 15 日，王以哲率军部及两个师进入肤施。他以为占据了这个军事重镇，便可控制住陕北局势。正在他得意洋洋，欢庆"胜利"时，红军在崂山的伏击战教训了他。王部虽占领肤施，但他的部队被红军分割在洛川、甘泉、鄜县（今陕西富县）地区。红军抓住东北军兵力分散的弱点，决定采用"围点打援"的办法歼灭敌人。红十五军团派部分武装围困甘泉城，主力部队则荫蔽集结在甘泉城北的崂山地区，待机歼灭由肤施增援的敌军。10 月 1 日，东北军一一〇师主力出肤施回援甘泉，进至崂山地区后，红军发起突然袭击，激战数小时，将敌大部歼灭，俘敌 2000 余人，敌师长何立中负重伤后不治身亡。

东北军在崂山遭伏击，张学良认为这是个偶然事件，未予以足够的重视。红军接着发起的榆林桥战斗，才深深触动了他。崂山战斗后，红十五军团主力南下，10 月 25 日攻击位于甘泉、鄜县之间的榆林桥。守军是东北军一〇七师六一九团及配属的一个营，共 3000 余人，团长是高福源。红军经 5 小时战斗，攻克榆林桥，东北军死伤 300 余人，被俘 1800 人，团长高福源亦被俘。至此，王以哲的六十七军被分割在洛川、甘泉和肤施。红军这次胜利，才使张学良感到红军的力量不可轻视。此时，他要去南京开会，临行前特意赶到庆阳嘱咐董英斌，因形势有变，部队何时行动，须等待他的命令。

就在张学良去南京出席国民党四届六中全会和五全大会期间，东北军在直罗镇战役中又被红军歼灭一个师。

中央红军在一年时间里，经过二万五千里长途跋涉，于 1935 年 10 月到达陕北。11 月与红十五军团会合，决定恢复红一方面军番号，下辖第一、第十五两个军团。西北"剿总"立即命令董英斌率部沿葫芦河东进，一举歼灭立足未稳的红军，同时解除王以哲部被分割、围困的窘境，打通洛川、鄜县、肤施间的交通线。董英斌 10 月 28 日奉命西进，11 月 1 日占领太白镇。位于陕北的东北军六十七军一一七师，也于 11 月 6 日推进到鄜县地区。

为击退敌人进攻并扩大根据地，毛泽东、周恩来与徐海东、程子华研究决定，首先在直罗镇一带歼灭沿葫芦河东进的东北军一二个师，尔后视情况再转移兵力，各个歼灭敌人，粉碎敌人对陕北根据地的第三次"围剿"，并向洛川、中部（今黄陵）、宜川、韩城以及关中、陇东发展。为迷惑敌人，红十五军团派一个团加紧围攻甘泉。西北"剿总"见甘泉危急，17 日令五十七军的 3 个师加速东进。20 日下午其先头部队一一九师在师长牛元峰带领下进入直罗镇。直罗镇是由甘肃合水地区通向陕北鄜县、甘泉的一个不大的村镇，位于葫芦河南岸，居民不过百户，但是一个设伏歼敌的理想地方。南北有连绵的土山对峙，中间是一条窄长的河谷，最宽处不超过二百米，窄处只有二三十米。敌人进入该地，犹如"蛇入细管"。

红军抓住敌一〇七师孤军深入的有利战机，在其到达直罗镇的当晚就将其包围。第二天拂晓，红一方面军的红一军团和红十五军团分别从四面八方向守敌发起进攻，上午将敌外围据点攻克，中午残敌 500 多人退入镇内固守待援。22 日上午，东西两路援敌的 3 个师加紧向直罗镇靠拢，企图解一〇七师之围，但均被红军击退。在西路援敌撤退时，被红一军团消灭一个团。直罗镇内守敌见待援无望，23 日午夜分 3 路突围，24 日上午残敌被红军全歼，其师长牛元峰重伤后死亡。在直罗镇战役中，东北军被红军歼灭一个师又一个团，东路援军缩回鄜县县城，西路援军退回陇东。至此，张学良指挥的对陕北革命根据地的第三次进攻被击退。

一〇七师在直罗镇被歼灭，使张学良十分震惊。当时他正在南京开会，闻讯后急忙赶回西安，撤掉了董英斌的军长职务，申斥了西北"剿总"代参谋长谢珂。

在前后不到两个月时间里，东北军接连打了三次败仗，近 3 个师的兵力被消灭，死了 2 个师长、2 个师参谋长，6 个团长非战死即被俘。如此惨重的损失，在东北军历史上实属罕见；而且，部队被歼后，不但得不到及时补充，南京当局还下令撤销了一〇九、一一〇两个师的番号。严酷的现实迫使张学良猛醒，开始认识到：红军的人数虽不多，装备也不好，但其战斗力不可低估；东北军再继续"剿共"，有全军覆灭的危险，东北军要抗日复土，必须改弦更张，另谋出路。他在政治上开始转向，由随蒋"剿共"，开始走向联共抗日的道路。

第四章 崛起西北

一 从"刀客"到革命

发动西安事变的另一"主角",是爱国将军杨虎城。

杨虎城的出身和经历,与张学良很不一样。1893 年 11 月 26 日,他出生在陕西省蒲城县一个贫苦的农民家庭。其父杨怀福靠务农兼做木工来维持全家人的生计。杨幼年时因家境贫寒,只念了两年私塾,没有机会接受系统教育。为了养家糊口,他 13 岁就到一家小饭铺当童工。15 岁时,其父因参加反满秘密会社被当局绞死于西安。年轻的杨虎城,只身一人用借来的手推车将父亲的尸体推回故乡,行程 200 余里。后在穷苦乡亲们的帮助下,安葬了父亲。他受此事启发,不久发起成立了"孝义会",提倡和发动乡亲们互帮互助,纾难解困。

清末的陕西,官府盘剥,灾荒连年,人民负担沉重,生活苦不堪言,农民反抗捐税的斗争此起彼伏。同盟会会员井勿幕 1907 年在蒲城建立革命组织,宣传民主思想,揭露清政府的腐败和卖国行为。蒲城县知事李体仁以"图谋不轨"罪名,逮捕与审讯革命师生,引起全省教育界的愤慨。在井勿幕的领导和推动下,各学堂纷纷举行罢课,要求巡抚衙门严惩镇压学生运动的蒲城县知事。在群众的强大压力下,清政府被迫撤销了李体仁的职务。

群众反清斗争的胜利,鼓舞了杨虎城的反抗斗志。他在"孝义会"的基础上，组建了一个以"打富济贫、抑强扶弱"为宗旨的组织。这个组织成立于农历八月十五，故取名"中秋会"。他们袭击催粮催款的衙门差役，夺取枪支，组建了一支百余人的队伍。辛亥革命爆发后，陕西的革命党人首先起来响应，他们组建"秦陇复汉军"，参加反对清王朝的革命斗争。杨虎城带领"中秋会"的几十名弟兄加入"秦陇复汉军"，编入哥老会头目向紫山的"向"字营，在西线乾州、永寿一带与清军作战，获得胜利。清王朝被推翻后，"向"字营解散，杨虎城退伍回乡，继续参加并主持"中秋会"的活动。阴历除夕，他手持手枪，闯进勾结官府、横行乡里的李桢家，打死了这个恶贯满盈的恶霸。当他们得知官府要把大批税银从澄县运往西安，途经蒲城时，杨带领弟兄们在大路上劫走官车。"中秋会"的这些行动，震动了蒲城。官府下令通缉杨虎城。杨同一些青年农民结成一支抗暴武装，活动于大荔、朝邑、合阳一带，劫富济贫。杨成为当地"刀客"的头目之一。

袁世凯篡夺辛亥革命成果、复辟帝制后，全国各地掀起讨袁浪潮。杨虎城在陕西革命党人策动下，率部在华阴一带截击袁世凯在陕西的爪牙陆建章的军队。反袁战争胜利后，杨部被改编为陕西护国军第三混成团第一营，杨任营长，驻大荔县。杨的正规军旅生涯由此开始。

1917年，孙中山在广州举起护法旗帜，成立军政府，坚持反对北洋军阀的斗争。陕西革命党人于右任、井勿幕号召陕西人民拿起枪杆子反抗军阀。他们组建靖国军，与皖系军阀陕西督军陈树藩的统治进行斗争。当时陕西的靖国军兵分六路，杨虎城率部加入靖国军，被编入第三路第一支队，杨任支队长。1918年4月，陈树藩为巩固他在陕西的统治，率部由渭南西进，企图冲破关山、相桥一线，直捣设在三原的靖国军总司令部。杨虎城奉命率第一支队在关山东北的界方阻击敌军，双方激战6昼夜，杨部不足千人的队伍伤亡过半。靖国军总指挥井勿幕夸奖杨部的英勇战斗精神，说：这次战斗，打出了靖国军的军威；赢得了时间，使总司令部得以调动部队，从容布防。井勿幕指出，第一支队不畏强敌，打出了榜样，号召各支队都要学习第一支队不畏强敌的精神。

1920年的直皖战争，直胜皖败，直系势力进入陕西。在北洋军阀的威逼利诱下，靖国军内部发生分化，有的队伍改旗易号，接受直军改编。第三路司令曹世英也准备降敌。杨虎城此时驻防临潼栎阳，兵力不过千余人，地形上无险据守，不得不撤离此地，率部向西发展。他攻占了武功，部队扩编成 5 个营。杨保持气节，顶住诱降，前往淳化方里镇，迎接于右任来武功，重建陕西靖国军，总司令部设在凤翔，设行营于武功，兵分三路，杨虎城被于右任委任为第三路司令。1922 年 3 月，杨部得知吴佩孚拨给甘军的一批军火，要由西安运往甘肃。杨虎城率部在乾县铁佛寺袭击护送和接应的甘军，缴获千余支枪械，数十万发子弹。直系军阀感到杨部是个巨大威胁，于是出动 3 万兵力进攻武功。靖国军第三路孤军无援，被迫于 5 月西走凤翔，与靖国军第一路靠拢。

在敌我力量悬殊的情况下，于右任和杨虎城研究决定：于右任绕路前往上海，进行联络；杨率领主力放弃武功撤往三边，依附于陕北镇守使井岳秀。井岳秀与井勿幕是同胞兄弟，也是杨虎城的同乡，因此关系，杨部被允许进入他的防地，其所部名称被改为"陕北镇守使署暂编第二团"，分别住在三边各地，归井岳秀指挥。杨本人因目标过大，则住在榆林。1922 年冬，杨派代表到上海，经于右任引荐会见了孙中山。孙中山赞许杨的革命精神，希望杨能来上海会面。杨认为当时的形势不宜他离开陕北，于是派代表第二次去沪向孙中山报告部队情况。孙同意杨对部队的安排。

杨虎城蛰居榆林期间，经杜斌丞介绍，结识了陕西共产党创始人之一、时任榆林中学校长的魏野畴。杨从魏那里开始接触革命理论，接受中国共产党的救国主张。魏敬重杨坚持靖国军旗帜，向杨解释了辛亥革命果实为什么被军阀篡夺和靖国军失败的原因，向杨指明了只有马克思主义才能救中国，干革命必须依靠中国共产党的道理。这就为杨虎城后来同共产党人合作打下了思想基础。

杨虎城派代表去广州出席了 1924 年 1 月召开的国民党第一次全国代表大会。孙中山接见了杨的代表，并介绍杨虎城正式加入中国国民党。1924 年 10 月，冯玉祥发动"北京政变"，驱逐溥仪出宫，组织国民军。井岳秀在各方推动下，将所部改编为陕北国民军，任命杨虎城为前敌总指挥，下辖两个支队：第一支队是井岳秀的基本队伍，第二支队是杨虎城带到陕北的部队。1924 年 11 月，杨虎城率部从榆林南下，回师关中，打败了驻扎大荔、澄县一带的麻振武部，在渭北站住了脚。

1925 年夏，杨虎城参加驱逐北洋军阀陕西军务督办吴新田的运动。吴新田 7 月 15 日西逃后，杨率部向岐山、宝鸡方向追击，歼灭吴部一个主力团。国民军第三军顺利进入陕西，杨部被编为国民军第三军第三师，杨被任命为第三师师长。

1926 年 7 月，在广东的国民革命军出师北伐，扫荡直系、奉系等北洋军阀势力。直系军阀吴佩孚为解除后顾之忧，派刘镇华率 10 万 "镇嵩军" 进军陕西，古城西安受到威胁。杨虎城 4 月 15 日在三原召集将领开会，决定抗击 "镇嵩军"、保卫西安，以策应广东革命军北伐。刚从广州返陕的魏野畴也参加了会议。会议确定：留部分兵力防守三原、泾阳，5000 名主力部队驰援西安。4 月 18 日，杨虎城率直属部队进入西安。当时，西安守城部队分三个系统：一是国民二军十师李虎臣部，二是陕军四师卫定一部，三是国民三军三师杨虎城部。为加强守城部队间的团结，在杨虎城倡议下，守城部队统改称陕西陆军，下辖三个师，李虎臣任一师师长，卫定一任二师师长，杨虎城任三师师长。杨推李虎臣任总司令，自任副总司令。各师分区把守，杨部承担敌军重点进攻的东部和北部的防守任务。

"镇嵩军" 从四面八方将西安城团团围住，切断了守军同外界的一切联系。双方展开激烈的攻防战，特别是东北城角的反围攻战、小雁塔争夺战和西北城外的大白杨突围战最为惨烈。敌军从陆路攻城未能得逞，便挖掘地道，企图用这种办法攻入城内，结果被守军察觉，也未成功。7 月中旬，敌军在离城几百米的午门村，垒起高过城墙的土台子，架起大炮猛烈轰击东门城楼。入夜后，敌军敢死队接连架云梯攻城，并悬赏登城者第一名大洋 1000 元，第二名 800 元，第三名 500 元。守军奋力抗击，双方短兵相接，敌人纷纷滚下云梯。后来，杨虎城命令炮兵排长孔从周用两门野炮、一门山炮将敌军搭起的土台子轰倒。杨又抽调部分兵力出击，歼灭躲在东城壕和北城壕里顽抗的敌人。这天，是西安守城史上战斗最激烈的一天，从拂晓打到傍晚，杨在城墙上亲自参加抗击敌人的战斗，杨军第二支队司令孙蔚如负伤，几名军官和数十名士兵阵亡。

在长达 8 个月的时间里, 不足万人的守城部队在内无粮草、外无援兵的情况下, 抗击着 7 万敌军的围攻, 使敌人不得越雷池一步。杨虎城后来总结说, 西安守城战的胜利, 靠的是守城军民抱定与反动军阀势不相存的决心, 靠的是坚信三民主义, 因为有了共信共守的主义, 而后才能发生必死团结的力量。主义的信仰越坚, 团结的力量越大。

当杨虎城等与"镇嵩军"鏖战西安时, 在广东的国民革命军出师北伐, 与吴佩孚、孙传芳部在湘、鄂、赣地区进行激战。西安守城战牵制了数万直军, 有力地策应和支援了北伐战争的胜利进军。

冯玉祥和于右任自苏联归国后, 1926 年 9 月 17 日在绥远省五原誓师, 组织国民联军, 策应北伐战争。冯部经宁夏入甘肃, 派孙良诚为援陕总指挥, 率孙连仲、吉鸿昌、马鸿逵部经平凉东下, 10 月初到达兴平。于右任亦于 10 月 12 日随军到达三原, 组织国民联军第二、三军总司令部, 统一指挥国民军作战。

在北伐战争节节胜利和国民军的进攻与威慑下, 刘镇华于 1926 年 11 月 27 日从西安撤围, 率部逃窜。历时 8 个月的西安守城战, 于 11 月 28 日宣告胜利结束。

二　参加北伐

西安解围后, 杨虎城隆重地安葬和祭奠了守城期间死难的近五万军民, 之后便于 12 月初不辞而别, 悄悄地离开西安。师长杨虎城的突然离队, 左右均感愕然。参谋长蒙浚僧派人四处寻找, 始知杨避居在富平、三原一带友人家中。

冯玉祥到西安后, 任命于右任为国民联军驻陕总司令, 邓宝珊为副总司令, 统管陕西的军政事务。冯得知守城主将杨虎城出走, 感到惊异。从靖国军时代即与杨建立了患难友谊的于右任、邓宝珊更加着急。

1926 年 12 月 26 日, 于右任给杨虎城写了一封亲笔信, 派周诚送去。信中诚恳地说:"请弟回省、望即日命驾, 共商一切。如弟不归, 我即前来，此时非碰死在你面前不可。陕民痛苦极矣，此千载一时之机会，教我伶仃老弱之人做去，如何能改良，能进行。弟如是爱我者，弟应当速归。"①

1927年1月15日，冯玉祥派姚维藩持函前往渭北，促杨回省。冯在信中称赞杨在守城中的功劳，指出"目今匪众虽溃"，但"元气已伤"，请杨"担任联军第十路总司令，以期早日削平逆贼，完成革命大业"。望杨"继续努力，协同右任、宝珊诸同志一致奋斗"。②

2月4日，于右任又给杨虎城写了一封极其诚恳的信，派人送往三原，催杨虎城回省。于还手抄了一份"总理遗嘱"送给杨虎城，用孙中山的"革命尚未成功，同志仍须努力"的遗训来敦促他出山。

此后，冯玉祥、于右任又派张之江和史可轩等人去三原催促，杨虎城乃于1926年2月9日回到西安。

杨虎城和冯玉祥在西安第一次见面，杨向冯报告自己参加守城的经过，解释了解围后出走的原因，大意是："当吴佩孚指挥刘镇华率嵩匪入陕之日，西安岌岌可危，国民二军新遭挫折，无力支持，在一发千钧之际，虽自知能力薄弱，力量有限，而且部队连年作战，缺乏训练，但既没有其他部队担任保卫西安之任务，只有不顾一切，使自己所率之部队，发生废物利用之作用，遂断然进入危城，团结友军，勉力支撑。时经八月，对外隔绝，军需民食不能不取之于城内，因之军纪废弛，军民伤亡过多。兹幸总司令（指冯）万里驰援，使强敌溃退，坚守取得胜利。回忆坚守期间情况，不仅对不起部下，对不起人民，也对不起总司令。现在总司令已莅西安，大计主持有人，希望准我解甲归田，以谢部属和西安人民，所有部队，酌予改编，使他们仍能为国民革命效力。"③

在冯玉祥、于右任、邓宝珊等恳切劝说下，杨虎城始允就任国民联军第十路军总司令，不久又改称第十军，杨任军长，李子高任副军长，孙蔚如任参谋长。5月初，集结渭南。杨受任国民革命军第二集团军东路军前敌总指挥，受东路军前敌总司令鹿钟麟节制，东出潼关，出师北伐。杨除指

---

① 米暂沉：《杨虎城传》，陕西人民出版社，1979，第36页。
② 米暂沉：《杨虎城传》，第37页。
③ 米暂沉：《杨虎城传》，第38~39页。

挥第十路军部队外，还节制庞炳勋、王鸿恩、吕秀文等三个军部队。

东路军先头部队沿陇海路东进，一路势如破竹，连克灵宝、陕县、渑县、新安。5 月 27 日，协同西路军攻克豫西重镇洛阳，歼灭奉系万福麟部。由武汉北上的北伐军唐生智、张发奎部在豫南打败奉军张学良、韩麟春部的主力，6 月 1 日进入郑州和开封。同一天，杨虎城也率部进入开封，并继续东进，参加豫东战役。

北洋军阀直鲁联军纠集褚玉璞、徐源泉、张敬尧、刘志强、方永昌、袁家骧、王栋、潘鸿钧 8 个军，7 月上旬由陇海路东段向西进犯。杨虎城一面率部节节抵抗，一面急忙向第二集团军总司令冯玉祥求援，但援军迟迟不到，便撤至马牧集。马牧集地势平坦，无险可守，又退到归德（今商丘）。

杨虎城在归德与孙蔚如、魏野畴等研究认为，几次向冯求援，不见援军前来，东路军总部已经撤往兰村，驻柳林的十一军姜明玉部叛变，十军处于孤立无援的窘境，而归德四面环水，给养缺乏，长期困守，于大局无补。此时，战争正在津浦线和陇海线进行，皖北一带空虚，于是杨率部于1927 年 10 月经柘城、鹿邑撤往皖北太和县，退出战争。

三 离冯附蒋

杨虎城 1927 年 10 月下旬率部到达太和，4 个月后他把军务交给冯钦哉、孙蔚如代理，自己离开部队，化名呼尘，前往日本休养治疗。

杨此时离开部队出走，与当时的政治形势和他的处境有关。四一二政变后，蒋介石实行白色恐怖政策，血腥屠杀共产党人和革命者。6 月，冯玉祥参加郑州会议、徐州会议后，与蒋合流，也开始反共、"清党"。冯撤换了国民军联军总政治部主任刘伯坚（共产党员）的职务，把苏联顾问押送回国，并下令逮捕共产党人乃至一般进步人士。西北局面顿时变色，中国大地被血雨腥风所笼罩。

杨虎城到太和后，仍坚持与共产党人合作。蒋介石背叛革命后，魏野畴、南汉宸、蒋听松等一批共产党人来到杨虎城军中，杨与他们研讨中国革命形势，给他们安排工作。杨任命蒋听松为军部秘书长，魏野畴为军部政治处处长，寇子严为第一师冯钦哉部参谋长，曹力如为第二师孙蔚如部政治处处长。此时，杨创办了一所军事政治干部学校，任命南汉宸为校长。此时聚集在杨虎城军中的共产党员多达200来人。他们组建了以魏野畴、南汉宸、蒋听松、刘子华为领导人的中共皖北特委，在中共河南省委领导下，以杨的部队为中心开展活动。杨虎城曾要求加入中国共产党，未被上级批准。当时，被"左"倾错误领导所统治的中共中央不顾主客观条件，指示各地盲动地发动起义。中共皖北特委确定以杨部队中的革命力量为核心，在皖北发动起义，在大别山地区建立革命根据地。特委几名领导人多次与杨商量此事，促杨率部参加起义。杨不赞成此举。他认为皖北地处平原，太和处于蒋、冯两大军事集团包围之中，敌我力量悬殊；而部队基层骨干少，一时抓不起来，上层大多数思想保守，不可能跟着走，少数人贸然起事，最后必然招致失败。杨主张不急于暴动，应先发展组织，积蓄力量。可是，杨的意见未被采纳。他获知皖北起义计划已得到上级批准，势在必行时，觉得他既不参加起义，再继续留在军中，处境会更为尴尬。恰在此时，南京政府派韩振声来皖北，一是挑拨杨与冯的关系，促使杨叛冯附蒋；二是以劳军为名，侦察情况。韩过去就知道南汉宸、寇子严的政治身份，现在他极力鼓动杨将南汉宸等逮捕解往南京，向蒋邀功，并说他保证，杨如能这样做，杨军队的编制、经费问题，都可以解决。杨断然拒绝，他对韩说：我与南汉宸是老朋友，尽管政治见解不同，但首先要顾及朋友间的道义，不能那样做！

1928年2月，杨虎城偕夫人谢葆贞、秘书米暂沉等离开太和，前往南京。到南京后，他到处游山玩水，还去了上海、杭州，并到普陀住了月余。在南京期间，经随员刘子潜（黄埔军校毕业生）介绍，避开随身秘书米暂沉（当时是共产党员）秘密地会见了蒋介石。这是杨第一次同蒋见面。蒋询问杨对冯玉祥的看法，杨如实地谈了自己对冯的不满，如强迫陕军出关、包揽陕西军队大权、杀害陕军将领等。蒋夸奖杨对冯了解深刻，谈得好，并问杨是愿意继续受冯指挥，还是另有打算，归顺中央。杨说：谁革命，我就跟谁！蒋表示现在是共同北伐时期，他不便改编冯的部队，嘱杨可找个合适的人暂时带领部队，杨可出国到日本访问，考察军事，伺机再电召杨归国，继续带领部队。蒋还允诺南京可解决杨部的军费供给问题。①

杨虎城离开太和后，第十军内有人叛变告密，交出了共产党员名单。当时主持十军工作的参谋长孙蔚如，根据杨虎城走前的叮嘱，对所有共产党员无一伤害，而是把他们召集在一起，分发给路费，送到皖豫交界处放走。对南汉宸、曹力如也采用了同一办法。这就为日后与共产党人再次合作留下了余地。

1928 年 4 月初，中共皖北特委领导的刘集（位于太和、阜阳之间）起义爆发。参加起义的有当地农民和杨部第十军的一部分以及四十九军高桂滋部教导团一部分，在刘集建立了苏维埃政权。在优势敌人的进攻包围下，起义很快失败。魏野畴带领 20 余人突围，后被逮捕并杀害。

1928 年春，掌握了南京中央政权的蒋介石发动第二期北伐，以期用武力统一中国。此时，驻在皖北的杨虎城部与冯玉祥的关系若即若离，藕断丝连。冯把杨部划归方振武指挥。杨当时是既不愿参加所谓的第二期北伐，更不愿接受方振武指挥。那时陕军将领樊钟秀、李虎臣、高桂滋等酝酿反冯，联络杨虎城参加。杨不愿参与其事，也不便断然拒绝，苦于应付。

就是在这样的形势下，杨虎城的健康状况急剧恶化。他接受别人的建议，决定东渡日本接受治疗，并考察日本的军事、政治情况，待机再起。

1928 年 4 月下旬，杨虎城偕夫人谢葆贞、秘书米暂沉由上海乘“长崎丸”轮船到日本神户，然后转赴东京，由几名在日本的陕西留学生负责接待。先住在东京近郊的大冈山，后移居东中野。

杨在日本逗留了 7 个月。经过休养和治疗，他的身体很快得以恢复。他全面考察了日本社会情况和各派政治势力，留心国内政局的变化，还时常到离他住所不远的代代木练兵场观察日本军队的训练情况。杨虎城来日本，主要目的并非是考察日本的政治和军事，而是想以日本为中转站，前往苏联寻找自己将来的出路。经过几个月的多方寻找，他终于找到了赴苏的引路人——连瑞琦。这位陕西生出的青年人，1920 年接受杨虎城的资助前往

---

① 见刘子潜《杨虎城军长与蒋介石首次会见之回忆》，《陕西文史资料精编》第 9 卷（上），陕西人民出版社，2010，第 176 页。

德国留学。在欧期间，与旅欧的一些中国反蒋人士有所接触。他就是因为策动反蒋活动失败而逃到日本东京躲避的。杨找到连后，到其在东京的住所，向他倾诉自己扔掉部队来东京就是想请连带他去苏联，找共产国际，寻求今后的出路。连不同意杨的这种选择，并向杨指出：离开中国，离开自己的部队，就等于是离开了自己赖以生存的土壤和根基。他以邓演达为例，说邓离开了国内的第四军，只身到欧洲，毫无作为，成了离山的老虎，很孤单。要革命就要抓住武装，并在合适的地方建立根据地。经连劝说，杨接受了连的意见，放弃了去苏联的想法。之后两人多次探讨中国革命问题。一次在日本箱根火车站候车室长谈，两人商定一起回国，杨带部队返回西北，连到南京打入国民党政府内部。杨回国后，要脱离冯玉祥；到西北尽快建立根据地，接近苏联；团结和接纳国民党左派人士；利用反对派的内部矛盾，壮大自己；劝说部队中的共产党员，改正"左"倾错误；坚决不和共产党武装冲突。[①]

1928年秋，蒋介石与冯玉祥之间的矛盾日趋尖锐。名义上隶属于冯玉祥第二集团军的第十军杨虎城部，成为蒋冯双方拉拢争取的对象。冯玉祥把驻皖北太和的第十军以及留驻陕西的一部分队伍调到山东单县，合编为国民革命军第二集团军暂编第二十一师，归冯部山东省主席孙良诚指挥。冯玉祥亲自致电杨虎城，催他回国整理部队。与此同时，蒋介石通过驻日使馆也致电杨虎城，除慰问病情外，也催他早日回国。杨所辖部队也派曹润华、王宝珊、姚丹峰到东京向他报告情况，请他回国。在上述三方敦促下，杨遂于1928年11月16日回到上海。

杨虎城去南京拜会冯玉祥。冯对杨十分客气，赞扬了杨在西安守城中的功劳；对杨部在豫东受挫，冯说责任不在前方指挥人；并说已令杨部开往山东，准备参加剿灭土匪的战斗。

杨在南京虽没直接见到蒋介石，但应邀会见了何应钦。何请杨吃饭，对杨十分恭维，临别时送给杨一本密电码，嘱杨以后多加联系。

杨虎城到泰安会见孙良诚后，便到临沂军中，正式就任国民革命军第

---

① 见连瑞琦《回忆杨虎城将军》，《陕西文史资料精编》第9卷（上）。

二集团军第二十一师师长之职。部队经过一段整训，即参加剿匪。对出没于胶东一带的几股土匪，如刘桂堂、顾震、张黑脸等部，都给予致命打击，胶东地区暂时出现了安定局面。

1929 年 4 月，蒋、冯关系濒于破裂。为应付突发事件，冯开始收缩防线，集结兵力。他命令杨虎城的暂编第二十一师随孙良诚转移河南。前年豫东之战，杨多次请冯援助，冯未派一兵一卒相助，杨与许多干部均记恨在心。杨又考虑，冯部撤离山东，蒋派陈调元主持山东，自己不与蒋接上关系，以后不好相处。于是杨拒绝冯命，拒不开拔。何应钦立即致电杨虎城，大意是胶东匪氛未靖，地方治安可虑，该部应即驻防原地，维持秩序，所有部队经费番号中央当负责解决，诸希来京面谈。[①] 于是，杨虎城由海路前往南京，先后受到何应钦、蒋介石召见，部队改编为国民革命军新编第十四师，下辖三个师，三名师长是孙蔚如、冯钦哉和马青苑，全师共 1.4 万人，南京每月给军饷 10 万元。由此，杨虎城离开了冯玉祥，依附于蒋介石。

1929 年 9 月蒋、冯战争爆发前，杨虎城奉蒋介石命由胶东移防河南安阳，兼任南阳守备司令。蒋介石为了让杨虎城替自己卖命，从武汉运来 1 万包大米、1 万袋面粉、100 万发枪炮弹和大量军需物资，可供杨部半年使用。冯部刘汝明军从商洛出荆紫关东进，杨派孙蔚如、马青苑率部迎击，在西峡口激战一昼夜，刘部不支，向西逃跑。12 月初，唐生智联合阎锡山、冯玉祥反蒋，军队改称"护党救国军"。当月下旬，唐生智所部集结于驻马店，进攻确山。杨虎城率部进攻唐军，于 1930 年元旦攻克驻马店，促使唐部溃败。1930 年 3 月，杨虎城的新编第十四师奉命改编为陆军第十七师，接着又改为陆军第七军，杨任第七军军长兼第十七师师长。

在 1930 年 5 月爆发的中原大战中，杨虎城也助蒋有功。7 月，杨所部被改编为讨逆军第十七路军，杨虎城任总指挥，奉命在平汉路以西地区担任攻防任务。9 月，蒋命平汉路以西部队向陇海路西段挺进，追击冯军。杨虎城一直在寻机打回关中，经营西北。现在，他除留少数部队留守南阳外，率全部主力从南阳、叶县出发，经鲁山、宝丰、临汝，17 日攻克洛阳附近

---

① 米暂沉：《杨虎城传》，第 53 页。

的龙门。全军兼程西进，重返关中，10 月 29 日进入西安，对冯玉祥经营多年的根据地被杨部摧毁。

还在杨虎城率部西进的途中，南京政府就令其筹建陕西省政府。恰好这年的夏天南汉宸又来到杨的军中，杨把筹组省政府的任务交给他。南京政府 1930 年 12 月 24 日正式任命杨为陕西省政府主席，杨则任命南汉宸为省政府秘书长，代其处理日常事务。

四 蒋、杨矛盾

当蒋介石刚刚在南京建立起中央政府、接连遭到反对派反对的危难之际，杨虎城离冯附蒋，并在两次新军阀混战中站在蒋一边，屡立战功，帮助蒋渡过了难关。加之冯在西北的势力还没有彻底摧毁，蒋要集中兵力对付红军，无暇西顾，因此，在一段时间里，蒋允许杨扩充势力，并批准他重返关中，经营西北。可是，杨虎城毕竟不是蒋的嫡系，其势力的进一步扩大，又是蒋所不情愿的。于是，杨到西安后，蒋便采取种种措施限制杨的扩张并想方设法削弱其势力。杨与蒋之间的矛盾日趋尖锐。

削减和瓦解杨的军事实力。杨虎城返陕时，所部有三个正规师和一些直属部队。入陕不久，南京撤销第五十八师（师长马青苑）番号，将该师改为地方部队——陕西警备师。1932 年 9 月，该师驻甘肃天水，蒋派葛武棨前去策动马青苑叛杨，马遂离杨而投入蒋的怀抱。1934 年 10 月，蒋介石把杨部第十七师（师长孙蔚如）四十九旅杨渠统部改编为新编第五师，开赴河南，划归刘峙节制，脱离杨的系统。

阻止杨向西北扩张。杨虎城率部返陕，蒋介石立即设立全国陆海空军总司令潼关行营，负责西北军务，控制杨的发展。蒋任命顾祝同为潼关行营主任，率蒋的嫡系部队第二师黄杰部、第三师陈继承部进驻潼关、华阴、华县等地，以扼制陕西的咽喉。后因石友三在冀南叛变，蒋不得已派顾祝同率黄杰、陈调元部前往平叛，才令杨虎城接任潼关行营主任，后又允该行营迁往西安，改称西安绥靖公署。杨利用这个机会，改编马步芳、马青芳部，同青海改善关系。盘踞甘肃、自称保安司令的雷中田，拥戴失意军阀吴佩孚自川入甘，欲会同晋、川等地军阀合攻陕西。杨虎城派孙蔚如率第十七师进入甘肃，经定西、宁静激战后，于1931年12月占领兰州，吴佩孚、雷中田等经宁夏逃走。孙蔚如当上了甘肃宣慰使。至此，杨虎城除占有陕西外，又囊括了甘肃的地盘。孙蔚如扶持起来的新编第三十六师又进军新疆。杨在潼关、华阴、西安建立兵工厂，在兰州设造币厂，扩充部队。还提出"回汉一家，陕甘一体"的口号。但是，坚持独裁统治的蒋介石是不会允许杨虎城恣意经营西北，成为"西北王"的。他于1932年10月，撤销甘肃宣慰使署，命孙蔚如率部离开甘肃，移驻陕南汉中，任命邵力子为甘肃省政府主席。1933年春，又突然免去杨虎城的陕西省政府主席职务，改由邵力子接任。同年10月，蒋又撤销西安绥靖公署兰州分署，另立驻甘绥公署，笼络青海的马步芳、宁夏的马鸿逵，阻止杨虎城西进。蒋还派胡宗南率中央军第一师进驻陇东天水，隔断陕甘联系。蒋的势力伸向西北，步步深入，杨经营西北的计划，一筹莫展。1934年10月，蒋介石第一次到西安"视察"。为了笼络杨虎城继续为他效力，支持他的"攘外必先安内"政策，他执意要登门看望杨的母亲。10月15日，他偕夫人宋美龄到杨宅，向杨母行三鞠躬礼，并嘘寒问暖。临行前放下一个信封，内装一张面额不菲的银行支票。[①]

可惜，他的笼络和小恩小惠并未奏效。两年以后，提出"挟天子以令诸侯"的献策并与张学良一起对蒋发动"兵谏"的就是杨虎城。1935年10月，蒋更在西安设立西北"剿匪"总部，派张学良为副总司令，代行总司令职务。杨在军事上要受张节制，他经营西北的计划彻底破灭。

更为毒辣的是蒋介石命令杨虎城参加"剿共"内战，以消耗杨的实力。当程子华、吴焕先、徐海东率领的红二十五军从鄂豫皖地区长征到达陕南后，杨虎城奉蒋命于1935年上半年先后两次用自己的直属警备部队"围剿"红二十五军，结果是两个旅长被杀，一个旅长负伤，他苦心经营多年的直属部队几乎全被红军歼灭。杨遭此惨败后，蒋介石非但没有关心，而且还落井下石，甚至想趁机吃掉杨部。蒋、杨之间的矛盾进一步发展。

---

① 杨瀚：《杨虎城大传》，团结出版社，2014，第174页。

第五章　"三位一体"

一　另寻出路

　　红军在陕北接连挫败东北军的"围剿"，取得辉煌战果，这如同对张学良猛击一掌，使他的头脑清醒了一些。严酷的现实，使张对蒋介石的"攘外必先安内"政策发生了怀疑，他逐渐认识到走随蒋"剿共"道路是一条死路。东北军要抗日复土，必须另寻出路。

　　1935年末，张学良在南京出席国民党五全大会后到达上海，探望因"新生事件"获罪坐牢的东北籍爱国民主人士杜重远。杜成了他走联共抗日道路的引路人。

　　杜重远，1897年出生在吉林省怀德县一个农民家庭，中学毕业后公费去日本东京高等工业学校留学，1922年毕业回国，抱着"实业救国"的理想，在奉天北郊创办肇新窑业公司，曾担任沈阳商务会副会长，成为东北地区工商界知名人士，与高崇民、阎宝航、陈先舟、车向忱等过往甚密，九一八前就与张学良有交往。九一八后，杜先在北平参加抗日救亡运动，支持坚持在东北抗日的义勇军。后来南下，在上海继续参加抗日救亡活动，并在江西的景德镇和九江创办新式陶瓷公司。他结识了沈钧儒、邹韬奋等进步人士。中共秘密党员胡愈之、孙达生（当时叫宋介农）是他的好友。杜同情和拥护中国共产党的抗日救国主张，反对蒋介石的"攘外必先安内"政策。

1935 年 5 月，杜重远在他主办的《生活周刊》（第 2 卷第 15 期）刊登了一篇题为《闲话皇帝》的短文，泛论中外君主制度，其中讲到日本天皇裕仁是生物学家，按日本宪法，天皇没有实权，每天以搜集动植物标本为日常工作。日本政府认为这篇文章是"污辱天皇，妨碍邦交"，向南京政府提出抗议。南京当局屈从于日本压力，判处杜重远 14 个月徒刑。这种倒行逆施受到国人的猛烈抨击，国民党当局不得不在杜重远服刑期间给以特殊待遇。杜住在上海漕河泾江苏第二监狱专门为他盖的三间平房里，会客不受限制，周末可回家，后来转至虹桥疗养院。

胡愈之和孙达生常到狱中探望杜重远，和他一起讨论局势，向他宣传共产党的抗日民族统一战线主张。他们关心张学良和东北军的前途，主张东北军应停止"剿共"，走西北大联合共同抗日的道路。1935 年 9 月，东北爱国民主人士高崇民来上海探望杜重远，杜介绍高与胡愈之、孙达生相识，胡、孙对高做了不少工作，鼓动高利用与东北军上层的关系，去做张学良、东北军的工作。孙达生还和高崇民相约一同去西安，高从事公开活动，孙从事秘密活动。10 月 9 日，高崇民以及刚从国外归来的卢广绩、从南昌来的阎宝航、从武汉来的王化一、从北平来的王卓然聚集到杜重远所在的监狱，交换对时局的看法。大家一致认为：蒋介石的"攘外必先安内"政策断送了东北，使华北也难以自保；蒋介石驱使东北军"剿共"，是一箭双雕，使东北军与红军两败俱伤；东北军不应在内战中消耗殆尽，应保存实力，用于抗日复土的疆场。杜重远提出，张学良应停止"剿共"，利用在西北的机会，搞西北大联合，联合各实力派，抗日非大联合不可。大家议论完后，由高崇民、阎宝航根据上述意见起草了一封给张学良的信，并于 11 日再次会面时通过。杜重远建议由高崇民持函去西安与张面谈，并留在张身边襄助其事。杜重远与杨虎城、杜斌丞相识，他还写了介绍信，让高到西安后与杨、杜会见。

此前，张学良托高崇民带给杜重远一封信。张在信中除表示慰问外，还请杜耐心等待，他将设法营救。同时表示久未接到杜的来信，希望杜不要嫌弃他、误会他。信中写道："我的方针是拥护领袖，健全自己，这都是为了恢复失地。我绝不会忘记处在水深火热之中的东北三千万父老兄弟。

我绝不会屈服，请兄放心！"①张学良这次到上海后，为避人耳目，自己开车把杜重远接到郊外，两人在汽车里面对面地进行了长谈。

张学良坦诚地向杜重远倾诉了自己内心的苦闷。他说，在意大利时，他学习了法西斯主义，认为这是挽救中国的灵丹妙药。所以，回国后极力拥护蒋介石独裁，以期早日统一中国，好去抗日，因而拥护和执行了蒋的"攘外必先安内"政策；可是，东北军参加"剿共"以来，接连受挫，损兵折将，事实表明这是一条走不通的道路，等于是无期徒刑。他很想听听杜重远的看法。

杜重远正想做张学良的工作，现在张主动找上门来征求意见，杜便抓住这个时机向张推心置腹地讲出了自己的意见。杜分析了形势，着重谈了联合战线与抗日救国问题，他说：东北军能攻善战，应当用于抗日疆场；日本侵略者并不可怕，真正可怕的是一个民族丧失了气节；只有抗日，东北军才有前途，你个人也可以有荣誉；东北军现在陕甘，正好可联合共产党、杨虎城和新疆的盛世才，共同抗日。张学良考虑，盛世才是东北人，容易联合；与杨虎城间虽有些隔阂与误解，但也不是不可解决；他最担心的是怕共产党不要他。杜重远向他解释说：共产党今年发表了《八一宣言》，声明愿同所有抗日力量建立联合战线。共产党最忠实于自己的主张，只要你决心抗日，共产党一定会同你联合的。杜又说：不联共抗日，是空谈抗日。杜还劝张学习一些新的理论、新的知识，并把有关辩证唯物主义和政治经济学的书籍介绍给他阅读。

张学良是一位有爱国思想而又性格豪爽的人，听完杜重远这一席发自肺腑的言论，表示完全接受杜的意见，决心退出内战，走西北大联合共同抗日的道路。

指引张学良走联共、联苏、抗日道路的，除杜重远外，还有马占山。马占山是张学良的旧部，九一八后在东北曾率部抵抗日军侵略。江桥一战，名震全国，成为举世闻名的抗日英雄。后作战失利，率部退往苏联，1933年6月回国。马后来曾去武汉拜会张学良并向其进谏，批评张在对待蒋介石

---

① 丘琴等主编《高崇民传》，人民日报出版社，1991，第82页。

的态度上犯了三次大错误："第一次是 1928 年冬，不应该拥护南京政府，挂青天白日旗，加入国民党；第二次是九一八事变，不应听从蒋介石不抵抗命令，拱手放弃东北四省；第三次是不应该回国宣传法西斯能救中国，拥护蒋介石为领袖，参加'剿共'内战。"马还对张学良一针见血地指出："东北军参加打共产党是无期徒刑，是卖命换饭吃。共产党打不完，东北军先消耗光了。必须设法保存这点老本，争取早日打回东北去。"马占山还向张学良建议，抗日一定能得到苏联的援助，他说出国见了世面，中国人要打小鼻子（指日本）一定能得到大鼻子（指苏联）的援助，这是斯大林亲口答应的。马还举例说：当年蒋介石得到苏联派来的顾问，送来两船军火补充黄埔军校，才开始北伐。冯玉祥也是得到苏联派来的顾问和 200 辆汽车军火，才得以在五原誓师。[①]

张学良这次在上海还会见了李杜。李杜也是他的部下，九一八前任东北军第九旅旅长。九一八事变发生后，李拒绝附逆投敌，组织吉林自卫军，任总司令，率部抵抗日军对哈尔滨的进犯，失败后于 1933 年 1 月退入苏联。滞留苏联期间，与中共驻共产国际代表团建立了联系。同年 7 月，李杜绕道欧洲回国到达上海，与中共地下党组织有联系。1934 年 7 月，曾与宋庆龄、何香凝等进步人士共同发起建立中国民族武装自卫会，任该会武装部部长。李杜回国后，积极支持东北抗日武装，曾计划假道苏联，潜回东北，收集旧部，重揭抗日义旗。张学良这次在上海见李杜，除询问其出国准备情况外，并请他代为寻找共产党的关系。李杜答应了张的要求，说待找到后去电通知他。

在 1935 年末至 1936 年初这段时间里，张学良为了早日退出内战，走上联共抗日道路，多方寻找共产党的关系。他除委托李杜在上海寻找关系外，还想到东北大学。由他担任校长的东北大学，在北平"一二·九"运动中起了骨干作用，他估计在学生中一定有共产党员活动。于是，他在回西安前，致电东北大学秘书长王卓然，表示他捐款 1000 元，用以慰问在"一二·九"运动中受伤的学生，同时要东大学生会派代表去西安见他。东大学生会果然派中共党员宋黎为代表前往西安。张学良回到西安，立刻召见宋

---

① 孙达生：《从上海到西安》，中国社会科学院现代史研究室编《西安事变资料》第 2 辑，人民出版社，1981，第 107 页。

黎，交谈了三个半天。宋黎向张报告了北平"一二·九""一二·一六"两次游行示威的经过和全国各地抗日救亡运动的形势，诉说了东北人民亡国奴生活的惨状。宋讲得有条有理，慷慨激昂，甚至声泪俱下。张学良听后深受感动，向宋表示，他坚决主张抗日，东北从他手中丢失，定要从他手中夺回。张从宋的言谈举止判断他是共产党员，便问他是不是共产党？宋没正面回答。张见宋是一位爱国青年，便把他留在身边当秘书，以备日后委以重任。

张学良打通共产党关系的第三条渠道，是让驻在陕北洛川的六十七军军长王以哲，从前线设法寻找共产党的关系。不久，在榆林桥战役中被俘的东北军六一九团团长高福源从苏区回到洛川，首先沟通了东北军与中共中央的关系。

二　从对抗走向联合

中国共产党对待张学良的政策，有一个发展变化的过程。在中央红军到达陕北以前，中共对张学良一直持反对态度。1935年的《八一宣言》和同年10月的《中央为目前反日讨蒋的秘密指示信》，都把张学良与蒋介石并列为卖国贼。毛泽东率中央红军长征到达陕北后，对张学良、东北军的态度开始发生变化，由敌对走向联合。

1935年以后，日本侵略者步步进逼，华北岌岌可危，民族矛盾已上升为社会的主要矛盾。东北军不是蒋介石的嫡系部队，张学良本人集国难家仇于一身，与日本侵略者不共戴天，广大东北军官兵厌倦内战，希望打回老家去。当时在陕甘的红军不过1万多人，而国民党军队达30来万。红军要在陕甘站住脚并求得发展，必须尽力争取一切可能争取到的力量；此外，中共驻共产国际代表团成员张浩已衔命从莫斯科回到陕北，向中共中央传达了共产国际"七大"精神和《八一宣言》的内容。因此，在1935年12月中共中央政治局瓦窑堡会议通过决议，抛弃了"左"倾关门主义政策，决定建立抗日民族统一战线。这次会议的决议，集中目标反日反蒋，再没把张学良与蒋介石并列在一起称为卖国贼。

中共建立抗日民族统一战线，争取联合国民党官兵共同抗日，首先就从争取张学良的东北军开始。这是因为他们处于陕甘"剿共"第一线，对红军构成直接威胁；他们都是亡省亡乡之人，有强烈的抗日要求，迫切要求打回老家去，收复失地。1935年11月，以毛泽东、彭德怀等九人名义发表《告围攻陕甘苏区的各部队官长与士兵书》，向一切不愿当亡国奴、不愿受日本侵略者指挥的官兵指出："只要你们不打红军和陕甘苏区，我们愿意和你们互派代表，订立抗日作战协定，并组成抗日联军与国防政府，联合起来，打日本救中国。"并郑重声明："不论哪一派的军队，不论一军一师或者一连一排，不论从前有没有打过红军和苏维埃区域，我们为着贯彻四年来的抗日救国的主张，都一律欢迎同我们联合起来共同抗日。"①

红军在直罗镇战役中歼灭东北军五十七军一个旅，战斗刚结束，毛泽东就于11月26日写信给该军军长董英斌，争取东北军调转枪口，与红军联合起来，共同抗日反蒋，信中说："东北军之与红军，固犹属中国境内之人，何嫌何仇而自相斫丧！今与贵军长约：（一）东北军不打红军，红军亦不打东北军。（二）贵军与其他东北军部队，凡愿抗日反蒋者，不论过去打过红军与否，红军愿与订立条约，一同打日本打蒋介石。（三）红军优待东北军官兵，不但一个不杀，且分别任职或资遣回队；负伤官兵，均照红军伤员一体医治。"②毛泽东在信中还表示，愿互派代表，商洽一切。

中共争取东北军，通过教育和释放俘虏收到了成效。红军对在崂山、榆林桥和直罗镇战役中俘虏的几千名东北军官兵，认真执行党的俘虏政策，不但一个不杀，还不搜腰包，不没收私人财物，不打骂虐待。俘虏的食宿待遇基本上和红军相同，有的可能还要略好些。对被俘的120名中下级军官、特种兵和政训人员，送到瓦窑堡白军军官训练班学习。对所有俘虏，都进行政治教育，讲红军二万五千里长征的故事，讲日本帝国主义为什么要侵略中国和我们应该怎样抗战，讲红军是什么样的军队和共产党为什么要革命，讲中共的抗日民族统一战线和东北军应同红军合作抗日打回老家

---

① 中共中央文献研究室编《毛泽东年谱（1893～1949）》上卷，人民出版社、中央文献出版社，1993，第493页。

② 《毛泽东年谱（1893～1949）》上卷，第490页。

去等。对被俘的东北军官兵来说,听到这些闻所未闻的内容,他们深受教育和感动。经过短期教育后,红军向他们宣布:愿留下来参加红军的,欢迎;愿回原部队的,发给路费,开具路条,释放归队。那些释放归队的俘虏拿着红军发给的 3 元钱路费和一些宣传品回到东北军部队后,成了红军的义务宣传员。通过他们现身说法的宣传,广大东北军官兵了解了红军的性质和中共的抗日民族统一战线主张,于是更不愿意打内战,希望和红军共同抗日,打回老家去。

红军通过教育和释放俘虏打通与东北军的关系,这其中高福源起的作用最为显著。在榆林桥战役中被俘的东北军六十七军一一〇师六一九团团长高福源,祖籍河北盐山,1901 年生于奉天省海城县农村。其父因生活所迫,曾投身军旅。高福源少年时勤奋好学,小学毕业后,被其父送到北京汇文中学读书。1921 年,高福源考入北京辅仁大学读书。1923 年,他怀着从军报国的热忱,考入东北讲武堂第五期,翌年毕业后,在东北军中先后任连长、参谋、少校团附等职。他为人正直,性格刚强豪爽,对上司敢于直言进谏,又有较高的文化素养,受到张学良的赏识。1927 年,张学良成立东北模范学生队时,任高为教育处主任。

1929 年,东北陆军步兵第一旅成立步兵教导队,时任该旅团副的高福源被委任为教导队队长。不久,又被调到东北陆军讲武堂军事研究班第三期深造。1933 年初,高任六十七军参谋处处长,深受军长王以哲的信任。在长城抗战中,协助王以哲指挥作战。1934 年,六十七军由河北调往豫南,高福源已任六一九团上校团长。1935 年 10 月,六十七军转移到陕北洛川、甘泉、肤施、鄜县一带与红军作战。高福源被派往榆林桥驻守,任务是确保洛川、甘泉一线交通畅通。10 月 25 日,高福源在榆林桥战役中负伤被俘,自忖必死无疑,便对红军第十五军团长徐海东说:"我是军人,要杀要砍,随你们的便!"徐海东对他说:"哪个要杀你,你是东北军的一个军官,现在东三省都让人吞了,不知道吗?你要有点骨气去打日本人。你们东北军的兄弟,见了红军枪都朝天上放,你还充什么英雄好汉,来跟红军拼杀呢!"[1] 听到

---

① 张麟:《徐海东将军传》,解放军文艺出版社,1982,第 183 页。

这句话，高福源羞愧得低下了头。

经过在瓦窑堡两个月的学习和观察，高福源的思想发生了很大变化。他认识到红军对被俘人员实行优待政策，尊重俘房的人格；红军是一支真心抗日的队伍，真诚帮助东北军打回老家去；共产党与国民党有本质区别，是为国家民族利益奋斗的党。高在学习班里亲自听到共产党和红军领导人讲课，他们那忧国忧民的真挚感情，坚决抗日反对内战的态度，使他深受感动。

1935 年 12 月，红一军团开始围攻甘泉，守军是东北军六十七军一〇七师。红军久攻不下，彭德怀便让把在瓦窑堡的高福源送到前方来。彭与他用民主讨论的方式谈了两天一夜，给他讲抗日救国的道理，共产党的抗日民族统一战线政策，还让他参观红军部队，观看红军宣传队演出的文艺节目。对高福源提出的一些疑问，彭德怀都给以圆满解答。红一军团秘书长兼敌工部部长周桓（东北人）也直接对高福源做了大量细致的工作。经过红军高级指挥人员的直接帮助，高福源对红军更加心悦诚服，表示愿意去甘泉说服守军总指挥、东北军一〇七师参谋长刘汉东改变敌视红军的态度。彭德怀慨然允诺，派周桓陪高前往甘泉。高到甘泉后，向刘汉东介绍了自己在苏区的见闻，说共产党是爱国爱民的，向刘宣传了中国共产党的抗日民族统一战线政策，强调东北军只有联共抗日才有出路。高同时了解到，甘泉城内的东北军部队因久被围困，缺吃少穿，生活很苦。彭德怀从高福源的汇报中得知这些情况后，派周桓送去二三十垛猪牛羊肉和柴米，并进一步向刘汉东宣传中国共产党的抗日救国主张，回答了刘提出的不少问题，使红军与东北军一〇七师的关系进了一步。

经过与共产党人接触，高福源进一步认识到，"抗日救国大事要依靠共产党和红军"，"共产党是爱国爱民的"。[①] 1936 年 1 月初，他向彭德怀表示，愿为红军与东北军联合抗日而奔走。他说，东北军不仅下层官兵，就是张学良、王以哲也有抗日、打回老家去的强烈愿望，如果张、王能够了解红军的抗日民族统一战线政策，是能够与红军合作抗日的。高对彭德怀

---

① 转引自《抗战前夕彭德怀为争取东北军和西北地方部队所做的贡献》，《中共党史资料》第 39 辑，中共党史资料出版社，1991，第 183 页。

表示："如果你们相信我，我愿回东北军去劝说张学良放弃反共政策，与红军停战，联合抗日。"彭德怀答复说："我们相信你！"高接着问："你们真的相信我，敢放我回去吗？"彭肯定地说："军中无戏言，一言为定。"高坚定地表示："我若回去，一定不辜负红军对我的优待，一定不虚此行。"彭则表示："我们希望你能完成任务。"①

高福源急于说服张学良，与彭德怀谈话后第二天清晨就启程前往洛川。他经肤施到达甘泉，会见了东北军六十七军一二九师参谋长张文清等，说明自己的来意。他写信给自己的好友、六十七军代理参谋处处长佟道，请他向军长王以哲转达自己的要求。此时，王以哲正奉张学良密令设法与红军取得联系，得知高福源的情况后，当即派佟道去迎接高福源到洛川六十七军军部。高向王以哲和赵镇藩（六十七军参谋长）报告了自己在苏区的见闻，介绍了中国共产党"停止内战、一致抗日"的主张，提出有重要事情要向张副司令报告。王以哲立即将高福源回来的情况密电张学良。张学良原以为高福源被俘后早已被杀害，见到王以哲电报后第二天即赶到洛川。高见张后，将自己在红军中的见闻和感受和盘托出。他慷慨陈词，声泪俱下，希望张学良放弃反共，与红军联合抗日。张学良为考验一下高的胆量，勃然大怒道："你好大胆！你当了俘虏不算，还敢要我通匪，我现在就枪毙你！"高福源毫无惧色，对张说："报告副司令，我要怕死，就不回来干这种事。副司令枪毙我，还不是同踩死一个蚂蚁一样，容易得很。但是副司令忘了我们东北被日本鬼子强占去了，我们东北三千万同胞当了亡国奴。副司令也忘了先大元帅是被日本鬼子炸死的。现在人家共产党提出全国人民起来抗日，诚心诚意要帮助我们东北军打回老家去，副司令你有什么理由拒绝人家的好意？有什么理由还骂人家是'匪'？我们东北军再继续打内战就快要被消灭完了，更有什么理由还去打人家呢？"② 思想已经发生变化，正在多方寻找共产党关系的张学良听了高福源的这一席话，感动得掉下眼泪，他马上站起来对高说：你回来很好，说得也很对，我刚才是要试试你

---

① 转引自《抗战前夕彭德怀为争取东北军和西北地方部队所做的贡献》，《中共党史资料》第39辑，第182页。

② 申伯纯：《西安事变纪实》，人民出版社，1979，第23~24页。

的胆量。张向高明确地说，我同意你的意见，你赶快回去，请红军派一名正式代表，我们正式进行商谈。

1 月 16 日，高福源从洛川乘坐运输给养的飞机到甘泉，再骑马到红军前方总部，周桓热情接待他。高对周说："我这次是奉命而来，张学良要面见你们的代表，共商抗日大计。他在洛川等候。"①

三 洛川密谈

周桓将高福源所谈情况及时电告彭德怀。彭立即转报在瓦窑堡的中共中央，请示可否派人去洛川与张学良面谈。中共中央得悉上述情况后，毛泽东 1 月 15 日复电彭德怀，表示同意派代表去洛川会见张学良，并提出了与张学良、王以哲谈判的具体条件：（1）全部军队停战，全力抗日讨蒋；（2）目前各守原防互不攻击，互派代表商定停战办法；（3）提议组织国防政府、抗日联军，征求张、王的意见；（4）请张、王表示目前东北军可能采取的抗日讨蒋最低限度之步骤（不论是积极的或消极的）；（5）立即交换密码；（6）欢迎王军长与彭德怀见面。关于去洛川同张、王会谈的代表人选，毛泽东与彭德怀在往来电报中曾酝酿过周桓、伍修权、叶剑英、萧劲光。恰在此时中共中央社会部部长李克农回到红军前方总部，李有白区工作经验，周桓向彭建议派李克农去洛川同张、王会谈。此建议得到中央批准。这样，李克农就作为中共中央全权代表在高福源陪同下，起程赶赴洛川，于 17 日晚与王以哲会谈。初次会谈的情况，李克农于 18 日给毛泽东、彭德怀的电报说："昨晚和王谈颇洽，内容不多但意较诚，张副司令已电复明后日亲到洛川晤谈。"

1 月 20 日 18 时，毛泽东急电彭德怀转李克农，再次指示与张学良会谈的方针：（1）向彼方表示，在抗日反蒋基础上，我方愿与东北军联合之诚意，务使进行之交涉克抵于成；（2）向彼方提出，东北军如不在抗日反蒋

① 转引自《抗战前夕彭德怀为争取东北军和西北地方军队所做的贡献》，《中共党史资料》第 39 辑，第 183 页。

基础上求出路,则前途是很危险的;(3)暗示彼方如诚意抗日反蒋,我方可助其在西北建立稳固局面,肃清蒋系势力,进一步助其回平津、东三省。军饷械弹,我方亦有办法助其解决,并暗示彼方如有抗日反蒋诚意,国防政府首席及抗日联军总司令可推张汉卿担任。中国共产党想以此优惠条件来换取张学良放弃反共,进而同红军一道抗日反蒋。当时红军自己的装备很差,之所以提出要帮助张解决军饷械弹问题,显然是寄希望于打通国际路线,取得苏联援助。毛泽东给彭德怀的电报还提出让李克农继续担任代表,常驻洛川,并征求彼方意见,准备三天内让李回趟甘泉再返洛川,并要求张学良派代表到瓦窑堡谈判。①

当天(1月20日)晚间,张学良与李克农在洛川举行了三个小时谈判。张学良告诉李克农,他愿意为成立国防政府奔走,东北军内赞同中共主张的不乏其人,如果红军真有诚意,他本人回西安后将去甘肃、南京,对于学忠、蒋介石做说服工作,劝蒋放弃一党专政,如有成绩,两周后在肤施或洛川与彭德怀见面。张还表示,由于东北军处境困难,为保守秘密,目前只能采取消极态度,东北军与红军双方各就原境划作疆界,在可能范围内恢复经济通商。会谈结束后,李克农于翌日将上述情况电告毛泽东、周恩来。

中共中央得知张学良的政治态度后,1月25日以毛泽东、周恩来、彭德怀等20名红军将领名义发表《红军为愿意同东北军联合抗日致东北军全体将士书》,肯定东北军的绝大多数是爱国的,"是愿意打日本帝国主义的,同日本帝国主义拼命的";针对张学良反日不反蒋的态度,书中着力揭露蒋介石对日不抵抗、歧视压迫东北军等罪行;明确指出,打红军进攻苏区是东北军的绝路,抗日反蒋才是东北军的唯一出路;并表示:"中国苏维埃政府与工农红军是愿意与任何抗日的武装队伍联合起来,组织国防政府与抗日联军,去同日本帝国主义直接作战的。我们愿意首先同东北军来共同实现这一主张,为全中国人民抗日的先锋。"②红军将领们建议东北军派代表来苏区,谈判组织国防政府和抗日联军的具体办法并进行考察。

---

① 中共中央文献研究室、中央档案馆《党的文献》编辑部编《中共党史风云录》,人民出版社,1990,第206页。

② 中共中央书记处编《六大以来》(上),人民出版社,1981,第747页。

经过洛川初步接触，中国共产党和张学良都有意继续进行会谈。2月中旬，高福源致电彭德怀，说张学良1月下旬去南京返回西安后，希望李克农再到洛川面谈。2月19日，毛泽东、彭德怀致电王以哲并转张学良，指出：贵军与敝军之联合抗日号召全国，必为蒋介石等所深恨，制造谣言，从中破坏，望张、王不为奸人谣言所动、威利所屈，坚持联合抗日之立场。毛、彭在电报中表示，同意派李克农即刻再去洛川面谈一切。

2月20日，张闻天、毛泽东、彭德怀代表中共中央和中央军委就与张学良举行第二次洛川会谈，向李克农发出"训令"。"训令"指出，张学良之所以"愿意同我们继续谈判，准备订立互不侵犯协定"，是由于"红军与苏区民众的威力"，"东北军抗日情绪高涨"，"全国民众及许多武装力量反蒋潮流高涨"及"蒋介石军事与政治的控制"。"训令"又说，张学良的政治态度是"同意抗日，但不同意讨蒋；不反对国防政府、抗日联军口号，但不同意马上实行这口号"。根据瓦窑堡会议精神和张学良的上述态度，"训令"指示李克农在第二次洛川会谈中实行以下策略：（1）处处把张学良同蒋介石分开；（2）求得互不侵犯协定的订立；（3）坚持抗日救国代表大会，反对蒋介石召集任何违反民意、欺骗民众、丧权辱国的会议。坚持抗日与讨卖国贼不可分离，反对抗日不讨卖国贼。张学良如果接受上述条件，当然这是最理想的方案；如不接受或不完全接受，在谈判中也不应因这些原则问题与张造成尖锐对立，致妨碍初步协定的订立。与张订立互不侵犯协定，这是起码要求，是当时最迫切的需要。在谈判中张会提出一些什么问题，"训令"做了若干设想，并对李克农如何回答这些问题作了具体指示：如张提出取消苏维埃，李则提出取消南京政府。强调政府问题应交由人民公决，可在抗日救国代表大会做出取消双方政府成立全国人民公意的政治制度；如张提出取消暴动，李则提出取消一切国民党的政治压迫、封建剥削，全国抗日，如此自无暴动之必要，否则以暴动战争对日本与卖国贼是中华民族的神圣事业。"训令"提出，在谈判中应要求停止内战，不拦阻全国红军集中河北，不反对红军充任抗日先遣队。李克农这次洛川谈判应遵循的总原则是"原则不让步，交涉不破裂"。

从1月20日、2月20日中共中央对两次洛川谈判所提条件可以看出：

中共中央政治局瓦窑堡会议刚刚开过，强调执行瓦窑堡会议确定的总方针"抗日反蒋"，坚持抗日与反蒋不可分离，反对只抗日不反蒋；主力红军即将渡过黄河实行东征作战，红军迫切希望与东北军达成停战协议，这样主力红军东征可以解除后顾之忧，陕北根据地可以减轻威胁。

李克农由高福源陪同，于2月21日从瓦窑堡启程，途经甘泉等地，25日到达洛川。这次同李克农一起来洛川的，还有负责采购物资的红军贸易局局长钱之光和负责机要工作的戴镜元等。

王以哲及其参谋长赵镇藩欢迎李克农的再次到来，并采取了严密的保护措施。张学良因于26日要去南京，电嘱王以哲妥善招待，并可先与李克农谈些具体问题，重要问题留待他回来后再谈。2月26日至28日，李克农与王以哲、赵镇藩就红军与东北军第六十七军之间合作抗日问题进行磋商，并达成如下口头协定：

一、为巩固红军与六十七军一致抗日，确定互不侵犯各守原防之原则（包括六十七军在陕甘边区及关中地区之防地）。

二、红军同意恢复六十七军在鄜县、甘泉、延安马路上之交通运输及经济通商。

三、延安、甘泉两城现驻六十七军部队，所需粮草柴等物可向当地苏区群众购买。红军为便利延安、甘泉友军起见，准转饬当地苏维埃发动群众运粮柴等物进城，恢复寻常关系。

四、恢复红、白通商：红军采办货物经过洛川、鄜县等地六十七军有保护之责；六十七军入苏区办货红军有保护之责。但为暂时掩饰外人耳目计，红军去白区办货可着便衣。①

李克农于2月28日上午8时将与王以哲等会谈情况及达成的口头协定报告中共中央。当晚中共中央复电，对会谈情况及结果表示满意。双方商定从3月5日起协定生效。中共中央3月5日将上述协定内容电告红军各部

---

① 中央档案馆编《中国共产党关于西安事变档案史料选编》，中国档案出版社，1997，第38页。

队、中共陕甘省委和陕北省委负责人，令他们"将本协定各项之要旨，向延安、甘泉、鄜县等靠近六十七军防地附近及交通路之县区乡党部、政府、民众团体、红军游击队、赤少队，解说明白，并遵照执行，给予六十七军以粮草之便利，对六十七军人员通过马路者表示好意与欢迎，入苏区办货者加以保护，务使我方军民与六十七军官兵结成亲密之关系，以达到进一步与整个东北军订立抗日讨卖国贼协定之目的"①。3 月 10 日，毛泽东、周恩来和彭德怀电告中共陕甘省委和红二十九军负责人朱理治、萧劲光：王以哲派兵到甘泉换防，我们已同意，"你们应执行前电，不得对王部攻击"。

与此同时，王以哲曾派人掩护红军采购人员两次去西安采购物资，并搜集北平、上海、天津、南京、西安等大城市出版的报刊送给红军。王以哲还向红军赠送了有关河北、山西、绥远、察哈尔四省的军用地图。

张学良 3 月 3 日从南京回到西安，第二天便亲自驾机飞到洛川，与李克农会谈。据当事人回忆，张下飞机后，由王以哲陪同来到李克农住处。张"是化了装的，身着银灰色长袍，外套黑绒马褂，戴礼帽墨镜，手提文明棍，颇似富商模样"②。会谈开始前，王以哲、赵镇藩向张汇报了前一段与李克农会谈的情况及达成的口头协定，张表示完全同意，并风趣地说：我是来做大买卖的，搞的是整销，不是零售。李克农握住张的手说："张将军，你解甲从商啦？"现场气氛融洽，风趣盎然。正式会谈从下午 3 时左右开始。会谈内容，围绕着张学良提出的几个问题展开。

（1）对待蒋介石的态度问题

张学良提出，为什么共产党的抗日民族统一战线不包括蒋介石？李克农根据中共中央政治局瓦窑堡会议精神和中共中央、中央军委给他的"训令"，强调说：蒋介石坚持"攘外必先安内"政策，专打内战，不抗日。九一八以来，蒋不仅把东北拱手送给了日本，现在华北也岌岌可危。蒋还残酷镇压人民的抗日救亡运动。所以抗日民族统一战线不能包括他。张学良

---

① 《中国共产党关于西安事变档案史料选编》，第 38～39 页。

② 戴镜元：《从洛川会谈到延安会谈》，吴福章编《西安事变亲历记》，中国文史出版社，1986，第 47 页；钱之光：《洛川会谈前后》，《中共党史资料》第 10 辑，中共党史资料出版社，1984。

不同意中共的上述看法。他认为,要抗日,不争取蒋介石参加是不可思议的。因为蒋介石掌握着国家政权、军权、财权,实力雄厚;而且蒋本人也有参加抗日的可能,只是他主张先"安内"而后再"攘外"。在讨论这个问题时,张学良与李克农争论得面红耳赤,谁也没有说服谁。李克农后来向张学良表示:你的意见,我们可以向党中央反映。

(2)对抗日战争的看法问题

张学良问:抗日如何抗法?共产党对国防问题的看法如何?李克农在回答时强调了以下几点:抗日主要依靠全国人民的力量,同时也要争取援助;战争的胜负不决定于武器,而决定于人;发动全国人民一致对敌,这个力量是巨大的,是不可战胜的;抗日战争是长期的、持久的,投降论和速胜论都是错误的。中国地广人众,有利于长期抵抗,最后胜利是我们的。张学良表示同意李克农的上述说法。

(3)关于红军的行动方向问题

会谈之前,在陕北的主力红军已渡河东征,正在山西与阎锡山的军队作战。张学良提出:红军东征为抗日就不应走山西,而应该走宁夏、绥远。他认为,宁夏靠近绥远抗日前线,又接近苏联,阻力小,进展会比较容易;去山西,一定会遇到阎锡山、蒋介石的阻遏,恐难顺利进行。李克农着重谈了红军东征主要出于政治上的考虑,出山西去河北政治影响大,有利于推动抗日民族统一战线的形成。对张学良提出的红军去宁夏的问题,李未做更多表示。

此外,双方还商谈了派代表去苏联谋求援助的有关事宜。

张学良与李克农的这次洛川密谈,达成了几项口头协议。

(1)为进一步商谈抗日救国大计,张学良请中共方面派一名全权代表,最好是毛泽东或周恩来与他会谈。地点定在延安,时间由中共方面确定。

(2)由中共方面派一名代表常驻西安,由张学良给以灰色保护,以利开展工作。

(3)关于中共代表去苏联的问题,可经过新疆,由张学良负责与盛世才联系。

这次会谈虽是初步接触,但它有重要意义。它使张学良对中共的抗日民族统一战线政策有了初步了解，促使他在联共抗日道路上迈出了可喜的一步；通过会谈，中共和张学良增进了彼此间的了解，为不久举行的张学良、周恩来会谈铺平了道路。

会谈结束后，李克农于3月5日将会谈结果电告中共中央："张今日晤面，结果甚佳"，并简要报告了达成的各项协议。当天，毛泽东和彭德怀在晋西前线复电李克农，说："本日两电均悉，甚慰"，并说"十七号我方负责代表可到延安，赴友邦代表及西安常驻代表人选即可决定"，要李克农从洛川直接到山西石楼东征前线向中共中央报告谈判情况。

四　刘鼎来西安

张学良与李克农在洛川会谈结束回西安不久，就收到李杜从上海发来的电报，说他要找的"朋友"已经找到了。张学良立刻派高级参谋赵毅专程去上海迎接这位"朋友"。3月20日左右，刘鼎被接到了西安。

刘鼎，原名阚尊民。1903年12月15日生于四川南溪，1923年加入中国社会主义青年团，翌年于浙江省立高等工业学校毕业后，去德国留学，就读于格廷根和柏林大学。同年由孙炳文、朱德介绍，转为共产党员。1926年由德国去苏联，进莫斯科东方大学和空军机械学校学习。1929年回国，在上海中共中央军委保卫局工作。顾顺章叛变后曾被捕，后从康泽主持的"俄文学校"中逃出，1934年辗转进入赣浙皖苏区工作。1935年初该苏区失败，刘鼎5月被捕，10月从九江俘虏营逃出，潜赴上海，由曾在保卫局共同工作的蔡叔厚介绍给史沫特莱，接受中国人权保障同盟接济，住在英籍新西兰人路易·艾黎家中养病，并寻找党组织。由于路易·艾黎家中设有共产国际的电台，一次为避免可能的搜查，艾黎让刘鼎到宋庆龄家中躲避了3天。

1936年3月上旬，受宋庆龄委托赴陕北送信的董健吾回上海向宋复命时，宋把刘鼎在上海的情况及张学良寻找共产党关系的事告诉了董健吾。董到艾黎家中找到刘鼎，原来他两人早就认识，曾一起在中共中央军委保卫局工作过。董告诉刘鼎，张学良现在想联共抗日，希望刘去做张的工作。董还把从杜重远那里了解到的张学良想抗日不愿打内战的心情告诉了刘，并说刘到了西安还可寻机去陕北，不久前他去陕北就是张学良派人护送的。刘鼎在上海找不到党组织，听说去西安可趁机去陕北，认为这是个好机会，但又觉得有风险；于是对董说："事关重大，两天后答复你！"刘经过认真考虑，认为国难当头，张学良想联共抗日是可能的。此行虽有一定风险，但他想不入虎穴，焉得虎子，于是决心去西安会见张学良。

刘鼎与计划去陕北的马海德、斯诺一起到西安。马海德住西京招待所。刘鼎为了安全，自己找的住处，他告诉赵毅，如有事可通过与他同来的马海德找他。

张学良知道刘鼎到西安后，第二天便让赵毅去请他到公馆见面。赵毅上下午都到西京招待所去找马海德，但马海德不知道刘鼎的住处。直到这天晚上刘鼎去看马海德，才知张学良派赵毅找他会面之事。第二天上午，刘随赵到了金家巷张公馆。

刘鼎见到张学良，首先感谢他派人把自己接来西安，并表示来此的目的是听取张将军关于团结抗日的意见，如实报告中共中央，同时也可谈谈自己的看法。张学良却给刘鼎来了个下马威，他板着面孔对刘说："刘先生，你是共产党，我有几件事想请教。我张某人与日本人有杀父之仇，毁家之恨，抗日救亡决不后人。可是你们共产党却骂我是不抵抗将军，卖国投降；中东路事件，苏联红军把东北军打的那样惨，还骂我勾结日本帝国主义，反苏反共；在陕北，红军打东北军为什么打的那么厉害？使东北军遭受了严重损失。"这一连串质问，使刘鼎暗吃一惊。刘想，我是他请来的客人，难道千里迢迢把我接来是要如此训我一顿！对张提出的这些问题，也不能贸然回答，便很坦然地对张说："张将军提的问题很重要，允许我考虑一下，明天详细答复你。"

刘鼎来西安前，在上海做了十来天准备。他从李允生（夏衍）托他带给中共中央的工作报告中见到一些党内文件。他认真学习了《八一宣言》，并搜集和研究了有关东北军、张学良的情况和动向。这些，对他答复张学良所提问题很有帮助。

　　翌日，两人再次相见，针对张所提问题，刘鼎侃侃而谈："1. 张将军身为东北边防军司令，率领几十万大军坐镇东北，守土有责。九一八事变猝起，张将军执行不抵抗政策，一夜之间，沈阳失陷。不到四个月，日寇兵不血刃地占领东三省，这当然遭到全国人民唾骂。中国共产党同全国人民的态度一样，不能不表示态度。2. 东北当局受蒋、日挑唆，首先挑衅，撕毁中东路共管协议，侵入苏联领土。苏联被迫还击，这是正当的自卫。东北当局允许日本帝国主义在东北扩张势力，而对有条约的中东路的管理采取片面行动，事实上是亲日反苏，苏联对张将军的指责也决非无中生有。3. 东北军替蒋介石卖命打内战，已是蒋介石的'剿共'大军，在鄂豫皖和陕西，使苏区和红军受到了很大损失。在陕北，红军为了自卫，实行反击，使东北军受到挫折。这与苏区和红军的损失相比，算得了厉害吗！"刘鼎接着说："红军是有人民支持的不可战胜的新式军队，蒋介石的百万大军也对红军无可奈何，何况东北军?! 蒋介石驱使东北军'剿共'是借刀杀人计，同时，借此消灭东北军。共产党、红军和蒋介石打了十来年交道，深知他剪除异己的一套阴谋手段。究竟是红军对东北军'厉害'，还是蒋介石对东北军'厉害'，值得考虑。"刘又说："国难当头，民族危亡的形势将军当有深切体会。当今之计，打回老家去是东北父老、全国人民对你和东北军最大最适合的愿望。东北军最好是联共抗日，既可以摆脱蒋介石消灭异己的阴谋，也可以一洗'不抵抗'的罪名。将来抗日胜利，张将军和东北军将名垂史册，并占首页。"

　　刘鼎一口气讲完上述看法，以为张学良一定会大发脾气，因为张是个大人物，如此数落他的不是，总有冒犯他的尊严之嫌。可是，刘鼎的一席话，折服了张学良。张听完沉思了片刻，之后安详地说："听君一席话，胜读十年书。刘先生的见解不同凡响。你就是我的朋友，住在我这里，我有许多话要对你说，慢慢地谈吧！"刘说："过奖了！既然张将军赞同我的看法，可否日内送我去陕北？"张学良微笑说："过两天我们一同去陕北，先到洛川住几天再说。"当天，张学良就偕刘鼎飞往洛川。

　　张学良这次去洛川，名为督师"剿共"，实际是等待与周恩来会谈。张与刘鼎住在洛川六十七军军部后院，两人开始促膝长谈。谈话在张学良吃饭的房间进行，持续了十来天。张把在洛川与李克农会谈并邀请周恩来到延安会见之事告诉了刘鼎，并说准备同刘一起去见周恩来。作为东北军的统帅，他自然关心军队问题，张弄不清红军为什么经过二万五千里长途跋涉，刚到陕北，还能击败东北军，迫切想了解红军的制胜之道。谈话一开始，张学良就对刘鼎说："在长征那样艰苦的条件下，红军还能打胜仗，扩充队伍，打败了也不溃散，真不可思议。"又说："东北军和所有国民党军队一样，打胜仗是靠武器装备好，子弹给养充足，人多势众。打胜了，有些损失，好办。一败就溃，有的拖枪跑了，要补充、训练，一个师最快也要半年。红军撒得开，收得拢，长于运动战、游击战。我的部队一撒开就收不拢。在热河、长城一线抗战，各部队接受了任务，但一上前线，连各部队的位置都弄不清，别说指挥作战了。"他问刘鼎："在战场上红军哪来的那么多自由？"

刘鼎在苏区工作过，对红军情况很熟悉。他向张学良介绍了红军的特点：一是红军的组成与一切旧军队不同，士兵是来自土地革命后的农民，不是招募来的游民。他们有阶级觉悟，吃苦耐劳，作战勇敢，遵守纪律；二是红军有政治工作制度，实行官兵平等，废除打骂士兵、人压迫人的制度，实行政治民主、经济民主，因而部队上下一心，能运用有利于红军的战略战术，乃至瓦解敌军的政策。刘鼎还详细阐述了土地革命问题，以及苏区的政治、法律、经济等各项制度。他说，当前革命最大的利益是取得革命战争的胜利，苏维埃政权竭尽一切力量支援红军，红军与人民如鱼水般和谐，因此，红军在战争中就有更多的自由。刘鼎强调，苏区各部门、各地方和各个部队之所以能团结一致，关键是有中国共产党的领导。

张学良对刘鼎说，他在武昌行营期间，曾研读过一些马列主义书籍，但有一个问题不解，即"知识分子和工人接受马列主义理论，团结革命，这容易理解。但是农民有的连字都不识，怎能接受马列主义和党一心一德，矢志革命呢？"刘鼎回答说：共产党和红军以共产主义理想和当前民族民主革命相结合为团结教育的中心，是红军有别于任何旧军队的地方，也是红军克敌制胜的根本之道。将来东北军也可用抗日的爱国主义思想作为团结教育的中心。对此，张学良十分赞赏。

张学良和刘鼎谈得很融洽，很投契。张把刘引为知己，向刘倾诉了他的一些鲜为人知的经历。张说，他用银元卜卦，下决心除掉了杨宇霆和常荫槐，并自诩这是除"国敌家仇"、树"抗日根基"。他对九一八时丢掉沈阳兵工厂十分痛心，说："造重炮的工厂才完工，统统被日本人夺走了！"张还说，因为他指挥部队战胜了郭松龄，所以在东北军中有威信。他下野后，曾想去苏联，被拒绝，蒋介石也不同意他去。在德国，希特勒对他冷淡，只有意大利墨索里尼的女婿齐亚诺对他热情。他在意大利学习到法西斯党一些活动方法，回国后认为用这一套政略可以帮助蒋介石统一中国，但蒋介石怕他东山再起，不让他参与党务活动。张还向刘介绍了南京内部一些人的政治动向，如张治中、胡宗南、陈诚等，都主张抗日。

刘鼎与张学良的长谈，使张学良对中国共产党和红军有了更加确切的了解，对中国共产党的抗日民族统一战线政策有了进一步认识，加强了他与共产党合作抗日的信心与决心，为即将在延安举行的张学良、周恩来会谈做了重要准备。[①]

正因刘鼎与张学良"谈得很投契"，不久被中共中央任命为驻东北军代表，常驻西安继续做张学良和东北军的工作。

五　延安会谈

李克农3月初与张学良第二次洛川会谈后，根据中共中央电报指示，于3月7日离开洛川，经延长、清涧的河口渡过黄河，径赴晋西，16日到达石楼。当天，李克农向张闻天、毛泽东、彭德怀等汇报洛川会谈情况。中共中央了解到张学良、王以哲的政治态度后，认为他们的抗日要求是真诚的，决定接受张学良邀请，派周恩来为全权代表去延安与张学良会谈。当日，毛泽东、彭德怀致电王以哲，将中共中央的上述决定通知他和张学良，并对王赠送的作战地图和书籍表示感谢。张、周会谈原拟于3月底举行，后因

---

① 本题均引自《刘鼎札记》，见《刘鼎在张学良那里工作的时候》（三），《党的文献》1988年第4期。

张患咽喉炎，延至 4 月 8 日举行。

4 月 6 日，毛泽东、彭德怀再次致电王以哲转张学良，告知中共代表周恩来偕李克农"定于 8 日赴肤施，与张学良先生会商救国大计，定 7 日由瓦窑堡启程，8 日下午 6 时前到达肤施城东北 20 里之川口，以待张学良先生派人至川口引导入城；关于入城以后的安全，请张学良先生妥为布置"。毛泽东、彭德怀在电报中还对双方会谈内容，提出如下建议："1. 停止一切内战，全国军队不分红白，一致抗日救国问题；2. 全国红军集中河北，首先抵御日帝迈进问题；3. 组织国防政府、抗日联军具体步骤及其政纲问题；4. 联合苏联及选代表赴莫斯科问题；5. 贵我双方订立互不侵犯及经济通商初步协定问题。"①

从 1935 年末到 1936 年上半年，是张学良政治生涯中的重要时刻。他毅然摒弃了随蒋"剿共"道路，逐步走上了联共抗日道路。促使张学良政治生涯"转向"的因素是多方面的。张后来自己在回顾这段思想上和政治上转折的历程和原因时说：

在五全大会后，良在京耳所闻、目所睹，使心情上感受重大的刺激，今尚忆记者，略述如下：（1）友朋之讽劝，如沈钧儒、王造时之鼓励。（2）少壮同志则责良，不应同所谓亲日者辈同流合污。（3）刺汪凶手孙凤鸣之行为和言词。（4）党内之纷争，多为私，少为公。（5）良认为中央负责之同志，不热衷抗日，而反有内心为亲日者。良个人之观念上认为贤哲者，或在外工作，或无权位。（6）汪兆铭之一面抵抗，一面交涉，良认为非是对外，乃系对内。

陕北剿匪失利，良立返陕，本先，一百十师曾遭覆灭，师长何立中阵亡，此则一〇九师又覆灭，师长牛元峰拒降而死。此两师长为东北军之佼佼者。……两次惨败，使良心中倍增痛苦，更加深良素认为因内战而牺牲优秀将才之可惜，并对共匪之战斗力，不为轻视，遂触

---

① 《中国共产党关于西安事变档案史料选编》，第 47 页。

动用"和平"办法解决共匪之念生焉。……

　　当返陕之后，召开会议，良为促进部属剿匪努力，曾表示东北军如此无能，余当引咎辞职。此论一出，彼等不但未能接受，反而哗然。……一则云："我等东北人，背井离乡，随汝入关，心中所希望者，有一日同归故土，到不得已时又舍我等而去，何等心肠？"一则云：良忘却父仇，不顾抗日大业，盲目服从，求一己之禄位，东北军人，本志在抗日，良对东北军之牺牲，不知爱惜，反竭力逼迫东北军走上"死路"一条。

　　当是时也，共产党之停内战，共同抗日，高唱入云，实攻我心，不只对良个人，并已动摇大部份东北将士，至少深入少壮者之心，当进剿再不见成功，良觉一己主张，自问失败，征询众人意见，遂有联络共产党，同杨虎城合作，停止剿匪，保存实力，共同抗日种种献策。……①

　　张学良在台湾写这个回忆录是应蒋介石要求，为蒋写《苏俄在中国》做参考用的。当时张还身陷囹圄，不能完全敞开心扉，尽其所言，如指引他走上联共抗日道路的最重要人物杜重远，文中只字未提；但是，这几段文字基本上反映出他思想上、政治上转变的轨迹。如国民党五全大会前后，国民党内部的腐败、倾轧、纷争，促使张学良对国民党丧失了信心，丢掉了幻想；陕北"剿共"的失利、损兵折将，使张认识到红军的战斗力不可轻视，对蒋的"先安内后攘外"方针产生动摇；中国共产党的抗日民族统一战线主张及对东北军的争取，使他找到了抗日复土的真正朋友；东北军内部强烈的抗日情绪，不能不促使他走上放弃内战、联共抗日的道路。

　　张学良就是在这种思想认识和政治态度开始转向的情况下与周恩来举行会谈的。

　　周恩来一行4月7日离开瓦窑堡，8日晚到达延安城外的川口。由于当

---

① 张学良：《西安事变回忆录》，毕万闻主编《张学良文集》（2），第 1193～1195 页。

时天下大雨雪，所带电台与东北军电台联系不上。9日上午，张学良、王以哲、刘鼎和几个随从参谋、副官自洛川飞抵延安。下午6时，张派人到川口接周恩来、李克农等入城。会谈在延安桥儿沟天主教堂内举行，从9日晚8时开始，到10日清晨才结束。会谈开始，只有张学良、王以哲、周恩来、李克农四人参加。后来，张学良对周恩来说：上海来了一位名叫刘鼎的共产党代表，可以来参加吗？当时周恩来还不知道刘鼎就是阚尊民，说可以来参加。于是，刘鼎被临时通知来参加会谈。

由于双方都有抗日愿望，会谈一开始气氛就很融洽。周一见张就说："我是在东北长大的。"张说："我了解，听我的老师张伯苓说的。"周不解地问："张伯苓怎么是你的老师？"张把他接受张伯苓劝告戒掉烟毒而拜张为师的经过说了一遍，并对周说："我和你是同师。"①

由于张学良对会谈采取了极为严格的保密措施，会谈没有留下记录。我们今天探讨会谈的内容，没有原始记录可查，只能依据会谈后形成的文件和有关当事人的回忆资料。

张学良在50年代写的有关回忆材料说：

> 某夜，在延安天主教堂同周恩来会面，约谈二、三小时，良告彼，中央已实施抗日准备，蒋公宵旰为国，双方辩论多时，周询及广田三原则，良答以蒋公决不会应允，并举良曾参加某次会议席间蒋公曾以"等待死去，再谈伪满事"答复某人语以证之。周承认蒋公忠诚为国，要抗日，必须拥护蒋公领导之。但左右如何乎？又力言彼等亦蒋公旧属，如中央既决心抗日，为什么非消灭日人最恨而抗日最热诚之共产党不止？在抗日纲领下，共产党决心与国民党恢复旧日关系，重受蒋公领导，进而讨论具体条件：（大致如下）
>
> （1）共产党武装部队，接受点编集训，准备抗日。
> （2）担保不欺骗，不缴械。
> （3）江西、海南、大别山等地共产党武装同样受点编。

---

① 金冲及主编《周恩来传》，中央文献出版社，1989，第308页。

（4）取消红军名称，同国军待遇一样。

（5）共产党不能在军中再事工作。

（6）共党停止一切斗争。

（7）赦放共产党人，除反对政府，攻击领袖外，准自由活动。

（8）准其非军人党员，居住陕北。

（9）抗日胜利后，共产党武装一如国军，复员遣散。

（10）待抗日胜利后，准共党为一合法政党，一如英、美各民主国然等等。①

张学良写这个回忆资料时，手头没有任何原始材料可资参考，一些问题特别是具体细节不准确是难免的。然其基本精神是合作抗日，则确凿无疑。

延安会谈结束后，周恩来偕李克农、刘鼎离开延安返回苏区，行至川口遇雨受阻，为使中共中央及时掌握会谈情况，遂将会谈情况分两次电告中共中央。依据周恩来的这两个电报和刘鼎后来的回忆，延安会谈的主要内容有五项：

第一，关于"停战合作，一致抗日"总方针。张学良表示完全同意，他说："我是国家至上，民族至上。"周恩来说："我们也是这样。"张学良说："红军是真抗日，抗日与'剿共'不能并存。"对中共《八一宣言》中提出的国防政府、抗日联军主张，他表示同意，说："有关这方面的具体措施，将来实行时再研究。"这样，双方合作抗日的方针和途径，张学良很爽快地就肯定下来，这出乎周恩来的预料。周原来设想在施政纲领和组织国防政府、抗日联军等问题上会有争论，因此准备了几种方案，结果都没有用上。

关于红军出兵华北，以号召和推动全国抗日问题，张学良没有异议，但他不赞成出兵山西。此前，他曾就这个问题向李克农、刘鼎提出过，李、刘的解释没有说服他。现在张对周说，他和晋军打过仗，晋军防御力量很

---

① 张学良：《西安事变回忆录》，毕万闻主编《张学良文集》（2），第 1197～1198 页。

强。红军入山西，阎锡山能与部下结成一体，坚持苦战，甚至还会促使阎锡山和蒋介石联合起来，红军孤军作战，恐难立足。当时的情况是，红军东征初入山西，进展比较顺利。为避免中央军进入山西，中共北方局派人与阎锡山联系，并通过释放被俘的晋军军官给阎带信，表示红军将撤退，要中央军撤出山西。因此，周恩来肯定地说："红军在山西站得住脚。所以要兵出华北，不仅是为了我们抗日，还要带动群众一起抗日，这样才有力量。"周又说："红军对日作战取得胜利，就会推动全国友军和群众抗日。华北大规模抗日战争一起，红军愿担任左路。"张说，红军入河北，他可通知驻在河北的东北军万福麟部4个师和红军联络，并说：阎锡山很保守，不要逼之太甚。会后他想去太原与阎联系。

但是，张学良还是认为红军出山西阻力大，最好还是出绥远，先解决德王，再向东去察北，与日军接触。他还指出，去绥远有两条路可走，一是经延长、清涧、绥德一线北上，二是绕道宁夏。他的理由是：宁、绥人口多，粮食多，红军可作为抗日后方；绥远靠近外蒙，易于取得苏联援助；红军让出陕北一些县城，他好向蒋介石交代；红军和日军接火后，他即可公开打起联共抗日旗帜，否则只能悄悄地和红军联合。张还向周介绍说，宁夏马鸿逵的军队参加过鄂豫皖"剿共"军事，战斗力不强，兵也不多。周恩来认真听完张学良的意见后说："有道理，但是要和毛主席商量，这个问题正在研究中。"

周恩来谈到红二、红四方面军将要北上抗日。张学良有自己的情报组织，知道红二、红四方面军的实力大于陕北红军，他认为这是抗日力量，便说："欢迎在川西一带的红军北上入陕，来多少都欢迎。红四方面军北上，驻陕甘的东北军可以让路；红二方面军要经过中央军防区，我可以去斡旋。"

第二，关于抗日救国的道路。张学良从欧洲回国后，认为中国必须有一个强有力的中央政权，才能统一御侮。他认为，共产党和法西斯都是强有力的政权。经过回国后两年来的实践和与杜重远、李克农、刘鼎交谈，他对法西斯道路已开始动摇，已开始从拥蒋武力统一转向拥护抗日民族统一战线；但此时仍未彻底抛弃法西斯道路，所以又对周恩来提出这个问题，他说：中国要有一个强有力的中央政权，有两条路可走，一是共产党的道路，一是法西斯的道路。对此，周恩来回答说："法西斯是帝国主义产物，把资产阶级形式上的一点民主都抛弃了。抗日要取得胜利，必须依靠广大群众，要发动群众必须实行民主。中国的法西斯道路只能是投降日本，处理中国问题理应抗日联共。"张学良明白了法西斯主义的本质，从此不再谈法西斯主义了。

张学良还提出了几个抗日战争爆发后的问题，请周恩来解答。这些问题是：（1）日本会建立许多伪政权封锁中国沿海，使中国难以接受外援。（2）日军占领要冲地区屯兵固守，怎么办？（3）抗日战争一起，是否可以引起日本内部变化？周恩来解答说："不抗日则伪政权会愈来愈多，抗日则上下一致，汉奸反而少活动余地。我国领土广阔，从日本兵力和国际关系看，日本不可能将我国封锁起来，而且我们需要的军工器材，不仅可得之于英、美，也可以得之于苏联。日本入侵我国后，如在占领了一定地域即实行固守的防御战略必然导致失败。只要抗日战争能持久，日本革命危机增长，可能引起日军哗变。"此前，李克农、刘鼎向他讲过持久战的战略思想，现在他听了周恩来的解答认为有道理。不久，他在王曲军官训练团里讲课，就宣传持久战思想，反对唯武器论。

第三，关于联蒋抗日问题。张学良说他对这个问题十分关心，在洛川会谈时就对李克农提过，现在又向周恩来提出来。他说："抗日力量越大越好，蒋介石是国内最大的实力派，抗日统一战线应包括他在内，如果不包括他，他以中央政府名义反对，不好办。"张又说：在国民党要人中，他最佩服蒋介石，蒋有民族感情，领导力最强。而且据他回国后两年来的观察，蒋介石有抗日的可能。张也承认，在蒋的周围有不少亲日派，如汪精卫、政学系、安福系等，因此蒋下不了抗日的决心。他向周介绍了南京内部的一些情况、宋子文与蒋介石的关系没有恢复，宋就是因为反对打内战与蒋闹翻的；主张抗日和联俄联共的，不止有孔祥熙、宋子文，CC派的陈立夫、陈果夫也主张联俄，蒋的嫡系陈诚、胡宗南"主张抗日，不再'剿共'"；非蒋嫡系主张抗日或不"剿共"者更多，如唐生智、蒋光鼐等。蒋介石是在歧路上，他错在"攘外必先安内"，把这个错误国策扭过来，就可以实现

"停止内战，一致抗日"。张认为，做到这一点不容易，要经过艰苦努力。他说：共产党在外面逼，我在里边劝，内外夹攻，定能扭转过来。张表示："他现在反蒋做不到，蒋如确降日，他决离开他。"

周恩来向张说："中国共产党过去主张反蒋抗日，是因为蒋介石是大买办、大地主阶级的头子，视人民为死敌。蒋的指导思想是'宁赠友邦，毋与家奴'，基本政策是'攘外必先安内'。"在张学良讲完上述意见后，周恩来表示：这个问题很重要，我回去报告中共中央，认真考虑后再作答复。

第四，关于联苏问题。张学良希望在未来的抗日战争中能得到苏联的援助，从北伐战争的历史经验和当时的国际形势判断，他估计苏联会援助中国抗日，但是他为了从中共方面得到证实，还是问周恩来："苏联是否真心援助中国？"周恩来回答说："苏联是社会主义国家，援助中国是真心诚意。它这么做，既利己又利中国。帝国主义只求利己。"双方商定，共同派代表去莫斯科，寻求苏联援助。张学良派人经欧洲去苏联，利用东北义勇军与苏联红军的关系去联系。中共派人经新疆去苏联，由张学良派人先去新疆与盛世才联系。后来中共中央派邓发经西安、新疆去了苏联。

第五，关于停战、通商、合作等问题。张学良"表示不愿打红军"，但蒋介石"有电斥责他"，说他对红军东征是"隔岸观火"，命令东北军"由延安打通清涧、绥德，杨虎城由宜川出延长"，建筑碉垒线。张学良与周恩来商定，红军在关中积极活动，在韩城、澄县牵制杨部，并派人去陕南（由张设法送去），令陈先瑞向蓝田、鄠县活动，威胁西安，以便让东北军借口不北进，"如此推延一个月，看情势变化，再定以后行动"。以后有军事行动，双方事前要商妥。同年6月，红军主动让出瓦窑堡，就是为了让东北军好向蒋介石交账。

周恩来向张学良提出："抗日战争发动了，红军需要无线电器材、医药和医疗设备，请东北军帮助采购。"张学良说："我方库存军用物资已调入陕西，包括红军在内，二三年也用不完，这事我完全负责。"事后张学良对人说这算不了什么，等于东北军多装备一两个师。张还对周说："抗日战争一起，我有一笔很大的私款可以移作军费。"

关于经济通商，双方商定：红军购买普通货物，可在东北军防地内设店自购；红军所需无线电通信器材和医疗器械、药品，由东北军代购；东北军可向红军赠送些弹药。

至于交通，张学良提出双方互派得力便衣侦察人员，在任何情况下保持交通畅通，周同意。

张学良还要求红军派出"有政治头脑及色彩不浓之人"作为代表，常驻西安，以便联络。

第六，关于培养干部问题。张学良深感东北军内适应抗日需要的干部太少，所以双方在讨论互派代表时，张学良希望红军多多派人来，他则不派。在谈到干部问题时，张请求中共派一批干部到东北军中工作。周恩来说："我们一是穷，二是人少，文化又低，很多人不识字，文化水平在你们那里不成问题，军事知识、政治知识也很丰富。由于我们穷，才不得不随时随地注意培养干部，这才稍稍解决目前干部缺乏的问题，否则更不行了。"周建议张要自己培养干部，办军官训练团，在训练团上面办抗日大学，双方还可以联合办抗日大学。经过周反复说明，张懂得了要靠自己培养干部。后来，张自己在王曲创办了军官训练团。

会谈结束时，张学良将一本《申报》60周年纪念印制的中国大地图赠送给周恩来，并互勉"共同保卫中国！"这是中国第一本比较精确的高投影着色地图，可辅助军用。当时红军缺少地图，这是一份珍贵的礼物，周恩来曾长期把它留在身边使用。另外，张学良还向红军赠送私款2万银元，后又赠送法币20万元。这笔巨额赠款，对当时处境困难的红军来说不啻雪中送炭。此后，张对红军陆续有所接济。张学良被蒋介石扣押后，在军需账目上，查明接济红军所用款项多达76万元。

对延安会谈，双方都很满意。周恩来一行在离开延安途中遇雨停宿，他对同行的人说："谈得真好呀！想不到张学良是这样爽朗的人，是这样有决心有勇气的人，出乎意料！出乎意料！"周又向随他回苏区的刘鼎了解其在洛川同张相处的情况、东北军内干部情况以及张学良与蒋介石相处安全不安全等情况，一夜未眠。不久，中共中央决定派刘鼎为代表，继续做张学良、东北军的工作。4月22日，周恩来托刘鼎带信给张学良，内说："坐谈竟夜，快慰平生，归语诸同志并电告前方，咸服先生肝胆照人，诚抗日大幸！"① 刘鼎4月下旬回到洛川见到张学良时向他报告说："那边的同志都欢迎你，欢迎你作为一个大有作为的红军的大大朋友，说你是当今全国最勇敢的第一个决心抗日的将军。"②

张学良对延安会谈也很满意。他对从陕北苏区归来的刘鼎说："我同你来洛川等周先生，预想一定会谈出很多理想的问题，为我解决疑难，树立抗日信心。会谈后，我太满意了，比我想象中好的太多了，我结识了最好的朋友，真是一见如故。我从未见过这样的人，周先生是这样的友好，说话有情有理，给我印象很深，解决了我很多的疑难。我要早见到他多好呀！"张还说："我和蒋先生处了多年，但弄不清他打完红军后是否就抗日。对中国共产党，我不仅知道他第一步是抗日，而且还知道第二步是建立富强的中国"，并说："中国的事从此好办了"。③ 多年后，他在回忆自己当时的心情时写道："同周恩来会谈之后，良甚感得意，想迩后国内可以太平，一切统可向抗日迈进矣。"④

中共中央对张、杨两部的统一战线工作，原由毛泽东直接指导。延安会谈结束后，在东征前线的毛泽东、彭德怀4月14日致电周恩来，决定今后对东北军、十七路军的统一战线工作由周恩来"统一接洽与指导"，可将进展情况随时告知他们，他们今后一般不再直接与其发生关系。

延安会谈，使红军与东北军在抗日救国的前提下达成默契，建立了统一战线关系，有力地改善了红军在陕甘的处境，对张学良的政治生涯也具有深远影响。

中共中央于1936年6月成立了东北军工作委员会，以加强对东北军统一战线工作的领导。这个机构的书记由周恩来兼任，委员有叶剑英、边章伍、朱理治（兼秘书长）等。6月20日，中共中央发出了由周恩来起草的《中共中央关于东北军工作的指导原则》。这个文件指出：东北军现在虽

---

① 中央文献研究室编《周恩来书信选》，中央文献出版社，1988，第87页。

② 《刘鼎札记》。见《刘鼎在张学良那里工作的时候》（二），《党的文献》1988年第3期。

③ 《刘鼎札记》。见《刘鼎在张学良那里工作的时候》（三），《党的文献》1988年第3期。

④ 张学良：《西安事变回忆录》，毕万闻主编《张学良文集》（2），第1198页。

"还是卖国贼头子蒋介石指挥下的军队",但由于它的官兵处于亡国奴地位和红军对它的革命影响,"东北军有极大可能转变为抗日的革命的军队"。其理由是:"东北军的最高领导者以及一部分高级将领,已经有了抗日的决心与诚意。中下级官兵中间的抗日情绪是很高涨的。"文件还指出,这种状况对中共在东北军中开展"救国的宣传与活动"提供了便利。文件规定:"争取东北军到抗日战线上来是我们的基本方针,为此确定了中共对东北军工作的两项原则:第一,不是瓦解东北军,分裂东北军,而是给东北军以彻底的抗日的纲领,使东北军在这一纲领的周围团结起来,成为坚强的抗日的武装力量;第二,也不是把东北军变成红军,来拥护共产党的基本纲领,而是要使东北军变为红军的友军,把共产党所提出的抗日救国的纲领变为他们自己的纲领。"既然中共的目的是"争取整个东北军",所以文件规定在东北军中的统一战线应该是上层的与下层的同时并进,并互相配合"①。

在上述精神指引下,中共中央在争取张学良等东北军上层的同时,对东北军下层的统一战线工作也进一步开展起来。凡与东北军部队接近的前沿苏区各县,都成立了专门机构,负责做争取东北军的工作。刚刚从东征前线返回陕北的叶剑英,7月从中央军委总部调到安塞,负责领导东线(陕北)东北军工作委员会的工作。7月26日,他召集安塞、延安两县工委负责人会议,研究贯彻落实中央文件精神的有关问题。各县下设若干办事处,负责做当地东北军驻军的工作。

在西线的陇东曲子镇,由张浩、张策等人负责做争取东北军的工作;在豫旺堡、固原一带争取东北军的工作由红一方面军政治部主任朱瑞负责。

争取东北军合作抗日,除由刚刚到达陕北的中共中央直接进行外,东北军中的地下党组织也做了大量的、卓有成效的工作。共产党员刘澜波,早在1932年就被党组织派到东北军中,后来中共北方局又陆续派孙志远、白坚、苗勃然、孙达生等共产党员进入东北军。他们又先后发展了解方、贾陶、王再天、栗又文等入党。1936年春,经中共北方局批准,成立了中

---

① 中央档案馆编《中共中央文件选集》第11册,中共中央党校出版社,1991,第33~35页。

共东北军工作委员会,刘澜波任书记,苗勃然任组织部部长,宋黎任宣传部部长。东工委将各地来的共产党统一组织起来,宣传党的抗日救国主张,收到了显著效果。他们和爱国将领黄显声、刘多荃、王以哲、董英斌、赵国屏以及团长吕正操、万毅、陈大章、康博缨、高福源以及爱国民主人士阎宝航、高崇民、车向忱、杜斌丞、杨明轩、韩卓如、卢辁庚(广绩)等有密切联系,这些人的思想在很大程度上接受了中共提出的联合抗日主张,并在东北军内部产生了广泛影响。

东工委成立初期,由中共北方局领导。1936年7、8月间,中共中央特派员朱理治来到西安,直接领导东工委的工作。

到西安事变爆发,东工委下属的总支、支部已达40多个,东北军中的共产党员有120多人,他们对争取、团结东北军共同抗日,发挥了重要作用。

六 合作的开端

刘鼎被任命为中共驻东北军代表后,周恩来曾对他说:党中央决定你去担任驻东北军代表,这件事非常重要,做这样的统战工作你是第一次出马,中央寄予希望,一定要把工作做好。你已与张建立了良好的关系,要继续前进,要善意地帮助张学良,帮助他培养干部,要招青年学兵,他们有很好的条件。有了抗日的干部,东北军就成为一支抗日的部队。

4月下旬,刘鼎偕交通员王立人从瓦窑堡出发,经延安到达洛川,受到王以哲的接待。王告诉刘鼎,张学良请他在洛川等候。三天后,张学良来到洛川,见到衔命归来的刘鼎十分高兴,问长问短。张对刘说:"我估计你会回来,也盼望你回来,果然你就来了。好哇!你不再是我的客人,而是我的助手了。"刘鼎对张说:"毛主席问候你,恩来同志问你好,很感谢你同他的会谈,谈得非常满意。对你的未来乐观,说有你这样的将军,再培养好干部,何愁东北军不成为最大最有力量的抗日军。"又说:"同志们不平凡地欢迎我,仿佛我成了你的代表,有人甚至误以为我是东北人,我成了一个新鲜人物。"

4月底或5月初，张学良偕刘鼎飞往西安。张学良心里高兴，没直接飞向西安，而是绕道黄河上空转了一圈才向西安飞去。他对刘说："你在名义上是李杜的代表，也是我的随从军官。你要在东北军内部多活动，并多多帮助我。"① 到西安后刘被安置在金家巷张公馆东楼上，人们都称呼他刘秘书。

张学良回西安后，认真执行延安会谈协议，积极做抗日准备工作。不久，他对蒋介石的态度一度发生动摇，对"逼蒋抗日"失去信心，甚至要求和红军一道去打游击。

张学良思想上的这种波折和反复，与当时他的困难处境有关。东北军内部成分复杂，矛盾重重，他的主张难以贯彻。他向刘鼎说明他之所以要这样做的原因时说："前面是强大的日本鬼子，后面是比蛇还毒的蒋军，整我、迫害我。我的队伍里年轻有为的人不少，但老气横秋、顾虑重重的也很多，加上别有用心的、胆怯而危险的家伙，很难对付，要他们联共抗日非常困难，和他们纠缠有损无益，好人、坏人混杂，捏不到一起。"就是东北军内的高级将领，认识也不一致。延安会谈后，张学良不敢把联共抗日的事向各将领交底，生怕走漏风声。如军长何柱国，同南京方面关系很深。这年秋天，何主动请求进攻红军，并说有胜利的把握，张不便向他讲明已联共抗日，只好用"红军不好打""丢了一人一枪唯你是问"的话来搪塞和阻拦。最早协助张学良联共的王以哲，后来也一度发生动摇，说："我们东北军原是国民党军队，为什么要先投降红军，再跟着红军去投降南京？"王对孙铭九等人掌握人事权极为不满，喻之为"宦官包围皇帝"。这些事，刺激了张学良，使张产生了对东北军这个摊子"干脆撒手"的思想，他说："迟分不如早分，早下手为强，可以保留最大的力量来抗日。"张对刘鼎说："我和周先生谈过，彼此了解，干脆跟你们合在一起，丢开手干，大有作为。"他还进一步解释道："劝蒋介石团结抗日的事，原来我想有可能，现在看，不容易。他自成一系，损人利己，太阴毒，难得好果。不如明着跟

---

① 《刘鼎札记》。见《刘鼎在张学良那里工作的时候》（三），《党的文献》1988年第4期。

他们干，旗帜鲜明，干两年，一定会有很大成就，然后再逼他抗日，更有力。"

在此之前，张学良曾推心置腹地向刘鼎讲述过自己的坎坷经历和东北军的历史。这些，也有助于我们理解张学良思想上的波折和反复。从洛川回到西安后，张对刘说：

我"易帜"随蒋介石，中央政府在他手中，外交权他也在握。九一八事变，日寇进攻，夺取东北，蒋介石告我"勿扩大事态"，我能违抗蒋的命令单独抵抗吗？不！不能不听从他，且忍辱图存，看未来希望。孤军作战，我小敌强，无非是徒然牺牲。

九一八事变后，我国政府一再忍让，而日军多方面骚扰，关外抗战义勇军，我暗中支持，许愿明誓。日军进而入侵热河，威慑华北，平津上下都紧张，呼号抵抗，全国人民力主抗战，中央（南京政府）、上海工商界都有表示。热河誓师，中央军也有行动。我想时机大变，很兴奋，寄予希望，哪知保定见蒋委员长，不谈抗战，反而逼我下台。所有前尘热情，不过是诱我上圈套，好逼我下台。这是日、蒋合演的把戏而已！

有谁较为善良，或者让人稍微喘口气呢？毒害是一样的，如果定要加以区别，那就是蛇比虎更狠。因此，在保定，我从他的车厢一出来，就闷倒在我的床上，号啕大哭，瞬息间，又猛地站起来哈哈大笑，对面前的人说："我吓你们的。"唉呀！真是啼笑皆非。

何梅协定签订了，何应钦坐在北平，强制东北军离开河北。蒋介石不让东北军入驻华南。里外两层，注定了命运，东北军不能不去西北，家乡越离越远了，日本鬼子最高兴，东北军官兵最不高兴。西北苦寒，又是当地军队的地盘，简直是逼人下井。

到西北，不仅离家更远，与日本鬼子隔离，而且被命令去"剿共"，要高叫"抗日必先安内"。命令能违抗么？不能不打。原想"剿共"幸而获胜，还有抗日希望，至少可以暂时保存实力，留有后望。奈何一战而败，接二连三，损失惊人。如此下去，不仅抗日无望，倘幸图存也不可能。而且南京马上就给冷遇，撤番号，减军费。更使东北子弟想不开，老家让给鬼子，撵我们到西北来送死。继续"剿共"等于自杀，不能不停。

在前线自发停战的情况下，官兵心情忐忑，面对红军要求停止内战，共同抗日，善意合作，而上面却硬逼着去送死。这是亲者痛仇者快的蠢事。一个总司令碰到这种事情就不敢强下命令，这可以激起兵变。次于统帅的将领与部下深有同感，因此，就不能禁止前线双方联欢，对上只能敷衍塞责，实际是顶牛。敷衍一时尚可，顶牛久了不行。迄今"西北不稳""暗通红军"的风声传遍全国。

张学良还对刘鼎说，他历经多次军阀混战，始终找不到救国救民的道路，后来追随蒋介石，也备受歧视和排挤。张说："全国各党派各部队，都斗不过蒋介石，只有共产党能与之抗衡。从跟着蒋介石'剿共'的惨痛经验中，'攘外必先安内'是祸国殃民的大错。原来我想力争蒋介石，抗日不靠他不行，现在我认识到要抗日，收复华北，不能死靠蒋介石了，只能联合共产党。"①

到了7月初，住在王曲镇的张学良突然把刘鼎找去，神色严肃地对刘说："我的日子难过，想了几天，想把队伍拉出去，能拉多少算多少，和红军一起干。请你向你们党中央和毛先生、周先生报告，我立即派飞机送你到肤施，回来时我到哪里你就追到哪里，告诉我结果。"

感到愕然和不解的刘鼎询问这是为什么时，张学良向他说了前面那些话。

刘鼎立刻返回西安城，电告中共中央，要求在安塞见面。第二天，刘鼎乘飞机到延安，之后一人步行去安塞。

中共中央见到刘鼎的电报，估计张学良要有什么大举动，毛泽东、张闻天、周恩来、李克农等都赶到安塞等候。7月5日至7日，中共中央负责人与刘鼎在安塞举行会议。在听取刘鼎的汇报和讨论后，毛泽东最后讲话：

---

① 《刘鼎札记》。《刘鼎在张学良那里工作的时候》（三），《党的文献》1988年第4期。

东北军处在亡省亡家流落西北的地位，由于我党抓紧做他们的工作，东北军由"剿共"工具变成抗日军队是完全可能的。

"张学良敢在肤施与恩来商谈，回去宣传抗日是大好事，在东北军这支军阀习气重的军队里能训练抗日骨干，宣传抗日很不容易，有一些高级军官想不通，甚至反对是可以想见的。张学良遇此难题并不奇怪，随着抗日形势发展，东北军内部分化，张学良竟准备和红军一起干，这是个了不起的转变。

"我们党对东北军不是瓦解、分裂，或者把它变成红军，是帮助、团结、改造他们，使之成为抗日爱国的力量，成为红军可靠的友军。因此，我们不赞成张学良拉队伍和红军一起干。而且拉出一部分队伍来，就要散掉一部分，就不是增强而是削弱抗日力量。要对张学良多做解释工作，叫他不要性急，做扎实工作，团结更多的人，把全部东北军都争取到抗日阵营中来。

"目前蒋介石正忙于处理两广事件，但是他决不会坐视东北军打起抗日旗帜的。叫张学良不要和蒋介石闹翻了，要讲策略，不要太刺激他，从积蓄全国抗日力量的全局出发，对蒋介石要有更大的耐心，劝他抗日，准备迎接更大的斗争。"

会议结束后，毛泽东又单独找刘鼎谈话，强调："当前我党对东北军的方针是争取团结，联合抗日。任何不符合这个方针的都是错误的。"① 勉励刘鼎做好张学良的工作，做好团结东北军的工作。

刘鼎回到西安，张学良已去南京参加国民党五届二中全会。刘追到南京，张又去了上海。刘到上海，又扑了空。刘在上海办事待了三四天，再返西安，向张报告安塞会议情况。刘说："中央主要负责人都到了，研究了一夜，高度评价你抗日的决心和热情，但是目前你的想法时机还不成熟，要你团结全体东北军，耐心争取蒋介石和全国一切抗日力量。"张学良听后忙说："对！对！我懂了。"并说："从今以后，我要想尽一切办法劝说蒋委员长，把他争取到抗日阵营中来。我和委员长交情很深，我要认真利用这

① 《刘鼎札记》。《刘鼎在张学良那里工作的时候》（三），《党的文献》1988年第4期。

个地位加紧向他进言，争取他幡然省悟。"张又说："你们党中央既然要我这么办，纵使碰钉子，或者削职为民，乃至坐牢、杀头也在所不惜。"① 张学良不仅这样说，也是这样做的。此后，他抓住一切机会，劝谏蒋介石放弃内战，走团结抗日的道路。只是当几个月的"哭谏"失败后，才迫不得已发动临潼"兵谏"，为此而失去自由长达半个世纪之久。

安塞会议后，7 月 27 日中共中央在保安召开政治局会议，着重讨论争取东北军共同抗日的问题。周恩来在会上发言说，中央成立东北军工作委员会后，派人到各地进行了为期一个月的检查，认为东线（即陕北）争取东北军的工作取得了明显成绩，主要表现是：现在"他们很愿意接近我们，有些团长很积极地想找我们。至于下层，对我们更好。有些士兵欢迎和我们谈话。""他们对'抗日反蒋''联俄联共'的原则一般是赞成的，对我们是欢迎的，对法西斯蒂是仇恨的"。周恩来指出，东北军的主要问题是忽视内部的组织工作和思想工作，一般军人对张学良信赖甚深，如张万一被扣，他们将束手无策。周恩来强调对东北军要加强宣传，统一指导，分工负责；他建议成立西线东北军工作委员会，由张浩负责。毛泽东在会上强调实现西北大联合，把扩大抗日民族统一战线放在各项工作的首位，对东北军、十七路军和中央军的工作都要抓紧成立专门机构，重点放在以庆阳为中心的西线。会议决定成立白军工作部，由周恩来主持。

七 中共争取杨虎城

如前所述，杨虎城同共产党人的合作时间较早，其部队中的中共地下党员也较多。《八一宣言》发表后，特别是中央红军经过长征到达陕北后，中共在争取张学良的同时，也积极争取杨虎城共同抗日。

争取杨虎城合作抗日的工作，首先是由白区党组织发起的。1935 年 10 月，在天津中共北方局工作的南汉宸，把杨虎城驻北平代表申伯纯（从

---

① 《刘鼎札记》。《刘鼎在张学良那里工作的时候》（三），《党的文献》1988 年第 4 期。

1934 年起，就与南保持秘密联系，并在党的外围工作）约到天津，向他传达《八一宣言》内容，并研究根据这个宣言精神如何开辟十七路军的工作。南请申去南京，向在那里出席国民党五全大会的杨虎城传达中共的抗日救国主张，建议杨与陕北红军建立互不侵犯协定。

申伯纯 11 月初到达南京，在邓府巷 28 号十七路军驻京办事处见到杨虎城。别后两年骤然相见，杨感到有些突然。申对杨说："我这次来看你，是汉宸让我来的。汉宸有许多重要的话要向你说，因为他不便公开来见你，所以托我来转达。"杨听到这几句话，显得既紧张又高兴，立即吩咐随从副官，在一两个小时内没有什么特别要紧的事情不要进来报告，也不准任何人进来。他回到屋内对申说："听说汉宸在上海，他几时回到天津的？现在形势怎样？他有什么话叫你来谈？"申说："汉宸今年八九月间已经从上海回到天津。几年来他都在为共产党积极工作。前天他把我找到天津，同我密谈了两天。他告诉我，中国共产党在今年 8 月 1 日发表了一篇重要的宣言，宣言中首先揭露了目前日本帝国主义对华北各省步步进逼的情形和企图灭亡全中国的野心；其次分析了蒋介石卖国集团以不抵抗政策出卖我国领土，以逆来顺受的主张接受日寇一切要求，以'攘外必先安内'的荒谬理由进行内战和压迫一切爱国运动的罪状；然后指出了全国人民迫切要求抗战的群众运动的高涨；宣言最后提出中国共产党的政治主张是'组织国防政府和抗日联军'，当前的中心口号是'停止内战，一致抗日'，并指出中国共产党愿在抗日的原则下，同一切军队（不管过去有过什么仇怨）联合抗日。汉宸说，这个宣言精确地分析了中国当前的新形势，提出了中国共产党适合当前形势的新政策和新的政治主张。汉宸因为十分关心你和十七路军目前的困难处境，所以托我来向你说明中共和红军的主张，他并且愿意沟通红军和十七路军的关系。如果你愿意的话，将来双方可以建立抗日友好互不侵犯协定。我这次来看你，主要是为了这件事。另外，我个人同你有两年多没见面了，也愿借此机会来看看你。"①

杨虎城听后表示，南汉宸谈的问题很好，他也正想找中共的关系。他

---

① 申伯纯：《西安事变纪实》，第 45～46 页。

说，江西的红军已经到达陕北，今后西北的形势是严重的，他要有一个彻底的办法。他还说，现在南京的情况太不像话，不但毫无抗日的准备，而且内部争权夺利的斗争闹得很厉害。他让申伯纯先住在南京，有机会再谈南汉宸提出的问题。

申伯纯在南京停留了 20 多天，一天杨虎城突然找他谈话，说："今天早晨张汉卿非常焦急地告诉我说，昨天东北军一〇九师在直罗镇又被红军全部歼灭了，师长牛元锋阵亡。"杨还谈了些国民党五全大会的情况，然后告诉申说："我最近准备返回西安，你也随我一起走，上次你来谈的那个问题，我们到车上再详细谈。"约在 12 月初，申随杨乘专车离开南京，待专车上了长江轮渡，杨才开始对申说："我们现在可以谈一谈了。从'田中奏折'看来，日本帝国主义企图一步一步地灭亡全中国的野心，现在已经显而易见。……自从江西的红军到了陕北，西北的形势将起大的变化。据你前次所谈，共产党能够以抗日作前提，联合一切不愿当亡国奴的人共同抗日，这就对了，这就合乎中国人民的迫切需要了。"他从东北军的处境，断定张学良迟早也会另打主意。他接着说："现在由于日本帝国主义的步步进逼，全中国人心震动，纷纷起来要求抗日，我看这个局面维持不了多久了。上次你转述的汉宸那些话，只是一些原则，究竟具体怎么办，他谈过没有？"申回答说："汉宸没有谈。"① 于是杨让申在徐州下车转天津，找南汉宸问清楚具体办法后，再到西安见他。

申伯纯到天津找到南汉宸，详细报告南京之行的经过，并转达了杨虎城提出的要南详示联共抗日的具体办法。南对申的南京之行感到满意，请申回北平休息，三天后再来天津面谈。

南汉宸向党组织报告了杨虎城的情况，经研究，以南个人名义向杨提出六条具体办法：

一、在联合抗日的原则下，双方停战合作；

二、在现有的防区内（可商定），双方互不侵犯，必要时可预先通

---

① 申伯纯：《西安事变纪实》，第 47 页。

知，互为进退，或放空枪，打假仗；

　　三、双方互派代表，互通情报；

　　四、甲方在可能条件下掩护乙方来往人员的交通进出；

　　五、甲方协助乙方购买通讯器材、医药用品和其他物资；

　　六、双方在适当地点，建立秘密交通站，以加强联络和便利往来交通。①

　　申伯纯三天后再到天津，南汉宸把上述条件交给他，并嘱咐说："有些话你对杨可只作传达，不作解释，要注意利用你有利的身分（申当时尚未入党），以便将来继续在杨处做公开的工作。天津方面的党组织也需要派人去陕北同中央联系，因此，你对杨可以说明，假如他同意这几项条件，或者有所修正补充，天津方面将另派专人前往商谈，并由派去的专人到陕北沟通双方的关系。"②

　　南汉宸还建议，秘密交通站可设在蒲城或韩城，由申伯纯去当县长，同时负责秘密交通站的工作。

　　申伯纯12月16日由北平去西安，将南汉宸亲笔写的条件交给杨虎城，并口头转达了南的意见。杨基本上都同意，但表示要考虑考虑，再做决定。

　　中央红军长征到达陕北后，中共中央直接派人去争取杨虎城。1935年11月的一天，熟悉十七路军情况的红二十六军政委汪锋，被召至红军前方总部所在地——鄜县西边的套通塬东村。第二天，毛泽东接见他，询问十七路军的情况。汪当时是中共陕西地下省委委员兼军委委员，曾领导十七路军中地下党的工作，对杨虎城及其部队的情况很了解。他向毛泽东报告说：十七路军参加过北伐战争，受过大革命的洗礼；一些著名共产党员如魏野畴等曾在这个部队工作过。至今还有一些共产党员在十七路军中坚持秘密活动；在杨虎城周围有一些同情共产党的进步人士（如杜斌丞等）。毛泽东了解上述情况后，决定派汪锋去西安，代表红军同杨虎城谈判，争取十七路军与红军联合抗日。

---

① 申伯纯：《西安事变纪实》，第48页。
② 申伯纯：《西安事变纪实》，第48页。

毛泽东接连几次同汪锋谈话，给他分析全国的政治形势，阐述中国共产党的政策。毛泽东指出，十七路军和东北军都是地方势力，不是蒋介石的嫡系部队，是受蒋介石排斥打击的；蒋把他们驱赶上反共战场，是一箭双雕，使他们两败俱伤。由于蒋实行对杂牌军排斥和削弱的方针，他们与蒋之间的矛盾是不可调和的；东北军要求打回老家去的愿望强烈；十七路军是典型的地方势力，他们要扩大实力，控制地盘，对抗南京，同胡宗南统帅的中央军的矛盾必然日益突出。杨虎城及其中下级军官都有反蒋抗日的思想。我们的方针是保存东北军、十七路军，在抗日旗帜下争取张学良、杨虎城，壮大抗日力量。在他们不觉悟的时候，还是要打他们一下，直罗镇战役就是这样。但打不是目的，目的是促使他们觉悟，使他们认识到"剿共"是没有出路的。毛泽东说，目前政治形势对我们有利，我们提出"西北大联合"，争取同张学良、杨虎城搞好关系，然后才有全国的大联合。毛泽东向汪锋说，这次去西安谈判，成功的可能性是大的，但也有一定的危险性。并嘱咐汪锋，谈判一定不要破裂，要谈和。汪锋表示，完全接受中央交给的任务，力争谈判成功；如果谈不好，有危险，也不惧怕。毛泽东说：现在的时机好，我们接连打胜仗，他们一定很动摇；成功的可能性很大，但困难和危险是有的，我们把各方面都想到，有精神准备，事情就好办。毛泽东还具体指出，对杨虎城部队要有分析，多鼓励抗日士气，少谈以往不愉快的事情，多看进步的，少看落后的……

对汪锋到西安后如何开展统一战线工作，毛泽东和周恩来对他做了不少具体指示，提出不少工作方法。毛泽东还分别给杨虎城、杜斌丞、邓宝珊写了信托汪带去转交。

汪锋接受任务后，来到关中特委所在地九头塬蓝衣村。在这里，他找到向导，确定出苏区路线，并把自己化装成商人模样，之后便向敌人控制的长武县进发。当走到离长武县城25公里的地方，汪锋遇到两名便衣特务的仔细盘问和搜查，结果他缝在皮衣里的毛泽东写给杨虎城等人的信件被搜查出来。幸好这两名"土特务"看见信是写给西安绥靖公署杨主任的，便有些瞠目结舌，不知如何处理是好。汪锋装成一副国民党大官的架势，大声问他俩是谁派出来的？并吓唬他俩说：你们这样乱搞，杨主任知道了，对你们和你们的上司都是不利的！这两个"土特务"更慌了，忙说他们是长武县政府派出来的。汪锋知道长武县县长党伯弧是十七路军的老人，是忠于杨虎城的地方官员。于是，汪便假称自己是十七路军的高级特情人员，是杨先生派到苏区边界做工作的，现在要回西安报告工作，同党县长是老朋友。两个"土特务"信以为真，把搜查出来的信件又交还汪锋，并请他到附近村子休息、吃饭。

汪锋为平安地到达西安，在长武县城外约见该县县长党伯弧，并与他单独谈话。汪锋如实讲明自己的来意，简略地阐述了主力红军到达西北后的形势、蒋介石不信任十七路军的事实和杨虎城与中共的多次交往。汪锋说，这关系国家大局，也关系十七路军的前途，请他加以协助。党伯弧听后有些犹豫。汪接着说，党先生如能照顾到国家利益和十七路军的利益，请即设法送我去见杨虎城先生；否则，可以把我另做处理，请选择。听汪锋这么一说，党伯弧当即表示他并非势利小人，只是如何才能平安地送他到西安，甚感为难。因为两个便衣已经知道了，不好保密。长武到西安300多里，路上万一出了问题，不好办。汪锋告诉党伯弧，可以按他对便衣的说法，对付便衣。至于护送方法，可以选择可靠人员用押解办法。党同意汪的主意。第二天，党伯弧派他的亲信——保安队长带四个兵，用卡车把汪锋直接送到西安绥靖公署。

杨虎城看到毛泽东写给他的亲笔信，让十七路军军法处处长张依中接待汪锋。张依中当年参加过革命，在渭华暴动时就认识汪锋。这次重逢，张对汪很热情，安排汪住在西华门军法处看守所。汪名义上是"犯人"，实际上比较自由，生活上也照顾得较好。大约一个星期后的一天晚上，杨虎城在新城西客厅秘密会见汪锋。关于这次会见情况，汪锋在《争取十七路军联合抗日谈判经过》一文中有如下回忆：

首先我代表毛主席向杨先生问好，说明了来意，谈了形势和红军联合抗日的主张。没等我说完，杨先生就提出三个问题。

第一个问题：十七路军许多人认为红军不讲信用。他说：我部孙蔚如驻汉中一度和红四方面军有来往，但是红四方面军无故攻击我汉中地区，我部许多人至今还有不满情绪。

第二个问题：十七路军警备旅旅长张汉民是共产党员，中央（指国民党）一再指责我，陈立夫对我也亲自谈过。我认为张有魄力，能干，没有理他们的指责。但是红二十五军徐海东部在柞水九间房设伏袭击，并把张汉民杀害了，这是我们很不满的。

第三个问题：你们红军北上抗日，主张联合一切抗日部队，这个主张很好，但是如何帮助东北军和十七路军？

我对这些问题作了详细回答。我说，贵部孙蔚如先生同我红四方面军有来往，我们是知道的。贵部派的张含辉，到过通、南、巴苏区，我红四方面军保证了安全，取得了谅解，因而贵我两军在两年中，没有大的磨擦，孙部得以安驻汉中，兵员有了很大的发展，说明红四方面军是信守了协议的。后来中央军第一师胡宗南部，依靠天水地区，积极向南扩展，势力伸张到四川西部，不仅我们侧面受到威胁，同时孙部也受到威胁，而孙部对胡宗南部不加抗拒，任其发展。特别是当中央红军到达川西时，胡部已深入到嘉陵江西岸一带，阻碍红四方面军和中央红军会师。红四方面军为了顺利地同中央红军在川西会师，必须安全地渡过嘉陵江。要安全渡江，必须设法调离沿江驻守的胡宗南军队。所以才决定采取声东击西的办法，明取汉中，威胁天水（胡军后方），调动胡军返回天水。胡部果然以为我军攻打汉中、天水，撤回了驻川西的部队，集中天水，防我进攻，给了我红四方面军回师西进的良好机会，安全地暗渡嘉陵江，完成了与中央红军会师的任务。这种军事行动，说清楚了，先生是会谅解的。杨先生知道，汉中是个盆地，红四方面军如果决心消灭孙部，就可以依靠川北苏区，三路出击：东路依万源、城口进攻镇巴、西乡；中路依通、南、巴，翻越巴山进攻南郑；西路依广元，进攻宁强、沔县。东、南、西合围南郑，汉中地区腹背受敌，不是更容易得手吗？何必单从西路一线进攻呢？这点也正说明了我军攻击汉中地区，只是调动胡军的手段，并不是以歼灭孙部为目的的。

红二十五军，从鄂豫皖苏区突围后，长期行动，得不到补充和休整，有困难。该部到达陕豫边地区后，是准备休整的，可是贵部柳彦旅，天天尾追，逼得红二十五军不得不自卫，山阳一战该部溃败，而贵部警备旅张汉民部又接踵而至，并且张部尾随比柳部更为接近。红二十五军误认该部要再寻机攻击，遂于柞水之九间房接火战斗。在战斗中，张旅长被俘，由于红二十五军自从突围后，和上级失掉联络，不了解张汉民同志的情况，所以误杀了他。这首先是我们共产党人的沉痛损失，因为张汉民确是共产党员。现在党中央已追认张汉民同志为革命烈士。这个事件，对于十七路军说来，当然也是一个沉痛的损失，但却可以用来作为同国民党进行斗争的有力材料，以张汉民同志的被杀来反击国民党的指责，说明十七路军并没有什么共产党，打掉蒋介石削弱十七路军的借口。

至于红军的态度，我党在《八一宣言》中有明确说明，毛主席给杨先生也写了信，想必杨先生是清楚的。今后贵我双方如果不互相攻击，就会互不伤亡，这对十七路军之发展壮大和抗日救国事业都是极为有利的。我们认为西北军和东北军都是要求抗日的，这些军队的扩大，就是抗日救国力量之发展，也就是反动卖国势力的削弱，所以我们只有帮助成长，防止损失，这就是我们对十七路军和东北军的明确态度。

杨虎城先生在谈话中多次暗示十七路军上下官兵都是齐心的，能够听他的话。但对谈判的内容没有表示明确态度。从语气和神态看来，他对联合抗日，互不进攻是赞成的，对这次谈话也是满意的。杨先生最后对我说，他今后不能多和我谈，指定王菊人先生（时任杨的机要秘书）和张依中先生继续和我接谈。并说如果事情完了，有一位老朋友要我带往苏区。①

此后，汪锋又会见了王菊人、张依中，但都没谈具体问题。汪在西安期间，还会见了杜斌丞，杜表现热情，询问了陕北许多熟人的情况。汪问

---

① 吴福章编《西安事变亲历记》，第108～110页。

杜：毛泽东有信给你，见到没？杜说没见到，估计是被杨虎城给押下了。接着他分析了杨的态度。他认为杨虎城敢干、直爽，对蒋介石统治不满，也有一些进步思想；但有些简单，容易动摇。杨有统治陕、甘的"雄心"，对红军有些害怕。他建议中共方面对杨多做解释，以打消其顾虑。杜也提到张汉民被杀事，并说朋友们都很关心这件事的真相。汪锋如实讲了张汉民遇害经过，说明这个误会是大家的不幸，中共中央已追认张为革命烈士。杜斌丞听后表示说，中共处理得很适当。关于争取十七路军与红军联合抗日问题，杜说他不准备离开十七路军，今后当尽力促成两军合作抗日。

汪锋在西安停留约一个月，返回苏区时，杨虎城派其军官处军官庞志杰（中共地下党员）护送汪至淳化。经过十七路军特务二团（该团团长阎揆要是中共党员）防地进入苏区。杨让汪带往苏区的朋友，是天津中共北方局的王世英。

原来汪锋到西安后，杨虎城因与汪是第一次见面，不敢贸然商谈重大而又机密的问题，便派崔孟博赶往天津，设法找到地下党组织，请求派人去西安与杨虎城谈判。中共北方局派曾在十七路军工作过的王世英前往西安，一是与杨谈判红军与十七路军联合抗日问题；二是顺便去陕北，向中共中央报告工作，恢复中断了的联系。

1936年初，王世英随崔孟博来到西安，被安排住在十七路军宪兵营营长金敏生家中。杨虎城在其新建的公馆内（九府街止园）会见王世英，没有第三者在场。关于这次会见情况，王世英1936年3月给中共中央写了报告：

两人见面寒暄后，王首先向杨"说明我们经常对十七路军的关心及对他的希望"，"目前中国民族危机的情况，南京政府政治威信低落，全国民众抗日反蒋情绪高涨"，"他过去革命的光荣，以及一般人对他的希望，提出我与南汉宸私人对他的意见"，主要是："与红军秘密订立互不侵犯协定，保存自己实力，加紧充实自己，训练自己"，"与红军保持友谊关系，与其他反蒋派联络，发动抗日反蒋战争"。

杨虎城对王世英的答复是："对目前情形他很清楚，说明他的革命立场"，对1928年"刘子华、魏野畴在十七路活动（暴动）"提出意见，谈了十七路军当前的"内部问题，孙蔚如思想进步，唯在环境上顾虑尚多：胡宗南在陇南的威胁，陕甘东北军及中央军势力尚强，蒋调动军队很易"。杨向王世英谈了他对国内各方面的政策："联络东北军中上层将领要求南京抗日，先由合法运动，再变成不合法运动"；对中共和红军"维持原防，互不侵犯"，"交通运输上在可能范围内可以帮忙"。他要求中共"不哗变他的部队"，"绝对保守秘密，以后不要给他写信或派人，可建立电台关系"，希望红军与驻陕北的井岳秀部保持"与他同样关系"。

王世英同意杨的上述意见，表示立即去陕北向中共中央报告。王世英向杨证明，汪锋是自己的同志，于是杨虎城立即答应将汪锋交给王世英，答应设法护送他们去陕北，并赠送汪、王二人路费 500 元。

王世英随汪锋进入苏区，先到瓦窑堡。不巧，毛泽东、周恩来等正在晋西参加政治局会议。根据中央指示，王世英又从陕北赶往晋西前线，向毛泽东、周恩来等报告几年来坚持白区工作的情况和开辟十七路军统战工作的经过。中央决定，关于与十七路军建立统战关系问题，同意王世英与杨虎城初步商定的下述四项原则：

（1）在共同抗日的原则下，红军愿与十七路军建立抗日友好互不侵犯协定，双方各守原防，互不侵犯，必要时可以先通知，放空枪，打假仗，以应付环境；

（2）双方可以互派代表，在杨处建立电台，密切联系；

（3）十七路军在适当地点建立交通站，帮助红军运输必要物资和掩护中共人员往来；

（4）双方同时做抗日准备工作，先由对部队进行抗日教育开始。

由于白区工作需要，中央指示王世英尽快返回华北，途经西安时，将中央同意的上述原则转告杨虎城，请杨尽快建立交通站，注意同东北军搞好关系。王世英由晋西回到瓦窑堡后，4 月 7 日随同去延安与张学良举行会谈的周恩来、李克农等离开瓦窑堡，到达延安城外，后经介绍，通过东北军的交通关系前往西安。王到西安时已是 4 月底，此时杨虎城驻节韩城，王在王菊人陪同下赶到韩城，再次与杨会晤，向他转达中共中央的意见，杨完全同意上述几条原则，表示立即设法建立交通站。不久，杨密令驻鄜县的十七路军部队开办一个军用合作社，实际是十七路军与红军的交通站和运输站。此外，在西安还设立了两个交通站。这些交通站对给红军运送物资和掩护中共人员来往，都发挥了重要作用。

1936 年 8 月，中共中央派张文彬作为红军代表前往西安，专门做杨虎城、十七路军的工作。张 8 月 26 日到西安后，先会见王菊人、崔孟博，商谈双方互不侵犯、合作抗日、相互通商以及双方联络等问题。9 月 6 日晚，杨虎城会见张文彬，密谈约两小时。张文彬首先向杨提出红军与十七路军抗日合作口头协定的建议：

1. 互不侵犯。

A. 双方各驻防地在实际行动上取消敌对行动。

B. 杨负责抑制民团活动。不在原苏区及原有革命组织的地方组织保甲。

C. 不摧残革命组织，改善军队纪律，密切与群众的关系。

2. 取消经济封锁。

A. 设专门贸易站，在十七路军掩护下保障苏方国家贸易的流通。

B. 不禁止群众的自由通商。

C. 苏方不禁止群众供给十七路驻军的食料等必需品的购买。

3. 建立军事联络。

A. 双方军事行动事先通报，杨方除将本部属行动通报外，并供给南京等各方情报。

B. 有关双方纠纷问题，均经双方磋商解决。

张文彬提出上述建议后，"杨即发言，大意谓：各项均能同意，双方意见均无冲突处"。①

张文彬与杨虎城会谈后第二天，又与王菊人、崔孟博见面，将与杨虎城会谈时达成的原则协议具体化为四个问题。张文彬将这四个问题电告中

---

① 《张文彬给毛泽东的报告》（1936 年 9 月 8 日），《中共党史资料》第 33 辑，中共党史资料出版社，1990。

共中央：

1. 十七路现尚未接防，将以十七师王（劲哉）旅驻最前线，旅部将在鄜州、肤施及其以北潘龙止，均以最少数部队营连分驻（潘龙是否驻还不定），十七路主力均在鄜州以南，以备有事。整个部署俟决定后再电告。

2. 民团将以消极的集中训练、统一指挥名义、严密纪律等抑制其活动，积极的方式是改造个别不听指挥者（这对巩固杨在民团中的指挥都有关系，故他愿意如此做）。保甲组织以目前部队无政训处是完全可以做到的。将来如有政训处也不致成大问题，至少可以采用东北军所用过的方法去抑制。

3. 交通地点他们以在鄜州为好，我因离苏区太远，决在肤施及到甘泉的侧翼，由他、我各派二人，以副官名义前后各驻一人，办理货物转运。至于人员的来往，另外由人负责以更谨慎。

4. 电台可立即设立，只等你们把新约好的呼号密码收到通知我们以便开始联络。

张文彬在与杨虎城、王菊人等会谈时，还就下列几个问题交换了意见：

（1）杨虎城提出："因为十七路力量与环境关系，尚不能离开南京政府。"张文彬说："与南京应付是需要的，但必须努力实际的抗日准备和防止并打击蒋的破坏阴谋。"

（2）杨虎城向张文彬表示，他因"自己部队基础的关系，不能立即与红军走一条路，愿走'人'字路，将来再会合"。张文彬认为，杨做此表示的意思是"怕我们挖其墙脚，要他变红军"，因此回答杨说："我方从未有此企图，不过愿其立即成为坚强的抗日友军，并建议他立即进行自己的政治组织，在抗日纲领和自己的领导下巩固和发展起来。"

（3）杨虎城希望红军"有一定的根据地，不继续游击战争"。他还具体提出，红军的"根据地最好在甘、宁、陕"。此前，杨还对人讲过：陕南富足，红军最好在那里创立苏区。王菊人曾以试探的口气对张文彬说："将来红军最好以一部由陕南向东,一部由陕北入晋抗日。"总之,他们都不愿意红军占领他们的陕西地盘。对此,张文彬一面表示"对杨此意当转告毛、周,同时说明根据地是重要的,是已有的。并且在抗日根据地不一定要成为蒋区才可,只要是抗日友军所在地都可完成","至于红军所处地位与发展方向,都将根据友军联络与敌人情形决定。至于各地游击战争,多由各地群众自发斗争,非可制止"。

(4)杨虎城很关心国际援助,在会谈中"他表示怕目前不可能,又害怕只给红军的援助和如何援助"。张文彬则说:国际援助"目前已不成问题,一切抗日友军,一切联俄联共武装都可援助",至于援助的"方式与方法,则按具体情形决定"。

(5)当时拟议中的西北国防政府由张学良主持,杨虎城对此心中颇有疑虑,他对张文彬"表示西北要张领导,但感张部复杂,有法西[斯],有汉奸分子,张亦为继承父业,非经艰苦经营,恐有不可靠处"。张文彬对杨说:"对张本人及其部队我不很清楚,但因其特殊的亡国条件,有许多条件足以改变的,并愿杨根据本人革命历史和意志,及共处西北利害相关应倍力推动。"

(6)杨虎城在会谈中提议召开红军、东北军、十七路军"三方会议及合组各方抗日核心组织问题"。张文彬说,这个问题"很重要,当代转,并希各方推动促此成功"。①

张文彬与杨虎城会谈后,留在西安常驻,代表红军与杨虎城、十七路军保持联系。为保证张的安全,他被安排住在十七路军持务营副营长谢晋生家中。杨虎城给了他一个政治处主任秘书头衔,以便于开展工作。

在国内的党组织积极争取杨虎城联合抗日的同时,远在莫斯科的中共驻共产国际代表团也派王炳南回到西安,做争取杨虎城的工作。王炳南,陕西乾县人,其父王宝珊是杨虎城的老友和部下,曾任十七路军高级参议。王炳南1925年加入共青团,不久转为中共党员。杨虎城资助他出国留学,先去日本,后转到德国。中央红军长征到达陕北后,中共驻共产国际代表

---

① 《张文彬给毛泽东的报告》(1936年9月8日),《中共党史资料》第33辑。

团认为争取杨虎城停止"剿共",与红军联合抗日十分重要,认为王炳南适宜做这项工作。1936 年 4 月,王炳南奉命由德国赶赴莫斯科。中共驻共产国际代表团负责人向他"分析了红军到达陕北后西北地位的重要",要他回国"说服杨虎城联共抗日,提出要与杨订立互不侵犯协定,各自划分防区,若蒋介石进攻红军就打空枪,打假仗。商定杨若同意上述条件,国际还可以给他帮助。并约好,谈判成功",王炳南"就从西安发电至吴玉章处,再转代表团,暗号是:'我订的书报请寄来',如不成,电报则写成:'我订的书报不必寄了'"。①

王炳南回到西安,见到杨虎城,杨很高兴。杨认为王炳南"是国际派来的人物,很重要。他和张学良都想拉上国际关系,得到国际的帮助"。②因此,杨很重视王炳南的意见,除在西安交谈外,还邀请王到三原东里堡他的别墅又谈了一天。杨向王表示,他愿意和红军联合抗日,并对王的归来寄予厚望,让王帮助介绍进步人士训练军队。王炳南见与杨谈得很顺利,杨没有不同意见,便按暗号打电报给巴黎《救国时报》转中共驻共产国际代表团。不久,王炳南突患严重关节炎症,卧床治疗,直到九十月间才好转。

王炳南 1936 年 10 月到上海会见杜重远,杜写信介绍他回西安后与张学良会见,做沟通张、杨之间的工作。王回西安后,经常来往于张、杨之间。张学良对他也很信任。

此时王炳南住在"藏园",与中共中央派到杨部的代表张文彬取得了联系,他通过张向中共中央报告杨虎城的情况。

八 张、杨改善关系

1936 年上半年,西北地区的政治形势发生了重大变化。红军同东北军、十七路军,都已化敌为友,停止了敌对行动,成为抗日友军。与此同时,

---

① 王炳南:《关于西安事变》,西北大学历史系中国现代史教研室等合编《西安事变资料选辑》,1979,第 273~274 页。
② 王炳南:《关于西安事变》,《西安事变资料选辑》,第 274 页。

东北军同十七路军之间的关系也大有改善。

张学良和杨虎城在 1935 年前没发生过直接联系。他们在投靠蒋介石前，分属于不同的军阀集团，张属奉系，杨属冯（玉祥）系。附蒋后，张先后在东北、华北和鄂豫皖地区活动；杨则在河南、陕甘地区活动。1935 年秋，张学良率部进驻陕甘，起初与杨部关系并不融洽，相互间甚至还发生过一些误解和隔阂。

身为十七路军总指挥、西安绥靖公署主任的杨虎城，是西北地区地方实力派的首领，曾想控制整个西北。张学良率部到西安后，任西北"剿共"副总司令，代行总司令职务。杨在军事上要受张的节制，他想进一步扩大地盘、当"西北王"的梦想随之破灭。杨对张来陕，心中自然不悦。

张率部来陕本是奉蒋命"剿共"，但有人担心他是乘机抢夺地盘。西安盛传东北军是"失之东北，收之西北"。长期统治陕西的杨虎城，对此不能不怀有戒心。在西安的蒋系特务，更有意制造东北军与十七路军之间的矛盾。他们到处散布谣言，不是说东北军要解决十七路军，就是说十七路军要驱逐东北军。事实上，东北军的人数比十七路军多几倍，武器也比十七路军精良。十七路军中一些人确实担心东北军将对十七路军采取不利行动，并常向杨虎城作此类报告。两支部队间当时并不融洽，确实存在一些问题。东北军西调后，大批家属跟随而来，为争住房与十七路军时起冲突；双方少数中下级军官和士兵，为看戏占座位甚至在街上争路，也经常打架，有时几乎发展到互相开枪的地步。至于张、杨各自联络共产党、与红军秘密达成停战协议等事，更是互存戒心，守口如瓶，害怕泄密。

总之，在红军分别与东北军和十七路军达成默契的情况下，消除东北军与十七路军之间的误会与隔阂，增进这两支军队间的了解和团结，就成了在陕甘地区形成"三位一体"、联合抗日新局面的关键。

由于张、杨都有抗日要求，且都已同中国共产党建立了统一战线关系，因此他们都有改善相互关系的愿望，并为此都做出了积极努力。杨虎城于1936 年 2 月在西安绥靖公署内设立交际处，任命申伯纯为处长，规定这个机构的主要任务是联络东北军中上级军官。张学良为缓解两军间的矛盾，曾先后派黎天才、张替华等去向杨虎城做解释工作，说明东北军奉命来西北，是专门"剿共"，绝无任何争权夺地之心。张学良把东北军部队大都部署在前线和外地，西安城内只留少数的卫队；而且规定，东北方面的人士不介入陕西地方行政事务，不担任地方官吏。但是，东北军与十七路军关系的根本改善，张学良与杨虎城之间的融洽，在很大程度上要归功于高崇民，是他到西安后帮助化解了东北军与十七路军之间的误会和隔阂，促进了两者之间的互信。

高崇民（1891～1971），辽宁开原人，早年加入同盟会，参加革命活动。1919年毕业于日本东京明治大学，回国后在北京、东北等地工作。1928年参加发起组织国民外交协会等爱国团体，与杜重远、陈先舟、阎宝航、卢广绩、王化一等相友好，并被聘为东北保安司令部张学良的秘书，成为张的智囊人物之一。九一八后，高从东北逃至北平，参与发起东北民众抗日救国会，被推举为该会常委，积极参加抗日救亡运动，曾率请愿团到上海、南京活动，直接向蒋介石请愿，要求南京当局抵抗日本侵略，收复东北失地。1935年，在其老友杜重远和中共地下党员孙达生、胡愈之促使下前往西安，做争取张学良、杨虎城和疏通两部关系的工作。

杜重远因"新生事件"入狱后，许多东北上层人士前去上海探望他。杜邀请孙达生和胡愈之帮助他向来访者宣传中国共产党的抗日民族统一战线主张，鼓励东北军放弃"剿共"内战、站到抗日方面来。关于孙达生协助杜重远做高崇民工作的情况，孙自己回忆说：1935年9月高崇民到上海探望杜重远，杜"对高崇民说：你搞政治斗争，单凭民族热情和直冲硬碰是不成的，必须懂得一些革命理论和政策；咱们一个同乡宋介农（我在沪时的名字）论年龄是老弟，论讲革命道理，他可以作老师；在沪几年，我得到他的帮助不少，我介绍你们见面，你应好好听他的。同时重远又向我介绍高崇民说：这个人在东北军中上层交游很广，也有骨气，要能把他争取过来，对反蒋抗日斗争很有用处。但是我的处境和水平，只能对他做个砍大荒的工作，你对他做精雕细刻工作吧"。① 1911年出生的孙达生，东北双辽人，九一八后进关，1933年在上海参加共产党。经杜重远介绍，孙达

---

① 孙达生：《从上海到西安》，《西安事变资料》第2辑，第105页。

生与高崇民会面，二人一见如故，共同探讨革命救国的道路。在孙达生帮助下，高崇民如饥似渴地读了《列宁传》《马克思传》《国家与革命》"两个策略"等著作。原来信仰三民主义的高崇民在接触马克思主义后，逐渐懂得了三民主义的局限性，对蒋介石的阶级本质开始有所认识，对中国共产党的抗日民族统一战线主张表示竭诚拥护。从这时起，高崇民开始认识到中国共产党是真心领导抗日救国的政党，蒋介石已成为孙中山先生的叛徒。他毅然决然地撕毁了自己的国民党党证，决心跟着中国共产党走。他把孙达生视为自己学习马克思主义的启蒙老师。

中共地下党员胡愈之也对高崇民做了不少工作。胡愈之回忆说，高崇民来上海探望杜重远时，杜"悄悄地告诉我，他（指高崇民）是张学良的亲信，过去曾经是东北国民党的负责人之一。他是坚决主张抗日的，为人心直口快，希望我在外面约他谈谈，如能争取他向张学良进行工作，就更好了"。胡除在杜重远所在监狱与高谈话外，还约高"在上海一家菜馆畅谈过两次或三次。开始高谈了一套三民主义，对共产党和共产主义很不理解。我也对他说了一套大道理。过了几天，我们就成了无话不谈的亲密的朋友"。①

高崇民到达西安，正赶上张学良去南京出席国民党五全大会。最先来会见高崇民的是王以哲及其副官刘宗汉。老友重逢，互通消息。高向王等介绍了在上海与杜重远、阎宝航等商议的问题。王听后说：我很羡慕你，我若不是军人，情愿同你一道搞救亡工作。高则意味深长地对王说：你有人、有马、有枪，可以大有作为，就看你怎么干！王对其在九一八时盲目服从不抵抗命令，不放一枪就丢掉沈阳而深感内疚。他向高崇民透露说，近来有人劝他力谏张学良保住实力，独立自主，联合地方友军（红军），联合民众救亡团体，组成抗日联军，摆脱蒋介石。可是他不清楚怎么个干法，经费也是大问题。高崇民说：东北军有自己的任务，自己的立场，东北军丢掉了东北，东北军再去把它收复回来，这是全国老百姓所欢迎的。但是，有一条，不拒绝蒋的"剿共"命令，东北军就没有打日本的权力。王同意高的意见，他说：等"剿共"完了再去抗日，则抗日永无实现之期。实在

---

① 胡愈之：《我的回忆》，江苏人民出版社，1990，第195~196页。

不应该上蒋介石的当了!

张学良在去南京开会期间,得悉东北军一〇九师在直罗镇被红军全歼的消息,没等会议开完就赶回西安。张回来后知高崇民已来陕,估计必有要事,便在金家巷公馆小客厅内单独接见他。高向张讲述了在上海与杜重远、阎宝航等商议的意见和建议,向张指出:蒋介石调东北军"剿共"是一个阴谋,意在使交战双方两败俱伤;红军不可剿,也剿不了;东北军应保存实力,准备收复老家,不要在随蒋"剿共"内战中同归于尽。对高的这些意见,张表面上未置可否,内心是赞同的。张招待高在公馆午餐,并请赵媞小姐陪同。张让高留住西安,只是让他活动不要太露骨。不久,孙达生也到达西安,他们共同做争取张、杨的工作。

还在张学良回西安前,高崇民带着杜重远写的介绍信会见了杜斌丞。杜是杨虎城的重要幕僚,思想进步,反对内战,主张抗日。高与杜政见相同,两人一见如故。高向杜介绍了杜重远在上海蒙冤入狱的情况,杜对日本的侵略、南京的退让十分愤恨。高向杜指出:要抗日,就必须反对蒋介石的"先安内后攘外"政策。打内战,残杀自己同胞,置国家命运于不顾,这种倒行逆施的政策早已被人民唾弃;要抗日,就必须使东北军与十七路军联合起来,结成坚强的抗日阵营,反对内战,一致对外。杜对高的坦诚、直爽很欣赏,高的上述见解与他不谋而合,两人很快结成挚友。

经杜斌丞引见,高崇民会见了杨虎城。高向杨分析了国内形势,剖析了蒋介石的"先安内后攘外"政策的本质,指出:抗日是当务之急,而要抗日就必须反蒋不可。停止内战,一致抗日,是挽救国家危亡的唯一出路。杨虎城聚精会神地听了高的发言后说:先生高见,惠我良深,希以后常来赐教。杨虎城虽只讲了几句简短的客套话,然而对高的坦率直言、高超的政治见解和分析的中肯留下了深刻印象。

高崇民在与张学良谈到东北军应与十七路军联合时说,据南汉宸介绍,杨虎城一向思想进步,同情抗日,同他联合是有思想基础的。张学良说:东北军与十七路军间存在误会,过去曾派黎天才等去做解释工作,结果,反而使误会加深。消除误会方能成大事。现在急需有人去疏通。当然这项工作说它难也是难,说它容易也容易,就看你怎么做。张对高说:你来做这项工作很合适，我告诉你一个底，你可以开诚布公地对杨说，我张某人无论如何不肖，也不至于不肖到这种程度，失掉自己的家乡不去收复，却来抢占别人的地盘。张还对高沉痛地说：从意大利回来后，我只认为国家必须统一，集中全国力量才能抗日。不料事与愿违，我的内心实在有说不出来的痛苦！

高崇民为张学良的真诚而感动，欣然接受委托，再次前去拜访杨虎城。高除向杨指出蒋"剿共"内战指派非嫡系部队打头阵，目的是将他们的实力消耗掉，东北军和十七路军随蒋"剿共"没有前途外，还向杨指出：蒋为便于控制，竭力分化东北军与十七路军的团结，以防两军联合起来，拧成一股绳，难以消灭。高向杨表明：张学良志在抗日，志在救国，绝对没有取代别人的意图。为今之计，东北军和十七路军必须停止"剿共"，一致对外，把各地方实力派联合起来，走共同抗日的道路。并说，这样做是国家之福，也是全国人民的愿望。

高崇民披肝沥胆，苦心孤诣，使原来心怀疑惧的杨虎城消除了疑虑，表示愿在张学良领导下，从事抗日救国工作。杨留高共进午餐，请夫人谢葆贞一起作陪。三人围一火锅，边吃边谈，尽欢而散。

高崇民把与杨虎城谈话的情况和杨的态度报告给张学良，张很高兴，说以后要多多同杨和十七路军高级将领接触。几天后，杨虎城和杜斌丞邀请高崇民到杨的别墅聚会。在那里，杨介绍孙蔚如、赵寿山、申伯纯等人与高见面，并希望他们以后密切联系。后来，刘澜波、卢广绩、车向忱、栗又文等人经常在高崇民住所邀集东北军、十七路军中上层人士共同研讨联共抗日问题。与此同时，在十七路军中工作的中共地下党员和进步人士，如阎揆要、杨明轩、徐彬如、王炳南、宋绮云等人也做了大量促进两军团结的工作，使两军间的隔阂逐步消除。

为密切两军关系，在高崇民、孙达生和申伯纯、金敏生的努力下建立了联席会制度。通过联席会，交流情况，互通声息。后来，又扩大了双方参加联席会的人员，东北军方面有栗又文、应德田、孙铭九；十七路军方面有王菊人、蒲子政。

1936年4月，张学良和杨虎城在高崇民串联下在洛川秘密举行会谈，商定不打内战，共同抗日，与红军三方面联合的方针。此后，张、杨就开始直接联系了。^① 至此，在西北地区，初步形成了东北军、十七路军和红军背着蒋介石结成联盟，共同抗日，即所谓"三位一体"的新局面。

关于高崇民在疏通东北军、十七路军之间的关系，促进张、杨团结方面所起的作用，当时作为指导东北军党的工作的中共中央代表朱理治，1936年11月4日写给周恩来、张闻天、毛泽东的信中说"决定 C 同志（即高崇民）推动杨。C 是写《活路》的，被蒋介石查出后通缉。现始回来，是张、杨的中间人。C 以语激杨，杨谓西北局面张负领导地位，彼一定受他领导"^②。

随着张、杨关系的改善，"三位一体"局面的形成，开创西北地区抗日新局面被提上了日程。

九 开创新局面

打通苏联和外蒙，取得国际援助，在西北地区创立新局面，这是中国共产党早已制定的方针。还在长征途中红一、红四方面军会合后，中共中央政治局1935年8月在沙窝会议决议中就指出："西北各省是中国反动统治及帝国主义力量最薄弱的地区，在地理上又接近世界无产阶级祖国苏联及蒙古人民共和国，这更造成苏维埃与红军发展的有利条件。"^③ 把红军长征的落脚点放在陕北，以及后来红军东征和西征，都与这种考虑有关。

共产国际和苏联也同意中国红军向西北地区发展，并答应给予支持和援助。

1936年春夏，随着红军在陕甘地区的发展壮大和统一战线工作的开展，打通苏联、取得国际援助，便作为一个紧迫问题被提上了日程。

首先，它是改善红军生存、发展条件的需要。红军同东北军、十七路军达成默契，使红军生存的政治环境有了明显改善；但是红军集结于陕甘

---

① 见丘琴等主编《高崇民传》，第93页。
② 转引自丘琴等主编《高崇民传》，第93页。
③ 中央档案馆编《中共中央文件选集》第10集，中共中央党校出版社，1991，第528页。

边，前有蒋军，后有马家军的威胁，没有战略靠背，孤立难恃。至于红军的物资条件就更为困难。近3万人的红军队伍，集结在长千余里、南北六百余里的狭小区域里，还被敌人分割成数块。红军虽占有盐池、定边、靖边、安定、延川、安塞、保安、环县、豫旺9座县城，其中除定边外都是不足200户人家的镇子。整个苏区山多沟深，林稀水缺，土地贫瘠，交通不便。总人口不过40余万，有些地方几十里地内没有人烟。红军在这里不但给养困难，兵源匮乏，而且装备也差，在正规部队中有近半数人没有步枪，每枪配子弹不超过40发。显然，为解决红军的战略依托和改善红军的生存、发展条件，迫切需要打通国际路线，接受外援。

其次，开展统一战线、增进同友军团结的需要。当时的一些地方实力派，之所以和红军联合，建立统战关系，除了基于他们的爱国反日思想和不满蒋介石内战独裁政策外，还想通过中国共产党的关系获取苏联的援助。张学良深知，他主政东北时因挑起中东路事件结怨于苏联，1933年他在欧洲考察时就想去苏联考察被拒绝，如今他为抗日要得到苏联援助就必须首先联共。1936年张与李克农和周恩来会谈都提到争取苏联援助的问题。他亟盼红军与苏联打通联系，为此一再建议红军及早占领宁夏、陇西，并派代表去新疆与盛世才联系。杨虎城在会见红军代表张文彬时，也谈到这个问题，而且还担心苏联的援助只给红军不给他。中共中央10月26日给共产国际的电报就反映了当时的这种情况："许多方面经常向我们提出苏联是否援助他们的问题，近来问的更加多了。打通国际路线，成了张学良、杨虎城、阎锡山、傅作义一班人口头语。"昨天张学良和阎锡山在太原会晤，阎问张说："不知国际愿意援助晋绥军、东北军否。"[①]

诚如毛泽东1936年6月29日给指挥主力红军西征作战的彭德怀的电报中说："从总的战略上看，无论站在红军的观点上，站在红军与其他友军联合成立国防政府的观点上，打通苏联，解决技术条件，是今年必须完成的任务。"[②]

8月初，被中共驻共产国际代表团派回国内负责同南京政府代表谈判的

---

① 《中央发报第三十九号》（1936年10月26日）。
② 《毛泽东年谱（1893~1949）》上卷，第554页。

潘汉年到达陕北，除了向中共中央传达共产国际"七大"制定的抗日民族统一战线政策，还传达了共产国际有关红军发展战略方向的意见。共产国际关于中国红军的战略意图是：中国红军应该在中国西北地区发展，设法将陕、甘、宁、青、新打成一片，与苏联、外蒙接通。共产国际还表示，在中国红军接通外蒙和新疆的条件下，苏联方面可以考虑从外蒙和新疆两个方向为红军提供必要的军事物资帮助。

潘汉年从南京去陕北途经西安时，曾与张学良会晤，就双方合作、打通国际路线、创立西北抗日新局面问题交换了意见。潘到保安后，将张的意见向中共中央做了报告。张的基本想法是："红军应立即开始实施打通苏联，以便推动西北国防政府的建立"；"打通苏联及西北发动的时间应考虑在九月日本指使德王进攻绥蒙之际，并将攻击方向指向绥远，如此方能号召时局"；"打通苏联的实现暂以红军为主，东北军目前暂做隐蔽的配合"；"欢迎二、四方面军到甘肃来。二、四方面军宜先夺岷州，据此出陇西攻击毛炳文，以便调动东北军于学忠部控制兰州；另以一部出夏河攻击马步芳老家河州，威胁青海，吸引西路甘（张掖）、凉（武威）、肃（酒泉）三州马步芳东援，争取使东北军接防河西走廊，如此可便利接通新疆"；"为便利西北发动起见，红军一部出河南仍是调动陕西中央军出境，确保陕西于我手中的有效策略"。①　此外，张学良还提出东北军自身统率与改造问题，目前必须尽快物色和训练一批可靠的军官，为此欢迎红军派有力干部前去协助。

中共中央获知共产国际希望中国红军打通新疆、靠近外蒙和张学良的上述态度后，于8月10日召开政治局会议，确定：党和红军目前阶段的基本任务是打通苏联。此事意义重大，应放在一切工作的首位，其他各项工作不论是西北国防政府的建立、统一战线的巩固、抗日战争的实行等，均应围绕它来进行。8月12日，中共中央致电红二、红四方面军领导人，通报了这个战略方针的内容：

---

① 《潘汉年报告》（1936年8月7日）。

一、一、二、四三个方面军有配合甲军（东北军）打通苏联，巩固内部，出兵绥远，建立西北国防政府之任务，由此任务之执行以配合并推动全国各派统一战线，达到大规模抗日战争之目的。

二、根据一、二、四方面军会合，甲军与我们联盟，日本指挥伪蒙军进攻绥远、内蒙，企图隔断中苏关系及蒋介石注意西南，暂时无法顾及西北等情况，上述任务可能而且必须在较短时期内实现之。

三、打通苏联为实现全国抗日战争，首先为实现西北新局面，进行部分抗日战争之重要一环。其步骤为：

甲、二、四方面军尽可能的夺取岷州或其附近，作为临时根据地，控制岷州附近洮河两岸之一段，候部队相当整理后，即以有力一部出陇西，攻击毛炳文，相机消灭之，目的在威胁兰州，以便甲军李忠（于学忠）部三个师全部集中于兰州，控制兰州为战略枢纽；另以有力一部出夏河，攻击河州马步芳家乡，目的一在威胁青海，吸引西路甘、凉、肃三州马步芳兵力之东援，以便甲军派一部接防，使西路三州落于甲军之手；一在消灭青马一部，促其与我讲和，李毅（张学良）现有代表青马处。以上是李毅与我商定之计划。此外再派较小一部拒王均于西礼之线，并派员与王进行外交，同时也对毛炳文进行外交。彼等均在极危惧中，外交成功有大的可能。上述计划大概以一个半月时间实现之。……

乙、完成上述任务之后，实行三个方面军在甘北之会合，扩大甘北苏区，准备进攻宁夏。这一步骤约在十月到十一月完成之。

丙、十二月起，三个方面军以一个方面军保卫陕甘宁苏区并策应甲军对付蒋介石之进攻，以两个方面军乘结冰渡河，消灭马鸿逵，占领宁夏，完成打通苏联任务。……①

为了更好地与友军配合，完成打通苏联的任务，中共中央派潘汉年于8月12日赶赴西安，与张学良商谈实施上述战略任务的具体步骤。潘带去了

---

① 《文献和研究》1985年第5期。

8月9日由毛泽东、张闻天、周恩来、秦邦宪联名写给张学良的信。中共中央领导人在信中表示同意张关于首先打通苏联，9月以后再准备发动的意见。根据形势发展，建议东北军立即准备配合红军选定9、10月间有利时机，决定发动抗日局面，而以占领兰州，打通苏联，巩固内部，出兵绥远为基本战略方针。信中指出，占领兰州是实施整个计划的枢纽，为此东北军应以至少三个师好好地控制兰州，如此着成功，则可在今年秋天三个月内完成打通苏联的任务，我们必须坚信打通苏联是保证西北胜利（更不要说全国胜利）的最基本点，而要在秋天打通苏联，不使推到冬天气候条件最困难时去做，则必须以占领兰州为枢纽。从战略上巩固内部来说，好好地完全占领兰州，也是绝对必要的。准备必要时以兰州为中心。对甘、凉、肃的占领，最好使用东北军之一部，留红军在外面用，如东北军觉得有困难，便应以红军之一部用于此方面。因为从打通苏联的意义来说，占领甘、凉、肃比占领宁夏更为重要，这是不受日本威胁，永远有保障的一条道路，新疆的协助与苏联的接济已不成问题，其详情请问潘汉年同志。毛泽东等在信中向张指出，若遇蒋介石进攻和杨虎城动摇的条件下，我们不但不是进攻河南，也不是保持陕西，东北军应准备在必要时把陕西交给杨虎城，把主力转移到甘肃境内，以便集结部队，改造内部，与红军靠拢，然后再待机打出去。中共中央领导人向张强调：蒋在此时忙于西南，他要立即顾到西北是很困难的，然而西南一解决他就有极大可能进攻西北，我们必须在他动手之前，完全主动地发动自己的计划，不使自己处在临时应付的被动地位，这是基本的原则。信中接着指出：目前"关键全在乘蒋注意西南时，我们以突然的姿势占领兰州，打通苏联，那时不管他来打也好，不来打也好，我们都有胜利的把握"。根据张学良请求，中共中央领导人在信中表示，将尽快派潘汉年、叶剑英、朱理治三人前往西安，协助张学良进行部队的改造工作。毛泽东等在信中还劝告张说："无论如何兄不要再去南京了，并要十分防备蒋的暗害阴谋。目前此点关系全局，卫队的成分应加考察，要放在政治上可靠的干部手里。"①

---

① 《毛泽东年谱（1893~1949）》上卷，第567页。

八九月间，潘汉年两次往返西安与陕北，同张学良多次举行会谈。

当十来天前潘汉年前往陕北途经西安时，张学良曾热诚接待他，并对打通苏联、开创西北新局面等问题提出了建议；可是 8 月 12 日潘汉年从陕北返回西安后，张却多日不见潘，这不能不引起潘的怀疑。潘 8 月 19 日写信给毛泽东、张闻天说："来了这么久，尚未见到毅，他确患病，但尚能起坐与邵力子对弈，而不急于见我，不知何故？"潘在信中报告：直接电台尚未竣工，一切因为毅想到而不动手做，原因手下无一系统工作组织，其原有军事干部系统，他认为不可靠，不中用，因此什么事除他自己动手外，一切都无办法。我问刘（鼎）：如毅暴死，我们在东北军中工作岂非一无所成？他默然无答。刘澜波告诉刘向三：王以哲日内态度不佳，最近拒绝与左派人物接近。蓝衣社有三个人经常包围王，他们提出"倒张拥王"的口号，声言东北军反蒋无出路，力言张学良当初拥蒋今又反蒋，是无信无义，他决不赞成。王之参谋长赵镇藩亦表示，如苏联无确实把握，决不轻动，并怀疑苏联的援助是否可靠。我以此事询问刘，他认为这是少数国家主义派活动。王态度之闪倏，因张本身未公开主张云云。真相如何，凭诸猜测，都不可靠。总之，如毅接受信中所提基本方针，一切不难解决。①

随着国内政治局势的演变，东北军中主张联俄联共的军官们思想发生波动。"六一"两广举兵反蒋，他们受到鼓舞与激励，跃跃欲试，准备在西北发动，响应两广；到 7 月，广东方面被蒋瓦解，广西方面岌岌可危，行将失败时，他们蒙受打击，犹豫动摇。

至 8 月下旬，张学良态度又有转变，他多次会见潘汉年，表示完全同意中共中央领导人给他的信中"所提一切基本问题"，"他要与我联合干的决心是有的"。对中共方面提出的占领兰州，打通苏联，张表示同意，愿共同努力。对红二、红四方面军北上，他表示东北军采取中立态度，于学忠部集中到兰州，红军可以贴近于部防区通过，但不要进城，固原以北诸城镇，他不好撤防，红军可以打过去，他准备牺牲一些部队。潘汉年到西安后了解到，张学良始终不愿意向其下层干部公开提出联合共产党和联合红军的

---

① 《潘汉年给东天的信》（1936 年 8 月 19 日）。

问题，原因是怕蒋介石抓住把柄。潘建议张应鲜明地表明自己的政治主张，向干部公开提出联俄联共口号，以利于切实做好抗日准备。由于蒋介石已经知道张学良与红军有联系，现在对蒋介石保守的秘密只是与红军整个合作的政略与战略，以及彼此交往的程度。同时还可以利用南京方面派董健吾去陕北联络和任命蒋廷黻为驻苏大使等事实，宣传南京的外交政策有新的变动，蒋介石可能同共产党妥协，从而大谈联苏联共。张学良则表示，对他认为可靠的干部可以开诚布公地讲，对他不能深信的干部应立刻进行调查，对坏蛋要赶走，对中立的要争取。潘汉年建议张学良加紧与北方各实力派韩复榘、宋哲元、杨虎城、傅作义联络，争取他们共同抗日，并建议张对南京政府内的宋子文、孔祥熙、陈立夫、陈果夫采取争取、联合态度，张学良同意潘的上述建议。张学良深感东北军缺乏从事抗日工作的干部，除表示欢迎叶剑英来外，更希望中共派更多的干部来帮助他，并提出派几名政治上好、有口才、能应付复杂局面的干部，以帮助他联络各地方实力派；希望派一名善于写文章的干部，帮助他开展抗日宣传工作。潘汉年提出，希望张帮助红军解决经费困难，张当即借给红军5万元，并答应以后如有急需每次还可借给几万元。①

在8月下旬的一次交谈中，张学良向潘汉年披露说他迟迟不公开提出"联俄联共"口号，是因为怕蒋介石说他投机，说他"与蒋争一日之短长"。9月1日潘汉年向毛泽东、张闻天报告此事说："他赴（国民党）二中全会时，蒋向他表示要联俄，而俄态度不明。毅提出要抗日又打红军是不行的，问蒋有无办法？蒋向他看看，蒋说不用着急，将来有办法。同时蒋廷黻曾找过他二次，要他向蒋（介石）提出联俄容共。他问蒋（廷黻）你为甚不提？他答：我提过，恐无效力。这次蒋（廷黻）发表为驻苏大使，他认为南京对外政策是有新的变动。"潘汉年认为"他正是因为（蒋）有可能与我们妥协，所以怕做得太难堪，使蒋说他投机而不满意他，或者误会他要与蒋争一日之短长"②。

---

① 以上见《潘汉年给东天的信》（1936年8月25日）、《潘汉年给东天的信》（1936年9月1日）。

② 《潘汉年给东天的信》（1936年9月1日）。

中共中央确定"逼蒋抗日"方针后，决定派叶剑英为红军代表前往西安，与张学良商谈有关成立国防政府、抗日联军事宜。9月24日，叶剑英偕潘汉年、边章伍、彭雪枫、汪锋从陕北保安出发，10月2日到达西安。张学良欢迎叶剑英到来，把他安顿在卫队二营营长孙铭九家中，以确保他的安全。

10月4日晚，叶剑英和潘汉年会见张学良，向他递交了《中国共产党致国民党书》和由中共中央起草、准备提交南京政府的《国共两党抗日救亡协定》草案。在会谈中，双方对许多重大问题意见一致，张学良从政治方面谈得多，从军事方面谈得少。他答应给红军拨款，要求中共方面提供最近的军事情况及意见。

在与叶剑英、潘汉年举行第二次会谈时，张学良说中共草拟的《国共两党抗日救亡协定》草案，蒋介石恐难接受。因为当时两广事变已失败，蒋介石已开始移师西北，胡宗南部已回师甘、宁，汤恩伯指挥的关麟征第二十五师已先入潼关，蒋介石想先打后和，捡些便宜。因此，张学良建议中共给他写信，明确表示以停止进攻红军作为两党和谈的前提。他可以把这封信转交给蒋介石。于是，10月5日中共中央以毛泽东、周恩来名义写信给张学良，"正式宣言，为了迅速执行停止内战一致抗日主张，只要国民党军队不拦阻红军的抗日去路与侵犯红军的抗日后方，我们首先实行停止向国民党军队的攻击，以此作为我们停战抗日的坚决表示，静待国民党当局的觉悟，仅在国民党军队向我们攻击时我们才在自卫的方式上予以必要的还击，这同样是为着促进国民党当局的觉悟"。希望张学良将"敝方意见转述蒋介石先生速即决策，互派正式代表谈判停战抗日的具体条件"。① 张学良在会谈中还答应帮助红军解决棉衣。

当时红二、红四方面军北上已到甘肃，蒋介石严令张学良堵截。为应付局势，张学良于10月7日飞往庆阳，令东北军各部队严守中立。不久，马鸿逵的一个骑兵团在李旺堡被彭德怀指挥的西北野战军围困。蒋介石急令东北军前往解救。为此，张学良找叶剑英商量解救办法。叶剑英为争取

---

① 中央文献研究室编《毛泽东书信选集》，人民出版社，1983，第78～79页。

东北军抗日，使红军与东北军在甘宁地区互相支援，建议中共中央允许刘多荃率东北军一〇五师按规定时间进入红军包围圈，带出即将被消灭的马鸿逵的骑兵团。接着，张学良把与南京关系密切、对"剿共"比较积极的何柱国调开，所部东北军由刘多荃指挥。

第六章　矛盾激化

一　准备抗日

张、杨分别同红军达成默契后，便积极准备抗日。张学良深知东北军中缺少具有进步思想的干部，不适应联共抗日的需要。在征得杨虎城同意后，他于1936年6月在西安南郊王曲镇创办长安军官训练团。名义上是仿效蒋介石办的庐山军官训练团，进行整军"剿共"，实际上是对干部进行抗日教育，做抗日的准备。培训对象是东北军和十七路军中连长以上、团长以下干部。这是张、杨联合进行抗日准备的第一个举措。张学良担任训练团团长，杨虎城任副团长，王以哲任教育长（后由黄显声接替）。

长安军官训练团1936年6月创办，当年10月被蒋介石勒令停办，其间共办了4期，每期一个月。第一期是干部班，学员108人，是经过张学良、刘澜波、应德田、孙铭九等人选定的，其中有西北总部的处长、科长、参谋、秘书，也有部队中的师长、正副团长、营长等，都是思想比较进步的军官，准备作为日后培训干部的骨干。筹备期间，两广事变爆发，第一期便抓紧于6月15日正式开学。

中国共产党积极支持并协助张、杨办好这个训练团。筹备期间，张学良征询刘鼎的意见，刘鼎建议训练团应以政治教育为主，军事技术教育为辅，即以抗日救国为中心。并具体指出，政治方面，要学习什么是帝国主义，外国和中国革命的经验，其中包括辛亥革命、黄埔军校和红军各方面的经验；军事方面，着重学习部队管理，官兵平等，严格纪律和游击战术。张学良接受了这些建议。中共东北军工作委员会对这个训练团十分重视，派刘澜波、贾陶、栗又文、解方参加，在训练团中宣传党的抗日民族统一战线主张。事先，刘澜波向这几名党员介绍了党争取东北军联合抗日的进展情况，共同分析了东北军内各派政治力量及其代表人物，并研究了共产党员如何在训练团中开展工作。训练团开学后，刘澜波等充分利用这个阵地，广泛接触受训军官，通过讲课、交朋友、个别座谈、讨论等形式，大力宣传党的抗日主张，解释联共抗日的道理，并开展教唱抗日救亡歌曲活动。

张学良对这个训练团十分重视。他6月10日去南京出席国民党五届二中全会，训练团开学时他不在西安。待他从南京返回西安后，立即住到训练团附近的太师洞，和学员们一起生活，有时还一起讨论问题，听取汇报。他和杨虎城都亲自给学员们讲课。6月22日，张学良给训练团师生做了题为《中国的出路唯有抗日》的讲演。他首先向大家指明了中国当时面临的严峻形势："现在的中国土地被人割裂，东北之后，继以华北；华北之后，又将占领华南"，"中国的土地、主权被人剥夺殆尽，人民的生命、财产、自由尤无任何保障之可言；我们已到了无不可牺牲，无可牺牲的悲惨境地"。张接着指出：现在"除了抗日之外，实在没有其他路子可走！"他郑重表示，在侵略者新的进攻面前，决不重蹈九一八时委曲求全的覆辙。他在演说中检讨说："九一八事变前后，我们有一个最大的错误，就是委曲求全，希求事态不扩大。到现在明白了，对日问题没有委曲求全之道。"张坚定地表示："今后我们对日唯有抗战，决不再蹈前此覆辙！""我们宁肯因斗争致死，决不束手待毙！"

在当时的中国，实现抗日的最大障碍是蒋介石的"攘外必先安内"政策。针对蒋介石的"先统一后抗日"主张，张学良提出"抗日与统一，统一与抗日，这两件事情是具有不可分离的连环关系"。他引用一位朋友日前对他说的一段话来论证这个关系："因为中国目前是被日本帝国主义支配着，它绝不容我们统一。要想统一，唯有抗日，从对外，才能求得统一。"针对蒋介石说的只有准备好了才能抗日的论调，张学良说：抗日固然需要准备，但"时间已不容我谈准备了！我们要马上将准备与行动联系起来！"

张学良在演说中明确指出："抗日是东北军的最大使命"，因为"东北是日本从我们手里用武力夺去的"，现在"要用我们的力量夺取回来！"他号召"东北军要站在抗日战线的第一线"，誓死收复失地。他说："不这样，怎能对得起我们故乡的父老兄弟姐妹？怎能对得起其他热烈期望着我们的同胞、同志？""失地收复之日，才算完成了我们东北军'孤臣孽子'的任务"。张学良提出，为适应抗日要求，东北军必须改造，改造的要求是"改正封建意识，提高政治意识，彻底造成划时代的为国为民之政治集团"。他满怀深情地对训练团人员说："你们认为我的路对，请你们坚决地随我来！你们发觉我的决心动摇，请你们把我打死！假如我中途被敌人致死，请你们还要坚决地继续我的遗志向前进！"

张学良在演说中从分析战争的性质和日本的不利条件入手，断定"最后的胜利是属于我们的"。关于战争性质，张学良说："古人说过：'两军作战相争哀者胜。'"所谓哀者，是处于被侵略、被压迫的地位，情绪自然是悲壮激烈。我们对日作战，我们是哀者，哀者便有几分胜利的可能。关于日本的不利条件，张学良列举了四条：一是日本国民"团结不坚固"。"日本由于资本主义之形成，使国内人民的立场截然不同。军阀依附于大资本家，受大资本家支配，实行向外侵略"；"日本之农民和工人，由于被压榨剥削之结果……形成了他们反军阀、反统治阶级、反侵略政策的阵线"。二是"日本经济困难"，"没有长期作战条件"。日本是个岛国，"那么多的人民，依赖那一点耕地，农民情况自然贫苦"。"工业虽一天比一天发达，而其利润则入于少数人手中，故工人之贫苦情形不减于农民。"财政困难，"真没有长期作战的条件"，"战争稍延长，他们国内一定会起变化"。三是"除了中国以外，日本还有更大的敌人"，"苏联才是日本最大的敌人……现在差不多以全力从事于进攻苏联的准备"。四是"我们不要犯'唯武器论'的错误"。有人说中国"武器不如人是不能抗战的"，"其实武器良亚，固然不能说与战争没有影响"；但武器精良，确不是胜利的绝对保障。一则，我们是民族自卫战，在地理条件上、民气士气上都占优势；二则，"我们的地形相当复杂……这种地形都可以使他们的新武器失其效用"。张学良分析中日战争性质和日本不利条件后，得出的结论是："抗日战争的最后胜利终会属于我们中华民族"。① 张学良的精彩分析，可以说是对以汪精卫为首的亲日派当时所散布的"亡国论"的一个有力回击。

张学良的这篇讲演，不失为他的抗日纲领。它系统阐述了抗日的理论和具体主张，第一次向其部属讲明了自己的抗日立场和决心，并把他与蒋介石的政见分歧公之于众：蒋主张"安内攘外"，他主张"攘外安内"。正是由于这个分歧的发展和激化，导致了后来西安事变的爆发。

通过学习，学员们对日益严重的民族危机有了更加深刻的认识，反抗日本侵略、收复东北失地的要求更加强烈。在讨论时，有人把从东北寄来的家信拿出来朗读，家乡父老被奴役、被蹂躏的悲惨生活激励大家为抗敌复土而献身。学习讨论会，变成了对侵略者暴行的控诉会。一天晚饭后，学员们围坐在一起交流思想，张学良也来参加。当谈到日本入侵，东北沦亡，东北军背井离乡，蒋介石屈辱妥协，抗日无期时，大家的情绪异常激昂悲愤。一个叫黄冠南的营长忽然站起来，热泪滚滚，用沙哑的声音高喊："请副司令领导我们走上抗日战场，打回老家，收复东北！"接着，学员们争先恐后地发出同样请求，场面显得又热烈又悲壮。张学良内心十分感动，他站起身，环视一下四周，流出了眼泪，但他没有沮丧，用慷慨沉着的语调说："大家的心情和意见很好，请大家相信我。我，张学良，国难家仇集于一身，和大家一样，我不会忘掉报仇雪耻，收复失地！请大家相信我，不要急，要做好思想准备，我一定能够领导各位走上抗日的征途，披甲还乡，重返家园。"② 张学良讲完后，学员们热烈鼓掌，会场气氛由悲愤转为欢腾。

长安军官训练团冲破蒋介石禁令，公开谈论抗日，但还不能公开谈论联共。参加训练团的中共党员和积极分子秘密地向一些学员宣传联共思想，解释抗日必须联共的道理。

---

① 《沈阳文史资料》第 11 辑，1986，第 96~107 页；毕万闻主编《张学良文集》（2），第 968~980 页。
② 应德田：《张学良与西安事变》，中华书局，1980，第 61 页。

　　长安军官训练团存在的时间虽短，但产生了积极影响。它对东北军、十七路军革除旧的腐朽风气，提高政治素质起了促进作用；为张、杨培养了抗日骨干，促使东北军和十七路军走上了联共抗日道路，为西北地区"三位一体"局面的形成奠定了思想和组织基础。

　　长安军官训练团创办后，张学良又着手筹建以他为核心的"左"派组织——抗日同志会。这个组织的宗旨是：团结抗日力量，建立强有力的领导核心，积极推进联共抗日工作，以达到报仇雪耻、收复东北失地，进而使中华民族获得解放与自由的目的。

　　参加筹建抗日同志会的人很少，除张学良本人外，还有他进行联共抗日的得力助手、东北军少壮派著名人物应德田、孙铭九。张对应、孙说：在当前形势下，建立这样一个核心组织，是完全必要的，它可以把分散的抗日力量紧紧地团结在自己周围，并把领导核心的意见和指示有组织有系统地传达下去，做到上下相通，行动一致。① 应、孙同意张的意见。于是，他们三人在张学良事先准备好的抗日同志会签名簿上签上了自己的名字。

　　抗日同志会正式成立于1936年9月初。参加创建者共15人，其中有张学良、刘澜波、刘鼎、苗浡然、孙铭九、应德田、苗剑秋、卢广绩、车向忱、何镜华、贾陶等。从正式成立到西安事变爆发，陆续参加这个组织的共70余人。除上面提到的十余人外，还有将级干部师旅长和总部职员黄显生、董英斌、常恩多、霍守义、刘启文、刘桂五、张政枋、吴克仁、赵毅、高福源、唐君尧等；校级干部团营长和总部职员吕正操、万毅、解方、陈大章、乌庆麟、赵龙韬、唐述吉、康鸿泰（康博缨）、张学文、顾惠全、周锟、关思润、杨心梅、印永法、文英奇、鲍文樾、荣东阁、支道山、陈再厉、黄冠南、王甲昌、燕庚奇等；尉级干部连排长和总部职员荣敬庵、林士权、孙国任、高光玉（高扬）、苏庆伟、商亚东、于唯哲、贾风林、张哲、华国璋、魏治国、孙聚魁、朱云龙等。此外，东北抗日宿将马占山，东北爱国民主人士杜重远，东北大学秘书长周鲸文，东北大学工学院院长金锡九，东北中学校长孙一民，东北大学学生代表宋黎、马绍周等，也先

---

　　① 见应德田《张学良与西安事变》，第65页。

后参加了抗日同志会。①

抗日同志会在筹建时，就决定由张学良任主席，应德田任书记，孙铭九任行动部部长。正式成立时，增选苗剑秋为理论宣传部部长。到 11 月，张学良拟增选刘澜波为组织部部长，刘鼎为教育部部长，苗浡然为宣传部副部长，何镜华为军事部部长，但尚未正式宣布，西安事变就爆发了。

张学良对发展会员采取严格的方针。凡入会者，都要经过他和应德田、孙铭九讨论批准。与张熟悉的人要求入会，要经过张本人考虑是否吸收。新会员入会，要举行宣誓仪式，张学良亲自主持并讲话，誓词是："我决心参加抗日同志会，遵守组织纲领，服从组织纪律，拥护抗日领袖，不辞牺牲，努力向前，以求达中华民族的解放与自由。此誓。"②

还在酝酿建立这个组织时，应德田和孙铭九就曾找刘澜波、苗浡然共同商量。中共东北军工作委员会和中共中央特派员朱理治经过认真研究，决定支持这个组织，规定中共党员参加这个组织要经过东工委批准。先后有 11 名共产党员参加了抗日同志会。

抗日同志会对团结东北军中的抗日力量，支持张学良的联共抗日活动发挥了积极作用；但需要指出的是，把握这个组织、握有实权的应德田、孙铭九等人是少壮派中的激进分子，在事变过程中他们反对中共争取南京国民党抗日的策略，在西安事变后期，张学良被扣押后，他们反对和平方针，坚决主战，借这个组织名义发动"二二事件"，杀害主和的东北军爱国将领王以哲等，破坏了东北军内部的团结和西北的大好局面。

张学良为给东北军补充新鲜血液、推进部队改造，以适应抗日的需要，于 1936 年 9 月创建了东北军学兵队。1936 年 3、4 月间，宋黎以张学良秘书的身份在六十七军和一〇五师中进行了为期一个月的调查，深感这些部队的营连级军官是个薄弱环节，不仅干部数量少，政治素质也差，远远不能适应联共抗日需要。他建议张学良、王以哲创办军官学校，培养中下级军官。6 月，宋黎在西安向刘澜波汇报此事，刘赞同宋的建议，指示宋直接给张学良写信，提出这个建议。7 月初，张学良找宋黎商议此事，宋提出创办

---

① 见应德田《张学良与西安事变》第 65 ~ 66 页。
② 应德田：《张学良与西安事变》，第 67 页。

千人规模军官学校的设想，张说：军官学校得由中央统一办，南京绝不会同意东北军办军官学校，宋又提出办学兵队建议，张同意这个建议，并说：学生们学当兵总可以吧！宋提议可从北平"一二·九"运动中的积极分子中挑选学员，张说学兵队最好都是东北人。张学良指定以卫队二营名义，在西安东城门楼上筹建学兵队，责成宋黎、应德田和孙铭九负责筹办。

刘澜波向中共北方局汇报此事后，北方局给予大力支持。孔祥桢、魏文伯、徐仲航等共产党员被派到学兵队任教官，苗剑秋从西安二中调来李梦龄、张寒辉任学兵队政治教官。北平地下党先后秘密介绍三批抗日积极分子、民先队员和少数共产党员来西安参加学兵队。第一批 110 余人；由赵天野带队，8 月下旬到达西安。其中有共产党员高翔（郭峰）、任志远、侯晓岚、李震（谢克东）、刘景希（谷牧）、王克奎（乔晓光）等。第二批100 余人，仍由赵天野带队，10 月下旬到达西安。这批学员中的共产党员有吴山、张勉、李正南、袁直心（袁心纯）等；11 月间，关时润、吴锋去北平招收第三批学员，招到 200 余人，还没联系好火车，西安事变就爆发了，其中只有少数人后来到西安参加了学兵队。

第一、二批学员分别编为第一、二连。第三连组建于西安事变前不久，共 60 余人，分别来自广东、上海、河南、山西、武汉、西安等地，其中共产党员有赵秋苇（罗立斌）、何天鹏、王盾（王志清）、吴振刚、安志文等。

三个连及队部总共有 370 余人。

学兵队是在中共东北军工作委员会直接领导下组建和开展活动的，由宋黎分管。学兵队刚成立时，除学生队长康鸿泰、队副于维哲是共产党员外，还从各地调来 20 多名学员党员。连队设立临时党支部，郭锋曾任第一连临时党支部书记。第二、三批学员入队后，也在连队建立了党支部，并发展了一批党员。学兵队中先后共有共产党员 150 多人，建立了党总支，张折任党总支书记，侯晓岚任副书记，委员有谢克东、任志远等。

1936 年 9 月 18 日是九一八事变 5 周年。选定在这个国耻纪念日，举行学兵队开学典礼。会场设在西安城里东南角一块空地上，主席台上悬挂着一幅特制的象征白山黑水形状的旗帜，气氛庄严肃穆。刘澜波在会上发表重要讲话，他说东北军流亡关内已经 5 年，不应忘记我们的家乡，3000

万父老兄弟姐妹正在日本侵略者铁蹄下过着亡国奴生活。他说，目前我们必须努力争取停止内战，一致抗日，打回老家去。他最后勉励学员们要本着抗日救国的目标，严格要求自己，努力学好本领，为还我东北、光复故土贡献出自己的力量。刘澜波慷慨激昂的讲话，激起与会者共鸣，开学典礼变成了抗日救亡大会。应德田、孙铭九、苗浡然、宋黎也参加了开学典礼。

学兵队的训练时间是 3 个月。学习内容以政治教育为主，军事训练为辅。关于政治教育，毛泽东在 1936 年 12 月 5 日给刘鼎的电报指示："学生队的教材，可请（朱）理治编，教员由南（汉宸）、刘（澜波）找平、津的同情分子担任。"除进行形势教育外，还请人讲哲学、政治经济学和科学社会主义课程。刘鼎、孔祥桢给学员们讲授"军队政治工作""红军的军事民主"等。军事训练，在制式教练、战斗教练基础上，以学习游击战争的战术为重点，并学习红军的"三大纪律和八项注意"以及"敌进我退，敌驻我扰，敌疲我打，敌退我追"十六字诀。

绥远抗战爆发后，学兵队学员们在爱国热情激励下，要求去绥远抗敌。张学良接见学兵队全体学员，肯定并赞许他们的爱国热情，说他同大家一样要求抗战，请学员们相信他，他一定促成全国一致抗日。

西安事变爆发后，学兵队改组为东北军政治大学，学员们被分配到各部队中去做宣传工作。

学兵队存在时间虽不长，但由于它有中国共产党领导，实行政治教育与军事训练相结合的方针，坚持对学员进行马克思主义教育和抗日救亡教育，为东北军培养了一支新的进步力量，其中许多人在后来的抗日战争、人民解放战争和新中国的建设事业中做出了重大贡献。

张学良、杨虎城为准备抗日、开创西北新局面，派代表到各地去与地方实力派联系，争取他们的同情与支持。

派解方去西南。因解方曾受于学忠派遣去广西考察民团，结识了李宗仁和白崇禧。两广"六一"事变爆发后，张学良派解方前往广西。行前，张对解方交代任务说："我派你代表我速去广西向李德麟（邻）等表示，我非常支持两广的抗日主张，征求他们希望东北军怎么配合的意见。另外，细致了解一下他们是否真诚抗日？有什么具体办法和主张？"张还嘱咐解方"行动要绝对秘密"①！解方到广西时，先见到白崇禧，因李宗仁当时还在广州。不久，形势突变，广东方面被蒋介石瓦解而失败，李宗仁被迫返回广西，他在会见解方时对张学良的支持表示感谢，希望张在西北能有所作为。解方到广西后了解到：蒋介石已调集军队堵截桂军，桂军北上抗日已无可能。解方向李宗仁等辞行，请他们派代表到西安商谈双方合作事宜。李、白当即任命刘仲容、李宝莲为代表北上，七八月间到达西安，解方陪他们会见张学良，约定双方继续保持联系，把合作的希望寄托在以后。

栗又文奉命去新疆。1936 年 8 月末，张学良派栗又文前往新疆联络盛世才，目的是打通国际路线，取得苏联援助。同行者有东北军一〇五师一旅旅长董彦平，董是盛世才在日本陆军大学读书时的同学。9 月下旬，他们到达迪化（今乌鲁木齐），先见到苏联教官安德烈夫。此人懂汉语，已知栗又文的来意，让栗又文写了一份有关东北军情况和中国抗日救亡运动情况的书面报告。然后，栗又文才与盛世才会谈，开始盛不相信张学良能参加抗日，经多次谈话，反复说明国内形势、东北军官兵的抗日情绪和东北军不抗日没有出路，他才比较相信了。栗又文等在新疆受到盛世才的严密监视，行动不自由，不能与其他人接触。直到西安事变和平解决，张学良在南京被扣押后，他们才无结果地离开新疆返回内地。②

杨虎城派蒲子政去太原、北平和山东，联络阎锡山、宋哲元和韩复榘共同抗日。当蒲子政代表杨虎城向阎锡山提出联合抗日和逼蒋抗日主张时，这个老奸巨猾、诡计多端的军阀头目不肯表态，只是说虎城主张抗日，我们赞成，不过具体办法，还得从长计议。蒲子政在北平向宋哲元递交杨虎城给他的信并说明来意，宋表示二十九军位于抗日最前线，抱定的方针是有限度地避免同日本人冲突，但绝不当汉奸。日本逼他无路可走时，他一定抗日。山东的韩复榘在会见蒲子政时表示：西北主张联合抗日，我赞成；但山东处境特殊，如公开抗日，将首先挨打。因此他不主张公开说抗日，但可讲抵御外侮。韩还说，他对反蒋比对抗日更感兴趣。

---

① 解方：《西安事变前后张学良将军的政治思想变化》，《西安事变资料》第 2 辑，第 165 页。
② 见栗又文《西安事变与张学良将军》，《西安事变资料》第 2 辑，第 31～36 页。

二　《活路》事件

张学良与蒋介石之间的矛盾，源于他们之间的政见分歧。当 1935 年前张学良忠实执行蒋的"攘外必先安内"政策时，他们之间没有什么大的分歧和矛盾。随着国难的加深和东北军在"剿共"内战中的失利，张学良的思想发生变化，对蒋的"攘外必先安内"政策由怀疑、动摇到反对，与蒋的分歧和矛盾日益加剧。到了 1936 年，随着西北地区"三位一体"局面的形成和张、杨准备抗日活动的开展，张、杨同蒋的政见分歧日益尖锐，矛盾日趋激化，因此引发出一系列事件。

首先发生了《活路》事件。从 1936 年初起，东北军和十七路军中的一些共产党员和进步人士高崇民、卢广绩、车向忱、刘澜波、栗又文、孙达生、申伯纯等经常在一起讨论形势。在一般情况下，他们谈论的话题是抗日和两军联合的问题；在少数可靠朋友间也谈联共联苏问题。他们经常议论"国民党、中央政府、中央军的专制恶行，对日本帝国主义卖国，抢地盘，打内战，互相残杀，欺压人民等。中国必须联合抗日，别人不想干，东北军也要单独干。只要高举抗日打回老家去的旗帜，全国人民，特别是东北人民，必然风起影从。以及解答人们提出的问题：如何解决抗日经费；如何发动民众；培养干部；联络什么人等"。① 他们决定将座谈的一些问题写成文章，向广大东北军官兵进行抗日爱国教育，确定由高崇民写"抗日回答"，五六千字，回答人们关心的热点问题；栗又文写如何解决抗日经费的文章；孙达生撰写两篇，一篇讲西北地区的有利形势，另一篇是东北军整顿问题。

稿子写完后，他们决定编印成不定期刊物，每期印一二百份。刊物定名《活路》，意思是说只有参加抗日，东北军才有活路。《活路》几篇文章的内容，综合起来有以下几个方面：反对蒋介石的"先安内后攘外"政策；

---

① 孙达生：《从上海到西安》，《西安事变资料》第 2 辑，第 109~110 页。

批评蒋、阎阻挠红军东征抗日，指出蒋调东北军"剿共"是"一石两鸟"政策，既可消灭共产党，又可消灭东北军。提出抗日拥张口号。指出东北军抗日则生，不抗日则死。强调张学良集国难家仇于一身，最适合于领导东北军抗日。要抗日，必须联共，只有联共抗日，才对得起国家、民族，他个人才有出路。提出了西北大联合思想。东北军要联合西北军、红军，在西北形成"三位一体"的局面。中国要抗日，必须集中力量搞大联合。西北地域辽阔，接近苏联，它们会援助中国抗日。日本国内反战运动也会兴起，间接帮助我们抗击日本侵略者；只要东北军高举抗日旗帜，广泛发动群众，发展生产，以西北为根据地，取之于民，经费问题可以解决。只要能打回东北，东北人民会箪食壶浆以迎王师。整顿东北军，建立自己的政治工作，排除国民党特务的控制，培养抗日军官，使东北军成为抗战的主力和先锋。

东北军、十七路军和红军"三位一体"联合抗日的口号，是高崇民在《活路》上率先提出来的。5月30日，中共中央宣传部在《关于目前形势和我们陕甘党的任务讨论提纲》中，也提出了"三位一体"的口号。

稿件齐备后，负责编辑工作的高崇民将全部文稿送交张学良过目，并把每篇文章的作者向张作了介绍。张仔细看完稿件后对高说，这些文章不能署名发表，只能秘密印发。印出后，他要公开查禁，以应付南京。张还称赞文章写得好，说出了他的心里话，只是不同意以陕甘为后方的提法。他说：咱们东北人流亡在外，要有骨气，不抢人家的地盘。我们要抗日，随时拍拍屁股，尘土不沾就走。后经高崇民、孙达生多次解释，他才逐渐接受以西北为后方的提法。当然，更重要的是，杨虎城等西北人士支持他抗日，他才决定以平凉（武威）为东北军的后方中心，开始在那里购地建东北新村和开办军需工厂。

《活路》原准备油印。张学良默许后，开始筹备铅印。正在设法找一个安全、可靠的印刷厂时，十七路军方面朋友说：西安绥靖公署军需处有个印刷厂，专印军内材料，比较安全、保密。他们可以尽义务，帮助解决印刷问题。杨虎城得到报告后，令秘密嘱告军需处王惟之负责监印，注意保密。王惟之思想进步，是杨虎城的亲信。王和印刷厂负责人高子桢研究后，挑选几个技术好的工人，在晚间加班突击印刷《活路》，天明即止。王和高轮流监印，只用几个晚上就印刷了8000册，其中2000册分给十七路军，6000册由高崇民委托解方、李泽民、王士达、胡圣一、应德田、孙铭九等散发到东北军各部队。

《活路》3月印好散发，在东北军中影响很大，对于扭转国民党的反动宣传、认识东北军的前途起了很大作用。负责中共中央与十七路军联系的交通员梁明德立即给毛泽东送去两本。红军政治部翻印了《活路》，发给红军指战员阅读，以提高红军部队对抗日民族统一战线的认识。

印刷《活路》时采取的严格保密措施，引起了隐藏在印刷厂内蒋系特务底线工人麻栋臣等二人的怀疑，他们用几张光纸换来一份印好的《活路》，发现其中内容全是违禁的宣传抗日的言论，立即送交西北总部二处处长、蓝衣社西北站站长江雄风，江奖给这两个人每人60银元，随即向晏道刚（曾任蒋介石侍从室主任，当时为西北总部参谋长）报告。晏召集江雄风、马志超（西安市公安局局长）、曾扩情（西北总部政训处处长）等军统特务头子们研究这些文章是谁写的。他们觉得既然是十七路军印刷厂印的，可能就是十七路军搞的，决定从郭增恺身上开刀。因为郭常夸耀自己消息灵通，与杨关系如何密切，估计他会知道底细。于是，他们向蒋介石发电请示。蒋5月10日复电"着即逮捕送南京"。于是，5月12日晏道刚亲自打电话将郭骗至总部予以逮捕。晏恐十七路军发现，连夜将郭送到潼关，登车解往南京。

郭增恺对《活路》印刷发行之事一无所知，尽管特务们用各种刑法审讯，也一无所获。晏道刚拿着《活路》去问杨虎城和张学良。杨说，十七路军军需处不会印这种刊物，请他到社会上去查。张学良则故作生气的样子说：这样的刊物应当查禁，应追查是何人写的，并命令部队查禁追缴。但是，栗又文和孙铭九又把收回来的《活路》通过各种渠道再发回部队。

后来，特务们发现《活路》是高崇民编的。那时，高住在洛川，再次被蒋下令通缉。张学良则密令王以哲和刘多荃把高崇民送到天津英租界友人家中躲避。郭增恺虽是被误捕，但一直被关押在狱中。直至西安事变爆发后，为做张、杨的工作，宋子文才把他保释出来。

三 "艳晚"事件

一波未平，一波又起。1936 年 8 月 29 日晚，国民党陕西省党部派特务绑架东北大学学生代表宋黎等人，引发出张学良派兵查抄国民党陕西省党部的事件。按韵目计，29 日是"艳"字，因此这次事件被称为"艳晚"事件。

宋黎"一二·九"运动后从北平来到西安，以东北大学学生代表名义从事公开的或秘密的抗日活动。他活动范围很广：以全国学联代表名义推动西安学生的抗日救亡运动，是西安学生运动的主要领导人之一；在张学良掩护下，在西北总部和东北军部队中开展活动，推动东北军走联共抗日道路；在十七路军中也活动频繁，曾应杨虎城邀请在西安绥靖公署举行的纪念周上做报告，讲述东北同胞沦为亡国奴的惨状和北平学生爱国运动的壮举。刘澜波、孙达生、栗又文在西安也是积极地、多方面地从事抗日活动。

当时在西安的国民党特务很多。既有属于中统系统的陕西省党部，更有蒋介石亲信、西北总部参谋长晏道刚指挥下的军统系统。他们早已注意并监视宋黎、刘澜波等人的活动，怀疑他们是替张学良从事联共抗日活动的共产党人。在西安的国民党特务机关给南京写报告，建议逮捕宋黎、刘澜波等，并解往南京审讯。到 8 月，特务已查清《活路》的所有撰稿人，所以在"艳晚"事件中蒋介石手令逮捕的名单中，也包括栗又文和孙达生。

1936 年 7、8 月间，宋黎从多方面获悉他们的活动已被国民党特务严密监视，发现他和另一位东北大学学生代表马绍周所住的西北饭店，经常有一些不三不四的人在窗前房后转来转去，甚至有时进屋偷翻他们的东西。他们的处境十分危险，需要做好应变准备。宋、马是张学良请来的东北大学学生代表，住西北饭店是西北总部安排的，要搬迁需经过张学良。刘澜波将上述情况向上级党组织做了汇报，上级党组织派人向张学良提出：你的两名学生在西安宣传抗日很不安全，建议将他俩送往苏区。

张不同意，坚持把宋黎等留在西安。张学良曾有意送宋黎去兰州躲避或通过李杜送到东北去抗日，宋婉言谢绝，他想回北平，说那里有学联组织，同学们互相掩护，比较安全。张学良最后说："你们哪儿也不用去，就住在西北饭店，反正我还带兵，可以保证你们安全。"① 事后，宋黎向刘澜波做了汇报，决定仍住西北饭店，但为防止意外，立即处理掉机密文件，并通知与其有联系的抗日人员暂停来往。

8月29日，申伯纯打电话给宋黎，暗示国民党特务可能对他们采取行动，情况危急，请倍加小心。宋黎听完电话，马上派马绍周去西北总部政训处找熟人弄清情况，以便决定对策。马绍周一出西北饭店即被特务逮捕，解往国民党陕西省党部关押。

正当宋黎在屋内与东北中学学生代表谈话时，两个特务突然闯进屋内，喊："宋黎！"宋黎一目了然，答道："不在家，出去了！"特务恶狠狠地盯着宋黎说："你就是！"说完猛扑过去，把宋黎和东北中学学生代表一起逮捕，并架起胳膊拽出房外。特务头目对部下宣布："抓到了共产党要犯！谁也不许打电话，不许走漏风声，来一个捕一个！"

宋黎意识到事态严重，为使别人知道自己被捕，避免再进他的房间陷入罗网，便一边挣脱一边高喊："你们这是干什么？"特务朝宋的背上猛击一掌，骂道："妈的，你还不明白？！不许说话！"

这时，爱国民主人士车向忱进入西北饭店院内。一个特务说："这个老头来了，逮捕他！"抓宋黎的三个特务抽出一人去抓车向忱，剩下两个特务拖不动宋黎，宋极力反抗，于是三个特务一齐抓宋，车向忱才趁机脱身。

特务们把宋黎拽出西北饭店后门，直奔国民党陕西省党部。这天是星期六，路上行人较多，宋黎不断高喊："土匪绑架！"遇到街边的树木，他就抱住不放。快到省党部时，恰巧十七路军宪兵营骑兵巡逻队迎面过来，宋黎又接连高喊："土匪绑架！"几名巡逻兵下马缴了特务们的枪，然后问："怎么回事，为什么抓人？"特务们抢先回答："我们是省党部的，他是刚捉到的共产党要犯！"宋黎赶紧分辩说："我不是共产党要犯，他们是土匪绑

---

① 宋黎：《艳晚事件》，《中共党史资料》第 10 辑，中共党史资料出版社，1984。

架。我叫宋黎，是张副司令请来的东大学生代表，我是副司令的秘书。"宋黎来西安半年多，一直住在西北饭店，负责查店的宪兵已知道他的姓名和公开身份。宋去过西安绥靖公署，在十七路军中宣传过抗日，不少人都认识他。一名巡逻士兵机智地向特务们要逮捕证，特务们说没带逮捕证。巡逻兵质问特务："为什么没有逮捕证就抓人？"一个特务趾高气扬地说："我们是奉蒋委员长命令逮捕共产党要犯，你们别来碍事。不信跟我们到省党部问问。"特务坚持要把宋黎送交省党部。宋黎则强硬地说："我是张副司令的秘书，要送就送交张副司令或杨主任。"认识宋黎的一名巡逻兵向巡逻队队长建议，应该把人上交杨主任处理，并说若不然杨主任或张副司令向我们要人怎么办，我们哪儿去找？队长点头同意，说："带走，都上交。"巡逻队准备把他们送交十七路军宪兵营连部，这样要途经国民党宪兵一团大门，宋黎怕生不测，为避免躲过虎口又陷进狼窝，他请求巡逻队把他们送到十七路军宪兵营部，因为去营部不经过国民党宪兵团大门，而且路程又近。巡逻队队长同意宋黎的要求，决定把他和特务一起送交营部，特务怕宋跑了，搜着他一只胳膊，巡逻队一名队员怕宋黎被特务拖跑，搜着他的另一只胳膊。路经西北饭店时，宋黎要求进去给张学良打个电话，巡逻队同意，特务不放心，紧跟在宋身边监视。

当时张学良正在开会，接电话的是张的秘书。宋黎在电话中对他说自己被省党部逮捕了，现在已被十七路军宪兵巡逻队截夺下来，正带往营部途中。请他转告张学良，迅速派人到西北饭店维持秩序，以避免学生驻地发生恐慌。这位秘书说一定报告张学良，并说张已知道宋黎被捕事。

到了宪兵营部，一位排长对特务说："我证明这个人是东北大学的学生代表，住在西北饭店，是张副司令请来的。"特务坚持说："这个人是共产党要犯，需要对他立即搜查。"说着就动手搜查宋的衣袋。宋黎喊道："你们是土匪，无权搜查我。你把手伸进我兜说是搜查，趁机塞东西栽赃怎么办？"那位宪兵排长厉声说："这是我们宪兵营的地方，你们不能随便搜查！要搜查也得我们搜。"于是宪兵营的人把宋黎从上到下搜了一遍，翻出来的东西主要是名片，其中有张学良、杨虎城的，也有一些军长、师长的。然后，把宋黎和特务分别关在两间房子里等候处理。

宪兵营营副谢晋生以特务捕人既无公文又无逮捕证，事先也不与宪兵营联系共同办理为由，严词拒绝交人。特务提出让他们回省党部取公文回来再提人。为了拖延时间设法营救，谢晋生同意特务回去取公文。特务刚出门，谢晋生就来到宋黎所在的房间，对宋说："这件事闹得很大，各方正在设法营救。刚才搜查出来的东西全放在桌子上，你看看，有碍事的就处理掉，特务回来还得要这些东西。"又说："你放心，没有我盖章谁也提不走人，不过还得审讯一下，留个口供。"过了一会儿，十七路军军法官李木庵（中共地下党员，西北特支领导成员）来了，他与宋黎很熟，两个人一起研究了口供，主要讲宋黎来西安是张学良请的，一贯奉公守法，宋主张抗日，但抗日无罪……李木庵嘱咐宋记住口供，让宋按了手印，便匆匆走了。不一会儿，申伯纯给宋黎打来电话说："你的事张副司令、杨主任都知道了。你在宪兵营很安全，不要急，稍稍委屈一下。"

此前，谢晋生为营救宋黎打电话给杨虎城，杨当时已入睡，侍从副官不敢惊动；谢便向申伯纯请示，申立刻报告给杨的机要秘书王菊人，王报告了杨虎城。杨当即给张学良打电话，通报宋黎被特务绑架并被十七路军宪兵巡逻队截夺的情况，请张派人接回宋黎。

张学良得知上述情况后，气愤异常，他说："捉人居然捉到我头上来了！"他一面派随从参谋孙铭九前往十七路军宪兵营部接回宋黎；同时派参谋秘书室的关时润（沛苍）去西北饭店宋黎住处取筹办学兵队的材料，以免落入特务手中。关时润一到西北饭店，即被守候在那里的特务逮捕，与马绍周一起关押在省党部。张学良知道这一情况后，无比愤怒，果断地决定采取军事行动。他调驻在王曲的东北军一个团急行军入城（因城内只有他的1个警卫团，而国民党却有3个团的兵力）；宣布全城戒严，令晏道刚到张公馆，防止他采取行动。张学良原决定除查抄省党部外，还要杀掉特务行动队队长等几个人，后接受黎天才（西北总部政训处副处长）建议，避免直接杀人，于是从孙铭九手中收回了杀人的手令，只派兵搜查省党部的特务部门，救出被捕者。

张学良宣布西安全城戒严不久，陕西省政府主席邵力子来到张公馆。邵刚一迈进客厅，张一反往日谈笑风生的常态，勃然大怒地质问邵："省党部逮捕我的学生、秘书和职员，为什么不通过我？我是剿匪总部的副司令代总司令，是代表蒋委员长的；我是国民党中央常委，即使是抓共产党也应让我知道！省党部竟如此藐视我，胆敢擅自抓我的人，我一定要严办！"邵力子从未见过张学良如此大发脾气，对他不恭，连声说："副司令息怒！副司令息怒！这件事我不知道，我查明后马上报告，事情由我负责。"张说："那就请你查明，把抓去的人尽快送回！"

邵力子走后，张学良命令副官兼一〇五师副师长谭海率卫队营前去查抄省党部，参谋孙铭九随同前往。他们救出了正在省党部受刑讯的马绍周、关时润，查抄了特务的电台、密码和档案，其中有省党部诬告东北军的密电和准备逮捕的东北军参加抗日活动的300多人的名单。

东北军查抄完省党部，邵力子再次来到张公馆向张学良复命。他对张说："我已向省党部几位常委查明，捕人确有其事，是南京统调室派来的人直接指挥的，省党部常委也不清楚。他们捕人是奉蒋总裁的电令，点名逮捕的还有刘澜波、孙万发（孙达生）、栗又文。省党部事先没有请示副司令是他们的严重错误，现在托我向副司令请示如何处理。"张学良让邵力子赶快把原电送来。当张学良看完送来的电报后，和颜悦色地对邵说："深夜惊动，很对不起。请回去休息吧！"①

本来，蒋介石批准逮捕宋黎、刘澜波、孙达生、栗又文，并准备解往南京审讯，当时飞机已停在西安机场，随时准备起飞。由于宋黎拒捕和张学良派兵查抄省党部，使南京的计划流产。

蒋介石下令逮捕上述四人，其矛头显然是对着张学良的。对这一点，张学良心知肚明，所以他来了个"先斩后奏"。"艳晚"事件第二天，他给蒋介石发了急电，大意是：省党部捕去的马绍周等系"剿总"职员，如他们有越轨行为，应通知"总部"惩处。省党部不经正式手续，派便衣夜里逮捕"总部"职员，是不信任学良，不信任"剿总"，群情激愤，急于向省党部直接索还被捕人员，唯因事出仓促，未能事先呈请钧座，不无急躁之失，请予处分，并拟将马绍周等交总部军法机关严加审讯。

---

① 宋黎：《艳晚事件》，《中共党史资料》第10辑。

30 日清晨，蒋介石的亲信、西北总部政训处处长曾扩情从西安飞往广州向蒋报告此事。蒋见到张学良的电报，又听了曾扩情的口头报告，仍觉得心中无数，便给邵力子发报，询问查抄省党部是怎么回事，与张学良扬言抗日是否有关。邵力子复电说：事情已经结束，张确有抗日之心，但他抗日必听委座命令。虽然蒋对张的这一"不轨行为"恨得咬牙切齿，对张联共抗日的活动也早有所闻，但蒋此时正忙于处理两广事变，无暇对付西北，只得暂时把张稳住，他致电张学良说：我弟处理此案殊失莽撞，唯既知错误，后当注意，所请求处分一节，应免置议。至于马绍周等的审查，准如所拟办理。

张学良既已见到蒋介石签发的逮捕令，为应付南京并避免新的麻烦，采取了两项措施：一是将宋黎秘密安置在张公馆东楼，之后对外宣布宋黎"失踪"；二是主动按蒋签发的逮捕令逮捕了刘澜波和孙达生。

刘澜波和孙达生的被捕和获释颇具戏剧性。当时，刘、孙同住西安新城坊 15 号。宋黎在西北饭店被捕及被十七路军宪兵巡逻队截夺事件发生后，十七路军方面的金敏生及时告诉了孙达生，并说他们的住处也已引起特务注意，请多加小心。当晚 9 时，张学良派孙铭九来到刘澜波和孙达生住处，请他们把不方便的东西收拾一下，在住处等候被捕打官司。他俩清查和焚烧秘密文件、信件后，研究如何应付这场官司。研究的结果是由刘澜波一人去吃官司，因为他是正式军人，到最后还有老本家兄弟刘多荃、老上司黄显声出来担保；而孙达生没有军籍，且刚从上海来西安不久，审讯起来嫌疑颇多，对整个案件不利。于是，孙连夜到东北军一〇五师留守处躲避起来。孙走后不久，警察、宪兵、特务及东北军卫队营一起来到新城坊 15 号，对刘澜波说副司令让他去受审，并问孙万发（达生）哪里去了，刘澜波说孙整天未归，不知去处。警察没再追问，也没搜查，就把刘澜波送到军警宪联合督察处关押起来。

天亮后，孙达生从一〇五师留守处给申伯纯打电话，申告诉他刘澜波昨晚被捕，现在马路上还架着机枪，断路行人。不一会儿，申又给孙打电话，说杨虎城找他有事，派车把孙接到杨所在的新城。杨对孙说：副司令昨晚和他们摊牌了，局势如何发展很难预料。又说孙的处境很危险，住在一〇五师留守处也不安全，希望他搬到新城来，至少半个月内不要露面。可是，孙达生又和孙铭九通电话，将自己的新住址告诉了孙。孙铭九便带着两辆小汽车到新城，对杨虎城说，副司令请孙达生去。杨征求孙达生意见，孙当然得去。车一到金家巷张公馆，孙铭九便把孙达生交给侍卫长谭海看管。当日下午 3 时，谭海把孙达生送到张学良卧室。张突然问孙："你跟我说老实话，你是不是共产党？"孙答："校长，我不是共产党！"张又问："那么你在上海几年干什么？"孙答："我从事工学团、农学团教育工作。"张问："那么你为什么认识许多人？"孙说："我认识的人如杜重远、陶行知、章乃器、卢作孚都是办实业、办教育的进步人士，没有一个共产党。"张学良的态度变得和缓些，又说："你不要不相信我，我不反对共产党，假如你是共产党有证据落在人家手里，那会给我增添麻烦，你赶快逃走去香港或租界躲起来，我就根本不承认有你这个人。如果你不是共产党，昨晚为什么躲起来呢？"孙答："因为我没有军籍，审讯起来不好解释。"张说："只要不是共产党就好办，没有军籍我给你一个军籍就有了嘛，咱们东北人抗日打回老家去，是天经地义、正大光明的事，不要躲，越躲越出鬼。"张问孙："你敢出去和他们对质吗？"孙答："我敢！"张说："很好，我们东北人这些年流浪亡国的滋味尝够了。我们的祖宗庐墓在东北，三千万父老日夜盼望我们打回去，解救他们，我们是怀抱孤臣孽子之心，抛头颅洒热血是时候了。他们这些人是富贵荣华，可以不要东北，还不许别人抗日，简直是一群冷血动物。告诉他们，东北人一定要打回老家去，谁也挡不住。脑袋掉了也要干……"他让孙达生在法庭上慷慨陈词，痛骂他们都可以。孙说："校长，我明白你的意思，你放心吧！"张学良让谭海把孙达生送到军警宪联合督察处去。临走前，张学良对孙说："我保证两条：一是不准用刑审讯你们，二不准解出西安。有这两条，你就不用怕。也要告诉刘澜波、马绍周沉住气，和他们斗！"

孙达生被送进军警宪联合督察处候审室，刘澜波一见孙就生气地说："让你躲起来，怎么躲到这里来了，又白搭一个！"孙把张、杨的话告诉了刘澜波。十多天后开庭审判，主审官是江雄风。刘澜波、孙达生、马绍周先后出庭受审。按照张学良的嘱咐，孙达生和刘澜波在法庭上大骂国民党不抗日，弄得"中国人抗日爱国就是犯罪"。张学良看了他们的供词，称赞他们讲得很合体。江雄风拿不出他们任何"罪证"，只得将他们移交给由东北军掌握的军法处看管所。不久，由黄显声、卢广绩、车向忱等联名具保，刘澜波、孙达生和马绍周先后获释。[1] "艳晚"事件这场政治风波遂告结束。

通过"艳晚"事件，张学良与杨虎城的关系更为密切。为了对付蒋介石，他们携手合作，亲密团结。当张学良的部属遭到国民党特务逮捕，杨虎城的宪兵巡逻队主动截夺下来，通知张派人领回。张对此十分感谢，当天亲自登门向杨道谢。与此同时，张、杨同蒋介石之间的矛盾则进一步加深。张对国民党特务貌视他并悍然逮捕他的部属十分恼火，无比愤慨；蒋介石对张查抄省党部，特别是对张、杨"剿共"不力非常不满，耿耿于怀，只是由于一时还抽不出身来顾及西北问题，蒋同张、杨之间的矛盾才尚未发展成公开冲突。

四　继续"剿共"

1936 年 7 月至 9 月，蒋介石用金钱收买、分化利诱和军事威胁等手段先后解决了两广事件后，立刻把注意力转向西北。

在蒋介石看来，经过两万五千里长征到达陕甘的红军实力大减，已成强弩之末，只要他调集几十万军队，用不了多长时间即可将其剿灭或驱赶过黄河到蒙古沙漠里去。他绝不容许西北地区"三位一体"局面继续存在，致使共产党得以发展。正因如此，广西问题刚刚解决，他就急急忙忙地奔往西安，督促张学良、杨虎城继续抓紧"剿共"。

蒋去西北前，10 月 17 日把驻守北方的军事将领召至杭州举行军事会议，出席者有山东的韩复榘，山西的徐世昌，陕西的杨虎城，河北宋哲元的代表戈定远等。当时日本侵略者正在紧锣密鼓地准备发动全面侵华战争，华北已危在旦夕，日伪军正侵犯绥远，驻华北的日本驻屯军已大量增兵，

---

① 见孙达生《从上海到西安》，《西安事变资料》第 2 辑，第 119～126 页。

日本帝国主义接连在丰台、成都、北海等地寻衅滋事，挑起事端，借机向中国提出各种无理要求。种种迹象表明，一场大规模的全面侵华战争已迫在眉睫。在这民族危亡的紧急时刻，蒋介石仍顽固坚持"攘外必先安内"政策。他置华北危局于不顾，增派大批军队前往陕甘，他本人也于 10 月 22日亲临西安督战。

蒋刚到西安，装作若无其事、悠闲自得的样子，让张学良、杨虎城和邵力子陪他遨游终南，攀登华岳。在一次游山赏景时，蒋突然问张学良近来读些什么书，张学良据实相告：近来读了两本书，一本是唯物辩证法，一本是政治经济学。蒋听后很不高兴地说，他在十几年前也看了不少这类书，都是俄国人写的，不适合中国国情。接着，他用训斥的口吻说：看这类书是会中毒的，以后不许看这类书！让张好好读《大学》和《曾文正公全集》，说把这些书读通了，将终生受用不尽。

过了两天，蒋介石在他下榻的临潼华清池分别召见张学良和杨虎城，宣布他继续"剿共"的计划，并征询张、杨的意见。张学良性格豪爽，同蒋关系又深，敢于明确表示反对蒋的"剿共"计划，向蒋提出"停止内战，一致抗日"的建议，并说这不只是他个人的主张，而是东北军全军的意见。蒋没等张把话说完，就大声训斥说："军人以服从为天职。我叫你向东，你就应该向东……我叫你去死，你就得去死，不要问为什么！"① 杨虎城性格深沉，又因地位关系，不敢明确表示反对蒋的"剿共"计划，只是委婉地说他个人服从命令没问题，只是部队抗日情绪高涨，"剿匪"士气低落，值得忧虑。蒋听完张、杨意见后，再次强调他的"剿共"计划不变。为解决东北军和十七路军"剿匪"士气低落问题，他决定以领袖身份去长安军官训练团训话。

10 月 27 日，是长安军官训练团第三期开学的日子。这天上午 11 时，蒋介石在张、杨和邵力子陪同下乘车从临潼来到王曲训话。会场在城隍庙大院内，听讲的有五六百人，其中除训练团学员外，还有西北总部和十七路军上校以上军官和驻西安各部队团长以上军官。

---

① 张玉苏：《华清池之旅》（上），台湾《传记文学》第 39 卷第 6 期，1981 年 12 月。

　　蒋介石身着戎装礼服，登台训话。他操着浓重的宁波口音说："我们革命军人首先要明礼义，知廉耻，在家要尽孝，要孝顺父母；为国要尽忠，要服从长官。这是我们革命军人的本分。"接着就重弹"剿共"老调，说："我们革命军人要分清敌人的远近，事情的缓急。我们最近的敌人是共产党，为害也最急；日本离我们很远，为害尚缓。如果远近不分，缓急不辨，不是积极剿共而是轻言抗日，便是是非不明，前后倒置，便是不革命。那样在家是不孝，为国是不忠；不忠不孝，便不能算是一个革命军人。国家有法律纪律在，对这种不忠不孝的军人要予以制裁的。"[①] 他声色俱厉地狂叫："假如我们现在不集中力量打眼前的主要敌人，而大喊大叫要打几千里外的敌人，那是违反我的'安内攘外'的政策，违反这个政策，就是反革命，反革命我就要打倒他。"[②]

　　显然，蒋的这些话是讲给张学良、杨虎城听的，是对东北军、十七路军中所有主张联共抗日积极分子的恫吓。可是，蒋的这些话并未起到震慑作用。就在蒋训话过程中，场内咳嗽声、跺脚声、交头接耳声接连不断。原来准备蒋讲完后，学员可以提问题，由蒋解答。张学良见会场上骚动不安的情形，唯恐出问题，蒋讲完后便立即宣布散会。第二天，训练团教育长黄显声鼓动苗剑秋（东北军少壮派骨干分子之一）来训练团发表讲话。苗对学员们说："昨天有人说日本是我们远处的敌人，共产党是我们近处的敌人，要我们不去打日本而要打共产党，这简直是放屁！我们东北让日本人侵占了，我们东北军人变成了亡省亡家的人。这时候居然有人说这样混账话，我们东北人稍有血气，就应该让他走着进来，躺着出去！"[③] 潜藏在训练团中的国民党特务将苗剑秋的激烈言论报告其上级，晏道刚要求张学良严惩苗剑秋。张让苗剑秋秘密离开西安，之后向晏说苗已畏罪潜逃。此事便不了了之。

　　蒋对王曲会场上的骚动装得若无其事的样子。会后让张、杨和邵力子陪同他前往青龙岭，观赏终南山雨过天晴的景色。晚上又去欣赏宋代名画

---

① 申伯纯：《西安事变纪实》，第98～99页。
② 申伯纯：《西安事变纪实》，第98～99页。
③ 卢广绩：《西安事变亲历记》，吴福章编《西安事变亲历记》，第90页。

《长江万里图》。第二天，杨虎城按蒋的吩咐以西安特产的牛羊肉款待蒋、张、邵等人。

10 月 29 日，蒋介石离开西安，前往洛阳。行前，他在接见《大公报》记者时公开表明他坚持"剿共"内战的决心，他说："政府决定贯彻戡乱方针，因为共产党受国际指挥，不以中华民族利益为本位……（政府）断不能容许国际操纵之势力，以武力破坏国家，毁灭中华民族之独立性。"

1936 年 10 月 31 日，是蒋介石的 50 岁生日。蒋离开西安去洛阳，名义上是避寿，实际上是备战。蒋在洛阳的一个多月时间里，调兵遣将，部署新的"剿共"内战。他把几个月前抽调到湘、赣一带对付两广事变的约 30 个师嫡系部队又下令北调，暂时集结在平汉路汉口至郑州段和陇海路郑州至灵宝段，准备随时开入陕甘；装甲部队也调到豫西地区的陇海线上。蒋下令扩建西安和兰州机场，扩大到能容纳百架轰炸机；不久，又下令陇海线上的中央军向西推进，其前锋已过洛阳，樊崧甫的第四十六军在洛阳、潼关间布防，王耀武师进驻汉中，万耀煌部进入咸阳。这样，蒋介石完成了从东南西三个方向对陕北红军的半月形包围。他认为，他这几十万军队一旦发起进攻，至多用一个月时间即可击败红军主力，或者将红军驱赶到蒙古沙漠中去。这就是蒋对红军的第六次"围剿"计划。蒋把其亲信将领蒋鼎文、卫立煌、朱绍良、陈诚、陈调元、万耀煌等都调来西北，并决定任命蒋鼎文为西北"剿匪"前敌总指挥，接替张学良负责指挥西北的"剿共"军事。

10 月 30 日，张学良与阎锡山一同去洛阳给蒋介石祝寿，同时当面要求蒋停止内战，团结一切力量，共同抗日。张、阎之所以一同去洛阳向蒋净谏，是因此前他们曾有默契。1936 年 5 月，张学良曾去太原，劝阎接受他九一八事变时的教训，强调对日本不能存有幻想，不能采取不抵抗主义；日本如若入侵晋绥，要坚决抵抗。10 月，张再次去太原见阎，得知阎对"剿共"持有异议。张阎商定：如蒋介石不抗日，晋军、东北军联合红军共同抗日。张还派西北总部秘书兼办公厅第六科科长李金洲两次去太原晤阎，商议共同抗日事，听说阎已邀请薄一波等五名共产党人到太原协助他准备抗日。阎锡山这次去洛阳给蒋祝寿，特意绕道西安与张同往，就是为了与张商议向蒋诤谏事宜。

在洛阳的祝寿活动结束后，张、阎二人一起向蒋申述他们停止内战、一致抗日的主张，恳求蒋予以采纳。蒋听后极为生气地质问张、阎说："别的你们不要再说了，我不要听。你们只答复我一句话：是我该服从你们呢，还是你们该服从我？你们说！"张、阎碰了钉子，没想到蒋如此不讲情理，连句话也听不进去。既然如此，还能说什么呢。他二人只得很不情愿地说："当然是我们服从……"蒋接着说："那就好了，既然你们服从我，我叫你们打共产党，你们就全力剿共，不要三心二意，不要来向我谈什么'团结抗日'的老调。这道理我不懂吗，我蒋某人难道不抗日吗？我心里比你们还急！只是共产党在我们背后捣乱，不消灭他们，我们能安心抗日吗？这么个简单道理，你们都想不明白！"

11月1日，洛阳军分校举行扩大纪念周集会。蒋介石在主席台上向全校师生训话，张学良坐在台下听讲。蒋跟与会者一起朗读完孙中山的"总理遗嘱"后开始训话。他用冷峻的目光扫了会场一眼，情绪非常愤激地高喊："……共产党是要灭亡中国的，这种敌人不打，还要什么抗日？当面敌人不打，偏要打远处敌人，这种军队有什么用！所以必先肃清一切危害国家之汉奸，必须需要尽先消灭有知识之汉奸。"蒋怕别人不解其意，又解释说："大家要明白：通日本的是汉奸！通共产党的也是汉奸，而且是二等汉奸。现在，断不能用任何理由，去主张团结联共，否则就是出卖国家民族利益，存心与共匪同声相应，甘为共产党下面的二等汉奸……"

蒋这番杀气腾腾的话，是对所有主张停止内战、联合抗日的爱国官兵发出的警告：你若再提什么联共抗日，就要拿你当汉奸论处！

张学良听到蒋的上述讲话，神情紧张，颜面失色。他后来回忆当时情形时说："聆听之下，如凉水浇头"，"沮丧万分，回至寝室，自伤饮泣"。①这天晚上，张与阎在洛阳军分校操场上散步，张半天不说话，心情显得十分沉重。阎对蒋介石当天的讲话也感到不满，劝慰张说："汉卿，看蒋先生的态度，固执己见，一意孤行，咱们不能再说话了。你要恢复你的家乡，

---

① 张学良：《西安事变回忆录》，毕万闻主编《张学良文集》(2)，第1193页。

我要保护我的家乡，一切得全靠我们自己！我回晋以后，部署部队作守土抗战的准备。"张学良感慨万端地说："是啊，以后全要我们自己干。"阎接着说："蒋先生永远不会采纳我们的抗战主张。今后我们要结成血肉相连的关系，要干就靠我们自己干。"张紧紧握住阎的手，说："好，一言为定。"一个多月后，张学良就是根据阎锡山的上述态度误认为他会支持对蒋实行"兵谏"的。

蒋介石的侍从室主任钱大钧听到蒋在洛阳军分校扩大纪念周大会上的讲话也感愕然，他认为"不知内幕者，此话尚无重要关系；知道内幕者，听到此话太过火了"。他怕张学良承受不住，嘱咐陪张前来洛阳的东北军骑兵军军长何柱国，"劝张不可误会，并说蒋的脾气说过就完"。在飞返西安的飞机上，何柱国把钱大钧的话转告张，张说："阎百川饱经世故，昨夜劝我不能再谈停止内战、共同抗日之事，我已决心不再谈了。"又说："我现在想干什么，我的太太亦无从知道。"①

蒋介石在洛阳期间，一方面调兵遣将，部署新的大规模"剿共"内战；同时继续镇压人民的反日爱国运动，11月23日在上海逮捕了救国会领袖沈钧儒、章乃器等人。在国亡无日的情势下，爱国者获罪，激怒了全国人民。各界人士纷纷谴责南京当局的倒行逆施，要求立即释放爱国领袖。张学良积极营救"七君子"，事后不久他自己谈了参加营救的经过和原因："我为了这事，曾单身一个人没带，乘军用机飞洛阳，请他（蒋介石）释放那几位无辜同胞。其实我同他们既不是亲戚，又不是朋友，也不太熟。而我所以积极援助他们，不过是因为主张相同，意志相同。蒋委员长绝不采纳我的意见。后来我说：'蒋委员长这样专制，这样摧残爱国人士，和袁世凯、张宗昌有什么区别？'他回答我说：'全国只有你这样看，我是革命政府，我这样做，就是革命！'"②

11月中旬，在日本侵略者的唆使并派飞机掩护下，伪军李守信部侵犯绥东。爱国将领傅作义率领军民奋起抵抗，绥远抗战爆发。在绥远局势十

---

① 何柱国：《西安事变前后的张学良》，吴福章编《西安事变亲历记》，第5页。
② 《张学良在西安市民大会讲话》（1936年12月16日），西安《解放日报》1936年12月17日。

分危急之时，张学良 11 月 27 日向蒋介石递交了一份"请缨抗敌书"，要求率领东北军全部或一部开赴绥远抗战，"为个人尽一分之前愆，为国家尽一份之天职"，并说："今者前锋既接，大战将临。就战略言，自应厚集兵力，一鼓而挫敌气，则调遣良部北上，似已其时。"张学良接着尖锐指出："就驭下言，若非及时调用，则良昔日以时机未至而慰抑众情者，今亦疑为曲解，万一因不谅于良，进而有不明钧意之处，则此后之统率驭使，必增困难。用众贵有诚信，应战在不失时机。"① 一心要消灭红军的蒋介石，竟拒绝了张学良援绥抗日的请求。

张学良在洛阳几次向蒋净谏遭拒绝和痛斥后，心情十分懊丧。回西安后，向杨虎城吐露心声，说出了对蒋介石的怨言，并请教杨虎城有何高策，能促使蒋介石接受净谏，停止内战，实行抗日。杨虎城反问张是否真有抗日决心？"良誓志以对，杨遂言待蒋公来西安，余等可挟天子以令诸侯之故事。良闻之愕然，沉默未语，彼露有惧色，良即抚慰之曰：'余非卖友求荣之辈，请勿担心！不过汝之策，在余有不能之者。'彼遂讥良'乃情感作用，以私忘公。'良答以'容余思考商讨，请其安心，余绝不同任何人道及彼之意见也。'"② 其实，"挟天子以令诸侯"的主意并不是杨虎城自己想出来的，是他接受了其部将赵寿山旅长和幕僚王炳南的建议。赵 1924 年加入杨部，较早接受革命思想。1935 年红二十五军入陕，赵不想与红军作战，这年 10 月他以治病为名请假离队，到国内各大城市游历，广泛接触进步人士。1936 年 10 月返回西安，建议杨虎城联合东北军、红军共同抗日，并提出是否可以考虑，"蒋如果来西安，必要时我们可以把他扣起来，逼他联共抗日"。杨对赵的这些话当时未置可否，只是劝赵说："你这些话只能对我说，绝对不能对其他任何人讲。"③ 王炳南也曾向杨虎城献计，待蒋介石来西安时，我们不让他离去，我们来一个"挟天子以令诸侯"。

蒋介石在洛阳经过一个多月的调兵遣将和密谋策划后，于 12 月 4 日再次来到西安，仍住临潼华清池。此时的蒋介石踌躇满志，认定在近期即可

---

① 西安《解放日报》1936 年 12 月 15 日。
② 张学良：《西安事变回忆录》，毕万闻主编《张学良文集》（2），第 1200 ~ 1201 页。
③ 赵寿山：《西安事变前后的回忆》，吴福章编《西安事变亲历记》，第 119 页。

消灭在陕北的红军。他认为自己的几十万大军已威逼陕甘，还有空军助战，而陕北红军才不过三万人，数量上相差 10 倍，在武器装备上更相差悬殊；在地理上，陕北背靠大沙漠，红军如退却便要进入绝境。蒋认为在此情势下，三路中央军展开夹击，红军必败无疑。此时的古都西安气氛异常紧张，山雨欲来风满楼。蒋的文臣武将纷纷被召而来，武的有蒋鼎文、卫立煌、陈诚、陈继承、朱绍良等，文的有蒋作宾、蒋方震、邵元冲等。蒋连日接见这些文武要员，召开军事会议，重弹"抗日必先剿匪"的老调，说什么"剿匪已到最后阶段，预计一个月内可竟全功"。

蒋这次到西安是有备而来，准备和张、杨最后"摊牌"：张、杨如服从命令，就把东北军、十七路军全部投入前线，在中央军监视下进剿红军；张、杨如不愿"剿共"，就把东北军调到福建，十七路军调到安徽，把陕甘让给中央军；张学良如果不听指挥，就立即予以撤换，以蒋鼎文代替。

蒋介石到西安后，立即着手实施其第六次"剿共"计划。他把东北军、十七路军的师旅长以上军官一个一个地请到华清池，边吃饭边训话，一般是先问："你父母在否？兄弟和儿女几人？你现在看什么书，有何心得？家中生活怎样？……"接着就要求这些军官服从他的命令，率部积极参加"剿共"。他还向东北军军官们许诺，他一定带领大家抵抗外敌侵略，收复失地，打回老家去，但是必须首先服从他的"剿共"命令。蒋介石这次来西安前在洛阳对张学良曾说："我到西安每天请他们来吃饭，不相信他们不听我的话。"① 事实却是与蒋介石想的相反，他没有从这些军官口中得到满意答复。被召见的两军将领异口同声地向蒋表示：不愿意参加围攻红军，而愿去前线抗日。这使蒋介石很伤脑筋，于是向张、杨"摊牌"，提出了他在洛阳拟好的两种办法，让张、杨选择。显然，这两种办法张、杨都不能接受。继续"剿共"，不但张、杨本人不愿意，两军广大官兵也不会接受。事实上，东北军和十七路军与红军已处于停战状态；两军调离西北并互相分开，这就拆散了西北地区的"三位一体"，为蒋介石各个吃掉东北军、十七路军提供了方便。

---

① 薛家柱、王月曦：《蒋介石在西安事变中——一个贴身侍卫官目击记》，中共中央党校出版社，1994，第 75 页。

鉴于蒋介石第二次来西安后的顽固态度，12 月 7 日张学良把杨虎城请到金家巷公馆，商讨停止内战的办法。张为了对蒋做到仁至义尽，主张再劝他一次，他如再不听，就先礼后兵，那样也对得起他。杨内心不同意张的这个意见，因为他认定蒋是个死不回头的人，再劝也没有用；更怕说翻了让蒋看出马脚，很快走了不好办。张说："看不出蒋有提防我们的迹象。蒋很骄傲，他以为我们只会服从他，或许蒋认为我们既去劝说他，便不会有其他的举动。"杨虎城"不好过于阻挡，便答应试一下再看"。①

当天晚间，张学良再次去临潼华清池向蒋"哭谏"，大意是：

日本侵略者由占领东北而控制冀察，今又由冀察而进窥绥远。这种节节进逼永无止境的野心，如不再加以制止和反击，将使整个国土沦于敌人之手，到那时我们将成为中国历史上的千古罪人而无以自解。

今天共产党已一再表示愿团结一致，共同抗日。我们有什么理由拒不接纳？据我所知，共产党不但主张抗日，同时还拥戴你为最高领袖，你还将成为全民族的伟大英雄。

我们应该认识到，内战的结果，无论谁胜谁败，都是中国国防力量的消耗，无疑在客观上帮助了民族的敌人。

我个人和东北军始终是站在你这一边的，过去，无论风风雨雨，我们都支持了你，甚至代你受过。九一八事变时的不抵抗政策，完全为你所决定，而我却遭到了全国人民的攻击和唾骂。我之所以抱着这种隐忍态度，完全为了维护你的威信，以利于你今后领导全国人民抗日。今天，我们的态度依然如故，希望你认清形势，改变政策，停止内战，一致抗日。

张学良的苦口婆心，痛哭陈词，并没有使蒋介石回心转意，反而责备张学良年轻无知，受了共产党的欺骗和麻醉。蒋气急败坏地对张说："即使你用手枪把我打死，我的剿共政策也不会改变。"②

8 日上午，张学良对杨虎城说："我的劝说失败了。蒋还拍桌子同我吵了一阵，你可以再去走一趟，看看情况。"

杨虎城早已料到，蒋介石态度顽固，劝说也无效。但既然张学良要他

①　王菊人：《记西安事变前后的几件事》，吴福章编《西安事变亲历记》，第 139 页。

②　薛家柱、王月曦：《蒋介石在西安事变中——一位贴身侍卫官目击记》，第 80 页。

去净谏，也只好去试试。这天上午 11 时，杨去临潼华清池对蒋说："看国内形势，不抗日国家是没有出路的，人心是趋向于抗日的。对红军的事，宜用政治方法解决，不宜再对红军用兵。"蒋介石在答复杨虎城时，语气虽平和，但措辞很严厉，他说："我有把握消灭共产党，我决心用兵，红军现在已经成为到处流窜的乌合之众。……这次用兵，要不了多长时间，即可全部解决。"蒋还命令杨虎城对十七路军中"不主张'剿共'而主张抗日的军官"，要"放手撤换"。① 杨看蒋的态度无法挽回，再谈下去恐成僵局，就告辞回西安了。

杨虎城返回城里后，立即去张学良住处，与张商量下一步行动。他们鉴于多次"哭谏"均无效，认为应不失时机地采取行动。张、杨表示，"为了抗日救国，牺牲掉这两个团体（东北军和十七路军）也值得。张当时说：我们为了国家，对蒋也仁至义尽了，现在只有干的一条路（指扣蒋）。"② 张、杨这次商谈决定扣蒋，但还没有决定行动日期。

---

① 王菊人：《记西安事变前后的几件事》，吴福章编《西安事变亲历记》，第 140、141 页。
② 王菊人：《记西安事变前后的几件事》，吴福章编《西安事变亲历记》，第 140、141 页。

第七章　临潼"兵谏"

一　事变导火线

西安事变是一个偶然的突发事件，但它有深刻的历史根源，它是 20 世纪 30 年代中国历史发展的必然产物。诚如周恩来 1946 年 12 月 12 日在延安纪念西安事变十周年大会上说的那样："九一八事变以后，人民已日渐不满于国民党当局的对日不抵抗政策，尤其在中国共产党领导人民武装北上抗日与号召全国建立抗日民族统一战线之后，全国人民要求停止内战实行抗日的呼声，更因之日益广泛，并影响到当时的'剿共'军队，首先影响到内战前线的东北军与十七路军。经过一二·九学生运动，全国救亡运动，七君子之狱，尤其是中国人民红军完成二万五千里长征转向东渡黄河抗日，全国抗日高潮，必然要走向抗战，大势所趋，人心所向，这已无可阻止。唯独蒋介石先生却别具心肠，硬要在日寇进攻绥东之际，拒绝东北军请缨抗日，强迫张学良、杨虎城两将军继续进行内战。但他这种倒行逆施，不仅未能达到目的，反而激起了西安事变"，"历史应该公断：西安事变是蒋介石自己逼成的"。[①] 周恩来这段话，是对西安事变爆发原因的科学总结。

促成西安事变在 12 月 12 日突然爆发，除上述根本原因外，还有一些直

---

① 《周恩来同志在延安各界举行"双十二"十周年纪念大会上的讲话》，《解放日报》1946 年 12 月 13 日。

接原因。1936 年发生在西安的"一二·九"事件，是最重要的导火线。

在 1935 年"一二·九"运动后掀起的全国性的抗日救亡运动中，西安的抗日救亡运动显得更加蓬蓬勃勃，有声有色。这一方面是由于有中共地下党组织的有力领导，同时与爱国将军张学良、杨虎城的多方保护与支持也密不可分。

当时有两个救亡团体在西安抗日救亡运动中声名显赫，作用巨大。一是"西北各界抗日救国会"（简称"西救"），它成立于 1936 年 6 月，主要成员是谢华、杨明轩、徐彬如等文教界的爱国人士。这个组织，开始由中共上海地下党组织领导，1935 年末中共西北特别支部（主要成员有谢华、徐彬如、李木庵、宋绮云等）成立后，改由西北特支领导。二是"东北民众救亡会"（简称"东救"），它是中共东北军工作委员会在旅陕东北人士中建立的统一战线性质的群众组织，成立于 1936 年 10 月 4 日。其宗旨是团结民众，互助互济，抗日救亡，收复失地，扩大民众解放。"东救"的成员既有东北军的高级军官，也有流亡到西北的东北百姓，是个团结面很广泛的群众救亡团体。"东救"的执委有刘澜波、宋黎、车向忱、应德田、孙铭九、洪钫、金锡如、苗剑秋、韩启英等 15 人。为便于做上层人士的统战工作，请王以哲、吴家象、董英斌等高级将领任"东救"理事。

"东救""西救"和后来成立的西安学联，在中共地下党组织的统一领导下，1936 年下半年在西安发动了几起规模较大、影响较广的群众抗日救亡活动。

10 月 10 日，为纪念辛亥革命 25 周年，"东救"和"西救"联合在西安召开群众大会，揭露蒋介石背叛孙中山革命事业的罪行，批判"攘外必先安内"的误国政策，呼吁国民党内的爱国人士、爱国官兵继承孙中山遗志，实行联俄、联共和扶助农工的三大政策，结成抗日民族统一战线，抗击日本帝国主义的侵略。

10 月 30 日，东工委与西北特支发动西安数千名文化界人士举行追悼鲁迅大会。张学良和杨虎城的夫人谢葆贞及西北各文化团体送了挽联和花圈。追悼会激励了西北文化界人士的战斗精神，会后西安新闻界宣布成立救国会。

为支援绥远抗战，"西救""东救"和西安学联发起了声势浩大的援绥抗日运动。他们在西安召开各界援绥大会，呼吁国共两党立刻把军队开赴绥远前线，支援绥远军民抗击侵略者的斗争。10月24日，"东救"在《西安日报》上发表启事，发起援绥募捐活动。各界热烈响应，不到一个月时间即捐款2000余元。11月28日，"东救"和一些东北民众团体召开代表大会，公推车向忱为代表前往绥远前线慰劳抗日官兵。同时，苗浡然代表张学良携款30万元赴绥劳军。"西救"、西安学联等群众团体也相继派代表去绥远前线慰问抗日将士。代表归来后，通过各种方式介绍前线见闻，鼓舞了西安军民的抗日救国热情。

在全国人民强烈要求援绥抗日的热潮中，蒋介石却派大军前往陕甘加紧"剿共"。东工委、西北特支面对这种形势，决定利用纪念"一二·九"运动一周年的机会，由西安学联和"东救""西救"出面发动西安学生举行请愿活动，要求国民党当局停止"剿共"，一致抗日，援绥救国。近万名西安大、中、小学生12月9日举行游行，向张学良、杨虎城和陕西省政府主席邵力子请愿。张、杨同情和支持学生们的正义呼声，蒋介石却下令警察向游行队伍开枪，致使东北竞存小学一名学生被击伤。广大学生怒不可遏，决定徒步去临潼华清池直接向蒋介石请愿。他们冲出城门，冒着凛冽寒风，向临潼方向挺进。蒋介石得知这一情况后惊慌失措，急忙给张学良打电话，令其设法制止，并厉声叫道："如学生不听，可用武力制止。"张学良深知学生如到临潼，一定会发生流血惨案。他立刻驱车追赶。在灞桥追上了学生队伍。他尽力劝阻，学生不听。学生表示不到临潼不罢休，并高呼："拥护东北军抗日！""我们不愿做亡国奴，情愿为爱国而死！"张学良被学生的爱国激情所感动，他满怀深情地对学生们说："我张学良是国家的军人，决不辜负你们的救国心愿，决不欺骗大家，一星期之内我以事实作答复。"这样，学生队伍才返回城里。

当天晚上，张学良去华清池向蒋介石反映学生要求。蒋对张很气愤，责怪张不用武力制止学生请愿，反而还代表学生向他提要求。蒋公开承认，是他向马志超（西安公安局局长）下令向学生开枪的。这件事对张学良触动很大，成了促使张、杨以武力扣蒋，发动西安事变的一条重要导火线。

西安事变后的次日，张学良在向其部属解释扣蒋原因时说："一二·九西安学生运动，事先我听说了，便同杨主任、邵主席计议，想出各种方法来制止，我提出几个办法：令学生在学校开纪念会，请邵主席召集扩大纪念周；令学生用文字表示。实在还不成，非游行不可，由我和杨主任、邵主席尽力劝阻，无论如何不叫到临潼去。对学生运动，我实在是尽力排解，假如不是蒋委员长饬令警察开枪，武力弹压，使群情愤激，我想学生决不至于坚持到临潼去。学生走向临潼后，我不顾一切利害，挺身而出，幸而把学生劝回来，而蒋委员长却怪我没有武力弹压，而且竟公开说明是他叫警察开枪，假如学生再前进，他便下令用机关枪打！我们的机关枪是打中国人的吗？我们的机关枪是打学生的吗？蒋委员长有以上两种表示，杨主任，其他西北将领和我本人，就断定了他的主张是绝不能轻易改变了"，于是"便断然决定"① 对蒋实行"兵谏"，用武力迫使他改弦更张。

二 "兵谏"前夜

张学良发动西安事变的动机是纯洁的。他在事变中多次申明，对蒋实行"兵谏"，既不想伤害他，自己取而代之；更不是想借机要挟蒋，以扩大自己的地盘和势力；而是诚心诚意地爱护蒋，想把他从误国误民的歧途上拉回来。这年 6 月，张学良在一次讲演中猛烈抨击当时国民党内盛行的"为了个人的地位和金钱"而"拥护领袖"的那种庸俗风气。他认为"拥护领袖是把意见贡献领袖，把力量交给领袖；本着真理正义可以向领袖净谏，甚至如古之为人臣者以尸谏，亦所不辞"。② 这不是张学良的表面文章，而是他的肺腑之言。西安事变就是他这些言论的兑现，把言论变成行动。张学良为了国家和民族，在西安事变前多次向蒋净谏，当一再净谏失败后，他便置个人生死荣辱于脑后，和杨虎城一起发动"兵谏"，用武力迫使蒋停

① 张学良：《对总部全体职员的训词》（1936 年 12 月 13 日下午 5 时），西安《解放日报》1936 年 12 月 16 日。

② 《中国的出路唯有抗日》，毕万闻主编《张学良文集》（2），第 975 页。

止内战，一致抗日。

张、杨发动"兵谏"前几天，在绝对保密的前提下，做了一些必要的准备。

蒋介石来西北前，对张、杨与中共和红军的关系已耳有所闻。他对杨虎城，不无戒心；对张学良，则深信无疑。蒋认为他与张的关系非同一般，张绝对可靠，不会出问题。因此他两次来西安，都不住在主要由十七路军驻守的西安城内，而下榻在东北军防区内的临潼华清池。华清池位于临潼县城南，骊山北麓，距西安城25公里。蒋出于对张学良的绝对信任，这次来西安连警卫股长黎铁汉及其所属警卫中队都没带，只带了18名卫士，连侍卫官在内，持有武器者不超过25人。① 这些警卫人员住在华清池内院，负责华清池二门及五间厅的守卫任务。蒋住在内院五间厅。蒋的侍从室主任钱大钧、侍从室组长蒋孝先以及其他秘书、参谋人员，也住在内院五间厅稍后些的一幢房子里。另有两排中央宪兵，一个排住在华清池外的禹王庙，一个排住在临潼火车站。张学良派他的卫队一营（营长王玉瓒）来华清池，负责防守华清池外院大门及从华清池到灞桥公路上的巡逻。华清池外围驻军是东北军一〇五师。

张、杨在酝酿"兵谏"行动部署时，曾考虑过由十七路军派人去临潼捉蒋，杨曾命令他的特务营营长宋文梅做捉蒋准备。后来考虑到十七路军夜间去临潼捉蒋怕与东北军部队发生误会，捉蒋任务改由东北军承担；十七路军负责扣押住在西安城内的蒋系军政要员，解除城内的蒋军武装。

12月9日后，张、杨积极准备"兵谏"，但行动十分谨慎，"兵谏"计划只向他们最信赖的极个别高级将领做了透露，他们在表面上不动声色，一切如常。12月9日晚，张、杨在城内易俗社戏院举行戏曲晚会，招待南京来的文武大员欣赏著名演员王天民等人演唱的地方戏秦腔。剧场内名角荟萃，好戏连台，观众兴高采烈，却不知此时剧场外发生了一场虚惊：当晚9时，孙铭九奉张学良命带人乘车去临潼，检查路上是否有学生去临潼请愿，如发现有学生去一定要劝说回来。孙铭九要出发时，十七路军特务营营长宋文梅到东城门楼看孙铭九，见孙带着手枪，城门下有几辆满载全副

① 参见张玉孙《华清池之旅》，秦孝仪主编《革命文献》第95辑，中国国民党党史会，1983，第323页。

武装士兵的汽车，准备出发。宋问孙去哪里，孙简单地回答说："去临潼。"
宋误以为孙是去临潼捉蒋，便急忙回到绥靖公署向王菊人做了报告，王立
刻前往剧场请正在陪南京大员看戏的杨虎城马上返回新城，报告说东北军
已开始行动，孙铭九已带人去临潼捉蒋。杨听到上述报告后，立即命令旅
长赵寿山以演习为名派兵包围易俗社，并做了其他军事行动部署，等得到
临潼方面动手消息后，即按原分工在城内开始行动，扣留蒋系大员。杨布
置完后，仍回剧场看戏。至晚 10 时，仍听不到动静，又见张学良也来看戏，
于是杨一面令人继续点戏，拖延时间，一面令王菊人迅速查明实况。晚 11
时后，宋文梅回来报告说东北军没有行动，孙铭九已回家睡觉。误会解除
了。王菊人等急令收兵，并报告了杨虎城，结束了一场虚惊。招待演出至
深夜 1 时许才结束。

事后，杨虎城向张学良讲了 9 日晚间这场虚惊的情况，并说："近日情
况，学生、市民、东北军和十七路军的大部分中下级军官对蒋是愤恨的，
他们的情绪很激动。扣蒋时间，不能再迟了，万一我们对部队控制不了，
发生骚动，那更危险。"[1] 张学良也有同感，他还了解到蒋近日曾召开军事
会议，没让他参加，蒋鼎文又暗示蒋介石要他交出军权。蒋孝先也猖狂地
让黎天才转告张学良：如不愿意担当西北的"剿共"任务，就请退出西北，
不要误了大事；如若愿意干，就好好干。张学良听到黎天才汇报后十分生
气地说：蒋孝先这小子太狂了，他有什么资格来教训我！

12 月 10 日，张、杨二人经过研究一致认为，时不待人，决定当天做好
准备，第二天夜里（实际是 12 月 12 日清晨）行动。

12 月 10 日晚上，张学良亲自驾车只身一人来到新城杨虎城公馆，与杨
研究当时的军事政治形势，安排"兵谏"行动，至深夜 1 时才离开新城。
张、杨研究与安排的结果是：

第一，军事方面。豫西地区的中央军部队不足 10 万，分散在郑州至潼
关一线，如果蒋介石在西安被扣留，豫西中央军没有立即集中向陕西进攻
的可能。届时必须确保潼关这个隘口，争取时间把分散在陕西及陕甘边界

---

[1] 王菊人：《记西安事变前后的几件事》，吴福章编《西安事变亲历记》，第 154 页。

的东北军与十七路军必须迅速地集中到西潼路上，时间需 5 天左右。迅速占领潼关的任务，只有使用驻在大荔一带的十七路军四十二师冯钦哉部，无其他任何部队可用。同时，请红军派一部进入商洛地区，确保潼关右侧安全。估计红军到该地区需 10 天左右时间，但商洛一带既无中央军，红军又行动迅速，熟悉该区地形，并有群众工作基础，完全适宜担任商洛地区的防务。此外，令驻洛阳的东北军炮八旅暨洛阳军分校东北军军士大队占领洛阳，迟滞中央军西进。对已进入咸阳的中央军万耀煌部（两个团），由十七路军警三旅将其包围缴械。兰州方面，由于学忠统率的五十一军固守，并商请红军派一部兵力进占甘肃西兰公路，以牵制胡宗南部等中央军，使其不敢向陕西进逼。如此部署，则可背靠红军，南凭秦岭，保障关中。汉中只有蒋系王耀武、李及兰两个师，只需扼守宝鸡一带即可对付，所受威胁不大。由于蒋介石被扣留在西安，南京势必有所顾忌；也由于万福麟部、宋哲元部和韩复榘部陈兵于平汉、津浦两线，威胁着陇海线，估计南京当局不至于采取大规模军事行动，更不敢贸然孤军深入陕西，这样有利于东北军和十七路军集结做有效的防御。

第二，政治方面。"兵谏"的目的在于停止内战，一致抗日，估计会得到广西李宗仁、白崇禧和四川刘湘的支持。但由于路途遥远（特别是广西的李、白），难以取得他们军事上的直接支援，但政治上的同情、声援也可壮大"兵谏"的声势。华北的宋哲元、山东的韩复榘已表示愿以兵力支持，这较有力。至于山西的阎锡山，至少可以保持中立，不至于以武力威胁河西和豫西。起事之后，可形成西北、华北、四川、广西联合起来与南京对峙的局面，逼使南京不敢武装进攻陕西，不得不放弃"攘外必先安内"的政策，召集有各方代表参加的救国会议，组织抗日联合政府。扣蒋后，蒋介石必须声明停止内战，共同抗日，并确保东北军和十七路军的现有地位，然后才能考虑释放他。①

12 月 11 日，张、杨仍不动声色，一切如常。白天，张学良又去华清池与蒋周旋。晚上，张、杨在新城大楼宴请南京方面来西安的 20 多名军政要

---

① 见王菊人《记西安事变前后的几件事》，吴福章编《西安事变亲历记》，第 155 页。

员。为安排好当天夜里的行动，杨两次去金家巷公馆与张碰头商量，在下午2时左右的一次碰头中他俩决定：12日上午6时在西安、临潼两处同时行动；为了侦察蒋的行动，凡蒋与南京和西安方面的通话，必须通过张公馆的电话总机，在行动前如发现蒋有所察觉，或有移动，或有特务和其他方面向蒋告密等情况，可及时派两个加强连由西安驰往临潼扣蒋，如果从西安方面派兵来不及，即命令驻临潼的东北军刘多荃部火速执行扣蒋任务。商量后，双方分头进行准备。

蒋介石在12月11日照常召见、安抚东北军和西北军将领，申斥那些他认为办事不力的人。这天下午6时，张的重要智囊人物、西北总部政训处副处长黎天才被召至华清池。开始，蒋对黎极尽笼络之能事，他与黎握手后，让黎与他并肩而坐，温和地对黎说："我一直把你看作同志，是我的学生，昨天我重加申斥了曾扩情（蒋的亲信，西北总部政训处处长），革命者在任何环境中都不能被敌人软化。"蒋在严厉斥责了张学良要求停止内战、一致抗日的主张后，问黎："张副司令是何居心？"

黎不假思索地立即回答："副司令对委员长居心无他。近来他抗日的主张是所属干部的情绪反映。"

蒋追问："哪些干部？"

黎回答说："东北军各级军官受百灵庙战役之刺激极深，人人有奋起抗战的热忱，曾义正词严地对副司令有过表示。"

蒋说："我不相信。这是共产党代你们制造的假空气。如果真有这种情绪，九一八后随时都可以和日本人拼命，何以闹到今天这种局面？"

黎说："副司令负国难家仇，为环境所迫，今天也有所进步了。"

这句话激怒了蒋介石。他厉声问："进步了？这是什么意思？把共产党引到西安来就叫做进步吗？共产党的刊物（指《文化周刊》）可以在西安自由发行，西安的报纸可以随便批评我。我走遍全中国，没有一个省份的报纸批评我。不想在我最相信的部属管区内居然有此现象。就连韩复榘、宋哲元也都还尊重我。除了上海租界可以发现共产党的秘密宣传品，全国任何地方都无此现象。"蒋问："西安管制宣传、检查邮电是谁负责？"

黎回答："副司令命我负责的。"

蒋一听火冒三丈，面红耳赤地斥责黎说："把好好的一个西安城闹得这样乌烟瘴气，你替谁负责？负什么责？你回去告诉张副司令，马志超下令开枪打学生是执行我的命令，被打的不是学生，是共产党，起码也是共产党利用的坏分子。谁要说打得不对，请来向我讲理。"

蒋又问黎："听说被驱逐出境的高崇民又秘密回来了，是吗？"黎答："不知道。"蒋又问："这伙勾结共产党为非作歹的是哪几个留在西安，是不是都住在张副司令家里？"黎仍答："不知道。"

这时，蒋发怒道："不知，不知，尽是不知！你不知我知，我倒可以供给你一点情报"，说着从衣兜里掏出一张名单，说："这里有张名单，你看看，我愿意听取你的意见，对这批反动分子该怎么办？"

黎天才接过名单，一看上面有高崇民、应德田、孙铭九、栗又文等十来人。黎想了一想回答蒋说："这几个人有的我认识，有的不认识，据我所知，都不是共产党，可不可以把他们送出去读几年书？"

蒋没等黎说完，就打断黎的话，大声斥责说："这完全是老官僚的办法，又是奖励坏分子的办法。按照你的办法，谁想出国读书，先与共产党勾结发行刊物，以抗日为名骂我，就可以如愿以偿。想不到你竟糊涂到这种地步！前天张副司令对我说，他可以做两方面的代表，真是古今中外的大笑话，一个人可以做两方面的代表吗？他的脑子为恶化分子搅乱了，你劝他清醒清醒，一个人绝不能代表两个方面。"

蒋平静下来，继续说："黎同志，要知道今天不是对人的问题，是对事的问题。我所作所为一是要对四万万五千万人负责，国家大事不能儿戏。国民党五十年革命历史，当前面临严重关头。"说到此，蒋站起来，朝西安方向指着说："你看西安城有赤色恐怖，里面的老百姓，都在那里发抖，你们做得好工作！你要知道，我从未把你只看做是单纯的张学良的部下，我把你看作我的同志，我的学生。我现在是以耶稣基督的精神住在这里。"接着又坐下问黎："你们和十七路军不是误会很深吗？现在怎样呢？"

黎说："都在委员长领导下服务，有什么误会可言？"

蒋说："在我领导下？哪个听我的领导？明白对你说，打不完共产党，就谈不到打日本帝国主义。国家的力量，都在我手里。你们附和共产党的宣传阴谋，对国家是严重的犯罪！那么你对这个问题，是什么态度？"

黎回答说："委员长在南昌常讲（'剿共'）要'三分军事，七分政治'，时至今日，情势不同了，应该九分政治才行，一分军事便够了。绥东敌方既已开始行动，我们应该有整体的应战计划，（西安）飞机场停了那么多飞机，都应该开到绥远前方去。"

这些话更刺痛了蒋介石，他咆哮起来，说："你的说法，同张汉卿前天对我讲的如出一辙，不知是你受了他的影响，还是他受了你的影响？我对你讲：苦海无边，回头是岸，顶天立地做一个人是不容易的。假设还承认我是你们的领袖，就应无条件地服从我，忠实于我。"接着他长篇大论地讲起来把领袖当作父母，要和侮辱领袖的拼命，并絮絮叨叨地说他当年在陈炯明处是如何维护孙中山总理的，还说："今天的话都可以回去告诉你们的副司令。"①

黎天才见蒋已摊牌，亮出了黑名单，要张学良"回头是岸"，而且神态失常，觉得再谈无益，便起身告辞。黎走到华清池门口，恰巧张学良乘车到达，两人互相点头会意。

张学良此时来华清池，是应邀参加蒋介石举办的晚宴并参加蒋召开的军事会议。蒋介石不久前在洛阳已拟定了新的"进剿"红军的计划。他认为，张、杨此前不积极"剿共"，使红军在西北的势力壮大；现在又不接受他新提出的"进剿"计划，决定将他们及其所部调离西北，派自己的嫡系部队中央军来西北"剿共"。蒋再次到西安，就是要实施他的"进剿"计划。蒋的重要将领蒋鼎文、卫立煌、陈诚、朱绍良、陈继承、万耀煌等已被召至西安。蒋准备任命福州绥靖公署主任蒋鼎文为西北"剿总"前敌总司令，接替张学良的职务；同时，拟任命卫立煌为晋陕宁绥四省边区总指挥，任命朱绍良为西线总指挥官，任命陈继承为南线指挥官，陈诚则以军政部次长名义指挥绥东中央军各部。蒋介石在12月10日的日记里明确地写下了他近期要做的八件事，其中第一、二项是派中央军进驻陕甘。万耀煌部一个师已入陕进驻咸阳："陕南派廿八师进剿，抑派四十师乎？""樊军决

---

① 《黎天才自传》，无文：《西京兵变与前共产党人》，香港银河出版社，2000，第135～138页。

派陕北。"樊崧甫部第四十六军，西安事变前驻防于陇海路的潼关与洛阳间，当时是派往陕北最近的中央部队。蒋介石预定要做的第四件事是"发表蒋、卫名义"。[1]

在此前一天，蒋密令陕西省主席邵力子，令其密嘱《大公报》驻陕记者发表如下消息：蒋鼎文、卫立煌已到西安，闻蒋委员长已决定任命蒋鼎文为西北"剿匪"前敌总司令、卫立煌为晋陕绥宁四省边区总指挥。陈诚将以军政部次长名义指挥绥东中央军部队。蒋在发动第六次"围剿"陕甘红军战役前更换军事指挥人员，意味着他把进攻陕甘红军的指挥权完全掌握在自己及其嫡系将领手里。可惜，12月12日《大公报》在发表上述消息时，西安事变已经发生。蒋还未来得及撤换张、杨就成了张、杨的"阶下囚"。12月11日晚，张学良参加完蒋在华清池举行的晚宴，就陪同南京大员赶往新城大楼，再参加以他和杨虎城名义举行的招待宴会。张学良亲自开车，他对同车的陈诚等人一语双关地开玩笑说："我开车的技术不高，说不定什么时候就翻车，你们几位的命运都在我手上了。"

新城大楼的宴会晚10时结束后，张、杨留下最后商定按原计划行动。杨虎城郑重向张表示："坚决拥护并服从张副司令指挥。"张学良则说："成功了大家共享，失败了我个人承担"，接着他鼓励杨虎城一番，并说："我总指挥，你副总指挥，指挥部就设在新城。"[2] 之后，他俩分头做最后准备。

张学良从新城大楼回到金家巷公馆，才正式向他的高级将领们宣布"兵谏"计划。这天晚间，东北军除何柱国军长未找到外，其他高级将领于学忠、王以哲、刘多荃、缪澄流、董英斌等均到会。张学良用沉痛的心情对他们说："我今天把大家找来，要跟大家商量一件事。咱们东北军亡省亡家，又背上了不抵抗的罪名，不为全国人民所谅解。究竟是谁不抗日呢？到现在，罪名却由咱们背上了。我屡次请求委员长停止内战，一致抗日，共产党的问题应该用政治方法解决，'先安内后攘外'是给日本造机会等等，反倒多次挨他的训骂。最近我在洛阳痛切陈词，请求准许东北军去察绥支援打日本，他骂我是反革命。说什么他就是革命，违反他的意志，就

① 《蒋介石日记》（未刊稿），1936年12月10日。
② 申伯纯：《西安事变纪实》，第110页。

是叛国反革命。骂共产党不要父母，说我也不要父母；骂共产党不要祖国，说我也不要祖国。在临潼拍桌子骂我，说：'等我死后你再去抗日'。逼得我连话也不能说。现在死逼着东北军继续去打内战'剿共'，不听他的命令，就调咱们到福建去。实在逼得咱们没办法了。我现在已与杨主任商量决定把他扣起来，逼他停止内战，一致抗日。"说到这里，张问大家有无意见？当场无人发言，只有于学忠一人问："第二步怎么办？"张说："先扣了再说，只要他答应我们抗日，还拥护他做领袖。"接着，张当着众将领的面向被召唤进来的孙铭九发出捉蒋指示，说："孙营长，我令你跟白凤翔师长一道去华清池。你要听白师长的话，服从他的指挥，要谨慎当心！"张郑重地嘱咐孙铭九："你千万不可把委员长打死了，万不得已时，只能把他的腿打伤，不要他逃跑了。"张问孙铭九："你的卫队营，准有把握吗？"孙满有信心地回答："有把握！"张继续说："明天这个时候，说不定我和你不能再见面了，你死，还是我死，说不定了"，又严肃地说："若是弄不好，那我们都得上山了。你要小心注意！"孙铭九敬礼回答说："一定完成副司令给我的任务，不然我就不回来见副司令啦！"① 此前，张学良把防守华清池的卫队一营营长王玉瓒召至城内金家巷公馆，向他布置了捉蒋任务，要他捉活的，绝对不许把蒋打死！

张学良除向其高级将领作动员外，还向他的几位亲信幕僚宣布了"兵谏"决定，这几个人是应德田、黎天才、卢广绩、洪钫。② 之后，张就带着这些文武要员前往新城杨虎城公馆。缪澄流被留在金家巷张公馆坐镇。

杨虎城 12 月 11 日晚招待南京要员的宴会结束后，派汽车把赵寿山接到他的官邸，接着又把孙蔚如（三十八军军长）、李兴中（西安绥靖公署参谋长）等也找来。此前，孔从洲、宋文梅已在新城。杨领导这些将领进一步研究和落实了西安城内的行动计划，并对"兵谏"后面临的一些迫切问题进行了探讨，提出了一些初步主张："（一）改组南京政府事，主张成立抗日联合政府（包括共产党及其他党派在内），行政院长不主张蒋兼任，主张以宋子文为院长。改组方式，采取救国会议通过，而不能像过去由国民党

---

① 孙铭九：《临潼捉蒋》，吴福章编《西安事变亲历记》，第 217～218 页。

② 应德田：《张学良与西安事变》，第 92～93 页。

一个党决定。对于救国会议的组成，拟照孙中山提出的国民会议之精神办理。（二）为打破蒋介石一手把持的局面，各省行政拟采用分权制，各省成立救国会议，行使相当于议会的职权，产生省行政机构，推定人选。（三）西北成立军事联合指挥机构，暂负责党、政、军的统一领导，将来移归联合政府。（四）陕北行政人员，在红军区域内部，先撤消原来邵力子委派的亲蒋的县长以上人员，更换为亲共至少是不反共的人员，职权暂时不变；俟人心安定后，除八十四师高桂滋、八十六师高双成防区外，其他地方概由共产党派人接充县长，但仍受陕西省政府节制，对共产党和红军要以友党友军看待。"① 此外，还讨论了"将来红军的指挥关系"、民众训练、军费筹措以及民生日用品来源等问题。

午夜过后，张学良一行十余人分乘几辆小轿车来到新城。张进门见到杨后开玩笑地说："把我们都交给你了，你看怎么办？"这时十七路军的将领们也在场，孙蔚如在旁笑着答道：我们向来是不出卖朋友的！杨请张到西客厅落座，把他们方才研讨的几个问题简要地告诉张。张说：这些办法都是对的。

张、杨此时指定黎天才、卢广绩、高崇民、王菊人、应德田等起草通电稿，阐明这次行动的宗旨和主张，准备扣蒋后向全国发出。这些人就通电的有关内容进行了讨论：

（一）对这个事件应怎样称呼？有人主张叫"一二一二"革命运动，有人主张叫双十二抗日革命运动。名称定不下来，号外、通电无法拟稿，时间又刻不容缓，后来研究用"兵谏"二字，大家觉得合适。

（二）关于八项救国主张的商讨。在两广发动反蒋军事行动时，杨曾派他的秘书蒲子政去见韩复榘和宋哲元，当时经过商量提出了三方一致同意的六项主张：（1）改组南京政府，容纳各党各派共同负责救国；（2）停止一切内战；（3）释放一切政治犯；（4）开放民众爱国运动；（5）保障人民集会结社一切政治自由；（6）立即召开救国会议。

---

① 王菊人：《记西安事变前后的几件事》，吴福章编《西安事变亲历记》，第1~11页。

那时，准备在反对蒋介石武力进攻两广、赞同两广抗日主张的通电中列入。由于张学良当时滞留上海，通电未及发出，两广事变就被蒋介石分化、压制下去了。现在，十七路军方面又把这六条提出商量。大家对这六条均无异议。后来觉得这是一个爱国运动，对于沈钧儒等人须积极营救，便作为第三条列了进去。对于后来公布八项主张的第七条大家商量较多。因为估计到南京政府要给我们戴个"赤化"帽子，以此在国内实力派中孤立东北军和十七路军；同时国内各实力派也必然注意到我们同共产党究竟是什么样的关系，所以就加了"遵守孙总理遗嘱"一条，以表明这是国民党范围内的事，以防止南京政府的造谣，也有利于争取国内各实力派的同情。①

在大家研究讨论基础上，由黎天才拟通电稿，再经大家讨论修改，于12日捉蒋后向全国发出。黎天才后来回忆说，捉蒋前，张学良命他赶写事变后给各方发出的电文，他在三四小时内"一气呵成"，行动纲领是我们到达新城（杨虎城的绥靖公署）后，才完稿。②

三　骊山捉蒋③

张、杨做出扣蒋决定后，12月9日张学良向王以哲、刘多荃透露了这一决定内容，并拟定出"兵谏"行动的内外两线部署。张学良决定由一〇五师师长刘多荃任行动总指挥，确定外线是大包围圈，调一二九师师长周

---

① 王菊人：《记西安事变前后的几件事》，吴福章编《西安事变亲历记》，第151～152页。
② 《黎天才自传》，无文：《西安兵变与前共产党人》，第139页。
③ 撰写本节时，除参考东北军参与捉蒋人员后来撰写的回忆录外，还参考了《蒋介石日记》（未刊稿）和当年蒋介石的侍卫官、卫士、特务员、便衣卫士等撰写的有关报告。这些人员事变结束后返回南京，奉命撰写"临潼抗逆"报告，专门写事变发生时，他们在华清池阻击东北军卫队营进攻、护卫蒋介石逃跑以及在骊山被捉的情景。有的是以个人名义写的，有的是以集体名义写的。钱大钧对这些报告做了整理、修改后，于1937年4月24日送交蒋介石审阅。蒋在一些报告上做了批示："此件可保存"，此人"应重赏"等。台北"国史馆"后来在编印、出版《剿共与西安事变》档案资料时，将这些报告收入其中。

福成任指挥，动用的部队有原驻临潼的第一〇五师第一旅第三团和原驻西安南门至韦曲的第一团。内线指挥，张学良指定由一〇五师旅长唐君尧担任，动用的部队有东北军卫队二营，这是张学良的心腹部队，营长孙铭九是张的亲信；还有负责华清池防卫任务的卫队一营（营长王玉瓒）。张学良担心孙铭九缺乏作战经验，又加派骑兵第六师师长白凤翔及其所辖骑十八团团长刘桂五协助执行捉蒋任务。白、刘二人出身绿林，机智勇敢，枪法极好，对张绝对忠诚。此前，白凤翔驻防固原，张电令其赶来西安。刘桂五已在西安，他1936年秋参加长安军官训练团学习，深受张学良赏识，学习结束后被留在张的侍卫副官处工作。张为考验刘是否勇敢和忠诚，12月8日下午曾把他召至金家巷公馆西楼会议室，神色严肃地对刘说："我有一项重要而又极为保密的任务，考虑很久，认为派你最合适，但此任务有牺牲性命的危险！"刘桂五回答："副司令既然信任我，我不怕死，保证去办！"张说："我想派你去当刺客。"刘问："刺谁?"张说："刺杨虎城，你敢不敢?"随即摸摸刘的胸口，看他心跳不跳。刘说："只要副司令信任我，尽管放心，我敢去。"张学良见刘桂五很平稳，就用很缓和的语气对他说："我是和你开玩笑！杨将军是我们自己人，我们哪能刺杀他呢?"随后十分郑重地说："我给你的真正任务是叫你去刺蒋介石。他不打日寇，又前来西安逼我们打内战。你敢不敢去干?"随后又摸摸刘的腿哆嗦不哆嗦。刘桂五说："这可是个大题目。"想了想又说："我敢去。但我不认识蒋介石，再说我也见不到蒋介石。"张学良说："我带你去呀！"刘桂五再一次表示愿意去完成这一任务。张说："前几天我跟委员长谈话，已说过我十八团团长刘桂五是热河省凌原县人，想派他回家乡，去组织游击队，以配合热河的抗日队伍。今天下午你去向委员长辞行。这样你可以侦察蒋的住室及院内外情况。"谈后，张学良亲自开车带白凤翔、刘桂五去华清池五间厅，蒋介石与白、刘谈了话。回到金家巷公馆，张学良问刘桂五在西安有多少人，刘说："我身边只有20多人，都是神枪手。"张说："你的力量太孤了，我让孙铭九带警卫营听你指挥。"12月11日，张学良在公馆再次召见刘桂五，叮嘱他说："对委员长要捉活的，不要打死他，捉他是为了逼他抗日，并不是我要当总司令。"张还问了刘的家属情况，向刘郑重地表示："你不要顾虑家庭，你的亲属就是我的亲属。"①

12月11日傍晚，刘多荃在他的公馆召开会议，布置外线戒备任务。参加者有第一旅参谋长黎任荣、第一团团长张治邦、第三团团长林大木和周福成。刘多荃在会上宣布，外线的戒备任务是防止蒋介石突围逃跑，并适时支援内线，宣布这项任务由周福成负责指挥。接着，周福成具体部署了外线作战任务：第一团展开于灞桥以东，负责包围华清池的西面和北面，占领临潼火车站，解除火车站宪兵武装，控制交通，特别注意警戒灞桥至蓝田方面；第三团负责包围华清池的东面和南面，并在骊山附近设置机动兵力，准备适时支援内线。周福成的指挥部设在临潼县城内。午夜过后，张学良令刘多荃督促外线部队分头行动。至凌晨3时许，负责外线的两个团共5000人左右进入阵地，实行合围。

负责内线的孙铭九，早在12月9日就派排长王振东率20名士兵跟随学生游行请愿队伍前进。当学生队伍在西（安）临（潼）公路中途被张学良劝说回城后，这20名士兵没有回城，在西安城东二十里铺驻扎待命。第二天上午，孙铭九又派连长王协一带30名士兵前往二十里铺，与王振东排长会合，加强力量，并前进到灞桥，缩短了与华清池的距离。11日，孙铭九根据张学良指示，派卫队二营副营长商亚东率领约一连人去灞桥，与王协一连长会合，限日落前到达宿营地。当晚9时，他又派两辆载重汽车到灞桥待命，供卫队二营行动时乘用。

12月11日深夜，孙铭九在金家巷张公馆正式领受捉蒋任务后，立即去白凤翔师长家约定出发时间和集合地点。12日凌晨2时，白凤翔、刘桂五和孙铭九来到卫队营营部入口处，一同乘白凤翔的小轿车，向临潼方向驶去。刘多荃在2时许也去了，并带了一辆空车。唐君尧已先去临潼等候。一场惊天动地、震惊中外、具有重要历史意义的事变就要在古城西安爆发了。

孙铭九等一行约半小时到达灞桥，商亚东率领的卫队二营近两个连的队伍已在这里整装待发。孙铭九向商亚东、王协一简要说明了有关情况。白凤翔和孙铭九向卫队二营官兵作了战前动员。白凤翔主要是说：东北军

① 清芳：《刘桂五》，《张学良和他的将军们》，辽宁人民出版社，1993，第392~393页。

无家可归是蒋介石一手造成的，现在又借打红军来消灭我们，今天我们要把他请到西安讲理。他转达张学良的命令，千万不能打死蒋介石，要捉活的。这支由奉系军阀演变而来的队伍，残留着深厚的封建影响，仍靠张学良个人来维系。在孙铭九看来，所有东北军官兵都应该忠实于张学良。他就是从这个角度向卫队营官兵作动员的。他说："今天我们到华清池去，是为了救副司令。委员长不抗日，也不叫我们东北军抗日，我们副司令向他请求停止内战、一致抗日，他不但不接受，反而把我们的副司令扣押起来。我们今天去华清池，是要把委员长扣起来，逼他抗日，营救我们的副司令出险。保护副司令的安全是我们卫队营的神圣职责，我们一定要完成这个极其重要的任务，一定要扣押住委员长。但要注意，绝对不能把他打死。"[①]听完白凤翔、孙铭九的动员，全体官兵的情绪异常激愤。

作完动员，孙铭九根据白凤翔师长指示，率领 100 多名卫队营官兵奔向临潼，向华清池冲去。当时的部署是：王协一连长率领 30 名官兵乘第一辆汽车，直奔华清池，负责解除门口岗哨的武装，堵住各门窗的出入口，逐次将院内岗哨缴械，然后再来协助孙铭九；孙铭九带领部分官兵乘坐第二辆汽车，直奔华清池内的五间厅，蒋住此处。计划进入房中请蒋出来，假说有叛兵闹事，副司令为他安全着想，请他避开这里到城里去；如不顺利，则以武力将他挟持出华清池，架到汽车上押入城内；商亚东带人包围院外禹王庙（中央宪兵住这里），并警戒华清池周围。

清晨四五点钟，王协一和孙铭九分乘的汽车驶到华清池门前。此前，以王玉瓒为营长的东北军卫队一营已开始行动，收缴了驻禹王庙宪兵的武器。两个卫队营官兵会合后开始冲击内院。早晨 6 时许，当时蒋的卫士翁自勉和蒋尧祥分别值守五间厅内院的东西门，侍卫官竺培基是值班长官。6 时半左右，天尚未明，他们先听到大门口有汽车开动声，接着又听见枪响。于是他们一面派人去查看，一面叫醒住在偏房的副官蒋孝镇。他们凭借五间厅前平台的栏杆做掩护向外射击。东北军卫队营官兵开枪还击。顿时枪声大作，华清池内外展开激战。蒋介石的卫兵被卫队营官兵解决后，孙铭

① 孙铭九：《临潼扣蒋》，吴福章编《西安事变亲历记》，第 219 页。

九带领部分人冲入二门直奔小桥，想通过那儿过去，但被斜对面房中射出来的密集枪弹堵住，不得不改换方向，沿着假山小道直上。当他们进入五间厅蒋的卧室，发现蒋介石已不在了。用手摸床上的被褥还有余温，桌子上还放着蒋的假牙和皮包，他的外衣和帽子也挂在衣架上，这表明蒋跑走的时间不长。在院内各处搜寻，未发现蒋的踪影。讯问在搜查中被捉到的蒋的侍从室主任钱大钧和贴身侍卫汪日章，他们都说不知蒋的下落。白凤翔将上述情况用电话报告张学良，张、杨十分着急，立即令刘多荃检查蒋的汽车在不在？刘多荃一看蒋的汽车还在，查问周福成、张治邦、史大木，他们说没有一个人越过外层警戒线。张、杨判断蒋没走远，命令白凤翔组织部队搜山和加强对临潼周围的警戒。

原来，华清池门口枪响、东北军卫队营冲入院内后，与在五间厅平台上蒋的内侍卫兵互相交火。蒋的堂外甥又是贴身侍卫的竺培基，迅速唤醒蒋介石，促他快走。蒋在竺培基和翁自勉等几个便衣卫士搀扶下，向五间厅房后不远的围墙逃奔。先是想从"东侧后门"出去，因"门锁紧闭，未得开钥，不得不"越墙逃跑。① 围墙虽不很高，年过半百的蒋介石却上不去。此时，蒋的另一名贴身侍卫，也是他的堂侄蒋孝镇便蹲下身子，让蒋介石踩在他肩上，竺培基和另一名卫士扶着蒋介石，蒋孝镇再慢慢站起来，把蒋介石送上了围墙。此时，枪声越来越近，东北军已向内院追来。蒋介石咬紧牙关，纵身跳到墙外。他双脚落地不稳，背部重重地摔在地上，腰脊受伤，疼痛难忍，惨叫了一声。竺培基、蒋孝镇急忙跳过围墙，蒋孝镇背起蒋往山上跑。枪弹不断向骊山袭来，蒋的卫士有的毙命倒下。蒋孝镇见蒋下身只穿一条单裤，双脚未穿鞋，行走十分困难，便把自己脚上穿的自贡呢鞋脱下让蒋穿上。骊山陡峭无路，荆棘丛生，行走十分困难。到山顶时，枪炮声大作，蒋又被迫下山，寻找躲避之处。最后，蒋介石在竺培基搀扶下藏进一个山缝中。

天色渐明，骊山上到处都是东北军战士在搜山寻蒋。在半山腰，搜山部队俘获了负伤的蒋孝镇。他见满山都是东北军，吓得面无人色，加上流血过多，已不成人样了。孙铭九走过来问他："你知道委员长在哪里？快告

---

① 《蒋介石日记》（未刊稿），1936 年 12 月 12 日。

诉我们！"他吞吞吐吐地说："我……我不知道。"孙铭九用枪指着他的胸口厉声道："你不说真话，我马上毙了你！"蒋孝镇吓得浑身哆嗦，说不出话来，只是回头朝山上蒋介石藏身的地方看了一眼。孙铭九一面命令一个士兵把蒋孝镇押下山去，一面亲自带领队伍朝蒋孝镇目指的方向去搜。走在前面的卫队一营两名士兵见一块大石头旁边有人影在晃动，看样子有点像蒋介石，他们顾不得证实，就连声高喊："蒋委员长在这儿呢！"卫队一营一个班长陈思孝首先搜索到大石头旁，见洞里蜷伏着一个人，便高声喊道："是不是委员长？赶快出来！不出来就开枪了！"里边连忙回答："我是委员长！你们不要开枪，不要开枪！"语音未落，蒋介石就从大石缝背后走出来，弯着腰扶着石崖站着。只见他上身穿一件古铜色绸袍，下身穿一条白色睡裤，脸色苍白，冻得全身发抖。

这时，陈思孝便向走在后面的孙铭九报告："报告营长，委员长在这里呢！"

孙铭九跑到蒋介石面前，只见他浑身还在哆嗦。蒋抬头看了孙一眼，又赶紧避开，颓丧地说："你打死我吧！"

孙铭九回答说："不打死你，叫你抗日！"

蒋问："你们是哪里来的？"

孙回答："我们是东北军，是张副司令命令我们来保护委员长的。请委员长进城，领导我们抗日，打回东北去！"

到此，蒋若有所悟地说："啊，你是孙营长，你就是孙铭九？"

孙答："是我！你怎么知道我的名字？"

蒋说："有人报告我的。"他看出孙铭九不会伤害他，就故作姿态地说："你是个好青年……你把我打死吧，你打死我吧！"

孙铭九解释说："副司令要委员长领导我们抗日，没有叫我们打死委员长。"他怕蒋介石不放心，不住地解释和催促说："委员长快下山进城吧，副司令在那儿等着你呢！委员长，你可救了我……"还跪下磕了个头。

谙于世故的蒋介石见孙铭九这般模样，便摆起架子来，他坐在地上要赖，发怒地说："叫你们副司令来！我腰痛不能走。"

孙铭九见蒋如此，焦急地再次劝他："此地不安全，请委员长还是赶快下山吧。你腰痛，我们背你下山。"

蒋仍赖在地上不走，说："不！我不要人背，我要骑马！"

孙铭九觉得不宜拖延，就示意左右的士兵把蒋从地上扶起来，架着他走。任凭蒋呼叫喊痛，拥推着他下山。来到华清池，蒋一见五间厅更不想走了，伴装疼痛地说："我吃不消了！腰痛得厉害，不能到西安去。你们叫张汉卿到这儿来好了……"

孙铭九装作没听见，叫卫士赶紧把蒋架出华清池大门，向停在门口的小汽车走去。蒋死活不上车，一屁股坐在门口公路上。

这时，身负捉蒋使命的白凤翔、刘多荃和唐君尧都已赶来。唐君尧劝蒋快到西安去，同张副司令一起协同抗日。

可是蒋介石对东北军这三位军官不理不睬，只是朝公路上东张西望，连声问道："张副司令在哪里，在哪里？"

白凤翔、刘多荃和唐君尧一齐劝蒋："张副司令在西安，请委员长进城去吧！"

蒋介石仍然一动不动。白凤翔向副官们使了一个眼色，士兵们连推带拉地把蒋架入汽车，让他躺在后排座位上，张学良的副官长谭海坐在车内前排。汽车向西安绥靖公署所在地新城驶去。指挥华清池捉蒋的唐君尧、白凤翔、刘桂五等乘另一辆车进城。

12 月 12 日华清池的捉蒋战斗，东北军共有三四人受轻伤；蒋介石的随从人员被打死 17 人，其中包括蒋的秘书萧乃华和原中央宪兵三团团长、现侍从室组长蒋孝先。蒋孝先 11 日晚在新城大楼参加张、杨的招待宴会后在城内寻欢作乐，午夜后才回华清池，当他走到临潼县城南门附近时被东北军一〇五师士兵截获。因为他在北平大肆杀害进步人士和青年学生，罪恶昭彰，当即被东北军士兵枪决，陈尸华清池。蒋的侍从室主任钱大钧在当天的战斗中胸部受伤。

四　古城枪声

当华清池捉蒋战斗的枪声打响后，十七路军在西安城内的军事行动也开始了。

当时西安城内共有南京方面的军事机构 120 个，其中有武装的 42 个，主要的是：以杨镇亚为团长的中央宪兵二团，1000 余人；市公安局局长马志超率领的公安总队，2000 余人；省保安处处长张坤生指挥的保安部队，1000 余人；公秉藩领导的交警总队，1000 余人；还有国民党军队各部的留守处和特务机关的零星武装，共计 7000 余人。

十七路军的主力部队大都在外县和陕北前线，驻在西安城内的有以孔从洲为旅长的陕西警备二旅，还有西安绥靖公署的特务营、教导营、炮兵营和士兵队等。这少数部队中，有些还不可靠，真正可靠的部队官兵不过 3000 人。西安城内的十七路军部队集中驻守在南、西、北城和西关，东城则由东北军部队驻守。

张、杨决定发动"兵谏"后，杨虎城认真做了准备。他命令孔从洲（兼任西安城防司令）详细了解西安市内和郊区国民党军、警、宪、特分驻情况，以及西安市区的交通要道和所需警戒兵力。杨还命令孔从洲在夜间 11 时后进行一次军事演习，严肃认真地向孔交代演习的部署："按中央体系军、警、宪、特驻地配置，他们一个营，你就放一个营；他们一个团，你也放一个团。分区演习，占领位置。"杨反复叮嘱部队演习时必须严守三条纪律："一、对东北军不得误会；二、严禁走火；三、部队行动中，如遇中央军宪兵询问，就说进行夜间演习。"①

12 月 11 日晚，杨虎城把赵寿山（十七路军十七师五十一旅旅长）、孔从洲（警备二旅旅长）、孙蔚如（三十八军军长）、李兴中（西安绥靖公署参谋长）找来，商量十七路军在西安城内的军事行动部署，确定杨与孙在绥靖公署掌握全局，军事方面的具体部署由赵寿山和李兴中商议。于是，赵寿山、李兴中和孔从洲三人根据西安城内双方力量情况，拟定出行动计划，具体部署是："命陕西警备二旅孔从洲担任解除宪兵团、保安司令部、警察大队、省政府长驻的宪兵连和西关飞机场驻军的武装，并占领飞机场（当时蒋系在西安机场停有数十架战斗机和轰炸机）的任务，并

---

① 孔从洲：《杨虎城将军在西安事变前后》，吴福章编《西安事变亲历记》，第 162 页。

以一部担任西安各街巷口（东南一隅归东北军）的警戒。蒋方每一街巷口有一武装警察，我们即派武装士兵监视。为了加强警备二旅的领导力量，增派许权中为副旅长。命炮兵营归孔从洲指挥，炮兵位置在北城门楼上，对西安车站警戒，准备轰击外来的蒋军。命西安绥靖公署卫士队（2个队共200人）担任绥靖公署及杨将军公馆的警戒。命特务营营长宋文梅率特务营及卫士队各一部分士兵负责逮捕住在西京招待所的蒋系军政高级官员，特务营其余部队作为预备队待命。派绥靖公署参谋处处长王根僧去教导营监视李振西（教导营营长，黄埔学生，思想反动，态度暧昧——引者），该营归我（赵寿山）直接指挥，担任警戒新城城防及解除新城东北几个警察大队的武装。"①

杨虎城同意上述行动部署，任命赵寿山为总指挥。

12月12日清晨5时许，临潼方面捉蒋战斗的枪声打响后，赵寿山经请示张、杨同意后，向空中发出信号弹，十七路军各部队按分工开始行动。

负责扣押南京军政要员的十七路军特务营营长宋文梅，行动前遇到一个特殊情况。他正在电话机旁等候命令时，突然接到连长张希钦报告，说有一队800人左右的武装警察，从市警察局出来后正向东行进，问如何处理？恰巧此时开始行动的命令已下达，宋文梅令席珍儒、何永安等几位连长率部立即解除国民党宪兵和警察的武装，他本人则率连长李锦峰、特务排排长王子中和部分队伍前往西京招待所，执行扣押南京军政大员的任务。

宋文梅率部包围西京招待所后，天将破晓。他命令李锦峰连长率部在外面监视，不准任何人出入。宋文梅亲自带领经过挑选出来的几十名士兵冲进招待所内，迅速解除了国民党军政大员的武装，除准许女眷继续留在原住房间外，其余人员都集中到大餐厅内，进行清点。当时查到的有陈调元、卫立煌、蒋鼎文、蒋作宾、朱绍良、陈继承、蒋百里、萨镇冰等，还有国民党铁甲车司令蒋锄欧、国民党中央委员蒋伯承；唯独没有查到住在招待所内的陈诚、邵元冲和万耀煌。宋文梅命令特务营士兵分头在招待所

---

① 赵寿山：《西安事变前后的回忆》，吴福章编《西安事变亲历记》，第122页。

内严密搜索，结果在大餐厅后面烧火室一个大木箱里找到了陈诚，在万耀煌妻子住房橱柜中找到了万耀煌。至于邵元冲，本住在招待所楼下南排房间里，夜间听到枪声，因不明真相，越墙逃走，又不听士兵制止，当逃至招待所西面公园东边围墙时，被流弹击倒。宋文梅赶到，邵已不省人事，送至医院抢救，也未能挽回他的性命。①

以郑培元为团长的陕西警备二旅第五团，负责执行解除城内宪兵团、保安司令部、警察大队、省政府常驻宪兵连武装及占领西郊飞机场。行动开始后，郑培元抽出部分兵力警戒南、西、北城，命令第一营解除北大街警察局和派出所及西安火车站护路大队武装；命令第二营解除警察分局及派出所和宪兵二营营部及钟楼附近警察第三大队武装；令第三营解除西大街公安分局及派出所和宪兵第五连武装。十七路军官兵突然袭击，在不知不觉中就以迅雷不及掩耳之势冲进敌营，敌人措手不及，前后约一个小时，即完成了缴械任务。只是第一营在解除西安火车站护路队、第二营在解除宪兵第五连和钟楼附近警察第三大队武装时，发生了较为激烈的战斗，双方互有一些伤亡。② 与此同时，陕西警备二旅的第四、第六两个团也胜利完成了任务。于是，十七路军控制了火车站、邮电局等要害部门；接管了西关飞机场，扣留了所有飞机和飞行人员；查封了国民党各大银行在西安的分行；还扣押了邵力子、晏道刚、曾扩情，枪毙了中央宪兵二团团长杨镇亚。古城西安已完全被十七路军和东北军控制。

五　内部分化

东北军、十七路军绝大多数部队的广大官兵在张、杨两位将军统率下参加了西安事变这个爱国壮举；但也有极个别的人背叛张、杨，投靠了南京。

驻在兰州的东北军五十一军，根据张学良指示，响应西安的爱国行动，

---

① 见宋文梅《我所经历的西安事变》，吴福章编《西安事变亲历记》，第249～250页。
② 郑培元：《西安事变时城内的军事行动》，吴福章编《西安事变亲历记》，第245页。

发动了兰州事变。

12 月 12 日清晨蒋介石被扣留后，张学良给在兰州的解方（五十一军中校参谋、张学良的抗日同志会成员）发去"亲译"特急密电，密码是用解方与张学良直接专用的密码本。电文大意是："军事会议破裂，我与杨主任合作，已将蒋介石及中央军的诸将领扣押，发表了八项救国主张"，要求解方"转达五十一军：立即在兰州响应西安的行动，发表声明拥护八项主张，并立即切断朱绍良的绥靖公署和南京政府的联系，把中央嫡系在兰州的军队、党部、公安部队一律缴械，将其主要负责人员看管起来等等"。①

当时兰州的驻军情况是这样：东北军五十一军，军长于学忠兼任甘肃省政府主席和川陕甘边区总司令；甘肃绥靖公署主任是蒋介石的嫡系朱绍良，绥靖公署有一支武装特务营；蒋的嫡系胡宗南部也有两个团驻在兰州东校场。西安事变前夕，朱绍良、于学忠及其三个师长均被调去西安参加军事会议，事变爆发时他们都不在兰州。

解方于 12 日收到张学良密电后，立即送给五十一军参谋长刘忠干看。因于学忠不在，刘暂代于的职务。刘忠干看到张学良密电后吃了一惊，不久他收到了于学忠从西安发给他的密电，通报西安事变情况，明令他"将胡宗南部的两团、绥靖公署特务营及与军统有关的部分警察解除武装，对重要人员要限制自由"。② 解方、刘忠干和川陕甘边区总司令部参谋处长刘熙光一起商量如何落实张学良和于学忠的"密电"，他们把甘肃省政府秘书长周达夫、五十一军所辖三个师的参谋长、西北总部驻兰州的联络参谋、川陕甘边区总司令部各处处长及特务营长请来开紧急会议。与会者一致同意坚决执行张学良和于学忠的命令，决定当日黄昏开始行动。

刘忠干和周达夫亲自出面于 12 日黄昏诱捕了甘肃绥靖公署参谋长及各处处长和兰州警察局局长史铭（实际是复兴社兰州站站长），分别软禁在刘、周两家住宅内。周达夫向驻守兰州的邓宝珊新一军打招呼，请该部门

---

① 解方：《西安事变前后张学良将军的政治思想变化》，《西安事变资料》第 2 辑，第 168 页。

② 周达夫：《西安事变时兰州的情况》，吴福章编《西安事变亲历记》，第 256 页。

口的守卫今晚撤至门内，以免发生误会。邓宝珊表示同意。当晚 7 时，担任城防的五十一军一一三师和特务营按计划分头包抄了甘肃绥靖公署、国民党甘肃省党部、公安局和特务机关，收缴了他们的电台、密码和所有武装部队的枪械。与此同时，五十一军一一八师缴了兰州东郊中央军第七军炮兵团和胡宗南部两个团的械，还占领了飞机场，扣留了新式飞机 20 架。省党部、励志社、军训委员会的头目都被集中看管起来。

13 日上午 10 时，周达夫主持召开甘肃省政府委员会议，向与会者说明了举行这次会议的原因，宣读了张学良、杨虎城的八项主张通电，并介绍了蒋介石及其军政大员被扣留在西安的情况。应邀列席会议的五十一军参谋长向省府委员们介绍了他们奉命对胡宗南部两个团、绥靖公署特务营及与军统有关的一部武装警察缴械的情况。周达夫和刘忠干还对绥靖公署高级职员及兰州军统特务头目、警察局局长史铭暂行限制自由和待遇等做了说明。到会人员虽都感到事变来得突然，但对停止内战、一致抗日均表示赞同。经与会者讨论通过，决定：兰州警察局局长史铭暂时看管；抚恤所有伤亡人员；在兰州的中央财经机关的所有收入，暂不上解中央，存入中央银行甘肃分行。当日下午 3 时，周达夫向各金融、邮电、税务等部门的负责人作了布置和说明。

14 日上午，以省政府名义邀请地方士绅、知名人士开会。到会者有杨思、水梓、裴建准、范禹勤、王廷翰等 20 余人。马步芳、马步青、鲁大昌、杨子恒各部驻兰州办事处处长也应邀到会。周达夫向他们介绍了西安事变、兰州事变的情况和省政府采取的措施，之后进行座谈。"有人说：'日军进犯，由东北而华北，由华北而步步进逼，时急势危，万不可再有内战啦！'有人说：'共产党在八月间已表示愿与国民党及其他党派合作，停止内战，一致抗日。张、杨通电的主要意思也是要求停止内战，一致抗日，对蒋委员长并无危害之意。就看南京和蒋委员长的态度啦！'各部队驻兰的办事处处长也都表示一定把各方面的实际情况向他们的长官报告。"① 此外，周达夫还召集兰州各学校教职员和学生代表百余人开会，向他们介绍有关情况。

---

①　周达夫：《西安事变时兰州的情况》，吴福章编《西安事变亲历记》，第 260 ~ 261 页。

《甘肃日报》也加强了事变情况的报道。

五十一军令在外地的一一四师和一一八师部队迅速向兰州集中，协同驻在兰州附近的一一三师加强兰州的防务。邓宝珊完全赞同张、杨的正义行动，事变后他对于学忠表示说："我一向反蒋，决不含糊，当然随之。"①对驻在兰州东部静宁一带的中央军毛炳文部，五十一军采取团结的方针，曾热诚接待该部一名副师长来访，于学忠向他说明了张、杨发动"兵谏"的目的是停止内战、一致抗日，该副师长颇表满意。正因此，事变后毛炳文部不见谅于蒋介石。

由于采取了以上措施，加之没有中央军直接威胁，兰州在事变后形势稳定，人心亦趋安定。兰州事变因是由军、师参谋长出面发动的，后被人们称为"参谋造反"。

驻甘肃平凉的东北军部队把驻该地的中央军宪兵一个连给缴了械，占领了飞机场，扣留了20余架旧式飞机。

西安事变爆发后，在南京当局的分化瓦解和收买利诱下，东北军和十七路军内部都发生了背叛事件。

当时影响最恶劣、后果最严重的是驻在大荔、朝邑一带的十七路军第四十二师师长冯钦哉的背叛。早在杨虎城担任靖国军第三支队司令时，冯就加入杨部，一直受到杨的信任。冯所部四十二师是杨虎城的主力部队之一。从1935年起，冯钦哉即开始被蒋介石重金收买，在政治上倾向蒋，坚决拥护蒋的"攘外必先安内"政策，反对杨虎城的"联共抗日"方针，并开始暗中做叛杨投蒋的准备。可是这些并未引起杨的警觉和注意。

12月12日凌晨3时，杨虎城密电冯钦哉，令其速率部日夜兼程抢占潼关，阻击中央军西进入陕。潼关是出入陕西的军事要冲。冯钦哉从大荔率部抵近潼关时，发现潼关早在4个小时前已被中央军樊崧甫部抢占。于是他便派人向樊崧甫接洽叛杨。

杨虎城12日拂晓给冯钦哉打电话，说张副司令已下令实行"兵谏"，

① 周光烈：《双十二事变我的回忆》，吴福章编《西安事变亲历记》，第267页。

敦促冯遵令行动。冯在电话中答复杨说："张副司令的命令我不听，你有什么办法，我们再商量。"冯立即令驻朝邑等地的四十二师部队迅速向大荔集中，并召集团长以上人员开会。冯在会上攻击张、杨"背叛党国"，"背叛领袖"，"勾结共产党作乱造反，破坏抗战"等等，并煽动其部属拥护蒋介石，反对张、杨。

为稳住冯钦哉，从 12 月 13 日起，杨虎城先后派新一军参谋长续范亭、西安绥靖公署办公厅主任续式甫、西安绥靖公署参议冉寅谷、四十二师驻西安办事处处长许海仙、西安绥靖公署参议赵子余和杨虎城的私人财产管理人鱼存之等前往大荔劝冯，动员冯继续与杨合作，但都遭到冯的拒绝，冯向这些代表表示："事已至此，无法挽回。"①

冯钦哉向 12 月 14 日来到大荔的南京中央税警总团团长黄杰献计献策，建议中央军从蓝田、二华、渭河三路进攻西安。冯还派副师长郭仰汾去潼关面见国民党开封绥靖公署主任刘峙，当面表达他绝对服从南京之意，并委托郭向刘峙表示：（1）他在军事上有把握消灭张、杨，营救蒋介石出险不成问题；（2）他愿意领衔通电全国，声讨张、杨。刘峙对冯钦哉的上述表示深表赞许。当即在潼关拟出通电稿，郭仰汾在电话中征得冯钦哉同意后，于 12 月 14 日向全国发出。冯钦哉领衔发表的通电，诬蔑张学良是"中华民国千古罪人"，攻击张"渊源匪阀，枭獍成性。昔曾扰乱于冀、鲁，继后法虐施辽东，嗜毒物无异性命，不抵抗而亡四省"。这个通电要求南京"中央政府明令军政部何部长应钦大统六军，明令挞伐"，他愿"蹈汤赴火，是用不辞"。冯在通电中还得意地说："万（耀煌）军咸阳扼其西，樊（崧甫）军潼关封其口，本军凭河阻其北。釜底游鱼，何待锅煎。"他呼吁南京当局与国人"明辨是非，一致声讨"。② 在这份通电上署名的还有在潼关前线的中央军各部头目樊崧甫、李默庵、董钊、桂永清等。

---

① 冯钦哉：《西安事变时我反对张、杨，拥护蒋介石的经过》，吴福章编《西安事变亲历记》，第 556～557 页。

② 中国第二历史档案馆等编《西安事变档案史料选编》，中国档案出版社，1986，第 264～265 页。

冯钦哉部叛杨投蒋，当时产生了严重恶果。首先，冯部辖七个步兵团和四个独立营，其兵力约占十七路军的三分之一。冯的背叛，无疑严重削弱了十七路军的实力；冯部背叛，致使潼关门户大开，张、杨在渭河北岸、洛河西岸已无险可守，从而破坏了张杨的军事计划，大批中央军顺利进入潼关，增加了张、杨的压力，使西安遭受了直接的军事威胁。

驻在洛阳的东北军炮兵第八旅旅长黄永安西安事变爆发后背叛张学良，也带来了严重后果。当时，炮兵第八旅辖两个团，黄永安及其所辖炮十二团驻洛阳。12 月 12 日清晨 5 时，张学良密电黄永安，令其率部和在洛阳军分校学习的东北军士兵大队响应西安的行动，解除洛阳军分校和航校的武装，封锁飞机场，查封各银行，逮捕洛阳军分校教育长兼巩洛警备司令祝绍周。当时在洛阳的炮八旅虽只有几千人，但装备精良，而且还可得到上千名在洛阳军分校受训的东北军士兵大队的支援，如果他们遵令行动，响应张、杨，控制了洛阳，那将使豫西特别是陇海路的军事形势大为改观，给陕西增加一道屏障；可是，黄永安接到张学良密电后，立即去向祝绍周告密。祝绍周得到这一消息后，立即电告南京何应钦，同时采取行动：监禁在洛阳军分校学习的东北军士兵大队，软禁了其大队长赵云飞；令陇海铁路局局长钱宗泽把所有空车厢打开，同时下令集结在潼洛间的中央军樊崧甫部停止筑路和修筑工事，见车就上，抢占潼关。当十七路军的冯钦哉奉命渡过渭河逼近潼关时，潼关已被樊崧甫部抢占了四个小时。此后，大批中央军涌入关中，其先头部队占领华阴、华县进至赤水，构成对西安的威胁。洛阳机场也成为南京空军轰炸西安的主要航空基地。

驻在河北保定的东北军五十三军军长万福麟，事变后不仅不执行张学良的命令，反而扣押了副军长黄显声，发出了"拥护中央"的通电。

第八章　扣蒋之后

一　发表通电

12月12日清晨，张、杨在新城大楼指挥"兵谏"行动时心情十分紧张，特别是当从电话中得知卫队营官兵冲入五间厅不见蒋介石踪影时，就更为着急，直到刘多荃用电话报告蒋介石已被捉到，张、杨才松了一口气。

扣押蒋介石后，当即由张学良、杨虎城领衔向全国发出通电，解释发动西安事变的原委，提出八项救国主张。这份通电是西安事变的重要文献，全文如下：

> 南京中央执行委员会、国民政府林主席钧鉴：暨各部院会勋鉴：各绥靖主任、各总司令、各省主席、各救国联合会、各机关、各法团、各报馆、各学校钧鉴：东北沦亡，时逾五载，国权凌夷，疆土日蹙。淞沪协定，屈辱于前；塘沽、何梅协定，继之于后，凡属国人，无不痛心。近来国际形势豹变，相互勾结，以我国家民族为牺牲。绥东战起，群情鼎沸，士气激昂。丁此时机，我中枢领袖应如何激励军民，发动全国之整个抗战！乃前方之守土将士，浴血杀敌，后方之外交当局，乃力谋妥协。自上海爱国冤狱爆发，世界震惊，举国痛愤。爱国获罪，令人发指！蒋委员长介公受群小包围，弃绝民众，误国咎深，学良等涕泣进谏，累遭重斥。日昨西安学生举行救国运动，竟嗾使警

察枪杀爱国幼童，稍具人心，孰忍出此。学良等多年袍泽，不忍坐视，因对介公为最后之诤谏，保其安全，促其反省。西北军民一致主张如下：

（一）改组南京政府，容纳各党各派，共同负责救国。

（二）停止一切内战。

（三）立即释放上海被捕之爱国领袖。

（四）释故全国一切政治犯。

（五）开放民众爱国运动。

（六）保障人民集会结社一切政治自由。

（七）确实遵行总理遗嘱。

（八）立即召开救国会议。

以上八项，为我等及西北军民之爱国主张，望诸公俯顺舆情，开诚采纳，为国家开将来一线之生机，涤已往误国之愆尤。大义当前，不容反顾。只求于救亡主张贯彻，有济于国家。为功为罪，一听国人之处置。临电不胜待命之至！张学良、杨虎城、朱绍良、马占山、于学忠、陈诚、邵力子、蒋鼎文、陈调元、卫立煌、钱大钧、何柱国、冯钦哉、孙蔚如、陈继承、王以哲、万耀煌、董英斌、缪澄流叩。文。①

张、杨八项救国主张的核心和要旨是："集合全国各党各派的力量，以民众的总动员，去抗日救国！"② 这也是张、杨发动西安事变的根本目的。这八项具体主张都与这个核心与要旨有关：改组政府、停止内战和召开救国会议，是贯彻上述要旨需要采取的主要措施；释放"七君子"和一切政治犯、开放民众爱国运动、保障人民民主权利，也是为实现上述要旨所要采取的行动；至于提出"确实遵行总理遗嘱"，意在说明这次事变是国民党内部的事情，是国民党内要求联共抗日与"剿共"降日这两条道路的斗争，斗争的焦点在于改变蒋介石推行的反共、内战、对日妥协政策，恢复孙中

---

① 《西安事变档案史料选编》，第3~4页。

② 《张学良杨虎城告全体将士书》（1936年12月16日），《西安事变档案史料选编》，第20页。

山的联俄、联共与扶助农工三大政策。

这八项政治主张，反映了抗日民族统一战线的要求。这表明，中国共产党倡导和提出的抗日民族统一战线主张，已被包括一部分国民党上层人士在内的广大人民群众所接受；而蒋介石的"攘外必先安内"政策越来越不得民心，已被广大人民群众包括一部分国民党上层人士所唾弃。

这份通电的署名，除张、杨及东北军、十七路军的高级将领外，还列上了当时在西安的9名蒋介石的军政大员。显然，这是事变发动者想以此举来壮大声势，获得更多人的同情与支持；但稍了解中国政界情况的人都清楚，像陈诚、蒋鼎文、朱绍良、钱大钧等这些蒋的亲信，怎么会同张、杨一起对蒋实行"兵谏"呢！

二　军政变革

事变之后，张、杨在军政方面采取了一些积极的、带有革命性的改革措施，一度摧毁了国民党在西安地区的统治。首先是撤销了"西北剿匪总司令部"，停止其一切工作。14日宣布成立西北抗日联军临时军事委员会，主持西北地区的军政事务，公推张学良为主任委员，杨虎城为副主任委员，任命董英斌为参谋长。张、杨当日到职视事，并发表通电。

其次，成立设计委员会。12日上午，张学良在东北军和十七路军高级干部会议上说："我和杨主任胆大包天，把天戳了一个大窟窿，蒋介石叫我们捉起来了。目前，国家民族命运在我们手里攥着，我们不能胡闹，要对全国人民负责，我和杨主任负责，你们也要共同负责。"张学良提出军事方面要组织参谋团，政治方面要成立设计委员会。设计委员会的任务是研究张、杨交办的事，也可以向张、杨提出建议。设计委员会的成员有高崇民、卢广绩、杜斌丞、应德田、申伯纯、黎天才、洪钫、吴家象、王炳南、王菊人等，高崇民为召集人。后来南汉宸、苗剑秋回西安后，也参加了设计委员会。

12月12日下午，高崇民主持召开设计委员会会议，在讨论如何处置蒋介石时，有人主张公审后枪毙，有人反对，有人主张只要蒋答应停止内战、联共抗日，就可以放他，还有人主张不杀也不放，只是把他控制起来……几经讨论，众说纷纭，莫衷一是。

在军事方面成立参谋团，由东北军和十七路军的将领组成，任务是秉承张、杨旨意，研讨军事问题。参谋团的成员有孙蔚如、王以哲、马占山、鲍文樾、何柱国、董英斌、李兴中，以何柱国为主任。

组织抗日援绥军团。12月17日，张学良、杨虎城发出组织抗日援绥军通电，宣布他们在西安已组建抗日援军第一军团，军团长孙蔚如，副军团长王以哲，马占山为抗日援绥骑兵集团军总指挥，郭希鹏为第一军团骑兵指挥官，何宏远为第一军团炮兵指挥官。发表的通电表示要"克日誓师北上，剪灭仇雠，光复失土"①。

加强部队政治工作。东北军取消了原由国民党特务控制的政训处，新成立政治处，应德田被张学良任命为少将处长，下设组织、宣传、总务、民运四个科。原来政训处的下级职员大都有抗日要求，仍继续工作，又从学兵队抽调一部分人参加工作，工作人员共约150人。政治处向各师、团部队派出了大量宣传队。

十七路军原没有政训处，新成立的政治处由申伯纯任少将处长，江隆基为主任秘书，下设宣传、组织、总务三个科（江和三个科科长都是中共党员）。原有的交际处撤销。

两军的政治工作机构虽都刚刚建立，但对改造部队都起了积极作用。

为加强政治工作，十七路军还成立了抗日同志会，杨虎城任会长，南汉宸、孙蔚如、赵寿山、王炳南等都参加领导工作。

在地方政权方面改组陕西省政府。原陕西省政府主席邵力子、民政厅厅长彭明贤、财政厅厅长朱镜宙、教育厅厅长周学昌辞职照准。关于陕西省政府的人选，张学良仍坚持原来的主张，东北军方面的人不参加，所有人选概由杨虎城决定。新政府人选以进步人士为骨干，吸收中间人士参加。原西安绥靖公署参议长王一山任民政厅厅长，兼代理省政府主席，杜斌丞

---

① 西安《解放日报》1936年12月19日。

任省政府秘书长，续式甫任财政厅厅长，李寿亭任教育厅厅长，原建设厅厅长雷葆华继续留任。

解散国民党陕西省党部，成立陕西省民众运动指导委员会，协调各救亡团体的活动，任命王炳南为该会主任委员，苏资琛、敖明远、王子安、宋黎为委员，苏兼组织部部长，宋兼武装部部长。

释放政治犯。12月13日，张、杨下手令释放政治犯，计有国民党军法处关押的106人，西北总部第一监狱中的132人，其中包括一些红军战俘。

加强政治保卫工作。12月12日，张、杨任命王以哲、孙蔚如为西安戒严司令，赵寿山为省会公安局局长，孙铭九为军警督察处处长。原来在西安的国民党军、警、宪、特都成了被管制的对象。

在社会舆论方面，接管国民党的《西京日报》，改出《解放日报》，丛德滋、张兆麟先后担任总编辑。

在金融方面，封存中央银行、中国银行、交通银行、农民银行在西安储备的银元1500余万元，不准挪用，以备内战爆发后的需要。

三　迎击"讨逆军"的部署

武力扣押蒋介石，西安就把自己摆在了与南京对立的地位。此时，他们面临的首要问题，是调转枪口，重新调整军事部署，使原来处于内战前线的东北军和十七路军部队，由对着红军转向对着以何应钦为头目的南京"讨逆军"，准备反击讨逆军对西安发起的军事进攻。

12月12日中午，张、杨主持召开参谋团会议，吸收原西北总部参谋处部分人员参加，讨论和拟定军事部署。据一位与会者后来回忆，当时拟定的部署是：以东线为防御重点，以陇海铁路上的赤水西岸高坎线（渭南以东20里）为阻击阵地；左翼越渭水至孝义镇、宪白镇、龙阳镇，连接蒲城、白水地区；右翼依托马耳山，山南是蓝田、商县。

根据上述战略决策和阻击部署，12月13日发出如下作战命令：

（一）国民党中央为配合其政治目的，要以全国的军事力量向西北举行大规模进攻。

（二）西北抗日联军为争取时间，唤起全国军民一致抗日，阻击中央军侵入西北。

（三）以东北军的第一〇五师、第五十七军、骑兵军和总部直接指挥的第一〇九师、第一一二师、第一二〇师与第十七路军的3个警备旅、第四十二师（冯钦哉部驻大荔）和第十七师（孙蔚如部）为第一线战略部队；以东北军的第六十七军为第二线战略基础部队；以东北军的第五十一军为第三线战略基础部队。第一线战略部队和各战略基础部队按照联军总部号文的阵地构筑工事计划，即时施工。

（四）第一线战略部队归联军总部直接指挥为以下的部署：

（1）第十七路军辖第一、二、三警备旅为右翼兵团，占领崇宁镇、厚子镇、蓝田一带以东之线，阻击敌之西犯，重点配置于蓝田至商县道路方向上。

（2）第一〇五师配属第一一二师、炮十一团第一营、工兵一个营为中央兵团，占领赤水西岸高坎南北之线，重点保持左翼。

（3）第五十七军辖一〇九师、一一一师、一一五师、一二〇师配属炮十一团第二营、工兵一个营为左翼兵团，占领渭河以北孝义镇、宪白镇、龙阳镇之线，保持重点于右翼。

（4）骑兵军辖骑六师、骑十师控置于蒲城、白水等要地，以掩护联军的左翼并与陕北红军保持联系。

（5）第一〇六师为西路警备部队，控置于武功、宝鸡附近地区，以阻击中央军由陕南进入关中。

（6）右翼兵团和中央兵团的作战分界线为白泉、崇宁镇相接之线，线上属右翼兵团；中央兵团和左翼兵团的作战分界线为赤水与渭河的交会点东西之线，线上属中央兵团。

（7）第十七路军的第四十二师为大荔守备部队（当时还不知冯钦哉已叛变——引者），第十七师为西安警备部队。

（8）骑三师控置于醴泉为联军的机动部队。

（9）现驻西安、临潼、三原各地附近的一〇五师、一〇九师和警备旅于本（十三）日下午一时接到总部的电话命令，即时开往所属兵团阵地内构筑工事，占领阵地，以防止敌军的袭击。

（10）驻华州车站一〇五师的一个营，侦察潼关方面的情况与敌保持接触，尽力逐次迟滞敌军西进。①

此外，对各部队的行军路线，成立兵站、防空，联军总部成立兵站总监部负责后勤保障等问题都作了规定。

12月12日夜，张、杨向各部队发出"火速向西安集中"的万急电令。13日晨，各部接到电令后立即开始行动。第五十七军的一一一师、一一五师和总部直属的一一二师、一二〇师由陇东庆阳、合水、张村驿一带出发，沿公路向西安方向前进，将原有防务交给红军接替。骑兵军的骑三师、骑十师由西峰镇一带出发，沿西兰公路向醴泉、咸阳方向前进，原有防务也交给红军接替。上述部队都是急行军，当他们分别到达三原和醴泉时，又接到联军总部电令，于是各军按指示前进：五十七军各师由三原东侧经颜良镇前进，一〇九师13日下午由西安附近出发，当日夜间进入阵地；一一六师16日上午进入阵地，其余各师于17日进入阵地。骑兵军的骑三师于14日到达醴泉，骑六师和骑十师于15日到达白水和蒲城。第一一二师于15日夜到达渭南，16日上午占领阵地，归中央兵团指挥。中央兵团的第一〇五师第二旅13日下午占领赤水正面阵地，其余两旅于14日到达指定地区。第十七路军各警备旅于13日至15日先后到达阵地。总之，第一线兵团从13日至16日先后到阵地，开始构筑工事。

第六十七军所辖一〇七师、一〇八师、一一七师、一二九师于14日、15日由固原附近转移到平凉地区，原防区交给红军。

第五十一军所辖一一三师、一一四师、一一八师仍在兰州附近地区集中。

南京的飞机于12月13日下午1时许，出现在西安、临潼、渭南附近上

---

① 孟吉荣：《西安事变时张杨两军的军事部署》，《西安事变资料选编》第2集，全国政协文史资料研究委员会编印，1980，第83～90页。

空，在赤水镇阵地上空和渭南至赤水的公路上空投弹数十枚，效果不大。

四 古都新貌

蒋介石被扣押，张、杨采取的一系列军政改革措施，表明西安事变后蒋介石在陕甘地区的反动统治已告瓦解，陕甘两省政权转移到以张学良、杨虎城为首的爱国进步力量手中。爱国、抗日的禁令一经解除，人民有了集会、结社和言论自由，古城西安顿时呈现出一派新景象。

国民党反动派的喉舌《西京日报》被接收后，改为西北抗日联军临时军事委员会的机关报，更名为《解放日报》，于12月13日出版。省广播电台亦被接收。在进步力量掌控下，这些舆论工具大力宣传抗日爱国道理，揭露南京当局对外屈辱妥协、对内专制独裁的罪行；充分报道西安军民的爱国壮举，揭露和谴责南京亲日派扩大内战的政策和行动。

群众爱国运动蓬勃开展，积极拥护和支持张、杨的爱国行动。民众指导委员会于事变当天成立，大力支持和协调各爱国救亡团体开展活动。12日晚7时，"西救""东救"和西安学联等14个群众团体在西安召开各界代表紧急会议，由杨明轩主持。会议向代表们通报了西安事变的真相和全国以及西安救亡运动的情况，决定以西北各界救国会等18个团体名义通电全国，以西北各界救国会等30余团体名义致电全国将领和武装同志，表明拥护张、杨提出的八项救国主张。会议还决定由学联发动各校组织宣传队，从13日起分头到市内各处开展宣传活动。

翌日是星期天，戒严令已撤销。30多支由各校组成的宣传队活跃在街头，张贴标语，散发传单，组织讲演，阐述"兵谏"的意义，揭露蒋介石的卖国行径，宣传和解释张、杨的救国主张。群众的抗日爱国热情更加高涨，集会游行，接连不断。"打倒日本帝国主义""团结抗日"的口号声响彻西安上空。

张学良和杨虎城亲自做宣传工作，解释他们发动"兵谏"的原委，倾诉自己的苦衷。13日下午，张学良召集原西北总部全体职员开会并讲话，他说自己"差不多一个多月的时间没有到班，没同诸位讲话"，是因为"实在是由于我内心不愿意做'剿匪'工作，在外侮日迫的时候，我们不能用枪去打外国人，反来打自己人，我万分的难过！我不愿意同我的部下说假话、违心的话。可是，因为我限于命令和职务的关系，不说则已，要说就得说些违心的话，不得已，只好根本不说"。

为什么要对蒋介石发动"兵谏"，以武力扣押他呢？张向其部属解释说："关于政治主张，我曾公开地同蒋委员长讲过几次。讲话的内容，今天我见到蒋委员长的秘书毛庆祥、汪日章，据他们告诉我，我同蒋委员长讲话，他们都听到了。可惜因为蒋委员长气太盛，也是因为我的嘴太笨，总未能尽其词。蒋委员长误会我，说我的意见不对，但又不能说出我的不对的地方在哪里，更不能对他所说的我不对的地方加以指导！"张接着讲："我同蒋委员长政治意见上的冲突，到最近阶段大抵已经无法化解，非告一段落不可，谁也不能放弃自己的主张。于是，我决定三个办法：第一，和蒋委员长告别，我自己辞却职务走开。第二，对蒋委员长用口头作最后的净谏，希望蒋委员长能在最后改变他的主张。第三，就是现在所实行的类似兵谏办法。假如不是因为我遭逢国难家仇的处境，假如不是因为我对国家民族负有重大的责任，假如不是因为我采纳部下的意见，接受部下的批评，或者假如我只身离去，回东北做义勇军工作，也能收到和实行第三种办法同等的效果。实行第一种办法，对我个人没有什么，我一点不在乎！第二种办法，是我最近一个月来所实行的，在实行这种办法时，我真是用尽心机，也可说舌敝唇焦，而绝对是纯洁无私的。我曾去洛阳两次，有一次为表明心迹，是单身去的！可惜，因为蒋委员长气太盛，我的嘴太笨，总未能尽其词，在上面已经说过了。我可以说是蒋委员长的最高干部，而他对最高干部的话，不但不采纳，甚至使我不能尽词；反之，却专听从不正确的一面之词，这实在不能算对。……第一、第二两种办法都不通，只好采行第三种办法，采行第三种办法，还有几个近因，也是主要的原因：第一，上海几位救国领袖被捕。上海各位救国领袖究竟犯了什么罪，我想全国大多数人谁也不晓得。沈钧儒是一位六十多岁的著名教授，他所犯的罪，只好说像他自己所说的'爱国未遂罪'！有一次我对于蒋委员长表示上项意见，他竟说：'全国人民只有你这样看，我是革命政府，我这样做就是革命！'我心里的话那时没有说出来，革命政府并不是空洞的四个字，革命必须有革命的行动！"第二，便是本书前面在谈西安事变爆发导火线时所讲到的西安"一二·九"事件。通过这个事件，"杨主任，其他西北将领和我本人，就都断定了他（指蒋介石）的主张是绝不能轻易改变了，尤其常听他说：'除了到西北，除了我，没有人敢像那样说他，没有人敢批评他。他是委员长，他没有错，他就是中国，中国没有他不成'等话以后，便断然决定采取第三种办法，的确，我们平静地说，从蒋委员长的一切言行上看，他和专制大皇帝有什么区别？还有一件事情，也足以促成我采取第三种办法，也可以向诸位提出来，就是蒋委员长认为我的部下的行动有不检点的地方，开始要求我对于我的部下加以严处！我实在不能那样，我不容于当局，牺牲我个人可以，无论如何，绝不陷害我的无辜的部下。"

张学良向其部属们郑重表示，他和杨虎城发动"兵谏"的动机是纯洁的，完全是出于公心，是为了国家和民族。他说："我们这次举动，把个人的荣辱生死完全抛开，一切都是为了国家民族！我们这次举动，对于国家民族将要发生什么影响，我们真是再三再三地考虑，假如无便于国家民族，我们无论如何也不干，反过来说，我们一定要干！我们这次举动，无疑的，对于国家的秩序或有相当的影响，但权衡轻重为了拯救国家的危机，是不得不如此，这样做，对于国家终于是有好处的！"对当时全社会所关注的蒋介石的人身安全问题，张学良郑重地回答："现在蒋委员长极为安全，我们对蒋委员长绝没有私仇私怨，我们绝不是反对蒋委员长个人，是反对蒋委员长的主张和办法，反对他的主张和办法，使他反省，正是爱护他。我们这种举动对蒋委员长是绝对无损的——如蒋委员长能放弃过去主张，毅然主持抗日工作，我们马上绝对拥护他，服从他！"① 西安事变的进程和结局表明，张学良当时说的这些话，确实不是言不由衷之词，而是他那忧国忧民坦荡胸怀的真实表露！

12 月 14 日，2000 多名学生和各界有组织的群众在西安南苑门集会，听

---

① 西安《解放日报》1936 年 12 月 16 日，转引自毕万闻主编《张学良文集》（2），第 1064 ~ 1067 页。

取申伯纯的报告。申根据设计委员会讨论的提纲，在会上揭露蒋介石卖国不抗日、坚持打内战、残杀爱国人士、摧残抗日运动、拘禁爱国领袖，破坏上海抗战、破坏华北抗战、专制独裁、背弃总理遗嘱的种种罪状和他拒绝张学良、杨虎城提出的停止内战、一致抗日的正确主张，申还阐述了西安事变的经过和意义，最后提出应将蒋介石交人民公审。这虽是一种过激要求，却博得了当时到会群众的热烈支持。申伯纯还向十七路军驻西安部队官兵作过几次内容相同的报告。

蒋介石被扣押后，南京对西安实行电讯封锁，致使全国各地一时听不到张、杨的声音，不明了事变的真相；而南京方面散布的流言蜚语却在到处传播。为打破这种局面，12月14日至16日，张学良、杨虎城和吴家象先后到西安广播电台发表演讲，通过无线电波向国人说明事变真相。张学良在14日晚的广播中，着重说明发动西安事变是救亡图存的需要，是被迫无奈之举！他说：在日本步步进逼下，"整个中华民国，眼看就要沦为日本帝国主义的殖民地了"，"我们再不起来向我们最大的敌人反攻，恐怕以后再没有机会了"！在绥远抗战的热潮中，"我们的忠勇的守土将士，正在前方浴血杀敌，我们的领袖还是胶执'剿匪'的主张，把国内大部的兵力财力，都用在内战式的'剿匪'上。我们的政府的诸公，在后方力谋妥协，只顾苟安一时，不惜把民族的精神完全断送！此外更在上海逮捕了大批爱国分子，查禁了十四种救国刊物，以致人心愤慨，舆论沸腾。……十二月九号，西安学生游行，完全出于自动爱国的精神，并无扰乱秩序的地方。蒋委员长竟主以武力弹压，并申斥必须以机关枪扫射，才能停止这些爱国青年。几次苦谏，均被申斥拒绝，绝无改变他的主张的希望"。万般无奈，才"不得不实行最后的诤谏，希望蒋委员长能有更大的反省"。

针对外界关于蒋介石生死不明的传说，张学良在广播中再次郑重向全国宣布：蒋介石在西安"极为安全"。张重申："我决不是反对蒋委员长个人，是反对蒋委员长的主张和办法。"在民族危亡日甚一日的形势下，采取这种办法促使蒋介石改弦更张，既是爱护蒋介石，又合乎全国民意，张说不信"可以问问全国民众，还是愿意立起抗敌，死里求生呢？还是屈辱到底，任人宰割呢？"

针对南京当局对西安的攻击诬蔑，张学良在广播中极力为"兵谏"的正义性进行辩护，他指出：固然"一个国家必须有强固的中央政府。但是中央政府，必须建筑在民意的基础上。合乎民意的政府，当然要誓死拥护的。若政府措施违反民意，一定会把国家领到灭亡的路上去，大家只知做官，自然有改组之必要。我们这次举动，完全是为民请命，决非造成内乱。一切办法，决诸公论，只要合乎抗日救亡的主张，个人生命，在所不计！"张学良对南京"讨伐派"那些武力恫吓者们提出警告说："若有不顾舆情，不纳忠言，一味肆行强力压迫者，是即全国之公敌！我们为保有国家民族一线生机的打算，不能不誓死周旋，绝不屈服于暴力之下。即不幸而剩一兵一卒，亦必用在抗日疆场上！"张在广播中诚恳地向国人声明："我们的心地，是绝对纯洁；我们的方法，是绝对正当。如有反对者，必为全国民众所唾弃，结果必归失败的。"张学良重申了八项救国主张，最后表示："我们愿诚恳的接受各方面的指教和批评，对任何人都认为是中国人，对任何党都视作抗日的力量。"① 不言而喻，这里所说"任何党"也包括共产党在内。

杨虎城在12月15日的广播中指出，日本帝国主义的侵略，把中国推到了亡国灭种的边缘。我们救国的方略，除了全国一致，不分党派，实在是再没有第二条生存的道路！而蒋介石控制的南京政府，一贯的政策是"安内攘外"。杨揭露道："所谓'安内'，仍然是中国人杀中国人，将来的结果，也只有同归于尽，还谈到什么'攘外'吗？"杨虎城也强调指出："我们这次的举动，是完全出于救国救亡的热诚，决不是对蒋委员长个人的。"这次"兵谏"的意义，"完全是为爱护蒋委员长而发动，即是我们不忍坐视他的政策错误到底，做了我们中华民国的罪人"。他呼吁"全国同胞一致起来，不分派别，共同负起这个抗日救国的责任，争到最后的生存"。②

12月16日，鉴于国内有些人仍被南京散布的谣言所蒙蔽，对西安事变的真相仍不了解，张学良派原西北总部秘书长吴家象到西安广播台发表谈话，进一步说明事变爆发后西安的境况。吴在广播中强调指出："我们请蒋

---

① 《西安事变档案史料选编》，第11～13页。

② 《西安事变档案史料选编》，第14～15页。

委员长留在西安"，目的是"请他反省，请他改变以往的错误，免得他人走入自误误国的路上去"。吴再次向国人郑重表示："我们的动机，是因为爱护国家而爱护蒋委员长，当然我们绝对不能稍加危害，我们还想将来照旧拥护他。"当时国内外有关蒋介石生死的传言五花八门，针对这种情况，吴家象在广播中说："现在我们再绝对的负责声明一次：蒋委员长现在是绝对安全，精神起居饮食，也均如常。"吴家象还透露说："关于蒋委员长还有一点可以报告众位的，就是最近的表示，对于'先安内后攘外'的主张，已经不像从前那样坚持，已经允许我们和他商谈抗日的问题，已经认为有几件关于抗日的事，可以照办了。"

蒋介石被扣后，国内外一些新闻媒体造谣说西安事变是中国共产党阴谋策划并指使张、杨干的；有的甚至说事变爆发后，西安已经"赤化"，满城遍插红旗等等。散布这种舆论，无非是想孤立张、杨，为南京讨伐派武力进攻西安提供借口。为说明事实真相，吴家象向国人第一次公开披露和解释了张、杨的联共抗日主张，并揭穿西安已经"赤化"的谎言。他在电台广播中说："在我们公布的八项政治主张上，有容纳各党各派共同负责救国和停止内战两项。根据这两项主张，当然我们是要容共的。但各界同胞要切实明了，容共是为抗日，决非赤化。"他接着解释说："我们主张容共理由，很简单的，却是很正当，因为日本是强国，我们是弱国；我们科学不如人，武器不如人；我们要想与他抗战，必须全国人人的力量都用上，才能制胜！反之若是把一部分存心抗日而且有适当抗日战术的人的力量，弃而不用，至少是绝对无益的。诸位要知道，现在中国讲的是死活问题，不仅是强弱问题。立即抗日，还可以活；不立即抗日则必死。"

吴家象批评了南京当局和国内有些人在事变后主次颠倒，本末倒置，只考虑蒋介石个人的安危，不顾国家民族的存亡，他说："最近我们收到中央一些来电，差不多都是仅注重于蒋委员长个人的安全，而没有注意到国是。固然，关怀领袖是绝对应当的，但是我们要知道，比领袖更重要的还有国家！领袖的安危和国家的存亡，固然不能说没有关系，但是领袖安全，未必国家就能存在。他们总应该除了关怀领袖以外，再把怎样可以救亡的办法，来平心静气地想一想，如果不然，那就是只知对人，不知对事，一定是错误，一定为国人所不取。我们试想想，国家若是亡了，还讲什么领袖呢？”对西安事变发生后，南京当局掀起、在国内部分人中盛行的“拥蒋潮流”，毛泽东 12 月 19 日在中共中央政治局常委扩大会议上做了深刻的揭露和批评。他指出，中国目前的主要问题是抗日问题，南京当局把张、杨的一切抗日主张都置而不问，而把一切注意力都集中在捉蒋问题上，动员一切力量来对付西安，更动员所有部队讨伐张、杨。他指出，这对抗日是不利的，客观上有利于日本帝国主义。盲目地拥蒋而不问抗日是完全不对的。

吴家象一再申明张、杨是一心为国，在无奈的情况下发动“兵谏”的。他说：“我们这次事件，敢负责地向全国同胞郑重声明：不是为争取私人的权利，不是为解除私人的困难，完全是为实现救国的主张！不惜冒一时的嫌疑，并且费尽千方百计，不能实现主张，逼得无路可走，才不得已而出此。”“至于个人的毁誉生死，早就置之度外了！如果我们各项要求，都已积极实行，抗日战事确实发动后，我们情愿束身引罪。”①

12 月 16 日上午 10 时，西安各救亡团体在革命公园召开群众大会，拥护张、杨的八项救国主张。这天虽天气寒冷，但仍有 2 万多名各界群众到会。大会由杨明轩等人组成的主席团主持，工、农、军、华侨、妇女等各界代表相继发言，表示坚决拥护张、杨的爱国行动，愤怒声讨蒋介石丧权辱国的行径。张学良、杨虎城参加了这次群众大会，并发表了讲话。

张学良在讲话中除进一步说明发动事变的原委外，还向全国同胞明确表示：“我们是只求主张实现，此外我们既不要钱，也不要地盘，我们为了实现我们的主张，我们要立于抗日战线的第一线。我们要在抗日战线上效死。”他指出：“我们的主张要我们自己来实现”，呼吁“全国同胞，一致起来走向抗日战争，有力量出力量，有钱的出钱，尤其是武装同志，壮年同胞，一定要把一腔热血，洒在抗日战线上”。②

杨虎城看到与会群众的热烈情绪非常高兴，他十分感慨地说：“我们记得过去在这里开会时，每次所听到的都是‘安内攘外’‘敦交睦邻’这些口

---

① 《西安事变档案史料选编》，第 17~19 页。
② 西安《解放日报》1936 年 12 月 17 日，转引自毕万闻主编《张学良文集》（2），第 1080 页。

号。群众们受着环境的压迫，丝毫没有自由表示自己的意见。若干年来，就是在这样口号下，几乎要把中华民国断送完了。直到今天我们才能真实地表示我们的意见，坦率地提出我们的主张，这才叫民众大会。"杨再次强调了"兵谏"的正义性，他说："双十二的义举，是真正民意的表现，更是民众自己起来救国抗日热忱的表现。我们的主张就是抗日。因为蒋委员长的主张有错误，经过多次劝谏，仍然无效。于万不得已中才举行了'兵谏'。所以我们的义举是以国家民族为前提的，不是对蒋委员长个人而发的。这一点，张主任和我是可以质之天日而无愧的。"杨还指出，日本侵略者扩大对我们武装进攻，国家民族的危亡就在目前了！过去，"西北各省只是抗日的后方。自日本帝国主义武装进攻绥远以来，西北也就随着形势的转变而变为抗日前线了"。他呼吁西北民众"认清我们的责任，就应该团结起来，巩固西北国防，就应该准备拿起武器和日本帝国主义拼命，以保全国家民族"。①

西安事变促进了西安地区群众爱国运动的蓬勃发展。在事变后的十多天时间里，西安的各种救亡组织猛增到30多个，不仅有各行各业的，还有妇女的和回民的救亡团体出现。跨行业的各界救国联合会向各县发展，在陕西20多个县里建立了组织。"民先队"的组织迅速壮大，队员发展到四五百人。由于有了言论出版自由，各种爱国刊物大量涌现，宣传抗日救国，抨击南京政府对外妥协、对内压制的错误政策。张、杨公开了联共抗日主张，红军成了友军，一些救亡团体派代表去渭北慰劳红军，代表返城后举行报告会，称赞红军艰苦朴素、忠贞为国的优良品质和作风。不久，在西安的七贤庄成立了红军联络处。

张、杨的爱国义举和西安群众爱国运动的发展，对全国各地特别是西北地区产生了重要影响。陕、甘、青、宁等省的救亡团体纷纷成立，在长安县杜曲、临潼县新丰等地群众还自发地组织起"西北人民抗日先锋军""抗日义勇军"等武装团体。

---

① 《杨虎城在西安市民大会上的讲话》（1936年12月16日），《西安事变档案史料选编》，第16~17页。

五　被扣押的蒋介石

蒋介石在临潼被捉后，张学良、杨虎城决定把他扣押在新城大楼的东厢房里。这是一套三间的房子，外间是会客室，中间是卧室，里间是卫生间。

新城是西安绥靖公署所在地。新城大楼的第一道守卫部队，是绥靖公署特务营；第二道守卫部队，是杨虎城的卫队。张、杨指派西安绥靖公署特务营营长宋文梅负责看管蒋介石。在蒋介石被押来之前，宋文梅带领士兵对东厢房作了周密检查，为防蒋介石自杀，把室内的电线都拿掉了。

12日上午，唐君尧、谭海等把蒋介石押送到新城大楼，蒋惊魂未定，浑身颤抖，下车后寸步难行，宋文梅等只好搀扶着把他送进东厢房。

蒋介石当年靠发动军事政变窃夺北伐胜利成果，建立起南京政权；在后来国民党内的一系列派系斗争中，又不择手段地剪除异己，来维持独裁统治；所以他认为张、杨这次决不会轻饶他，自忖必死无疑，因之到新城大楼的最初两三天内态度顽固，表现恶劣。

蒋进屋后，面色惨白，两腮内凹（因未戴假牙），上身穿古铜色绸丝棉袍，下身只穿衬裤，光脚穿着在逃跑路上蒋孝镇送给他的圆口便鞋。因跳墙时腰脊负伤，腰直不起来。他坐在椅子上，仍在全身发抖，呼吸急促，不断出声长吁。

把蒋安置好后，宋文梅留下来看管蒋。杨虎城的勤务兵苏廷瑞进屋来问蒋："吃饭不吃？"蒋哭丧着脸说："把我弄到这个地步了，我不吃饭。"苏廷瑞给他送来一杯开水，蒋用怀疑的眼光看看杯子。苏说："请委员长喝水。"蒋介石才拿起杯子，在十分钟内，连着喝了十来杯水。杨虎城派勤务兵送来棉衣、棉裤、棉鞋让他换上，他说："杨主任的，我不穿。"勤务兵只好把衣服拿出去。大家商量后，猜透了蒋的心思，又由苏廷瑞把原来的衣服拿进来，说："这是我们自己花钱买来的衣服，天这么冷，还是换上吧！"蒋马上转过头来，说："啊，你们给我买的，好，好，我穿，我穿。"

几位副官见蒋没戴假牙，吃不了东西，就让厨房给他做了一碗麦片粥。蒋故伎重演，板着面孔说："他们把我弄成这个样子，我还能吃他们的饭吗？"可是他早已饿得发慌，双眼一直盯着粥碗。勤务兵看出他的神气，端着粥碗向外走了几步又转过身来说："这算是我买的，还是吃些吧！"蒋马上接过碗，连声说："好，好，我吃，我吃。"蒋装出一副和善的面孔对苏廷瑞说："你叫什么名字，给我开一个名单来，我带在身上，将来回到南京，不会忘记你们对我的好处。"副官和勤务兵们没人理睬他。①

把蒋介石押进新城大楼并安置到东厢房后，张学良对杨虎城说："稍候一下，我们得去见他。"杨笑着说："我不去。"张严肃地对杨说："我们原来是怎样商量的？不但要见他，说好了，我们还要把他送回南京去。"当时，杨最终未去，只有张一个人去。②

上午9时半左右，张学良前来面见蒋介石。据当时在场的宋文梅回忆，张学良进屋后，"蒋见张来，神色突变，仍呆坐在椅子上，继续出声长吁。张学良将军对他说：'委员长，受惊了！'蒋不答。张又说了一次'委员长，受惊了！'蒋仍不答。张继续说：'我们受全国人民的要求，发动这次事件，我们内心纯洁，完全是为国家着想，不是为个人利害打算。现在，希望委员长能平心静气，勇于改正错误，联合全国力量，坚决抗日，以争民族生存，则学良和全国人民于愿足矣。'"

"当张将军说完之后，蒋才讷讷地说：'你既为了国家，应先送我到洛阳，送我到洛阳再谈。'张将军又继续说：'今日之事，岂容搪塞了事。我们仍希望你勇于改过，群策群力，共赴国难。如果仍然执拗不悟，坚持己见，就只有让群众公裁了。'蒋介石一听由'群众公裁'，立即对张说：'过去，我待你那样好，现在，你竟想把我交群众公裁！你既然说是为国家，你还是把我先送回洛阳再谈。'说完后，蒋就闭目坐在椅子上，不再说话。

---

① 申明甫、王金鳌、白志钧、苏廷瑞：《蒋介石被扣在新城大楼时的丑态》，《西安事变资料选编》第1集，第299~300页。

② 卢广绩：《西安事变亲历记》，吴福章编《西安事变亲历记》，第91页。

谈话没有结果，张将军辞出。"①

当天中午，蒋介石向宋文梅提出，他要会见陕西省政府主席邵力子。事变后，邵被软禁在西安绥靖公署卫士队长室内，李志刚和张学良先后来看他。张 12 日上午来看邵时，向他表示慰问，说明发动"兵谏"的宗旨是抗日救国，并介绍了蒋被扣后的顽固态度，请邵去新城大楼劝说蒋改变态度，接受抗日要求。邵力子应张学良之请，立即去新城大楼单独见蒋。蒋见邵来，神态比较平静，问邵从哪里来？邵以实相告。蒋又问邵钱大钧现在何处？邵答："钱胸部受伤，已入医院治疗。"蒋介石问邵力子："西安发生的事情，你事先知道吗？"邵答："不知道。"接着，蒋表示"决心牺牲，决不受任何要挟"，把他对张学良说过的两点告诉了邵，即："立即送回洛阳或即行枪杀"。邵对蒋说："送回暂无可能，枪杀也决不敢。"邵还"问蒋可否考虑如以前两次自动辞职，俟国家有需要时再出。蒋说：'决不能在武力胁迫下考虑这个问题。'"邵见蒋态度仍如此顽固，只好劝他"善保身体，即时进餐，并加衣防止受寒"。②

在 12 日这天，张学良先后三次去看蒋，蒋介石根本不容他说话，有一次厉声斥责张学良说："我不是你的长官，你也不是我的部下，你不要叫我委员长。你要承认我是你的长官，我现在命令你马上把我送走，否则，任凭你把我杀了，我同你没有旁的话讲。"蒋甚至用手捂着耳朵，连说："我不同你讲话，我不同你讲话。"③

蒋被扣在新城大楼期间，还写了两份遗嘱，一份是写给宋美龄的，全文如下："美龄吾妻：余决心殉国，经国、纬国吾子即汝子，望善视之。蒋中正。二十五年十二月十三日。"④ 另一份遗嘱是写给蒋经国、蒋纬国的，说他只承认宋美龄是他唯一的妻子，"务望汝等以生母待之"。蒋写好后交给宋文梅，让宋转张学良发出。

12 日夜晚，西安绥靖公署参谋长李兴中收到一封匿名信，煽动他背叛

① 宋文梅：《我所经历的西安事变》，吴福章编《西安事变亲历记》，第 251 ~ 252 页。
② 邵力子：《西安事变追忆》，吴福章编《西安事变亲历记》，第 188 页。
③ 申伯纯：《西安事变纪实》，第 118 页。
④ 申伯纯：《西安事变纪实》，第 119 页。关于这份遗嘱的书写日期，蒋介石在《西安半月记》中说是 12 月 12 日他"起草一电稿致余妻，交宋营长转张拍发"。

张、杨，营救蒋介石离陕。信的大意是：委座蒙难，关系国家存亡，希望李能运筹帷幄，救委座出险，以建立这千载不朽的奇功，等等。李兴中把信交给张、杨，并估计此信是绥靖公署新来的一部分陆军大学学生写的。张学良见到这封信，认为绥靖公署内部人员复杂，把蒋押在这里不安全。恰巧，这天晚上毛泽东、周恩来在给张的电报中，劝张务必把蒋介石押在"自己的卫队营里，且须严防其收买属员，尤不可将其交其他部队"。张征得杨同意，决定把蒋介石转移到金家巷张公馆附近的高桂滋公馆去住，由东北军卫队营负责看管。高公馆条件较好，且无人居住。13 日晚 11 时许，刘多荃奉命偕宋文梅到新城大楼劝蒋迁居，他们向蒋说新城太吵，休息不好，高桂滋公馆较为安静，又有采暖设备，请他搬到那里去住。蒋介石误以为是要枪毙他，因为南京处决政治犯一般都是在夜深人静时，而且他看宋文梅腰间还挂着手枪，因此他一面向床里缩，一面呻吟着，说："我兼行政院长，西安绥署直属行政院，是公家地方，要死也死在公家地方，哪里也不去！"宋文梅与刘多荃退出室外，刘见宋腰间带着枪，便说："怪不得吓死他，把枪掖在你衣服底下吧！"孙铭九奉张学良命也来劝蒋搬家，腰间也挂着枪，刘说："你又来吓蒋介石呢！"几个人藏好枪再进屋劝，蒋更害怕，用被蒙着头，哼哼作声。几个人没法，只好退出去向张报告。①

　　张学良又去找邵力子，请他去劝说蒋介石搬家。邵去后对蒋说：高宅在张所住的金家巷内，便于张随时来见，那里又有御寒设备，卫生条件也好。蒋仍严词拒绝，说："我决不迁移他处，如张不能送我回洛阳，我就死在此地，这是西安绥靖公署所在地，我是行政院院长，所以决不能离此地。"②

　　蒋介石被扣在新城大楼三天来，张学良每天都几次来看他，与他谈话，均遭拒绝，可是他一次也没见杨虎城来。他幻想杨虎城与张学良间是不是有什么矛盾可供他利用，于是他提出要会见杨虎城。14 日下午，杨虎城与张学良商量之后，身穿军装单独去见蒋介石。杨进屋后"给蒋行了军礼，

---

① 宋文梅：《我所经历的西安事变》，吴福章编《西安事变亲历记》，第 253 页；申明甫、王金鏊、白志钧、苏廷瑞：《蒋介石被扣在新城大楼时的丑态》，《西安事变资料选编》第 1集，第 302～303 页。

② 邵力子：《西安事变追忆》，吴福章编《西安事变亲历记》，第 188 页。

站着讲话。蒋对杨的态度很客气，一定要杨坐下来谈话。杨坐下后，蒋问杨说：'这次事变，你预先知道不知道？'杨回答说：'知道。'蒋说：'你们干这样违反纪律的事，究竟为什么？'杨回答说：'主要是为停止内战和抗日的问题。在一九三三年初，日本进攻热河和冀东的时候，我就曾向委员长请求过，愿亲率部队参加抗日，可惜那时候没有得到委员长的允许。现在全中国人民谁都不愿意再打内战，一致要求抗日，可是委员长总是不允许，所以发生了这次事情。'蒋听了杨的话，就转变口气说：'那么你们这样做就对吗？你们今后打算怎样收拾这个变局？'杨说：'我们这次做得太鲁莽，秩序很不好，以致有了伤亡，并且太惊动了委员长。我们没有想到会这样，这一点我们要负责任。至于今后的问题如何解决，还请委员长察舆情，有所决定。'蒋接着又问杨："你们最初决定干这样的事，究竟是听了什么人的话？'杨说：'很简单，没有听任何人的话，只是张副司令和我两个人决定的。'蒋最后说：'这件事我自己也有责任，我太相信你们了，太疏于防范了，所以发生这样的事。现在你若还能以国家为重，就应马上设法把我送回南京去，这样变乱就不会扩大，我对你也会原谅的。'杨站起来说：'委员长的意见，我可以同张副司令和各将领去商量。'讲话至此，杨即退出。"[1] 蒋介石后来在《西安半月记》中谈到这次会见时写道："余此时始知虎城对陕变确亦预谋"。

---

① 申伯纯：《西安事变纪实》，第 120 页。

第九章　举国震惊

一　南京分化

　　中国国民党历来是个派别林立、内争不已的政治集团。蒋介石背叛革命、建立起南京政权后，依靠帝国主义和国内江浙财团的支持，在接连不断的新军阀混战中，采用政治分化、军事镇压和金钱收买等手段，先后战胜了一个个对手，牢牢控制了南京政府。西安事变爆发时，蒋既是国民党的党魁，又是国民政府行政院院长和军事委员会委员长，集党、政、军大权于一身。

　　西安事变突然爆发，国民党和南京政府的最高统治者被扣留在西安，这消息犹如晴天霹雳，举国震惊。国内的各种政治力量、各个党派从其不同的地位和利益出发，对西安事变做出了不同反应。

　　蒋在西安被扣，南京统治集团一时群龙无首，乱成一团。在如何对待张、杨和营救蒋介石问题上，出现了和、战两派的分化。南京最早得到西安事变消息的，是军政部部长何应钦。何晚年在回忆当年他得知西安事变消息的具体过程和东北军炮兵旅旅长黄永安叛离张学良，投靠南京的情况时写道：

　　我在南京，首先获得这个消息，是从路局方面得来的。先是十二日上午九时起，西安的电讯忽然中断，当时不知道究竟发生了什么事情。接着从路局方面传来的讯息，说西安方面可能发生了兵变。因为是日上午九时左右，有部队军官去对站长说，车子要听他指挥，不能随便开驶，由此获知西安确实发生了不寻常的事件。不过，这时候，外界还不知道西安发生了什么事情，以当时电讯、交通的困难，我也只有一面发电前方查询，一面等待情况进一步的了解。原来张学良东北军所属炮兵第六旅旅长黄永安，率同第十七团团长叶筱泉，驻在洛阳。由于洛阳地位，适当潼关东西要冲，又为我空军重要基地，所以张学良在发动变乱之初，十二日清晨，即急电黄旅长，嘱其立即劫持洛阳中央银行，指挥洛阳军分校东北籍军士教导大队长赵云飞，协同袭击洛阳军分校及航空分校，封锁洛阳机场不准有一架飞机起飞。黄旅长于接到张电报后，深明大义，不但没有举动，而且持电立即晋谒洛阳军分校主任兼巩洛警备司令祝绍周，表示愿意服从中央。

祝绍周接获这个报告，为争取制敌先机，立即先电知驻咸阳之万耀煌军（万耀煌本人当时已在西安被扣），回军西安，并令原驻洛阳之樊崧甫军第二十八师董钊部，立即进驻潼关，以扼陕省咽喉。

我于中午后，接到祝绍周第一个电报报告，原电云："限即刻到，分送南京何部长、朱主任钧鉴：密。（1）西安发生事变，真相不明。（2）委座在西安、临潼，尚不明了。（3）顷处置如下：（甲）已通知万军长，由咸阳回军西安，协同樊军，听候命令。（乙）已通知樊军由洛阳将主力西进，协同万军听命。（丙）飞机全部飞西安侦察并处置。（丁）请钧座飞洛坐镇。职祝绍周呈文已参印"。

其后，据空军侦察报告：西安城门紧闭，城市军队甚多，且时有枪声，城外正赶筑战壕及防御工事，临潼道上军运频繁，而蒋公驻节的华清池，却阒焉无人。

接着，又接到驻洛阳第四十六军军长樊崧甫文已参战密电，除报告张学良致炮六旅黄旅长电令外，并称："西安电话线业已断绝，恐有事变。除以二十八师集中潼关，对西警戒侦察外，甫并亲率七九师二三七旅续进，其七九师主力，仍在巩洛路警护，乞速应机处理，加派部队来洛阳，为盼。"①

　　何应钦得到西安发生事变的消息后，及时电告当时在上海的行政院副院长兼财政部部长孔祥熙，电文说："据报今晨九时驻西安之一〇五师叛变，至十一时西安临潼间有极密枪声。委座昨晚在临潼，今日驻节何处尚未查明，已派飞机前往侦察。"何在电报中还对孔讲："此事变汉卿是否与闻，固不得知，惟据报驻洛之炮兵黄永安旅曾奉汉卿密电，令其派兵看守洛阳机场及各银行。"何接着表示：上述情况"若果属实，殊堪忧虑也"。②

　　当天午后，张学良、杨虎城的八项救国主张通电传到南京。尽管张、杨在通电中明确表示要保证蒋介石的人身安全，但许多人仍表示怀疑。南京一些政要纷纷给何应钦打电话，询问事变真相；陈果夫、张群、俞飞鹏亲自跑到何的住宅查问消息；而丁惟汾、居正、叶楚伧、张厉生等则在家中等候何的电话。③ 社会上关于蒋介石死活的谣传更是五花八门，不胫而走。

　　当晚8时左右，何应钦给在上海的孔祥熙打电话，除报告他得到的西安最新消息外，并推断蒋介石可能已进入西安，"且已遭遇某种程度的危险"。他请孔就近转告当时也在上海的宋美龄。

　　蒋介石被张、杨扣留在西安，南京应该采取什么对策？对这个至关重要的问题，当时国民党统治集团内部意见不一。12日晚，一些国民党要员在何应钦家中议论此事时，分歧已显露端倪。当时在场的冯玉祥在当天日记中记载：

　　　　到何敬之（应钦）家开会，即谈话：
　　　　一、协和（李烈钧）主张安全介石为主。
　　　　二、陈璧君主安全。

① 何应钦：《西安事变的处理与善后》，台北，何应钦上将九五寿诞丛书编辑委员会，1984，第20～24页。
② 《西安事变档案史料选编》，第5页。
③ 见何应钦《西安事变的处理与善后》，第24页。

三、陈公博亦然。

四、朱益之（培德）主打。

五、何敬之主打。

六、叶楚伧主打。

七、戴季陶主打。①

冯玉祥在事变第二天（12月13日）的日记中写道：

早起后，同协和先生说，张文白②先生来谈，均为介石被扣，大为忧虑，研究很多时间，亦无确实办法。

文白说，蒋夫人③希望和平，孔庸之④亦望和平。文白自己亦望和平。

午后三点，在中央开联席会议。

一、何报告，［据］飞机之报告，西安城外似有小战，长安东、西门均闭，南、北门开。

二、孔庸之报告财政情形及现在政情，并希望能以和平解决。

……

五、林主席⑤说：讨伐令不可下。

六、何应钦主下讨伐令。

七、戴季陶先生讲话极多：甲、张学良会见毛泽东。乙、日本无人当家的。

八、孔庸之又说：甲、张联共抗日可商。乙、杨虎城态度未明。丙、主张缓和。丁、端纳已去事。

九、吴敬恒⑥先生说：甲、表面是抗日不成。乙、蒋是真抗日。丙、

---

① 中国第二历史档案馆编《冯玉祥日记》第4册，江苏古籍出版社，1992，第847～848页。
② 即张治中。
③ 即宋美龄。
④ 即孔祥熙。
⑤ 即林森。
⑥ 即吴稚晖。

为介石安全须速兵去。丁、设法去人。戊、须要担的［得］住错。①

可惜，冯玉祥日记中的这些记载过于简略，没能把他们分歧的具体情况和争论的细节详细地展现在我们面前；但它还是真实、鲜明地帮助我们窥见了这些南京政要们西安事变后在和、战问题上的立场和分野。孔祥熙后来撰写的《西安事变回忆录》，把12月12日午夜召开的国民党中央常务委员会和国民党中央政治委员会紧急联席会议上两种分歧意见做了如下的归纳和概述：

> 甲说：谓张杨此举必有背景，且必有助力。其背景与助力，在内为不尽悦服蒋公之疆吏与将领，如山东之韩复榘，广西之李济深，甚至河北之宋哲元，四川之刘湘，皆可引为同路；在外为垂竭待尽之共产党徒，甚至如第三国际之苏联，皆可暗中联络。张杨既借此背景助力，出以劫持统帅，则必以蒋公之生死为政治上之要挟。中央既不能曲从其狂悖，陷国家于沦骨；尤不能过于瞻顾蒋公之安全，置国家纲纪于不顾。昔项羽囚太公，汉高不屈，而太公卒还；清廷囚郑父，成功不屈，而郑公竟死，此中关键，固须审慎，然千秋后世，终必赞果断而贬屈从。故中央对策宜持以坚定。况蒋公安全尚不可知，示张杨以力，蒋公倘在，或尚可安全；示张杨以弱，蒋公虽在，或竟不能安返。此说，辞旨严正，考试院长戴季陶实主之。
>
> 乙说：对于甲说之揣测虽不否认，但不信学良之通电将发生若何之效力。且谓蒋公抗日，早具决心，凡在帷幄，均所熟知。张杨此举，如真只以抗日为范围，则在国策上，只有时间上之出入，而非性质上之枘凿，此中已饶有说服余地。况张氏既有保证蒋公安全之电报，自须先探蒋公之虚实，再定万全之决策。如即张挞伐，无论内战蔓延，舆情先背，而坐视国力，益以外患，国将不国，遑论纲纪？②

---

① 《冯玉祥日记》第4册，第848～849页。
② 秦孝仪主编《革命文献》第94辑，中国国民党中央委员会党史史实编纂委员会，1983，第117～118页。

　　冯玉祥的日记、孔祥熙的回忆录，真实地再现了事变刚刚发生后南京统治集团内部在如何营救蒋介石问题上发生的最初分化。以何应钦、戴季陶为代表的讨伐派，在"维护国家纲纪"旗号下，不顾蒋介石死活，极力主张对西安立即进行武力讨伐；而宋美龄、孔祥熙和冯玉祥、张继、李烈钧、张治中等则主张为保证蒋介石安全，对西安不宜立刻诉诸武力，应通过和平谈判解决问题。

　　这两种主张，从一个侧面反映了不同帝国主义国家的利益和要求。英美帝国主义为维护其在华利益，不愿意中国的内战扩大，希望南京与西安方面通过和平谈判使蒋介石获释；日本帝国主义竭力反对南京当局接受张、杨提出的八项主张，中国内战的扩大自然对其灭亡中国的图谋提供了更加有利的机会。

二　　"讨逆"恶浪

　　12月12日午夜，为讨论和确定应对西安事变采取的对策，国民党中央常务委员会和政治委员会召开紧急联席会议。除两会成员出席外，南京政府的五院院长和各部会负责人亦列席会议，与会者共约四五十人，由中央常务委员会的丁惟汾和政治委员会的于右任主持。会议举行时，西安事变才刚刚发生十几个小时。此时的南京，只见到张、杨的八项救国主张通电，对西安方面的许多情况尚茫然不知，特别是蒋介石是死是活尚无确实消息。在此情况下，一些与会者主张不要匆忙做出惩罚张、杨的决定；可是讨伐派在会上以"维护纲纪"为名，极力主张立即惩处张、杨，派兵讨伐西安。这两种主张互相争辩，至午夜过后凌晨2时仍做不出决定，戴季陶忽然站起来，"他的神态简直像疯狂一般，他大声疾呼地主张讨伐，他激昂地说：现在委员长吉凶未卜，若是不幸而为凶，则我们还去和叛逆妥洽，岂不是白白的上了他的当，乃至将来无法申大义而讨国贼；若是委员长还是安全的话，则我们用向绑票赎票的方式救出来，则委员长又将何以统帅三军，领导全国？现在我们只有剑及履及的讨逆，才能挽救主帅的生命"。他还对与会者说："我要警告大家，若是今晚我们中央不能决定讨逆的大计，明天全国立刻大乱！政府也垮了！大局无法收拾！我们何面目以对总理！何面目以对蒋先生！"① 在他的鼓噪和煽动下，讨逆的主张一时在会上占了上风，紧急联席会议做出了如下决定：

一是褫夺张学良本兼各职。会议攻击"张学良背叛党国"，决定对"张学良应先褫夺本兼各职，交军事委员会严办。所部军队，归军事委员会直接指挥"。同一天，由国民政府主席林森和代理行政院院长孔祥熙联合署名发表的"国民政府令"，宣布了这一决定，并诬蔑张学良"劫持统帅，妄作主张"，"形同匪寇"，"违法荡纪"。②

二是任命孔祥熙代理行政院院长职务。鉴于行政院院长蒋介石被扣西安，不能行使行政院院长职务，联席会议决定"行政院由孔祥熙副院长负责"③。12月13日公布的第952号"国民政府训令"公布了这项决定。

三是调整军事指挥机关。国民政府军事委员会委员长由蒋介石担任，阎锡山和冯玉祥为军事委员会副委员长。如今委员长不能到职视事，理应由副委员长代行委员长职务。冯玉祥当时就在南京，可是由于他不是蒋的嫡系，且长期与蒋闹矛盾，甚至发生过武装冲突，蒋的亲信们是绝不会把军事大权交给他的。因此，联席会议决定"军事委员会常务委员改由五人至七人，并加推何应钦、程潜、李烈钧、朱培德、唐生智、陈绍宽为该会常务委员"，"军事委员会由副委员长及常务委员会负责"，并明确规定"关于指挥调动军队，归军事委员会常务委员兼军政部部长何应钦负责"。④ 联席会议召开前在何应钦住宅酝酿此事时，戴季陶就提议"军事归何应钦管"。冯玉祥当时就表示反对，他说："不成，参谋总长是军令机关，而军

① 罗家伦：《我所认识的戴季陶先生》，转引自何应钦《西安事变的处理与善后》，第32～33页。
② 《中国国民党中央常务委员会暨政治委员会临时联席会议记录》，秦孝仪主编《革命文献》第94辑，第307、318页。
③ 秦孝仪主编《革命文献》第94辑，第308页。
④ 《中国国民党中央常务委员会暨政治委员会临时联席会议记录》，秦孝仪主编《革命文献》第94辑，第308页。

事委员会尚有办公厅主任。"据何应钦回忆，当冯玉祥的意见被蒋的亲信们否决后，冯竟"拂袖而去"。①

显然，蒋的亲信们是绝不会把军事大权交给冯玉祥的。国民党统治集团核心人物之一的陈立夫后来说："作为军事委员会主席的蒋先生掌握全部军权，副主席有名无实，类似副总统。通常，冯玉祥没有任何权力。照理说，蒋先生被关在西安，应该指定冯玉祥接任。但是，怕他利用这一位置制造麻烦"，所以才"组织一个委员会"。何应钦被委任全权负责，指挥军事行动。② 蒋的亲信、复兴社骨干分子刘健群也坦率地说：由谁来控制军事委员会，这事关"革命历史，是党国大计，千万不能有一分一步的差错！"他认为，军事委员会的实权一定得掌握在蒋介石及其亲信手中。刘健群很欣赏并称赞朱培德的做法，他说："当年朱培德奉委员长命，主持军委会事务。他的办法是大事请示委员长，小事去问林主任（林蔚文系办公厅主任，保有委员长的私章），他本人是中道而行，百事无涉。"刘健群接着说："当然像冯玉祥这个副委员长，更是等于有名无职，自然应该是空空如也，安安如也。他本人也不是不知道。"③

当年担任黄埔军校总教官、现为军政部部长的何应钦，是讨伐派的代表。他的主张，当时得到了以三民主义力行社为核心的黄埔系的支持。这些毕业于黄埔军校、以蒋介石为靠山的少壮军人，听到蒋介石在西安被扣留的消息，如丧考妣。他们把营救蒋介石出险的希望寄托在当年的老师何应钦身上。力行社前任书记长贺衷寒代表该组织向何应钦表示："在蒋蒙难期间一致拥护何为领袖，服从何之命令，集中一切力量营救蒋介石。并要求何给其部队番号，由复兴社派员成军成师，另拟什么苏、鲁、皖、浙、赣五省联防计划，以备万一。"④

当时担任力行社书记长的是邓文仪。他 12 日下午听到蒋介石在西安被扣留的消息后，特别担心张、杨会同中共用飞机把蒋劫往新疆或苏联。他

---

① 何应钦：《西安事变的处理与善后》，第 36 页。

② 《陈立夫与西安事变》，《团结报》第 1340 号，1992 年 9 月 26 日。

③ 刘健群：《窥测西安事变的前因后果》，秦孝仪主编《革命文献》第 94 辑，第 288～289 页。

④ 康泽：《西安事变后南京情况》，吴福章编《西安事变亲历记》，第 270 页。

感到"事不宜迟，非要立即动员不可"，他认为"不仅要从地面上包围西安，就是空中也要空军去监视封锁"。邓文仪觉得"事态紧急严重，必须争取时效"。可是当时调兵遣将无人负责，他便"冒昧做主，以力行社书记长名义，发了两封急电，一给驻陕西汉中第五十一师师长王耀武，告以领袖蒙难，望他即率部到咸阳，与第十三师（万耀煌师长）会合，围攻西安；另一电报给驻防潼关与洛阳之间的廿八师师长董钊，要他迅速占领潼关应付变乱"①。王耀武、董钊都是黄埔军校毕业生，董钊与邓文仪是黄埔一期同学，王耀武是黄埔三期学生，邓文仪曾担任黄埔三期学生区队长。

当晚 8 时，邓文仪在南京明瓦廊主持召开力行社全体干部会议，出席者30 余人，商讨对西安事变的对策。首先由邓文仪"说明开会宗旨，戴笠、郑介民相继报告所知的西安情况，并说张、杨有通电发出，似乎领袖与中央随从之军政要员皆已失去自由"。会议围绕如何营救蒋介石、怎样稳定局面以及如何平定事变等问题展开了讨论。"桂永清与潘佑强对军事应变部署"发表意见，"强调当前最迫切的问题为即刻协调陆空军，包围西安，用实力和行动监视张杨叛军，迫使其觉悟，维护蒋公安全，并早日使蒋公安返南京"，"讨论时贺衷寒态度表现最积极"。②

力行社当晚的干部会议，做出了五项决定：

> （一）总方针：营救领袖，安定后方。（二）建议政府请军政部何部长应钦指挥应变军事行动，迅调（南京）附近陆军及中央军校教导总队与空军前往西安营救领袖。（三）通告各级组织及全体同志对领袖在西安蒙难应全体动员，集中一切力量，为"营救领袖，安定后方"而奋斗牺牲；各地方秩序尤应协调军政宪警切实维护……（四）以黄埔陆军官校毕业同学名义发表通电。（五）用各种方法团结国民党及三军，为营救领袖安定后方奋斗。③

---

① 邓元忠：《三民主义力行社史》，台北实践出版社，1984，第 572～573 页。又见邓文仪《西安事变与中国命运》，秦孝仪主编《革命文献》第 95 辑，第 369 页。

② 邓元忠：《三民主义力行社史》，第 572～573 页。

③ 邓元忠：《三民主义力行社史》，第 578～579 页。

会后，他们以黄埔军校毕业生和青年将领名义接连在报纸上发表致张学良公开信、通电和告民众书，表示拥护国民党中央 12 日午夜紧急联席会议的决议，大肆攻击张学良"劫持领袖"，破坏统一和安定，竭力鼓吹对西安立刻实行武力讨伐。

这些以力行社为核心的黄埔系青年军官，是以何应钦为首的南京讨伐派的骨干力量。

西安事变爆发时，在陕甘一带的中央军为数不多，且驻地分散。实际情况是这样：樊崧甫部第四十六军，在洛阳与潼关间护路，防地广阔，兵力不足；万耀煌的第十三师，刚刚由内地开到咸阳，准备移驻陕南。万耀煌本人在西安被扣；胡宗南、孔令恂、毛炳文、关麟征各军分驻陕西西部和甘肃东部，进攻陕北红军。蒋介石在西安被扣留后，何应钦担心这些部队被张、杨的军队和红军各个击破，13 日上午采取了如下措施：

（一）电令当时在海州巡视的开封绥靖主任刘峙，迅即抽调在河南与苏北的绥靖部队一部，开赴潼关，以增厚东线兵力。运输车辆，可径与郑州铁道运输司令钱宗泽接洽。到达潼关后，可与樊崧甫军长商洽，设法与驻在大荔的西北军冯钦哉保持联系，并派员速赴咸阳、盩厔一带，与万耀煌师取得联络。

（二）电令在武功、盩厔附近之万耀煌师停止南移，集结兵力，对西安方面施行警戒；并另电令毛炳文军长率部前来增援，俟毛军长到达后，该师即由毛军长统一指挥。

（三）电令胡宗南军长，转令毛炳文军长速率部退至武功、盩厔一带，增援万耀煌师，到达后即兼指挥万师，协力巩固此一地区之防务；同时令胡军长率第一军，与孔令恂、关麟征两军，迅速转进于宝鸡、扶风一带，集结待命，并与毛、关两军，切取联系。

（四）任命钱宗泽为铁道运输司令，调度陇海、津浦、平汉三路车辆，从事军运，并函铁道部转令各路局遵照。①

---

① 何应钦：《西安事变的处理与善后》，第 42～44 页。

何应钦在戴季陶、吴稚晖、叶楚伧等人支持下获得军事指挥权后，迫不及待地开始在自己家中筹建"讨逆军总司令部"。他"临时抽调若干亲信干部担任各级幕僚，以军委会铨叙所所长林蔚任参谋长，军委会高级参谋徐培根为参谋处长，以参谋本部第一所第三处处长钱贻士主管后方勤务等等。据林蔚说，何应钦率上述主要人员对西安进行军事部署，曾三天三夜未曾合眼，其兴奋程度已达最高点。何估计蒋在西安凶多吉少，被杀的可能性极大。如蒋被杀害，何将继承蒋的地位；如以武力将蒋从西安救出，则何功绩第一，真是两面都把握便宜。① 12 月 14 日，何应钦对被他派往潼关前线的第三十六师师长宋希濂得意地说："这次西安事变，名义上是张学良、杨虎城干的，实际上是共产党策动的，我们和共产党斗争过多年，共产党人的厉害你们是知道的。委员长这次被扣，能否保安生命、能不能回来，很成问题。中央昨天开会，对张、杨的叛变，已经决定讨伐，并命我负责指挥军队。黄埔军校系统的军队，是国民政府的重要支柱，只要你们同学——尤其是带兵的将领，能一致团结起来，是可以应付这个局面的。"② 显然，他是想依靠黄埔系的支持掌握南京的军事大权。

南京的"讨逆"军事行动，从抢占潼关开始。如前所述，西安事变刚刚爆发，驻在洛阳的第四十六军军长樊崧甫就奉命派他的第二十八师师长董钊率部西进，当天即进占了军事要地、进入关中的门户——潼关。接着，力行社的重要骨干、中央军校教导总队队长桂永清，不顾军校教育长张治中的反对，在何应钦支持下率教导总队"勤王救驾"。教导总队共 12600人，辖步兵 3 个团及骑兵、炮兵、工兵、辎战车等 5 个营，相当 1 个甲等师的兵力，完全是德国装备。13 日，桂永清率部从南京浦口登车，沿津浦路北上，再转陇海路西开，16 日进到潼关以西的华县，18 日挺进渭南。22日，桂永清派 2 个团向赤水河西岸的东北军阵地发起进攻，遭到东北军一〇五师第二旅和第一一二师的迎头痛击，被迫停止军事行动，与东北军形成对峙局面。

12 月 16 日，国民党中央政治委员会第三十次会议决定"推何委员应钦

---

① 见康泽《西安事变后南京情况》，吴福章编《西安事变亲历记》，第 270 页。
② 宋希濂：《鹰犬将军》，中国文史出版社，1986，第 108 页。

为讨逆总司令，迅速指挥国军，扫荡叛逆"。何应钦 12 月 17 日在南京宣布就职，随即任命开封绥靖公署主任刘峙为讨逆军东路集团军总司令、徐庭瑶为东路集团军前敌总指挥；任命重庆行营主任顾祝同为讨逆军西路集团军总司令。何应钦拟定了"讨逆"作战方针与要领：

第一，作战方针：讨逆军为迅速击灭叛军，营救蒋委员长出险，应乘共军部队尚未与张、杨会合之前，由东西两路，向西安夹击，一举捕捉张、杨叛军主力而歼灭之；同时以有力一部，在潼关、华阴间，渡过渭河，向三原、耀县地区挺进，迂回至西安侧背，以遮断叛军向陕西逃窜之路，并相机阻击南下之共军。

第二，作战要领：分为东、西两路，说明如下：

东路集团军已经到达战场之樊崧甫、桂永清等部，协同冯钦哉之一部，借空军之联合作战，向渭南、西安进迫外，其在豫、鄂等省之李默庵、宋希濂等部①，亦陆续动员，向潼关输送；并饬樊部在华县以北，择地在渭河架桥，以便派部队渡至渭河北岸，会同原在该处之冯钦哉部，向三原、耀县间，迂回挺进。

西路集团军仅有万耀煌第十三师驻在咸阳，而万本人又被困西安，乃饬该师暂在原地固守待援。此时最须考虑者，为胡宗南、关麟征、毛炳文等部，事变前追击共军，与张学良部并肩作战，到达陇东预旺堡等地区，正面与共军相对峙，右翼与张学良部接邻，而左侧背则为甘肃境内之于学忠部，已在兰州叛变，因此胡宗南等部在三面包围态势之下，处境颇为危殆。当时曾有三个考虑：（1）迅速钻隙南下，在咸阳、宝鸡间集结，会合万耀煌部，形成西路军主力，向西安夹击；（2）就近先击破于学忠部，占领兰州，俟宁夏部队加入西路军后，再策划尔后之作战；（3）向北转至宁夏，至包头乘火车，沿平绥、平汉铁路，输送至郑州、洛阳，加入东路军序列。以上三案，经缜密研究后，决采用第一案。当即电令在陇东各军，统归胡宗南指挥，迅速脱

① 当时宋希濂的第三十六师驻苏州附近，李默庵的第十师驻河南信阳一带。——引者

离敌人，南下集中，次日即接胡宗南复电，可于五日内集结完毕；嗣该军等顺利南下，未遭叛军阻挠，如期到达目的地。

空军方面，令空军司令毛邦初，派大队机群飞往西安上空，及各重要地带，作恐吓飞行，一以动摇叛军军心，一以侦察叛军情况，必要时，投掷少数炸弹，或炸毁桥梁、道路，以阻滞叛军行动。①

在具体实施上述作战计划时，何应钦把东线作为重点，其兵力部署是：以董钊的第二十八师、桂永清的教导总队、宋希濂的第三十六师、阮肇昌的第五十七师、樊崧甫兼的第七十九师及炮兵第一、第五两团的主力和一个工兵团为骨干，担任正面，沿陇海路两侧直攻西安，统归第四十六军军长樊崧甫指挥。从侧翼担任策应任务的有李默庵的第十师、刘戡的八十三师，由潼关开往洛南，进取蓝田；驻汉中的王耀武第五十一师，取道子午谷，进至西安以南地区。此外，郑洞国的第二师、李必蕃的第二十三师集结于潼关附近，担任沿陇海路进攻的总预备队。②

讨伐派掀起的"讨逆"恶浪，顿时使内战阴云笼罩在中国西北上空，一场大厮杀成一触即发之势。

12月16日召开的国民党中央政治委员会第三十次会议，在任命何应钦为讨逆总司令的同时，还任命于右任为宣慰特使，决定对西安实行剿抚兼施的策略。

于右任，陕西三原人，时任南京政府监察院院长。因为他与杨虎城是同乡，在靖国军时代又是杨的上司，所以南京特派他作为特使赴陕，名为"宣慰"西北军民，实则对张、杨进行安抚、招降。于在南京受命后，接连致电张、杨，说他们"大错已铸"，已"处危城中"，劝张、杨"三思"，"恻然转念"，"觉悟"。于右任17日离开南京，19日到达潼关后，再次致电张、杨，要求允许他去西安进行"宣慰"，遭到张、杨的断然拒绝。杨虎城复电于右任说，西北军民断然不能接受南京当局加给他的"宣慰使"头衔，拒绝招降；只要于发表声明去掉这个头衔，以个人名义前往西安，定

① 何应钦：《西安事变的处理与善后》，第84～86页。
② 宋希濂：《鹰犬将军》，第109页。

会受到西安各界的热烈欢迎。西安事变期间，于右任一直被张、杨拦驾在潼关，直到蒋介石获释后才返回南京。

三　和平救蒋

南京主和派的代表人物宋美龄、宋子文和孔祥熙，事变发生当天都不在南京。

当时担任行政院副院长的孔祥熙 12 日在上海收到何应钦从南京拍给他的电报和电话，得知西安发生事变。当天，南京有关方面还给他转来了张学良发给他的"震电"。张在"震电"中，除向孔陈述发动事变的苦衷外，还郑重表示："弟爱护介公，八年如一日，今不敢因公害私，暂请介公留住西安，促其反省，决不妄加危害。"① 孔祥熙认为，张学良除向全国发出通电，还单独给他个人拍发电报，这表明事变"尚有转圜余地"；特别是鉴于蒋现被扣在西安，蒋的安全完全掌握在张、杨手中，因此万万"不能遽闭谈判之门"②。孔立即复电张学良，说："顷由南京电话中告知，我兄致弟一电，虽未读全文，而大体业已得悉。"他在此电中没有严厉谴责西安事变，只是委婉地予以批评，说："吾兄主张，总宜委婉相商……如骤以兵谏，苟引起意外枝节，国家前途，更不堪设想，反为仇者所快！"孔表示他愿充当张、蒋间的调解人，他对张说："尊意如有需弟转达之处，即乞见示。"③

当时也在上海的宋美龄获知蒋介石在西安被张、杨扣留的消息后，"不啻晴天霹雳，震骇莫名"。当时，南京与西安间电讯中断，"越数小时仍不能得正确消息"。蒋介石生死不明，各种五花八门的传说"已传播于全球，骇人者有之，不经者有之"。如坐针毡的宋美龄，急于弄清蒋介石死活真相，她决定亲自前往西安。在上海她物色到了一位十分理想的随行者——端纳。端纳，英籍澳大利亚人，原为新闻记者，辛亥革命前来到中国，后

---

① 孔祥熙：《西安事变回忆录》，秦孝仪主编《革命文献》第 94 辑，第 116 页。
② 孔祥熙：《西安事变回忆录》，秦孝仪主编《革命文献》第 94 辑，第 117 页。
③ 孔祥熙：《西安事变回忆录》，秦孝仪主编《革命文献》第 94 辑，第 117 页。

曾担任孙中山、张学良的秘书，曾陪张游历欧洲。1934 年初随张返回中国不久，又被聘为蒋介石、宋美龄的私人顾问。他与张学良和蒋介石都保持着友好关系，而且他对张学良联共抗日的主张颇表同情。张在多次向蒋净谏连遭拒绝和斥责后，曾在 1936 年秋末，专程飞到南京拜访端纳，向他诉说自己的苦衷。张说："我的士兵不愿与共产党人交战，这倒不是他们害怕共产党人的子弹，而是他们听信了共产党的宣传。共产党人说：'我们是中国人，你们也是中国人，为什么你们要打我们？'"张向端纳说，"他曾劝蒋介石考虑接受共产党关于共同抗日的建议，但他的这种努力却没有效果"，"蒋的脑袋像块花岗岩"。端纳同情张的上述主张和处境，让他把自己的苦衷写出来，交给蒋介石。[1] 端纳向张表示他将寻机对蒋做说服工作。如今蒋因拒绝张的抗日主张而被扣西安，他是一个十分理想的调解人。12 日下午，端纳从宋美龄口中得知西安事变消息后，欣然答应宋的请求，决定去西安探明事实真相。当天夜间，他随同宋美龄、孔祥熙由上海乘火车去南京。奉命同行者，还有与蒋、宋保持极为密切关系的励志社总干事黄仁霖。宋美龄给黄仁霖西安之行的任务是亲眼看蒋介石是否安全，并担任蒋同端纳谈话的翻译。

孔祥熙离沪返京前，采取措施稳定上海的金融市场。当时上海是全国的金融中心，如果因西安事变的爆发引起上海金融的波动，势必波及全国，从而招致人心浮动，社会动荡，不利于事变的顺利解决。13 日刚刚由香港返回上海的宋子文被孔祥熙留下照顾上海的金融、市场。宋子文是国民党中央执行委员会委员、全国经济委员会常务委员。14 日他在上海对新闻界发表谈话，宣布蒋介石在西安"绝对安全"，并说："本人受孔财长之嘱托留沪，对于金融方面加以照料，目前市场尚称平稳，中、中、交三行对于外汇，照常无限制买卖。"[2] 就在宋子文发表谈话的这天，上海的花纱一度上涨，但黄金、外汇始终平稳。第二天，花纱开始下跌，市场趋于平稳。总之，市场平稳，人心安定，这就为事变的和平解决提供了良好的社会环境。

宋美龄、孔祥熙 13 日早晨到达南京，方知国民党中央常务委员会和政治

---

① 端纳：《我在孙中山、张学良、蒋介石身边的日子》，团结出版社，2011，第 175 页。
② 南京《中央日报》1936 年 12 月 15 日。

委员会刚刚开过紧急联席会议，决定褫夺张学良的本兼各职，派兵讨伐西安，并已派兵抢占了潼关。宋美龄当即明确表示：不赞成这种"非健全之行动"。她认为："中央诸要人于真相未全明了之前，遽于数小时内决定张学良之处罚，余深觉其措置太骤，而军事方面，复于此时动员军队讨伐西安……余更不能不臆断其为非健全之行动。"于是，她"立下决心，愿竭我全力，以求不流血的和平与迅速之解决"。①

宋美龄当时没有官职，也不是国民党中央委员，只挂个航空建设委员会秘书长头衔，到南京后"陷入甲胄森严与战斗意识弥漫之重围中"，但她以蒋介石夫人的特殊身份，为救蒋面对面地与讨伐派展开争辩，反对他们的主战主张。她向何应钦等"反复申述，请各自检束与忍耐，勿使和平绝望；更请于推进讨伐军事之前，先尽力求委员长之出险"。她强调指出：不如此，"战争开始之后"，蒋介石"不为其亲自统帅之陆空军轰炸所误中而丧生"，亦将被张、杨军队杀害。② 为尽快探明蒋介石死活的真相，她在还没有得到张学良复电同意的情况下，就决定派端纳立刻飞往西安。13日晨何应钦来到孔祥熙住宅，当面竭力阻挠端纳西行。他双目恶狠狠地瞪着端纳说："没有人准备去西安，我们已命令讨伐。委员长已死了。"端纳当即反驳说："你说委员长死了，我说他没有死。没有弄清真相之前，你不能进攻西安。"③ 为避开何应钦的阻挠，端纳于13日中午秘密飞离南京。临行前，孔祥熙向随行的黄仁霖交代任务说："你的任务是用你的眼睛，亲自看到委员长，亲眼看见。看见他之后，马上回来向夫人和我报告你所亲眼看到的确实情形。就是这一点，不多也不少。"孔祥熙接着说如果委员长健康而安好，"那么谈判之门，还是敞开着的"。④ 可见，宋美龄、孔祥熙派端纳和黄仁霖去西安，主要目的是弄清蒋介石死活的真相，如果蒋确实活着，他们将坚持用和平方法营救蒋介石，结束西安事变。

宋美龄还对那些支持何应钦武力讨伐主张的黄埔系青年军官尽力做说

---

① 宋美龄：《西安事变回忆录》，秦孝仪主编《革命文献》第94辑，第27页。
② 宋美龄：《西安事变回忆录》，秦孝仪主编《革命文献》第94辑，第29页。
③ 端纳：《我在孙中山、张学良、蒋介石身边的日子》，第177页。
④ 黄仁霖：《西安事变及其余波》，秦孝仪主编《革命文献》第95辑，第283页。

服工作。她让邓文仪转告力行社成员，不要坚持武力讨伐西安的主张，因为主战对蒋介石安全不利。她到中央军校发表演讲，强调"于未明事实真相前，切勿遽加断定，遇事镇定，勿尚感情"①。

12月14日上午，根据宋美龄要求，孔祥熙在南京主持召开高级会议，研讨在军队讨伐前如何采用和平方法营救蒋介石。出席会议的有南京政府五院院长（代理行政院院长孔祥熙、立法院院长孙科、司法院院长居正、考试院院长戴季陶、监察院院长于右任）和中央党部的陈果夫、陈立夫、秘书长叶楚伧以及军政部部长何应钦、外交部部长张群和黄绍竑。据黄绍竑回忆："与会者大多数都赞成和平营救，何应钦虽另有用心，也不好公然反对。戴季陶原来坚主讨伐，这次他在讨论未决的时候，退入休息室想了相当的时间，又走了出来，跪下向大家磕了一个响头。他说：'我是信佛的。活佛在拉萨，去拉萨拜佛有三条路：一是由西康经昌都，二是由青海经玉树，还有一条由印度越大吉岭，这三条都可通拉萨。诚心拜佛的人三条路都走，这条不通走另一条，总有一条走得通的，不要光走一条路。'……戴季陶的用意是很清楚的，这次他也不赞成单一的硬性的武装讨伐了，主张先进行和平营救，如果和平营救无效，再进行武力讨伐。"黄绍竑回忆说："会上有不少人同意他的意见。"② 如果说12日午夜举行的紧急联席会议，是主战派的意见占了上风；那么这次高级会议，是主和派的意见占了优势。这对宋美龄、孔祥熙等开展和平营救活动很有利。

孔祥熙被授权代理行政院院长，在南京临时主政，把内政、外交大权集于一身，这对推行他的和平主张，最终和平解决西安事变具有十分重要的意义。

孔从上海回到南京后，根据了解到的各方情况，决定采用"智取之法"营救蒋介石。具体来说，就是从政治、军事、外交等诸方面给张、杨施加压力，以"乱其心，孤其势，怵之以力，动之以情"，力求"兵不血刃"地解决西安事变。③

---

①　宋美龄：《西安事变回忆录》，秦孝仪《革命文献》第94辑。
②　黄绍竑：《西安事变片断回忆》，吴福章编《西安事变亲历记》，第316～317页。
③　孔祥熙：《西安事变回忆录》，秦孝仪主编《革命文献》第94辑，第119～120页。

为孤立张、杨，极力拉拢地方实力派。30年代的中国，形式上虽已宣告统一，但实际上许多省份（特别是边远地区）仍由地方实力派控制，处于半独立状态。西安事变前，这些地方实力派就已成为张、杨和南京方面互相争取的对象。因为这些地方实力派站在哪一边，关系十分重大。蒋介石被扣西安后，孔祥熙十分担心一些地方实力派站到张、杨一边，响应西安的行动。他13日早晨返回南京后，深感"当时蒋公情况不明，各省疆吏多感徬徨，尤以鲁、冀、桂三省态度，更可注意"。为稳住各地方实力派，以孤立西安的张、杨，他当即通电各省市。针对张、杨在通电中对蒋屈辱外交的揭露和抨击，孔竭力为蒋的"攘外必先安内"误国政策辩解，说什么"中央同人，对于抗敌御侮，素具决心"，吹捧蒋介石"赤忱报国，主政中枢，秉此主张，艰苦奋斗，努力迈进，成效显然"；孔在通电中呼吁"全国民众，素明大义"，"一致拥护中央既定之国策"，要求"各地方长官翊赞中枢，忠诚夙著"，不要响应西安的行动，不要站到张、杨一边去。对那些素来与蒋矛盾较深和同张、杨关系密切的地方实力派，孔祥熙单独给他们发电报，针对每个人的不同情况提出了不同要求，"致宋哲元（冀省）电，以容共相警，以劝张为宗；致韩复榘（鲁省）电，虽示以劝张为言，而以蒋公安全先坚其信"；对广西的李宗仁、白崇禧，四川的刘湘，山西的阎锡山，青岛的沈鸿烈等也都发了电报，或派专人前往笼络。

为分化张、杨内部，收买冯钦哉叛杨投蒋。在潼关前线的第四十六军军长樊崧甫12月13日向孔祥熙（樊崧甫之弟樊光在南京财政部供职，是孔的部下。缘此关系，樊得以结识孔）报告：驻"同州冯钦哉师奉杨逆命，接防潼关，急由职电话联络，劝其顾念国家艰难，固守原防，静待解决。彼表同情"。第二天又报告说："冯钦哉表示决守原防，情况似有急转直下之势。"孔得此消息后，喜出望外。在他看来，樊崧甫策动冯钦哉叛杨得手，不仅使蒋军顺利地抢占了军事要隘潼关，打开了通往西安的大门；而且削弱了西安方面的军事实力，并为分化张、杨内部取得了突破。樊崧甫因此受到南京称赞和嘉奖。孔祥熙在12月15日给他的电报中说："冯钦哉力持大义，自拔反正，中央同人极为嘉佩。吾弟潜移默化之功，亦至伟大。"樊收买冯钦哉立功当即升了官，发了财。他被委任为讨逆军东路集团军副总指挥。孔祥熙12月19日用密电通知他，先给他汇去一万元，"以供临时支应，嗣后当每月酌予补助"。孔鼓励樊再接再厉，继续对十七路军将领策反，并特别指出对"孙蔚如方面"要"密加联络"。①

冯钦哉叛杨投蒋后，也被加官晋爵。南京政府军事委员会任命冯为渭北"剿匪"司令，托前往西北"宣慰"的监察院院长于右任带去巨款资助冯部，并表示冯部今后的军饷将由南京方面解决。南京对叛杨的冯钦哉如此器重，有其险恶用心。孔祥熙后来供认："余当时所望于冯钦哉，孤张、杨之势，使奉军陕军自启疑惧，借不战而脱蒋公于危难。"② 孔当时确是这么做的。由于孔祥熙和冯钦哉都是山西人，孔便以桑梓情谊笼络冯，使冯供其驱使，为他分化张、杨内部效劳。孔刚刚得知冯钦哉叛杨，便于12月14日通过樊崧甫给冯钦哉一封电报，称赞冯"拒受乱命，固守原防"的行动，同时希望他"迅即设法疏解，俾事变早日弭消"。③ 如果说孔祥熙在给冯钦哉的这封电报说得比较含蓄不够明确的话，那么孔第二天给樊崧甫的电报便把他的险恶用心和盘托出，说得明明白白的了。孔给樊的电报说："唯杨虎城在陕垣，是否被迫，真意不明，而冯系其旧部，当知底蕴。如能嘱冯密对杨就近营救蒋公脱险，事机极为顺易，此层最为要著，即盼图之。"④ 14日，冯派副师长郭景唐、少校参谋徐思贤为代表到潼关会见樊崧甫，经密谋策划，确定了对西安"三位一体"各方采取区别对待、分化瓦解的策略，即对红军及奉军要绝对打，对陕军可收容。冯钦哉12月19日致电孔祥熙，声称他从杨虎城派来的代表许海仙口中得知，此次事变，除杨虎城一人外，十七路军各长官事前概未与闻，冯又说：杨虎城"拥护委座"，"绝对负责保护"。冯要求孔"速筹善策，营救委座与虎城"。冯的电报增加了孔祥熙对杨虎城的幻想，于是孔当天即复电冯钦哉说："十七路各官长事前概未与闻此变，尤见爱国人同此心。虎城兄素重义气，且夙爱戴介公，当事变初起，弟即意其或为环境所迫，决无其他。今承电示，果如

---

① 孔祥熙：《西安事变回忆录》，秦孝仪主编《革命文献》第94辑。
② 本段中引文分别出自《西安事变档案史料选编》，第64、67、65页。
③ 《西安事变档案史料选编》，第65页。
④ 《西安事变档案史料选编》，第71页。

所料。吾兄与虎城兄相知最深，仍希就近设法，俾获介公一同出险为祷！"①
孔还通过冯钦哉给杨虎城电报，策动杨叛张释蒋，说"吾兄果能力劝汉卿
悬崖勒马，导入正轨，护送介公安然回京，则满天阴霾，自可立即消弭。
倘汉卿仍旧执迷不悟"，你"宜另寻自处之道。苟能密运机宜，尽其最大努
力，俾介公安全归来，此尤为不世之功勋"。② 冯钦哉秉承孔祥熙旨意，"献
计要陈××③到西安去离间张、杨之间的关系，设法要杨虎城离开张学良，
将蒋介石送到三原再转大荔。又让刘峙的代表杨子恒带 100 万元现款，去西
安，以金钱收买的方法，从下面瓦解十七路军。结果这两个阴谋计划都未
发生作用"。④

奉孔祥熙命到西北从事策反活动的张天枢（孔的旧部），在潼关与有关
人员密谋策划，炮制出一个制造张、杨矛盾，由杨捕张从而结束西安事变
的毒辣计划，并以张天枢的名义电告孔祥熙，请孔采纳并组织实施。这个
计划的大意是：南京"先派人到西安……说明中央对杨尚能原谅其苦衷，
然后派委员向杨建议，以整个十七路军生死存亡关系，请杨设法拘捕张"；
杨送蒋回南京，"再通电全国，表明此次事变，十七路军完全为被挟持，同
时密与中央军联络，解决东北军"；"密派妥人分赴西安附近各县，散布东
北军将不利十七路之流言"，由孔祥熙"密嘱留京东北要员，密劝汉卿，劝
其捕杨"，释放蒋介石，而"杨在西安有无线电台，将接受各方往来密电，
各种密本均能译"⑤。杨截获、破译上述密电后，就有了捕张的理由。这一
毒辣计划虽未见诸实施，但从中可看出此计划炮制者为分化张、杨，瓦解
西安，真是绞尽脑汁，无所不用其极！

孔祥熙也把分化瓦解的阴谋指向了东北军，他首先选中的目标是东北
军一〇五师师长刘多荃。当他得知刘多荃与河南省主席商震的关系非同一

① 《孔祥熙致冯钦哉电》，《团结报》第 1176 号，1991 年 2 月 27 日。
② 《西安事变档案史料选编》，第 72 页。
③ 陈××，当为陈子坚。见《张天枢呈孔祥熙部长报告与冯钦哉师长商谈营救之策电》，载
　 秦孝仪主编《革命文献》第 94 辑，第 416 页。
④ 冯钦哉：《西安事变时我反对张、杨，拥护蒋介石的经过》，吴福章编《西安事变亲历记》，
　 第 558 页。
⑤ 《张天枢致孔祥熙电》（1936 年 12 月 22 日），《团结报》第 1177 号，1991 年 3 月 2 日。

般（刘、商早在辛亥后"二次革命"时就相识，刘青年时代曾得到过商震的提携与帮助，两人后来一直过从甚密），便于 13 日致电商震，鼓动他对刘多荃进行策反，孔的电文说："查汉卿之警备旅长刘多荃，与兄关系最深，务请速派妥员，前往设法婉转汉卿，使之觉悟，泯大难于俄顷。"① 商震立即照办，他 14 日复电孔祥熙说：已"密派刘多荃之弟刘多麟驰赴西安"，进行策反活动。②

请阎锡山斡旋，企图让张、杨把蒋送到太原。西安事变爆发后，孔祥熙认为统治山西的阎锡山"老成持重，与张为世交"，况且陕晋两省相邻，他的地位十分重要，南京无论是讨伐还是调停都需得到阎的支持和协助。12 月 14 日，孔致电阎说："请公即致电汉卿，促其反省，即日陪同介公南来，一切弟当保其安全，倘渠因南来或恐不为各方所谅，则请公电劝其暂移晋省。"③ 15 日，孔再致电阎，敦促他"切电汉卿，促其亲送介公赴并（太原——引者）"，届时孔将邀"中央负责同人前往晤商，则一切问题，有我公居间保证，当不难迎刃而解"，孔并威胁说，"若汉卿仍旧执迷不悟，则中央同人……势必取断然之处置，兴讨伐之义师"。为敦促阎锡山斡旋，南京决定派黄绍竑（刚刚被任命为湖北省政府主席，尚未赴任）赶赴太原。黄带去了由南京要员居正（司法院院长）、孙科（立法院院长）、孔祥熙（代理行政院院长）、叶楚伧（国民党中央秘书长）、冯玉祥（军事委员会副委员长）、李烈钧（军事委员会常务委员）、朱培德（军事委员会常务委员）、戴季陶（考试院院长）、程潜（军事委员会常务委员）、唐生智（军事委员会常务委员）以及何应钦（军政部部长）、张继、王宠惠等联合署名给阎锡山的信。从此信署名者的人数之众，地位之显赫，足见南京对此事之重视，对阎从事斡旋寄予的希望之大。信中写道："环顾国中，能深识此事之症结，熟权公私之两宜者，莫如先生。乞即向汉卿剀切劝导，即日送介公到太原，并敢以弟等一切为先生全权处理之担保。"④ 12 月 14 日下午 2

① 秦孝仪主编《革命文献》第 94 辑，第 122 页。
② 《商震致孔祥熙电》（1936 年 12 月 14 日），《团结报》第 1175 号，1991 年 2 月 23 日。
③ 孔祥熙：《西安事变回忆录》，秦孝仪主编《革命文献》第 94 辑，第 153 页。
④ 《团结报》第 1163 号，1991 年 1 月 9 日。

时，黄绍竑偕东北元老刘哲、王树翰乘飞机去太原。孔祥熙派刘、王前往，是想借用阎的电台就近向在西安的张学良进行劝告。黄绍竑等乘坐的飞机飞到安徽合肥上空开始漏油，致使航速大减，飞到郑州、开封之间天色已黑，不得不转回开封降落，第二天改乘火车前往。居正等给阎锡山的信由南京用电报发去。黄绍竑等乘火车 15 日黄昏才到太原。

抓紧对苏、日两国的外交交涉。西安事变爆发后，南京当局及时向中国各驻外使馆通报了蒋介石被张、杨扣留的消息，要求他们注意搜集各国政府和社会舆论的反应。同时抓紧对苏联和日本进行交涉。事变刚发生时，南京政府中的许多人怀疑苏联是西安事变的后台，无端猜测此次事变是苏联通过中国共产党策动张、杨发动的。日本有些报刊公开散布这种论调。孔祥熙 12 月 13 日回到南京，当天就召见苏联驻华使馆代办（苏联驻华大使鲍格莫洛夫事变前离华返国述职），向他恫吓说：“西安之事，外传与共产党有关，如蒋公安全发生危险，则全国之愤恨，将由中共而推及苏联，将迫我与日本共同抗苏。”①孔祥熙之所以用联日反苏相威胁，因为这是当时日本政府向中国竭力兜售的“广田三原则”的重要内容，也是苏联对华关系中最担心发生的事情。与此同时，南京当局要求中国驻苏大使蒋廷黻在莫斯科与苏联当局交涉，希望苏联方面对中国共产党施加压力和影响，促使蒋介石早日安全获释。鉴于西安事变系由南京的对日不抵抗政策而引发，张、杨的八项主张又以抗日救国相号召，孔祥熙十分注意对日本的交涉。他派财政部樊光与日本驻华使馆武官接洽，孔本人亦亲自召见日本驻南京总领事须磨，请其转告“日本政府应约束在华浪人，勿在此时再酿是非，使抗日情绪愈张，致启两国之兵戎”。②

四　地方实力派的态度

蒋介石的专制独裁、消灭异己的政策激化了他与地方实力派的矛盾，

---

① 孔祥熙：《西安事变回忆录》，秦孝仪主编《革命文献》第 94 辑，第 126 页。
② 孔祥熙：《西安事变回忆录》，秦孝仪主编《革命文献》第 94 辑，第 126 页。

特别是九一八以来他推行的"攘外必先安内"政策招致国土沦丧、民族危亡，致使蒋的统治越来越不得人心，国内要求停止内战、一致抗日的呼声日益高涨，反蒋事件接连发生，此起彼伏。事变前张、杨估计，他们对蒋采取"兵谏"，用武力逼迫他改弦更张，定会得到各地方实力派的支持与响应；可是，后来的事实并不完全像他们原来估计的那样。西安事变爆发后，并没有出现群起响应的局面，当时完全支持张、杨的和完全站在南京一边的，都是少数，大多数地方实力派持中立态度，他们既不主张扣押蒋介石，要求张、杨释蒋；也不支持南京讨伐西安，主张通过和平协商解决事变。各地方实力派对西安事变态度的差异，反映出他们同蒋介石关系的不同以及其自身利害的不一致。

事变后完全支持张、杨义举的，有桂系的李宗仁、白崇禧以及与桂系有关系的李济深。桂系与蒋介石长期有矛盾，多次发生公开战争。西安事变前几个月，桂系还发动了反蒋的"两广事变"。李、白与张学良早有联系。1936 年初，李宗仁在香港得知张学良奉命将去西北"剿共"，就颇为他担心。这年 4 月，李、白托人捎给张一封写在细绢上的密信，揭露蒋丧权辱国、消灭异己的阴谋，鼓励张走抗日道路。信中说："东北沦陷，已五阅寒暑，从未闻金陵下收复失地之命……国人皆知蒋不抗日，蒋亦不允许他人抗日，凡言抗日者，蒋即认为有罪……窃以救国急务，除抗日外，实无他途……停止内战，共同抗日，实为至要。"[①] 两广事变时，李、白曾派代表刘仲容前往西安，请求张、杨予以策应。当时杨虎城派蒲子政去华北与宋哲元、韩复榘接洽，准备共同响应李、白，但未及行动，两广事变就被蒋介石平息。西安事变爆发时，李、白的代表刘仲容还在西安。刘在事变当天密电李、白说："此间兵谏事，想已见诸张、杨两公通电，今后实际救国大计，正待共商，尤盼副座（指白崇禧——引者）乘机来此，共商一切。"[②]对张、杨扣留蒋介石的行动，李、白虽"不表苟同"，但他们一再声明，广西的立场是"对外不对内，对事不对人"，主张"先用政治方法解决，消弭内战，一致抗日，并健全中央政府的组织，集中抗日的力量及联合世界上

---

①　《西安事变前李宗仁、白崇禧给张学良的一封密信》，《广西文史资料》第 19 辑，1983。

②　秦孝仪主编《革命文献》第 94 辑，第 143 页。

同情我抗日的国家。"① 显然这与张、杨通电中的救国主张是一致的。12 月 14 日，李、白在给孔祥熙的复电中，虽称颂蒋介石"年来奔走各方，席不暇暖，公忠体国，久为世人所共知"；但在当时举国一片谴责张、杨的声浪中，他们未对张、杨进行任何谴责，更没把西安事变说成是"叛逆"，只是说事变是一种"轨外行动"，并指出这是由于汉卿痛心家乡沦陷，"一时激于情感"② 引起的。李、白不屈从于南京讨伐派，不人云亦云，不随波逐流，当时能做到这一点，实属难能可贵。在何应钦掀起"讨逆"恶浪、大规模内战一触即发时，蛰居广西家乡的李济深，15 日致电南京国民政府主席林森、军事委员会副委员长冯玉祥和监察院院长于右任，明确表示反对内战，主张动员全国一切力量，武装抗日。实际上这是对张、杨八项救国主张的积极响应，是对西安事变的宝贵支持。李的电文说："唯际兹强寇压境，危亡即在目前，至盼号召全国所有力量，一致对外，方足以挽救危亡，若再另起纠纷，豆其相煎，是真使国家民族陷于万劫不复之境矣。"③ 南京政府 12 月 16 日发布"讨伐张学良令"，当晚李宗仁、白崇禧和李济深等人就通电全国，表示反对内战，主张建立抗日政府，举国一致对外。通电的要点是："（一）西安事变主张用政治解决；（二）统一抗日战线，立即对日宣战；（三）反对独裁政治，确立举国一致之政府；（四）出动攻击西安之中央军，从速移开绥远前线；（五）广西军一部北上援绥。"④ 这个通电的主旨是反对南京派兵讨伐西安，主张"政治解决"；解决的办法，也不是南京要求的那样无条件释蒋，而是必须要"统一抗日战线，立即对日宣战""反对独裁政治，确立举国一致之政府"。显然，通电者是站在张、杨一边，支持张、杨主张的。18 日，李济深再次发表通电，公开支持张、杨的八项主张，并为西安事变的正义性进行辩护。他在通电中说："汉卿通电各项主张，多为国人所同情"；西安事变的爆发，是蒋介石逼出来的，因为张学良"屡陈不纳"，才"迫以兵谏"，因此"绝不宜以叛逆目之"。李济深谴责南

---

① 白崇禧：《对西安事变的认识》，《六一抗日言论集》。

② 秦孝仪主编《革命文献》第 94 辑，第 143 页。

③ 《桂林日报》1936 年 12 月 21 日。

④ 西安《解放日报》1936 年 12 月 25 日。

京对西安使用武力，说："政府遽加讨伐，宁不顾国人责以勇于对内，怯于对外？"并尖锐指出："况以国家所有军队，应以保卫疆土，尤不应供私人图报复也。"①

担任四川省主席兼"剿匪"总司令的刘湘，是地方实力派中具有举足轻重影响的人物。他统治的四川，物产富饶，号称天府之国；毗邻陕甘，战略地位十分重要。他统率的几十万川军，以肯于吃苦、骁勇善战而闻名海内。1935 年初，蒋介石乘"追剿"长征红军之机，插足四川，打破了刘湘在四川的一统天下。蒋、刘矛盾由此激化。西安事变爆发的消息传来，刘湘喜出望外，认为他驱逐蒋系势力、恢复独霸四川的时机已到。14 日，他匆忙由大邑赶回成都。16 日，蒋在四川的亲信、重庆行营主任顾祝同刚刚飞离重庆、前往南京，当天下午刘湘就迫不及待地将四十五军军长邓锡侯、四十七军军长李家钰、二十一军军长唐式遵、二十三军军长潘文华、四十四军军长王缵绪等召至成都举行军事会议，名为研究防务，实则商讨对西安事变的对策，准备援助张、杨。四川的重要地位和刘湘的上述立场，使他成为南京着力争夺的对象。孔祥熙和顾祝同为拉拢刘湘，除直接出面给他发电外，还命当时正在京沪办事的四川省财政厅厅长刘航琛火速返川，向刘传达南京的旨意。刘航琛离京前，孔祥熙、何应钦和顾祝同分别接见他，嘱其转告刘湘要"顾全大局，不可有任何轻举妄动"，说服刘站在南京一边，并希望他能敦促张、杨早日释蒋。南京为稳住刘湘，12 月 17 日任命他为川康绥靖主任。与此同时，西安方面也在积极争取刘湘。张、杨除两次给刘拍发电报外，还派宋醒痴去成都见刘，期望刘能支持西安的义举。

面对上述形势，刘湘采取的态度是表面上敷衍南京，实际上同情西安。为敷衍南京，刘航琛 12 月 19 日用电报向南京复命说：他"已将敬之（何应钦）、庸之（孔祥熙）、墨三（顾祝同）诸公所述"报告给刘湘。"甫公（刘湘）已发出通电一件，说明巩固中枢，抗战救国，弭息内争，营救委座四项。又发出致西安营救委座通电一通"；刘在电报中否认何应钦说的事变后张学良与刘湘曾有电报来往，他说"归查此间并未得（张学良的）片纸

① 《桂林日报》1936 年 12 月 24 日。

只字"。① 刘湘在同一天也致电何应钦、孔祥熙和顾祝同，说他遵照南京旨意，已给张学良发去电报，向张提出了三个问题："必须避免军事接触，速求政治解决""务请立即恢复介公自由""如兄在政治上有所主张，弟当居间进言，以求解决"。② 相比之下，刘湘对西安方面的态度显得积极热情。张、杨的代表宋醒痴到达成都后，刘湘表现得极为兴奋，向宋明确"表示川陕唇齿相依，愿作后盾"。可是 25 日晚张学良释蒋并亲自送回南京的消息传到成都后，刘湘"闻报大怒，当宋氏（宋醒痴）之面，拍案大骂张副司令不止"③。由此可见，刘湘不高兴张学良释蒋，因为蒋获释后他驱逐蒋系势力出川的愿望成了泡影；这也说明他给张学良电报中提出的"立即恢复介公自由"是违心话，是讲给南京听的。

控制绥远省的傅作义，与张学良关系深厚。傅的第三十五军军长和绥远省主席的头衔，还是 1928 年涿州战役后，在张学良举荐下获得的。绥远抗战爆发后，张学良不仅从政治上、道义上给傅以支持，还派骑七师去绥驰援。张、杨扣蒋后，又组织了抗日援绥军团。15 日，张、杨派出的代表苗淳然到达绥远，向傅作义说明了"兵谏"的宗旨和经过。傅表示支持张、杨的义举，他对苗淳然说："一、联合起来，一致抗日，这条路线，是完全正确的，我对张、杨两公此举，决心拥护到底。二、绥东抗战的局面，已经打开了，只有用拥蒋北上的办法，才有利于摆脱西安被动的困境。三、三五天内安排以后，我决心去西安和张副司令同患难。"④ 傅从西安的八项救国主张通电和苗淳然的口头说明中已明了张、杨无害蒋之意，因而决定前往西安，劝张、杨早日释蒋，再要求蒋对张、杨要不咎既往。这样，既可得勤王救驾之功，又可报张学良昔日之恩。傅动身前，先到太原和集宁向阎锡山、汤恩伯说明了西安之行的打算，得到了他们的理解和支持。准备就绪后，傅致电孔祥熙，提出他要去西安营救蒋，请派飞机到绥候用。孔接到傅的电报十分高兴，当即通过宋子文派欧亚航空公司飞机一架到绥，供傅

---

① 秦孝仪主编《革命文献》第 94 辑，第 145 页。
② 李金洲：《西安事变亲历记》，秦孝仪主编《革命文献》第 94 辑，第 248 页。
③ 李金洲：《西安事变亲历记》，秦孝仪主编《革命文献》第 94 辑，第 248 页。
④ 苗淳然：《西安事变中我到晋绥见阎、傅的回忆》，《西安事变亲历记》，中国文史出版社，1986，第 299 页。

乘用。

12 月 22 日,傅乘机离开绥远拟经太原去西安。可是飞机因在大雾中迷航,在河北易县迫降。傅从易县乘汽车到北平,再乘火车去太原转西安。他到太原获悉西安事变已和平解决,张学良已送蒋介石回南京。

担任冀察政务委员会委员长兼冀察绥靖主任的宋哲元和身为山东省主席兼第十三路军总指挥的韩复榘,是华北地区实力较强的地方实力派。宋、韩原来都是冯玉祥的部下,在西北军中共事多年。宋哲元与张学良也有较深的历史关系,1930 年中原大战西北军失败后,宋曾接受张学良改编,被张荐任为察哈尔省主席,受当时担任全国陆海空军副总司令、北平军分会代委员长的张学良节制。西安事变期间,宋、韩一时成为西安、南京和冯玉祥三方共同关注和拉拢的对象。张、杨对蒋发动"兵谏",估计会得到宋、韩的支持。张学良在事变当天致电宋哲元,向他说明发动"兵谏"的原委和主张,希望他"接电后亲来西安,或派全权代表前来,共商国是"。① 孔祥熙等深知宋、韩与蒋介石素有矛盾,十分担心他们会站到张、杨一边,所以极力笼络他们。孔祥熙、何应钦除致电冀宋、鲁韩外,并派当时在南京与他们有旧的戈定远、李世军、李毓万等北上拉拢。冯玉祥闻知蒋被张、杨扣留后,也立即派高级幕僚邓长耀北上,叮嘱其原部属宋、韩要"小心说话为主"②,对事变持谨慎态度。冯还请戈定远转告宋哲元,在答复"各省来电"时,"均称拥护中央到底"。12 月 15 日,邓长耀在北平致函冯玉祥复命,说他 13 日晚 9 时"到济南,与向方(韩复榘)晤谈甚久。对于先生之指导训谕,极端赞成"。14 日下午 4 时到北平,"即日与明轩(宋哲元)见面。其主张,与先生之主张相同"。③

宋哲元 12 日深夜收到张学良邀请他赴陕的电报,第二天召集他的高级将领和幕僚研究对策。会上,各种意见都有,最后宋哲元发言。他说,张学良发动"兵谏"一定有背景,情况相当复杂。对西安事变要想一想,看一看,头脑要冷静,不宜轻易表态。他决定暂不派代表去西安,指示有关

---

① 毕万闻主编《张学良文集》(2),第 248 页。
② 《冯玉祥日记》第 4 册,第 847 页。
③ 《历史档案》1981 年第 1 期。

人员先给张学良复电，大意是："盼张学良以国事为重，请其保护蒋介石的安全，一切均可从长计议。"① 宋哲元为应付已深入华北、咄咄逼人的日本侵略者，于12月14日发表声明，表示要全力维持冀察的和平秩序，继续执行南京政府的一切命令。宋哲元还派代表去南京，表示对中央的忠诚，同时探听南京当局对西安事变的态度，以便决定自己的对策。

事变期间，宋哲元和韩复榘保持着密切联系，双方代表经常交换对时局的看法，商定必要时采取一致行动；可是他俩对事变的态度不尽相同：宋有些倾向南京，而韩则两面讨好。韩一方面派代表去西安，表示同情和支持张、杨的行动；同时又派人去开封，与刘峙、商震这些国民党的高官商讨如何营救蒋介石，并致电何应钦，表示对蒋的关切。12月21日，韩复榘给张学良发出"马电"，称赞张的行动是英明的壮举，并说他的部队奉南京命令西开，望在两军接触时勿生误会。22日，宋哲元、韩复榘在津浦线德州以北一个小车站秘密会晤，商定第二天（23日）联名发表对时局的主张。在这封联名"漾电"里，他们针对南京下达"讨伐令"后内战日益扩大的严峻形势，提出了三个问题："第一，如何维持国家命脉？第二，如何避免人民涂炭？第三，如何保护领袖安全？"他们的具体主张是"由中央召集在职人员、在野名流，妥商办法，合谋万全无遗之策"。② 当时，宋美龄、宋子文正在西安同张、杨谈判，要求张、杨早日释蒋。在南京当局看来，在蒋还未获释的情况下召开这样的会议，无疑会使当时的局面"旷日持久，众说纷纭"，这对他们"营救委座与整饬纪纲均无益"。③ 因此，南京政府迅速派人北上，企图说服宋、韩收回"漾电"。孔祥熙也命李世军致电北平市秦德纯，请其对宋哲元进行说服解释，并向他们透露了南京对西安采取的策略。李世军给秦德纯的电报说："此间今日下午收到宋公与韩主席自济南发出联衔漾电后，中央负责诸公，咸认为在此时机，中央表面上虽声张讨伐，而实际则仍积极求政治途径之解决，在双管齐下政策下，庶可以断张、杨与共党之联合，而救介公之安全，亦以

① 王式九：《宋哲元对西安事变的态度》，吴福章编《西安事变亲历记》，第307页。
② 《西安事变资料》第1辑，第193页。
③ 《西安事变档案史料选编》，第78页。

求事变之和平妥善解决也。"① 孔祥熙本人也在 24 日致电韩复榘、宋哲元，答复他们在"漾电"中提出的三个问题："现欲维持国家命脉，避免人民涂炭，非健强政府之力量不可；健强政府之力量，非先整饬国家之纪纲不可；整饬国家之纪纲，非先恢复领袖之自由不可。"孔在这里强调"国家纪纲"，显然是以此对宋、韩进行恫吓，让他们不要轻举妄动，不要跟着张、杨跑。至于对宋、韩召集在职、在野名流会议的提议，孔祥熙答复说：在蒋未获释情况下，"所谓召集会议一节，更将群龙无首，力量分散"。孔接着对宋、韩说："兄等现殷殷以领袖安全为念，即祈迅为共同设法，劝促汉卿，早将介公护送回京，对于党国大计，或可以从长计议。"孔祥熙清楚，宋、韩之所以提出三个问题，是因为他们反对以武力解决西安事变，所以在给宋、韩的电报中孔解释说："至于讨伐令，原为明是非，别顺逆，平军民之公愤，示胁从以坦途，而军队之调遣，尤在促汉卿之觉悟，防共匪之猖獗，使和平之途顺利进行，和平之解决早日实现。"② 孔在这里告诉宋、韩，他解决西安事变的方案是通过政治途径，和平解决；至于颁布讨伐令，调遣军队，则是一种辅助手段；当前的急务，是促使张、杨早日释蒋回京。宋、韩联合发表一个通电，就使南京当局如此胆战心惊，接连解释，这表明他们十分害怕宋、韩响应张、杨的行动，站到西安一边去。

在各地方实力派中，张学良在扣蒋时寄予厚望，后来也最令他失望的是阎锡山。身为山西绥靖主任的阎锡山，在日本侵略势力越过长城，华北危在旦夕时，仍与日本侵略者勾勾搭搭，藕断丝连。可是，随着日本侵略者的步步进逼，他经营多年的老巢山西受到直接威胁时，阎一方面邀请共产党人薄一波等来山西，帮助他组织和发动民众，以准备迎击日本侵略者；同时希望蒋介石放弃"攘外必先安内"的方针，集中全国力量，共同抗日。如前所述，1936 年 10 月末，阎同张学良一起到洛阳为蒋祝寿，同时建议蒋停止内战，一致抗日，结果遭到蒋的拒绝和痛斥。阎、张十分沮丧，阎曾对张说："汉卿呀！看委员长态度，咱们不能再说了，只有咱们自己以后看

① 《李世军致秦德纯电》（1936 年 12 月 23 日），《团结报》第 1173 号，1991 年 2 月 13 日。
② 《孔祥熙致韩复榘、宋哲元电》（1936 年 12 月 24 日），《团结报》第 1173 号，1991 年 2 月 13 日。

机会慢慢地做罢。"① 只因有此口头默契，张学良发动"兵谏"认为会得到阎的响应和支持。所以张、杨扣蒋后，立即致电阎锡山，向他通报八项主张和"兵谏"经过，热切期望得到他的同情和支持。12月13日，张、杨派苗浡然为代表乘坐蒋介石的座机飞往太原，向他通报西安的情况和主张，恳切希望他到西安进行领导。老奸巨猾的阎锡山听完苗的介绍后，慢吞吞地做了如下意味深长的表态："一、日本不断地进攻，我们就只有抵抗，山西的守土抗战，已下决心。"当时阎"还耐心地列举了日本的经济掠夺和华北工矿企业的严重损失数字。二、扣蒋易，放蒋难。这样一来，全国抗战的局面，反而增加了困难，不过张、杨两公已经这样做了，我只有义不容辞地积极设法，帮助找一条走得通的路，因为身体不好，恕我不能亲往了。三、联共是党与党的问题，我完全同意在大西北很好地联合红军共同抗日，借这个机会争取和红军就地谈判好，以便由局部到全体，看来这个问题，有首先解决的可能，停止内战，是件大好事"。② 同一天，阎复电西安，向张、杨又提出四项质问："第一，兄等将何以善其后？第二，兄等此举，增加抗战力量乎，减少抗战力量乎？第三，移内战为对外战争乎，抑移对外战争为内战乎？第四，兄等能保不演成国内之极端残杀乎？"阎攻击张、杨的义举是"以救国之热心，成危国之行动"。③ 张、杨对阎的这种态度深感意外，十分愤怒，15日再电阎锡山，反复申明："此间文日谏请蒋公，积极抗日，未蒙采纳，因请暂留西安，只为贯彻抗日救国主张，既非力争，亦不赤化，与各将士目标一致，甚足加强抗战力量。"④ 17日，张、杨又一次致电阎锡山，针锋相对、义正词严地驳斥了他的四项质问："第一，良等此举，系对事决非对人；对人则善后似不易，对事则善后亦非难。如介公实行积极抗日，则良等自仍竭诚拥护，即罪及良等，亦所甘受。介公如始终不积极抗日，而外力所迫，民意所趋，全国亦必发动抗日。""第二，增加及减少抗战力量，良等之愚，以为须从根本上着想，实有力量而不用，或

---

① 李金洲：《西安事变亲历记》，秦孝仪主编《革命文献》第94辑，第241页。
② 苗浡然：《西安事变中我到晋绥见阎、傅的回忆》，吴福章编《西安事变亲历记》，第298～299页。
③ 《国闻周报》第13卷第5期，1936年2月。
④ 西安《解放日报》1936年12月17日。

用而不能发挥最大效能，均不能谓之增加。如使军队与民众真正觉悟，从内心上发出与敌势不两立之抗战精神，则力之增加，实不可以限量。良等此举，实在促成全国真正觉悟，全体动员。盖对日作战，必须军民并用，反恃徒知服从之军队，决不足以济事也。""第三，良等此举，纯为抗日，绝无造成内乱之意；且尽其所能，避免内战。如中央不顾民意，肆行压迫，则是中央自造内乱；中央如不惜自造内乱，尚有对外作战之心，表示中央积极出师抗日，则良等谨必立时践言，担负最前线之任务。""第四，是否演成国内残杀，须视大众之觉悟如何。如大众彻底觉悟，则必共趋对外，而残杀可免；否则即无国内残杀，亦岂有不亡国之理。据良等观察，我国军民觉悟，已达相当程度，如政府拂乎民意，压迫群情，心难存在。"张、杨在此电中向阎表白，他俩"激于爱国热忱，行动或涉鲁莽，然此心无他，可质天日"。① 张、杨在电报中还通知阎锡山，他们决定派与阎有旧、现为"西北总部"秘书兼第六科科长的李金洲作为代表前往太原，当面向阎通报西安事变的真实情况并听取他的意见。

李金洲17日从西安登机前向张学良请示机宜时，发现张"对阎氏态度极为不满"。张向李除讲了他与阎在洛阳联合向蒋"净谏"遭到痛斥及两人密谈经过外，还叮嘱李说："你告诉他说，现在我已经做了，看他怎么办？此事他不要想摆脱干净，必要时我将调华北部队，会师太原云云。"② 显然这是句气话，但可看出张学良当时对阎锡山的愤懑情绪。

李金洲乘坐的飞机17日上午10时左右起飞，当日中午到达太原。李下机后，径赴绥署见阎。阎对李说，他"自事变发生，日夜不安，急盼西安来人；得知真相"。李金洲"将事变经过原原本本详为陈述"，着重通报蒋介石在西安绝对安全，以澄清当时社会上的种种谣传。李金洲还向阎转达了张学良的意见。阎听完李金洲的介绍，令秘书将西安情况电告南京，太原出版的报纸发行号外，报道西安的代表已到太原，蒋在西安安全无恙。刘与阎的谈话持续了一个小时，阎最后表示：本着"爱护国家，爱护领袖，爱护副司令，爱护东北军"的四大原则，派赵戴文、徐世昌为代表于次日

---

① 《西安事变资料》第1辑，第135~136页。
② 李金洲：《西安事变亲历记》，秦孝仪主编《革命文献》第94辑，第250页。

随李金洲飞西安,与张、杨谈判,解决当前危机。但他提出,赵、徐到西安后,必能单独与蒋介石谈话。阎让李金洲向西安发电请示,等待西安复电后再成行;接着,阎又提出等南京代表黄绍竑来太原,一再拖延代表启程日期。在此情况下,李金洲于19日先行返陕向张、杨汇报,约定20日派飞机再来太原接赵、徐。张、杨听取李金洲报告后,19日下午致电阎锡山说:"李君金洲返,具述尊意及经过情形","良等再为公告者,不〔除〕抗日之外,绝无他图;为抗日而受任何牺牲,在所不惜。予决不造成内战"。张、杨还通知阎:"李君明日返并(太原)。"① 可是20日晨当李金洲登机前向张学良请示机宜时,张突然改变主意,对李金洲说:"今天不用去了。我决不让老阎作这一票买卖。你拟个电报给阎氏,就说天气不佳,不宜飞行,俟气候好转,再行前往。"② 此时,张学良已通过端纳开始直接与南京对话,自然不需要由阎锡山从中疏通斡旋了。

五　民众的反应

不同的政治立场和政治倾向,决定了国内各民众团体和知识界对西安事变的不同反应。

左翼民众团体和知识分子大都赞扬张、杨的爱国行动,支持他们的救国主张。事变爆发后的两三天内,西安收到了全国各地发来的1000多件电报,表示支持张、杨的义举和主张。北平、上海的学生还举行游行,声援张、杨的行动。青岛10万纱厂罢工工人派代表来到西安,送来了青岛各纱厂工人联合会致张、杨的信,信中说:"听到你们12月12日的消息和八大原则,我们真是万分高兴!"又说:听到你们抗日救亡的吼声,相信"民族解放的曙光,已经出现在我们眼前"。信中还说:"你们的停止内战、联合抗日的口号,真是我们每个人内心的要求呵!"青岛各纱厂工人联合会的信最后表示:"张副司令、杨主任和西安一切抗日的战友们,努力向前冲吧!

---

① 《阎锡山致何应钦电》(1936年12月20日),《团结报》第1163号,1991年1月9日。
② 李金洲:《西安事变亲历记》,秦孝仪主编《革命文献》第94辑,第251页。

全国最多数的大众们，都翘望着你们，准备应援你们呢，最后的光明和胜利一定属于我们！"①

　　在西安的18个爱国救亡团体12月14日联合发出通电，斥责蒋介石九一八后五年来"昧于国势民意，空谈武器准备"，致使爱国军民此起彼伏的抗敌义举"终至局部抗战，无裨全局，一时胜利，未竟全功"。通电指出："近自绥远战争爆发之后，全国人民一致主张即日总动员抗敌，进而收复一切失地，挽救民族危亡为急务，而蒋氏均置之不顾，一面企图结束绥远战局，一面仍进兵陕甘加紧'剿共'。"通电称赞张、杨二位将军"戍兵边疆，忧国心长"，对蒋"晓音苦口"，多次诤谏，期望蒋"翻然觉悟，即日移师向敌"，结果蒋是"忠言不纳，责斥备至"。在万不得已情况下，张、杨"两将军以蒋氏一身进退系整个国家安危民族存亡"，才毅然"实行兵谏，请蒋氏暂留西安，待其反省"。通电呼吁"全国同胞万众一心，精诚团结，共赴国难，以挽危亡"。② 同一天，设在北平的东北各救国团体联合会发表宣言，揭露蒋介石和南京政府的误国害民政策，代表3000万东北同胞提出："反对假借任何名义实行内战！""要求政府接受张、杨救国主张！""速召救国大会实行抗日！"③ 北平学生救国联合会12月14日致电张、杨，称赞他们"忧心国事，大义昭然！"说西安事变不但使他们的"盛名重著千秋，即国家民族之生机亦胥赖于此"。呼吁张、杨"早日召开救国会议，贯彻八项主张，克日誓师北上，收复已失山河"，并表示"敝会等誓为后盾"。④ 北平人民救亡大同盟12月17日散发题为《对于西安政变的基本认识》的传单，客观地分析了酿成西安事变的远因和近因，有力地批驳了南京对张、杨的种种攻击和诬蔑，最后提出了六项要求：

　　（一）政府从速停止内战。（二）对于西北将领的救国主张，召开救国会议，商讨国是。（三）开放民众运动，允许民众言论、集会、结社、信

① 西安《解放日报》1936年12月22日。
② 西安《解放日报》1936年12月25日。
③ 《西安事变资料》第1辑，第178页。
④ 西安《解放日报》1936年12月16日。

仰、出版之自由。（四）停止屈辱的中日南京谈判。（五）调开从事内战的军队到边疆各省，真正对日开战。（六）开放党禁，释放一切政治犯。①

有的爱国团体和知识分子，听到西安事变消息后感到震惊和愕然。他们对张、杨提出的八项救国主张表示同情和支持，但对张、杨采取的扣蒋行动则持有异议。他们希望南京和西安通过协商和平解决西安事变，敦促张、杨早日释蒋。他们主张集中国内一切力量一致对外，反对南京派兵讨伐，扩大内战的行动。设在上海的全国各界救国联合会与张、杨早有联系。1936 年 7、8 月间，经杜重远介绍，张学良在上海秘密会见了救国会领袖邹韬奋、沙千里、李公朴、章乃器、王造时等，畅谈抗日救国运动风起云涌的大好形势，张表示赞同救国会的宗旨，答应从经济上予以资助。② "七君子" 在上海被捕后，张学良极为愤慨，从西安专程去洛阳当面要求蒋介石释放沈钧儒等救国会领袖。张、杨在事变后提出的八项主张中第三项就是要求 "立即释放上海被捕之爱国领袖"。可是，全国各界救国联合会 12 月 15 日发表的 "紧急宣言"，认为在当时的历史条件下，扣留蒋介石 "实在是一个极大的不幸"。"紧急宣言" 对张、杨提出的 "联合各党各派，实行民主政治，团结全国力量出兵收复失地" 的主张予以肯定；但认为 "扣留蒋介石先生，实行武力净谏" 是 "不合常规的办法"，是 "不能为全国民众所赞同" 的。"紧急宣言" 举着 "反对内战，扩大抗战" 的旗帜，高呼 "要求停止一切现存的内战，反对一切可能的新内战！" 庄严提出我们要求当局尊重全国的民意，和平解决陕事；同时要求张、杨诸将军，"立刻恢复蒋先生的自由，和中央剀切磋商，实行抗日大计"。③ 在南京当局颁布 "讨伐令" 当天，该会致电南京政府，指出："当兹寇氛日亟，抗战紧张之秋，任何内争，均足消耗国力，援敌以可乘之机。" 要求南京政府 "对陕事郑重处理，务期避免内战"，以使 "各方实力，得以精诚团结，共赴国难"。④

<hr />

① 《北京档案史料》1986 年第 4 期。
② 栗又文：《西安事变与张学良将军》。《西安事变资料》第 2 辑，人民出版社，1981，第 82 页。
③ 《全国各界救国联合会紧急宣言》，《救亡情报》西安事变号外，1936 年 12 月 18 日。
④ 《救亡情报》西安事变号外，1936 年 12 月 18 日。

著名爱国民主人士杜重远是张学良的挚友，他也不赞成扣押蒋介石。12月19日，张、杨的代表苗渤然在潘汉年陪同下在上海拜会杜重远时，"杜表示不同意张这样搞。他说：'下一步棋，事前不想好，全凭碰运气，是很危险的。张先生就是好冲动。在上海，弄得大家更不好讲话了'"。① 杜在同一天写给友人的信中说：他得知西安事变消息后，感到"莫不痛心"。他认为："绥东战事方酣，西安变乱忽起，抗敌前途受一巨创"，担心蒋介石如"发生不测，则今后中国纷乱局势无人可以收拾"。在国家面临危亡的时刻，他呼吁"各党各派均宜打破成见，共救危舟"。他认为，为团结一切抗日力量，应恢复蒋之自由，因为"蒋公一出，团结之力反而坚固。否则意见分歧，各执其是，群龙无首，大局紊乱，中国不欲作西班牙之续者势不可得"。因此，杜重远在得知蒋介石被扣押后，立即致电冯玉祥和孔祥熙，劝他们"力持镇静，以营救委座为第一要着"；同时他又给黄炎培、杜月笙写信，请他们"从各方面作此运动"②，力争使蒋介石安全获释。北京各高等学校的教师们，听到蒋介石被扣消息后，对张、杨的行为不理解，担心"举国复有陷于混乱之虞，长敌国外患之势，寒前线将士之心"，认为此举"召亡国之实祸，破坏统一"。清华的教授们12月15日召开临时会议，推举朱自清、闻一多、张奚若、吴有训等7人共同起草《宣言》③，呼吁全国人士一致主张和平解决事变，要求张、杨不能伤害蒋介石，并护送蒋出险返京。

西安事变爆发后，一些右翼团体、报刊和知识分子群起鼓噪，社会上掀起了一股拥蒋和攻击张、杨的恶浪。胡适12月20日发表在《大公报》上的星期论文《张学良的叛国》，可说是这方面的代表作。刚刚从大洋彼岸回国才十多天的胡适，听到蒋介石在西安被张、杨扣留的消息感到震惊，他认为张、杨的举动"是背叛国家，是破坏统一，是毁坏国家民族的力量，是妨害国家民族的进步！"最使胡适感到奇怪、令他不解的是当时"有一部分的青年人表同情于张学良"。他说："这些知识幼稚的青年，他们本是抱

---

① 苗渤然：《西安事变中我到晋绥见阎、傅的回忆》，吴福章编《西安事变亲历记》，第299页。

② 《西安事变资料》第1辑，第204页。

③ 《清华大学校刊》第799号，1936年12月16日。

着爱国血诚的，只因为情绪太兴奋，忍耐心太薄弱，不明了事实，总感觉到政府对外太软弱，总疑心到政府的领袖有对不住国家的心思"。以青年导师自居的胡适避而不谈"九一八"以来蒋介石对日屈辱妥协招致丧权辱国的种种事实，竭力为蒋辩解，说蒋"五年来忍辱不战，所求的是一个统一的国家，齐整的步伐，充实的力量"。他呼吁青年们把对蒋介石"错误的感觉现在应该可以清楚了"。胡适支持南京讨伐派的主张。他称赞12日夜国民党中央紧急联席会议做出的褫夺张学良本兼各职、让何应钦指挥调动军队等等，"是健全政府本身在非常时期的组织"，说16日南京下达的讨伐张学良令，"是全国的要求"，是"很正当，很得体的处置"。他极力给讨伐派鼓气，让他们抛弃"一切迟疑顾虑"，坚持主战立场，"不迟疑的，迅速的进兵，在戡定叛乱的工作之中做到营救蒋陈诸先生的目的"。他还竭力为南京的讨伐派辩解，批驳主和派的主张。他说用武力进攻西安，"这不是不顾蒋陈诸先生的安全"。胡适在这篇文章里还曲解中国共产党提出的抗日民族统一战线方针，他说中共的"抗日作战"口号"只是一种无耻的欺骗"，"联合战线"是"绝对不可能的"。他把国际主义与爱国主义对立起来，说什么"向来抱国际主义的共产党是绝对不能一变就成为爱国主义者，他们近来高唱的民族主义战线，只是他们在武装叛乱失败时的一种策略"。

　　傅斯年在12月21日发表的《讨贼中之大路》一文中称：不能"因为盼望蒋公早日出险，不由得不急切等候端纳和蒋鼎文主任的消息。"他说："感情所引导的复杂思路是一回事，认识事理和贯彻国策又是一回事。"他主张"必须和张贼先比实力"，"必须把张贼制到死地，然后他才认识他自己"。傅斯年说，武力讨伐以外的消息，"无论来自西安和太原，大可不必过分期待着。尤其不可因为盼望这些消息，缓慢了我们讨贼的任何工作。军事的行动不当有一分钟的迟延，讨贼的呼号不可有一分钟的停歇"。"现在全国上下应当只有一种意志，就是'打！打！打！'又应该只有一种盼望，就是'胜！胜！胜！'对张贼只有一道命令，就是'降！降！降！'"①这是地地道道的讨伐派腔调。

---

① 南京《中央日报》1936年12月21日。

第十章　震动世界

一　苏联的态度

西安事变不仅震惊了国内各方面，也震动了世界各地。

苏联对西安事变的态度，对事变的进程和结局影响较大，事变双方都特别关注。事变刚发生时，国内外很多人都认为苏联对西安事变肯定会给予同情和支持，因为它一直自称是全世界被压迫人民和被压迫民族谋求解放的救星。不仅张学良、一些进步人士和中共中央如此期望；南京政府中的许多人也认为张、杨的行动与苏联有关，怀疑苏联是西安事变的后台。12日午夜举行的国民党中央紧急联席会议在分析张、杨此举的国际背景时，就认定是"第三国际之苏联"。[①] 在国外，日本报刊如《天天新闻》则别有用心地捏造说：西安事变为"莫斯科魔手"所策划，"张学良独立政府"同苏联已缔结"防御与进攻联盟"。可是事实却与这些恶意的造谣以及人们的想象相反，苏联根本反对西安事变，攻击事变的发动者张学良。12月14日，苏共中央机关报《真理报》发表题为《中国发生的事件》社评，一方面吹捧蒋介石，说只有蒋介石控制的南京政府才能统一中国，才能"使处于分裂状态的各个地区联合起来，团结全国人民，同外国侵略者作斗争"；另一方面则把张、杨的义举说成是"叛变"，是"利用抗日运动进行投机"，

---

① 孔祥熙：《西安事变回忆录》，秦孝仪主编《革命文献》第 94 辑，第 117 页。

甚至造谣说爱国将军张学良同亲日派首领汪精卫沆瀣一气，说什么"汪精卫利用张学良部队中的抗日情绪，挑动了这支部队反对中央政府"，张、杨是"利用抗日运动以营私，名义上举起抗日旗帜，实质上制造国家分裂，使中国继续混乱下去，使其不可避免地成为外国侵略强盗的牺牲品"。苏联政府机关报《消息报》当天也发表了内容相同的评论。《真理报》评论颠倒黑白、无中生有的手法十分卑劣，使其外交部门十分尴尬。当 12 月 15 日南京政府驻苏大使蒋廷黻向苏联外交人民委员李维诺夫诘问此事时，他无言以对，不得不改口说："我不认为张学良直接与日本人相勾结而有此事，倒觉得他是听了某人别有用心的坏主意。"总体来说，苏联报刊的舆论十分鲜明地反映了苏联官方的立场，它完全站在蒋介石一边，替蒋说话，矛头对准张、杨。当时在莫斯科的南京驻苏大使蒋廷黻后来在评论苏联这些社论时说："他们对中国很友善，说明中国面对国际上的危机，一定要团结统一，而且只有（蒋）委员长能领导全国。"① 在苏联报纸社论发表的当天，蒋廷黻就将其内容摘要电告南京当局，并评论说：其中"除汪院长一段可笑外，余皆吾人所乐闻者"②。苏联官方通讯社塔斯社奉命立即将《真理报》《消息报》社评全文发往中国。南京政府在没有弄清苏联是否是西安事变的后台以前，上海的国民党新闻检查机关不准它在中国报刊上发表。

在西安事变问题上，共产国际和苏联采取了相同的立场。后来周恩来在一次评论共产国际与中国共产党关系的讲话中说："西安事变张学良、杨虎城把蒋介石抓起来，共产国际公开说张是日本帝国主义的走狗，抓蒋介石是适应日本的要求。这个判断是完全错误的。"③

苏联之所以反对西安事变攻击张学良，首先是因为苏联与张学良之间存在着历史恩怨。早在 1927 年 4 月，张作霖派兵冲入北京的苏联使馆，查抄档案资料，逮捕住在其中的中国革命者，包括李大钊同志，并惨无人道地施行绞刑。张学良主政东北后，撕毁中苏之间的协议，挑起了"中东路事件"，与苏联发生了武装冲突。张氏父子的这些反苏行动，自然招来苏联

---

① 《蒋廷黻回忆录》，台北，传记文学出版社，1979，第 197 页。
② 《蒋廷黻回忆录》，第 197 页。
③ 《周恩来选集》下卷，人民出版社，1984，第 311 页。

的不满和怨恨。更重要的原因，是当时苏联所面临的国际环境。1936 年末，苏联面临的国际环境十分险恶，面临着被日、德两个法西斯国家夹击的威胁。在东方，日本侵吞中国东北后，把它的精锐部队关东军部署在苏联边境附近，并一再叫嚣要实行"北进"计划。西方国家亦企图把日本的侵略祸水引向苏联，这些都威胁着苏联的安全。在西方，希特勒法西斯正疯狂地扩军备战，企图侵吞苏联，称霸欧洲和全球。1936 年 11 月，德、日两国在柏林秘密签订了反共产国际协定，德、日、意三国反共轴心亦在酝酿中，它们打着反共产主义旗号，剑指苏联。面对这种险恶的形势，斯大林在外交方面制定了一个战略决策，就是极力争取中国的蒋介石，支持他统一中国举全国之力，坚持抗击日本帝国主义的侵略，把日本侵略势力，牵制在中国战场上，使其不敢贸然"北上"犯苏。这样可以减轻苏联在东线方面的压力，进而阻断日、德两个国家的法西斯军队合流、会师。正因如此，苏联很不愿意看到中国国内发生反蒋事件。1936 年 6 月，两广地方实力派在抗日旗号下反蒋，苏联报刊谴责它是破坏中国统一，为日本帝国主义效劳。如今，张、杨把蒋扣押在西安，逼其改弦更张，联共抗日，苏联报刊匆忙发表讨好蒋介石、攻击张学良的言论。此外还有一个直接原因，即想以此来表白苏联与西安事变无关，回击日本和中国一些报刊对它的攻击，回答南京政府对它的怀疑和责难，以摆脱外交上的不利局面。

苏联对南京的好意，并没有立刻被南京所理解。事变发生后的最初几天，南京当局确实怀疑苏联与西安事变有关。12 月 13 日南京行政院秘书长翁文灏奉命致电驻苏大使蒋廷黻，通报"张学良等将（蒋）院长扣留西安"，要求他"在苏俄酌量速妥接洽"。[①]孔祥熙在南京也直接与苏联外交代表进行了交涉。

事变发生后，苏联为澄清南京的误会，南京为争取苏联帮助释蒋，双方在莫斯科和南京进行了频繁的交涉和接触。

12 月 14 日，蒋廷黻将当天《真理报》《消息报》的重要社评摘要电告南京外交部；同一天，南京当局也去电催促蒋廷黻抓紧与苏方交涉，吁请莫斯科对中共和张、杨施加影响，使蒋早日获释。蒋廷黻接到南京电报后，

---

① 《蒋廷黻任驻苏大使期间与国民党政府来往电》，中国第二历史档案馆藏。

颇感为难。他认为苏联"两大报同时发表重要社评,用意在使世人不疑苏联与叛变有关",所以他对南京赋予他的这个使命深感棘手。当天傍晚他给南京复电,谈了自己的上述看法,同时也答应与苏方交涉,但他认为拯救蒋介石的最好办法,是南京在短期内放弃反共政策,"与西北红军妥协",实行国共合作,共同抗日。他认为这样做对救蒋"似亦有补"。①蒋廷黻从与苏联官员的接触、会谈中得知,苏联希望蒋介石抗日,同时希望他放弃"剿共"。他认为南京如能与中共停止内战,共同抗日,一定会受到苏联的欢迎和帮助,有利于蒋介石安全获释。

蒋廷黻根据南京的指示,12月15日在莫斯科约见苏联外交人民委员李维诺夫。李维诺夫十分关注西安发生的事变,他问蒋廷黻"是否有新从南京得到的消息?"蒋回答说:"除去广西自然还有陕西以外,所有省份都支持南京政府。"蒋接着说,他已将《真理报》《消息报》社评的摘要电告南京,不过他觉得苏联"把张学良的行动同汪精卫的诡诈行为扯到一起是不妥当的,因汪不可能与此事有任何关系"。李维诺夫表示:"目前的事态使我们极为不安,我们认为张学良的行动是一件很不好的事情。"关于苏联报纸社论说汪精卫策动西安事变一事,李维诺夫改口解释说:"我不认为张学良直接与日本人相勾结而有此事,倒觉得他是听了某人别有用心的坏主意。"他接着表示:"我们一向主张中国统一,从不同情中国将军的内争。我们特别高兴近来有人致力于扩大南京政府的基地和抗击日满蒙分子(指绥远抗战——引者)。我担心日本会利用近来的事态发动新的侵略。不管怎样,目前处于危急状态的日本政府可能会因这个事变而挽回局面。"蒋廷黻委婉地对李维诺夫说:南京命令我探询苏联政府"能否用其他办法帮助南京政府,而不仅仅是表示同情。"言外之意是请苏联采取实际行动,对西安方面施加影响,早日释放蒋介石。李维诺夫对此十分敏感,他斩钉截铁地回答说:"我找不到这样的办法,因为自从张学良离开东三省后,我们与他没有任何联系。"②

---

① 《蒋廷黻任驻苏大使期间与国民党政府来往电》,中国第二历史档案馆藏。
② 《苏联外交人民委员李维诺夫与中国驻苏大使蒋廷黻的谈话记录》(1936年12月15日),《苏联对外政策文件集》第17卷,莫斯科政治文献出版社,1971,第668~669页。

西安事变爆发后，中国报刊根据南京当局的指令，拒绝刊登苏联报纸的社评，相反有些报刊却散布西安事变与苏联有关的言论，这就激怒了苏联当局。16日，苏联外交当局指示苏联驻华临时代办斯皮利瓦涅克立即去见孔祥熙或张群（外交部长）并向南京政府声明：

1. 苏联政府获悉西安事变消息后立即明确表态，斥责张学良的行动，因为这种行动在客观上只能有利于那些企图瓜分和奴役中国的中华民族的敌人。

2. 苏联政府授权您以全权十分明确和坚决地声明，我政府不言而喻不论过去和现在都同西安事变没有任何关系，而且自从日军占领东三省后与张学良未保持任何直接和间接往来。

3. 鉴于伪造和诽谤性的报道仍在继续散播，苏联政府授您以全权进一步声明，我政府对中国红军的行动不能负任何责任。

4. 中国居然有个别人和报刊模仿中国的敌人所散布的无耻诽谤，说什么苏联政府与西安事变有某种关系，苏联政府为此极感惊讶与愤慨。苏联政府对此表示抗议并望中国政府采取措施制止这种诽谤谣言的传播。①

这是苏联政府对西安事变态度的正式官方文件。两天前《真理报》《消息报》的社评与此精神完全一致。

就在同一天，南京给蒋廷黻发去"铣电"，要求他在莫斯科抓紧交涉，注意搜集苏联与西安事变关系的证据，并探询与苏谈判需付出什么代价等。蒋廷黻这位学者出身的外交官17日复电南京，再次建议南京停止"剿共"。他强调这是最有效的代价。因为只有这样才能获得苏联帮助。这位大使指出："张叛变如与俄无关，则俄不能助我，如有关则俄必索助我之代价。俄望我抗日，亦望我不剿共，俄视两者同重，唯不剿共尤急，不出此代价必无成"。至于"俄与叛变有无关系"，蒋廷黻当时也毫无把握。为答复南京，

---

① 《苏联外交人民委员致苏联驻华临时代办斯皮利瓦涅克电》（1936年12月16日），《苏联对外政策文件集》第17卷，莫斯科政治文献出版社，1971，第670页。

他搜肠刮肚，勉强罗列了几条疑问，可是他自己对这些似是而非的问题也感到"证据不足"。因此，在给南京的复电中说：他在与李维诺夫等人会见时对此问题没有提及，对苏方"未责一词"。蒋廷黻在复电中还建议南京政府对西安方面实行"明急而暗缓"的策略，不急于下"讨伐令"，因为"如积极推动军事，院座（指行政院院长蒋介石）必有生命危险，且阻碍此间交涉"。①

蒋廷黻根据南京"铣电"指示，17 日再次与李维诺夫会面，提出"京沪一带谣传西安事变的发生是苏联煽动共产党，共产党又煽动张学良，因而发生的"。对这些无中生有的捏造，苏联当局表示强烈不满，李维诺夫"很愤激"，② 这次会见不欢而散。当晚 11 时半，蒋廷黻将这次会见经过电告南京外交部："李维诺夫见面即言余愿趁机向你们抗议中国政府禁止报纸登载《真理报》《消息报》社评及塔斯社否认日本谣言之声明，表示中国政府疑苏联与张学良有关，此种猜疑实不友谊。前已告你，自张学良离东北后，苏联与彼无关系，与任何私人无关系。在莫斯科虽有中国共产党员如王明等，然苏联政府不与彼辈发生关系。"蒋廷黻说：南京政府是否"禁止登载社评他尚不知"，然"张学良与中国共产党有关，而共党与第三国际有关，此乃显明事实"。李维诺夫辩解说："第三国际与苏联无关系。"蒋廷黻反驳道："此乃苏联政府一贯之立场，但世人皆不信。"李维诺夫坚持说："苏联将始终维持其立场，无论世人信与不信。"双方又围绕苏联与张学良发动的西安事变是否有关的问题展开了争辩，之后蒋廷黻说："我今天来见非为追究往事。张逆叛变影响重大，如不设法制止，将演成西班牙式之战争，此谅非苏联所愿，亦非中国所愿。"他恳求苏联政府"能用某种方式给我协助"。对此，李维诺夫答道："唯一协助方法在使中国共产党知道苏联政府态度"，可是"中国政府反禁止登载（苏联报纸社评）"。李维诺夫问蒋廷黻："你来是否奉政府之命？"蒋作了肯定答复。李维诺夫生气地说："我即令（苏联驻华）代办向你政府抗议"。蒋廷黻则说："事变非常，影响甚大，我不愿辩论已往，只愿研究将来之解决，为整个亚洲前途计，望你努

① 《蒋廷黻任驻苏大使期间与国民党政府来往电》，中国第二历史档案馆藏。
② 《蒋廷黻回忆录》，第 199 页。

力于善后。"李维诺夫不耐烦地说："我不愿听任何方法，此事与我们无关。"① 蒋廷黻见状无法继续谈话，遂告辞而去。

苏联驻华临时代办斯皮利亚涅克根据莫斯科16日电令，19日晨在南京会见南京政府外交部部长张群，就中国报刊散布苏联与西安事变有关、禁止登载《真理报》社评和怀疑苏联支持张学良等问题向南京政府提出抗议。此时，南京当局根据几天来事态的发展，已明白了苏联在西安事变问题上对南京的好意，张群向苏联代办解释说："西安事变开始前张学良即散布风声说他同苏联有联系，得到苏联援助"，所以"有人发生疑虑，自苏联政府表示态度后，我政府深以为慰，对于传说并不置信"，并说南京已将苏联代办的有关说明摘要公开发表。关于中国报纸没有刊登《真理报》14日社评一事，张群解释说：苏联报纸的社评"因有捏造汪主席勾结日人主使张学良发动"事变内容，"故上海新闻检查员予以扣留"。② 张群向苏联代办郑重表示：南京政府"深为珍视同苏联的友谊"，珍视"苏联政府对它的支持与同情态度"，并言不由衷地说："他过去不相信现在也不相信张学良和第三者散布的心怀叵测的谣言"，但他答应南京将"尽一切努力制止第三者在中国散布诬蔑性的含沙射影的说法"。最后张群对"一向友好同情中央政府的苏联政府的态度而表示感激"。③

南京做出的友好表示，化解了莫斯科的愤怒情绪。当蒋介石获释返回南京的当天，苏联外交当局电令其驻华临时代办，向南京"表达我们对冲突未经流血也未经内战而告结束表示满意"，并向南京政府"再次申明，我们真诚希望全中国彻底统一和巩固"。④ 明白些说，就是真诚希望蒋介石彻底统一全中国并获得巩固。

苏联的态度，对西安事变的进程产生了重大影响。《真理报》等所发表的捧蒋反张言论，成为南京的重要筹码，用来给西安方面施加压力，逼张、

① 《蒋廷黻任驻苏大使期间与国民党政府来往电》，中国第二历史档案馆藏。
② 《蒋廷黻任驻苏大使期间与国民党政府来往电》，中国第二历史档案馆藏。
③ 《斯皮利瓦涅克致苏联外交人民委员部的电报》（1936年12月19日），《苏联对外政策文件集》第17卷，第677页。
④ 《苏联副外交人民委员斯托莫尼亚科夫致斯皮利亚涅克的电报》（1936年12月26日），《苏联对外政策文件集》第17卷，第688页。

杨就范。孔祥熙 12 月 17 日在电报中劝张学良 "悬崖勒马"，其中就说：
"陕变起后，全国各地公私法团、全军袍泽，无不愤慨。昨日全国报界宣
言，尤足表示各地舆情……且欧美各国舆论，无不一致斥责。英文《泰晤
士报》，想兄处当经阅悉。日前苏俄舆论，亦称陕变以反日运动为投机，实
际为敌作伥。可见无论中外，对兄此举，皆持反对。"①

　　苏联在西安事变中帮了蒋介石的忙，蒋对苏联十分感激。1937 年春，
苏联驻华大使鲍格莫洛夫刚刚返回中国，虽然此时蒋介石的腰伤尚未痊愈，
"身体状况相当不佳，步履艰难"，仍于 4 月 3 日在上海宋美龄寓所会见他，
由宋美龄亲自担任翻译。在会见中，蒋请鲍格莫洛夫 "就西安事变期间苏
联报刊所持的态度向苏联政府转达他的谢忱。他说他极为珍视这种态度"。
蒋向这位苏联大使保证："他本人一定想尽一切办法改善苏中关系。"会见
结束时，蒋介石特别请这位大使 "转达他本人对苏联各族人民的领袖斯大
林同志的谢意和问候"。鲍格莫洛夫在会见蒋介石后，向苏联外交人民委员
部做了报告，其中说：从他返回中国后与南京政府各要员以及蒋介石的
"各次谈话中都看出，蒋介石为我国在西安事变时所持的立场而真心感激我
们"。②

　　苏联对西安事变的态度，受到了蒋介石的欢迎和感激，却使张学良大
失所望，使他多年来联苏的愿望化为泡影。

　　张学良在对苏关系上走过一段弯路。他主政东北不久，于 1929 年主动
挑起了反苏的中东路事件，双方发生了武装冲突，结果遭到惨败。1933 年
下野游历欧洲时，曾拟赴苏考察，当时苏联胜利完成第一个五年计划，正
在实行第二个五年计划，经济实力和军事力量大为增强。他在欧洲期间曾
与苏联外交人民委员会委员长李维诺夫有过接触，表达了访苏的愿望，但
未获得苏方邀请，访苏愿望未能实现。1934 年张学良回国率部参加 "剿共"
受挫后，杜重远建议他放弃内战，联苏联共，走西北大联合共同抗日的道
路。张原来的部下马占山和李杜，在东北率部抗日失败后，曾撤入苏联境

---

① 《团结报》第 1161 号，1991 年 1 月 2 日。
② 《苏联驻华全权代表致苏联外交人民委员部的电报》（1937 年 4 月 3 日），《苏联对外政策文
　　件集》第 18 卷，第 155～157 页。

内，受到苏方招待。他们辗转返国后，也劝张走联苏道路。马占山和李杜根据自己在苏联的切身体验与观察，认为苏联肯定会支持中国抗日。其实当时有这种想法的并非只张学良一个人，那些与蒋有矛盾的地方实力派也或多或少的有这种想法，并为此而接近中共，希望通过联共达到联苏，打通国际路线，取得苏联援助，以保持实力，避免被蒋介石吃掉。张学良认为，在联苏问题上他比其他人的困难可能更大些。因为他1929年挑起中东路事件，直接与苏联红军作过战；现在他又率军在西北"剿共"，其地位仅次于蒋介石。张担心自己难以取得苏方谅解和信任。张学良觉得，他只有联合中国共产党，通过中共中央才能获得苏联的谅解、信任和帮助。于是，1936年初他通过多种渠道寻找共产党的关系，在洛川同李克农会谈和在肤施同周恩来会谈中，都谈到打通国际路线，共同派人去莫斯科，争取苏联援助。

经南京军事委员会参谋本部负责对苏情报工作的第二处处长焦绩华介绍，张学良1936年7月在南京出席国民党五届二中全会期间会见了苏联驻华武官；同年8月，在上海又会见苏联驻华大使鲍格莫洛夫，鼓动中苏联合对日。他对鲍格莫洛夫说："中国自然非抗日不可，成败皆与苏联有关，日本野心无穷，苏联终难免受其害。与其单独应付困难，莫如中苏订立军事同盟，共同对付日本。"鲍格莫洛夫答复他说："如果中国能够联合起来，苏联政府一定会郑重考虑您的意见。"① 8月末，张学良派栗又文偕董彦平"去新疆联络盛世才，目的是通过盛打通国际路线，以便一旦抗日战争爆发好求得苏联的援助"。栗又文等9月下旬到迪化（今乌鲁木齐）后，会见了苏联教官安德烈夫。这位苏联教官已知栗来新疆的用意，让栗写一份有关"东北军情况和全国抗日运动的形势"报告。栗按其要求写了报告，并在报告中提出请求苏联援助的建议。安德烈夫后来对栗又文说："你们的那篇形势报告已送给斯大林了；对于你们要求的援助没有问题，可以在平凉（甘肃省）建立个兵工厂"，② 并询问了那里的电源情况。

上述事实表明，西安事变前张学良确已下定决心走联苏抗日道路，并

---

① 焦绩华：《张学良与苏使秘密会晤》，吴福章编《西安事变亲历记》，第10页。
② 栗又文：《西安事变与张学良将军》，《西安事变资料》第2辑，第83~84页。

做了一系列努力。当时他估计，为抗日对蒋实行"兵谏"，肯定会得到苏联的同情与支持。可以说，这是促使他做出对蒋发动"兵谏"决策的一个外部条件。可是西安事变爆发后，他从广播中得知苏联报纸社论的内容时感到震惊与愤懑。刘鼎12月17日去延安接周恩来并向他汇报张学良事变以后的情况时说："张学良原以为发动兵谏为抗日，可以取得苏联谅解，从此可以遂多年联苏的愿望。结果适得其反。张两次问我：'苏联广播为什么骂我受日本人指使？'表情是不满的，可能对我党也有怀疑。接你前一天，他还问我：'听见了吗？'（指苏联广播报纸社论）仍然是愤懑的表情。应德田也对我说：'副司令对苏联态度很不满意'"①当晚周恩来在西安与张学良首次会面时，张当面向周提出这个问题。第二天，周恩来在给毛泽东和中共中央的电报中说：张学良"极愿听我们意见，尤愿知国际意见"。周向中共中央提出，如"国际有电来请即告我"。针对张学良的这个想法，毛泽东18日致电张学良，向他通报中共中央就西安事变问题与共产国际联系的情况。电文说："我们对远方（指共产国际——引者）已作了几个报告，尚无回报。"那时，中共中央尚不清楚苏联舆论为什么反对西安事变，还以为苏联只是认为张、杨此举只是单纯的军事行动，没有依靠和发动人民群众。因此，毛泽东在复电中，请张转告刘鼎：每日将西安方面群众运动的情况电告陕北中央，估计"远方知此事变及事变后之进展，不是单纯军事行动，而是与民众联系"，"当寄以同情"。毛泽东也请张学良有思想准备，估计到"远方政府（指苏联政府——引者）目前为应付外交，或尚不能公开赞助我们"。②

如果说事变前张学良寄予希望最大、事变后又令他失望最大的，在国内的是阎锡山的话，那么在国外的便是苏联。苏联对西安事变的攻击，对张、杨的谴责，使张学良承受了巨大压力。张学良当时匆忙释放蒋介石，原因固然很多，但与苏联所持的反对态度不能说没有丝毫关系。

同时亦应指出，苏联反对张、杨扣押蒋介石，但也不希望中国的内战扩大，它主张南京和西安应通过协商解决问题。因为苏联深知"中国的内

---

① 《刘鼎在张学良那里工作的时候》，中央档案馆编《中共党史风云录》，人民出版社，1990，第248页。

② 《中国共产党关于西安事变档案史料选编》，第212页。

战只能对日本有利"①。事变期间,《真理报》接连发表文章,反映国内外
"要求和平解决冲突"的强大呼声。当日本驻华大使川越茂匆匆从国内返任
在南京会见外长张群,反对南京与西安方面进行谈判并接受张、杨所提条
件时,《真理报》12月20日在《日本挑动中国内战》的醒目标题下揭露
说:"权威人士认为,日本此举是直接公开挑起中国内战,此种政策之目的
在于排除和平解决危机的可能性。"12月24日,《真理报》刊载塔斯社发自
上海的消息说:"日本的计划在于,排除和平解决冲突的可能性,并通过派
兵讨伐张学良挑动其对蒋介石下毒手。十分明显,日本试图挑起中国大规
模内战,以便利用此机会肢解中国并夺占中国一系列省份。"这些报道意在
告诉人们:南京讨伐派的行动适应了日本帝国主义的侵华阴谋。这些舆论
对动员人们起来制止大规模内战的爆发、促进和平解决西安事变是有益的。

二　西方国家的态度

以英美为首的西方国家基于维护其在华利益和侨民安全,十分关注西
安事变。他们希望保持蒋介石在中国的统治地位,不愿看到中国再发生大
规模内战,主张西安事变获得和平解决。

英美两国对西安事变的反映可分为两个阶段。12月18日前,他们主要
是严密注视事变的发展,对蒋的安全表示关切,并研究如何对事变施加影
响;12月18日后,由英国发起、英美两国政府协同向南京政府提出和平解
决西安事变的具体建议。

12月13日虽是星期天,但是各国驻中国的外交机构都打破惯例,放弃
休息,抓紧搜集有关西安发生事变的消息。英国驻华大使许阁森在这天两
次致电英国外交大臣艾登,报告蒋介石在西安被扣、南京当局采取的对策
以及他对事变原因的看法和事变在国内外引起的反应。他认为:"这次事变
的直接原因,就是蒋介石命令把受怀疑的张学良的部队调往福建。"他估

① 《张学良发动叛乱正中日本下怀》,《真理报》1936年12月15日。

计，在中国国内，两广地方实力派不会支持张、杨，"韩复榘、阎锡山等人是支持中央政府的"。至于在国外，虽然日本报刊宣称"张学良也许同苏联达成协议"，但许阁森认为"这是极不可能的"。他断然做出这个判断，是因为近年来"蒋介石及中央政府一直努力保持同苏联的良好关系。基于对日本的共同厌恶，他们走到一起了。我不相信苏联会傻到去支持张学良的冒险，从而削弱中国的抗日阵线"。至于日本的态度，许阁森认为"他们将等待和观察中国政府是怎样处置事变的，但不会介入"。基于上述分析，许阁森的结论是："我倾向于认为蒋介石并无危险"。① 应当承认，在事变第二天许阁森这个报告所做的估计基本上是准确的。英国真不愧是在中国"经营"了近百年的老牌西方列强，其对中国内政、外交等方面情况的掌控和判断，当时其他一些国家都望尘莫及。

西安事变爆发时，在南京的美国驻华大使詹森、在北平的美国驻华使馆参赞罗克哈特于 12、13 日分别致电美国国务院，报告中国西安发生兵变的有关情况。

此时，美国国务卿赫尔正在南美出席国际会议。代理国务卿穆尔 14 日下午 1 时复电驻华大使詹森，要求他立即访晤南京政府外交部部长张群或代理行政院院长孔祥熙，"口头表述美国政府对行政院长蒋介石人身安全的关注"②。一个小时后，穆尔再次致电詹森，详细阐述了美国政府对西安事变的态度。穆尔在电报中说：虽然"美国政府的政策是不干涉或不介入外国的内部事务"；但是，"如果任何地方的事态发展将危及真诚寻求政治和经济稳定的国家的利益，并且会对已经十分微妙的国际局势带来新的危难时，我们都不能漠然处之"。美国完全否定张、杨的爱国行动，竭力维护蒋介石在中国的统治地位。穆尔在电报中指出：西安事变不仅干扰破坏了南京政府的日常职能，给中国的政治、经济和人民带来新的困难，"一般说来还将对在华外国人士、财产和事业带来新的威胁，并将给远东国际纷争带来危

---

① 《休阁森爵士致艾登先生（第 231 号电）》（1936 年 12 月 13 日），《党史研究资料》1988 年第 2 期。休阁森即许阁森，下同。

② 《代理国务卿穆尔致驻华大使詹森电》（1936 年 12 月 14 日下午 1 时），《历史档案》1991 年第 4 期。

险。因此，现在的局势对世界具有利害关系"。他指示詹森："目前，我们并不准备宣称或建议与此时局有关的这个或那个政府宜采取任何合适的行动；但是，我们将认真观察那里的发展、并研究有益行动的可能性问题。因此，我们希望您向我们报告经过仔细观察、研究及与您的同行们商议的情况，及时和不断地告知您的任何看法或建议。"①

事实上，自蒋介石被张、杨扣留后，美、英、法、意等西方国家的驻华使节"保持着密切的联系"。当时他们"认为局势严重"，但又觉得"尚不能提出或采取什么有利的行动"。詹森根据华盛顿指示，15日访晤南京外交部部长张群，向他转达了美国"政府对蒋将军的安全的关注"。张群在向美国大使表示感谢后说："张学良的行动突如其来，使政府感到震惊，目前政府正在尽一切可能使蒋获释。"张群还向詹森介绍了各地方当局通电拥护中央，谴责张、杨的情况，并郑重表示南京的政策不变，"政府无论如何将继续实行迄今为止所采取的方针"。在交谈中，詹森发现张群当时"非常着急"，因为作为宋美龄的私人代表被派到西安去的端纳还没给南京来报告，这意味着蒋介石的生死问题还没得到证实。同一天，詹森从新闻渠道获悉，并从南京外交部次长徐谟处得知：蒋夫人收到了端纳从洛阳发来的消息，蒋介石在西安安全无恙，政府军队正在靠近西安。詹森16日中午发给美国国务院的电报，除报告上述情况外，还谈到了他个人对张学良发动西安事变动机的看法。他认为，"由于缺乏来自西安方面的关于张学良动机的消息"，估计张学良扣留蒋介石的动机不外有经济或政治的两种："1. 张学良被其东北军中不满的叛乱军官们所控制，他扣留了蒋介石及其下属，目的是迫使中央政府满足其军费要求并对日本采取更强硬的态度。2. 张学良同他的部队已经同共产党合作，因而扣留了蒋介石及其下属，目的是迫使中央政府停止进攻共产党并采纳共产党方面最近宣布的更积极地反对日本的方针，恢复政府的革命政策，以及对苏俄采取更友好的政策。"② 詹森的估计不完全准确。说张学良扣蒋是为了满足军费要求，显然这是毫无根据的

① 《代理国务卿穆尔致驻华大使詹森电》（1936年12月14日下午2时），《历史档案》1991年第4期。

② 《驻华大使詹森致国务卿电》（1936年12月16日中午），《历史档案》1991年第4期。

猜测与误解；说张学良发动"兵谏"的目的是迫使南京"中央政府停止进攻共产党"，"对日本采取更强硬的态度"，"恢复政府的革命政策"，这倒与张、杨在事变后宣布的八项救国主张精神相吻合。

英国外交大臣艾登根据当时形势和事变进展，做出如下判断：如果张学良的安全得到保证的话，他"可能被说服释放蒋介石"。据此，艾登提出如下具体建议：由英国出面斡旋，保证张学良安全，即让张"乘飞机到天津或上海，到那儿我们也许保护他，他也可以随时离开这个国家"。12 月 17 日，艾登将此建议电告英国驻华大使许阁森，征询他的意见，看看"这对事态是否有帮助"。艾登还提出，请许阁森就此建议征求端纳的意见，"从端纳那儿确定这样做是否有助于事件的解决"。艾登接着说：如果能得到端纳首肯的话，"我将要求美国、日本、意大利和法国政府加入所建议的行动"。艾登在电报中还对许阁森说："如果您不能与端纳取得联系，您可以向中国政府发表任何您认为合适的意见。"① 18 日，许阁森复电艾登说："端纳现在西安，我见到了孔（祥熙），他欢迎您的建议，如果您能推进这一安排，他将十分感谢。"②

伦敦收到许阁森的上述电报后，立即指示英国驻美国使馆参赞将此建议的备忘录于 12 月 18 日下午送交美国国务院，"探询美国政府是否将予合作"。与此同时，英国还就此建议征询了法国、意大利和日本的意见。

美国代理国务卿穆尔在征得罗斯福总统原则同意后，18 日下午 7 时将英国政府的建议电告詹森，请他与英国驻华大使商议："根据上述建议的原则，讨论采取行动的可能性和有利之处"，并指示他"不要以美国政府名义作出评论"，同时提醒他在与"英国同行磋商时，您不仅要讨论可能产生的利弊、发生于英国政府所建议的程序中的困难，而且要讨论其他外国政府为避免发生悲剧而提出某些有益、稳妥措施的任何可能性，以及西安局势进一步出现政治动乱的潜在可能"。③

① 《艾登先生致休阁森爵士（第 147 号）》（1936 年 12 月 17 日），《党史研究资料》1988 年第 2 期。
② 《休阁森爵士致艾登先生（第 245 号）》（1936 年 12 月 18 日），《党史研究资料》1988 年第 2 期。
③ 《代理国务卿穆尔致驻华大使詹森电》（1936 年 12 月 18 日下午 7 时），《历史档案》1991 年第 4 期。

许阁森和詹森根据各自政府指示，立刻在一起探讨了在目前事件中外国所可能采取的行动。他们认为"如果中国政府不借助于外国而自己找到解决的办法，这对有关各国更为有利"，但是他们相信，"某些国家保证张学良、必要时包括杨虎城安全离华，这一事实本身也是有意义的"。至于本建议的具体实施方法，他们认为唯一合适的安排是"由中国政府负责"使张、杨两将军"安全到达某地，外国从那里把他们安全带离中国。显然最近的港口是天津，他们在那里将被安排住在一艘军舰上，直到安排好行程安全"。[1]

英美两国驻华大使将他们讨论的上述意见和安排立即报告本国政府，请求批准。美国立刻批准了这项建议，经罗斯福总统、卡尔助理国务卿同意后，代理国务卿穆尔当夜复电詹森，正式授权他与许阁森合作，通知孔祥熙："美国政府愿与英国政府及其他任何政府合作，尝试把张学良和杨虎城将军安全地从天津送到中国之外的某地。"穆尔同时提出一个附加条件，即"一旦实行、完成这一安全运送事项后，美国政府对此离华人士的生命安全当然不再负有责任"。[2]

詹森收到美国国务院上述电报后，立刻通报英国驻华大使许阁森。他还向法国驻华大使和日本驻南京总领事须磨作了通报。

英国政府迟至12月23日才复电许阁森，正式批准这项建议。伦敦外交部给许阁森的第156号电称："现在授权你推行，在您的美国及其他国家的同行接到指示，而且您认为他们的合作适合目前情况之下，您可提出建议。"同时提醒许阁森应随时向"法国、意大利、日本同行通报您所采取的任何行动"。该电还向许阁森通报了各国对此建议的态度："美国政府指示他们的大使根据您有关电文第四段所建议的原则与您合作"；"意大利已答应向他们在中国的使节下达指示，法国'已准备根据建议进行合作，如果有必要的话'"；"日本要求他们在中国的大使提供报告"，[3] 实际上是未置

---

① 《驻华大使詹森致国务卿电》（1936年12月19日晚11时），《历史档案》1991年第4期。

② 《代理国务卿穆尔致驻华大使詹森电》（1936年12月19日深夜），《历史档案》1991年第4期。

③ 《外交部致休阁森爵士（第156号电）》，《党史研究资料》1988年第2期。

可否。

12 月 24 日，英国驻华大使许阁森、美国驻华大使詹森正式向孔祥熙提出了英美两国政府的建议。第二天，蒋介石即获释离开西安。英美的建议对和平解决西安事变并没起直接作用。

12 月 25 日，蒋介石在西安获释的消息通过无线电波立即传遍全世界。美国政府 12 月 25 日深夜致电詹森，指示他"如果蒋委员长获释消息被证实，并确定了其安全，请向外交部转达美国政府对此所表示的祝贺"①。英国驻华大使许阁森 12 月 28 日上午拜访南京政府外交部部长后致电伦敦外交部说："以英国政府和您的名义，对蒋介石的获释表示祝贺。他向我致谢，并且说，蒋介石要求他就英国政府对蒋的支持表示感谢。"②

三 日本的态度

当时，日本帝国主义是中国人民最主要的敌人，是国家安全和民族存亡的最大威胁。西安事变爆发时，日本侵略者已侵吞了东北四省，正在加紧染指和蚕食华北，企图把华北五省建成"防共、亲日满的特殊地带"，以便从这里"获得国防资源和扩充交通设备"③，作为其扩大侵华战争和"北上"发动侵苏战争的前沿阵地。

西安事变爆发的消息于 12 月 13 日传到东京。当晚，日本外务省在有田外相主持下召开紧急会议，商讨对策。出席会议的有外务省次官和负责东亚以及欧洲事务的官员。日本从张、杨的八项救国主张的通电中获知，西安事变的主旨是抗日，是张、杨要求蒋停止内战、共同抗日。所以它同英美等西方国家不同，反对西安事变，特别是反对南京当局与西安方面谈判，接受张、杨的条件，来共同抗击日本。但这突如其来的西安事变，使日本

---

① 《代理国务卿穆尔致驻华大使詹森电》（1936 年 12 月 25 日夜 11 时），《历史档案》1991 年第 4 期。

② 《休阁森致外交部（第 948 号电）》，《党史研究资料》1988 年第 2 期。

③ 《对中国实施的策略》（1936 年 8 月 11 日，内阁有关各省决定），《日本帝国主义对外侵略史料选编（1931～1945）》，上海人民出版社，1975，第 204 页。

外交当局一时还弄不清它的性质和原委；也鉴于近年来日本在中国的步步入侵已损害了欧美的在华利益，日本对西安事变的态度定会为欧美各国所注目，日本若贸然采取行动，不仅会进一步激化日本与西方国家的矛盾，而且"对于中国民众激昂的感情有火上添油的危险"，引起更大的反日风暴。基于上述考虑，日本外务省紧急会议决定，对西安事变采取静观态度，避免采取积极行动，对中国"不给任何刺激"。① 外务省确定的静观方针，得到了陆军省、海军省和广田首相的认同，并获得三相（外相、陆相、海相）会议和内阁会议的批准。

日本外相有田八郎 12 月 14 日进宫，向日本天皇详细报告了西安事变的有关情况。在侵华问题上最激进的日本陆军省，12 月 14 日制定了《西安事变后对华时局对策案》，其基本精神是"仍坚持既定的对华方策，期待其实现"；同时要"监视事态发展"，如果中国当局"激化容共抗日风潮，帝国侨民的安全和在华权益受到侵害"时，"帝国不再犹豫行使自卫权"。它还具体规定："帝国进一步明确防共态度"；"对于华北各政权，严格监视其动向……寻机使防共协定范围扩及华北五省"；"把绥远政权导向反共，以封锁苏联来自北方的策动"；事态如照张、杨通电发展，"恐对日空气恶化，在帝国侨民及权益受到侵害，事态至此，也要不失时机，做可采取自卫手段的准备"；严密监视西方国家乘机"收买南京政权及各地政权"，如发生妨碍日本在华利益事件，"应发出必要的警告"。② 日本关东军公开要求南京政府实行"反共防共"政策，表示日本将"不惜予以援助"。日本驻中国使馆助理武官今井武夫在北平公开表示："对于日本与中国，于此时应向扑灭容共主义之道上进行一事，不惜予以满腔之支援。"

日本海军省在征得外务省、陆军省同意后，12 月 13 日午后就西安事变问题向第三舰队参谋长及日本驻北平、天津、南京、汉口、福州和广东各武官发出"军务极秘第 675 号电"，指出："西安兵变后，给在华日军的生命财产带来了相当的不安，因此，从速准备强化在华警备兵力"，并"要适当利用此兵变以推进对华政策"。海军省要求他们："迅速获取正确情报"；"保

① 《西安事变与国际关系》，《朝日新闻》1936 年 12 月 15 日社论。

② 《西安事件参考资料及调书》，〔日〕外务省外交史料馆藏，A－6－1－5－10－4。

护侨民，维护权益必须的处置"；"列举共产党的阴谋和不讲信用，进行适当宣传"；"关于统制侨民的保护政策，进一步密切与外务、陆军的联络"。①

由于张学良在九一八后积极推动和支持东北各地义勇军的抗日斗争，关东军把张学良看作是对伪满洲国安全的最大威胁，必欲去之而后快。1935年日本发动华北事变时，虽然张学良本人和大部分东北军部队已离开华北，但日本侵略者向南京仍执意要求把河北省主席于学忠（属东北军系统）及其统率的第五十三军调离华北。张、杨发动西安事变，意在逼迫蒋介石放弃对日本的屈辱妥协方针，团结一切力量共同抗日。这自然要遭到日本反对。日本当局非常担心南京与西安妥协，接受张、杨提出的救国主张。自蒋介石被扣留西安后，日本瞪大双眼，紧盯着事态的发展，特别是南京当局对张、杨所提"容共抗日"条件的态度。12月17日，日本外务大臣有田召见中国驻日大使许世英。此前，蒋介石在西安安全无恙的消息已得到证实，有田对许世英说："闻蒋院长健在，甚感欣慰。此次事件，真相尚未判明。日本政府暂且静观事态；但是，本事件结局对日本影响极大，因此，帝国政府非常关心，注视着事态进展。"接着，有田对南京当局发出警告说："根据新闻报道，张学良标榜容共抗日。邻邦的赤化会给帝国的安全甚至东亚的和平带来很大的危险，上述报道如属实，帝国政府希望中国方面采取严重的适当的措施。"② 当蒋鼎文携带蒋介石给何应钦停战三日的手令自西安返回南京后，日本非常着急，12月19日上午11时有田外相再次紧急约见中国大使许世英，十分露骨地反对说："蒋鼎文携带张学良所提条件到京，中央政府是否与张妥协？……中央如在抗日容共之条件下与张妥协，日本决强反对。"③ 日本《朝日新闻》12月18日发表的题为《希望妥当处理邻邦的危局》社论，"可以说完全表现了日本的对华希望"，其要旨是："日本陆军当局……警告邻邦一部分军阀，切勿被弄于赤祸的魔手，并且切望中国为政者勿陷于赤祸的陷阱，而宜立足于与邻邦和亲善的大精神上。"换句话说，就是日本反对张、杨走联共联苏抗日的道路，反对南京当局与

---

① 《西安事件参考资料及调书》，〔日〕外务省外交史料馆藏，A－6－1－5－10－4。
② 《西安事件参考资料及调书》，〔日〕外务省外交史料馆藏，A－6－1－5－10－4。
③ 《驻日大使许世英五次电告》，《西安事变资料》第1辑，第210~211页。

西安妥协、联合英美苏抗日，要求南京政府仍与日本"协和亲善"。

日本在静观的同时，也做了武装干涉的准备。日本海军第三舰队根据日本海军省发出的"军务极密第 675 号电"令，在西安事变后加强了警戒，17 日向上海、汉口等地增派了海军陆战队。日本国内的部分舰队、航空队和 3 个大队的陆战队，也奉命进入临战状态。

宋子文、宋美龄前往西安后，南京与西安已开始正式谈判，和平解决西安事变的曙光已露出地平线。为阻挠事变的和平解决，日本首相广田 12 月 23 日向南京政府发出恫吓，说："倘国府与张学良以容共为妥协条件，日本则断然抨击。"① 同时令因在南京进行所谓"调整国交"谈判失败而回国多日的驻华大使川越茂急忙离国返任。12 月 22 日、23 日川越茂在南京接连两次会见孔祥熙，向中国政府转达日本政府的旨意，赤裸裸地阻挠西安事变的和平解决，结果未能得逞。

---

① 《驻日大使许世英五次电告》，《西安事变资料》第 1 辑，第 210～211 页。

第十一章　中共的和平方针

一　短暂的曲折

面对西安事变后错综复杂的国内外形势，中国共产党审时度势，从民族大义出发，制定并坚持了和平解决西安事变的方针。正是在这个方针指引下，中国共产党在极端错综复杂的情况下，在西安与南京之间进行有效的和平调解，从而避免了内战危机的扩大，促成了事变的和平解决，促成了全民抗战的早日实现。但也毋庸讳言，这个方针的制订和形成的过程，和党的许多政策形成一样，不是一蹴而就，而是有一个逐步完善的过程。和平解决西安事变的方针是在经过一段短暂探索，走了一段曲折道路后才确定下来的。

早在西安事变前几个月，1936 年八九月间，中国共产党就在共产国际指示帮助下放弃了反蒋立场，确定了"逼蒋抗日"方针，也就是联蒋抗日方针。张、杨扣留蒋介石，中共中央事前毫无所闻。因为事前张、杨对他们的"兵谏"决策采取了严格的保密措施，直到 12 月 12 日凌晨捉蒋战斗打响前，才向其高级将领和幕僚们宣布"兵谏"决定，接着才告知在他身边的中共代表刘鼎，请刘转告中共中央。在临潼捉住蒋介石后，张以他个人名义向陕北保安发出"文寅电"，向中共中央通报：吾等为中华民族利益和抗日前途计，不顾一切，今已将蒋介石及其重要将领陈诚、朱绍良、蒋鼎文、卫立煌等扣留，迫其释放爱国分子，改组联合政府。刘鼎也在 12 日清晨致电毛泽东，报告张、杨已把蒋介石等扣留。

中共中央接到西安来电，对这个突如其来的事变，开始还不大敢相信。当晚，毛泽东、周恩来在给张学良"万万火急"的"文亥电"中，请他证实"是否已将蒋扣留"，如情况属实，中共中央根据自己对蒋介石的了解，建议张要把蒋介石扣押在自己的卫队营里，严防其收买属员，特别提出尤不可把蒋交给其他部队看管。历史就是这么铁面无情，它的发生和运转往往与人们的期望和想象背道而驰。西安事变发生，人们以为自称是全世界被压迫人民和被压迫民族谋求解放的救星的苏联肯定会给以同情和支持；可是它却极力反对，甚至予以诋毁。同样，蒋介石被张、杨武力扣押，很多人都认为与蒋有血海深仇的中国共产党会参与其间，并乘机报复；远在莫斯科的共产国际总书记季米特洛夫就怀疑中国共产党与西安事变的爆发有直接关系。他在 12 月 14 日写给斯大林的信中说："很难想象张学良在采取冒险行动时没有同他们商量或甚至没有他们的参与。"① 可是中共未参与张、杨的"兵谏"，并以民族大义为重，主张和平解决冲突，为此积极努力，在西安与南京间进行和平调解。在蒋介石被扣押后的第二天召开的政治局常委扩大会议上，中央军委主席、负责对国民党进行统战工作的毛泽东向与会者报告西安事变的情况时，盛赞张、杨的革命义举，同时郑重申明："这不是共产党干的。是他们的英勇！"事变和平解决后，仍有人怀疑并散布西安事变是共产党干的言论。对此，毛泽东 1937 年 3 月 1 日在接受美国记者史沫特莱采访时，再次明确表示："这种说法完全不合事实。西安事变是国民党内部在抗日问题与国内改革问题上，因政见不同而发生的，完全是一种突发的事变，我们事前全不知道。"② 毛泽东的这个表示，并不是为了使蒋介石停止"剿共"而做的曲意表白，客观的历史事实确是如此！

在国难深重、民族矛盾已成为社会主要矛盾的历史关头，应该怎样判断张、杨此举的性质，对这次事变应持什么样的方针？这对年轻的中国共产党来说，不能不说是一次严峻考验。经过长达 15 年革命斗争锻炼和陈独秀、王明两次错误路线的挫折，中国共产党在政治上已走向成熟。对这一

---

① 《共产国际、联共（布）与中国革命档案资料丛书》第 15 卷，第 263 页。
② 见《中国共产党关于西安事变档案史料选编》，第 386 页。

突发事件，从一开始，就充分肯定它的正义性质，表示坚决站在西安一边，支持张、杨的行动，同时又提出"不要同南京处于对立地位"。这些，无疑都是正确的。但如何处置被囚禁的蒋介石，中共中央一些决策者却发生反复和动摇，偏离了党在几个月前确定的"逼蒋抗日"即"联蒋抗日"方针。刘少奇后来谈到这个问题时说："在西安事变中我们虽然执行了正确的政策，但发生了很大的动摇，在政治上引起了极大的纷乱与群众对我们的误解。"① 这里说的"动摇"和"纷乱"，就是指对蒋介石的处置问题。

事变当天，中共中央书记处致电在平津主持中共北方局工作的胡服（刘少奇），向他通报蒋在西安被张、杨扣留的消息。这是我们目前见到的事变后中共中央最早发出的一份文件，反映了当时它对这次事件的认识与应变措施。电报明确指出：中共"拥护张、杨之革命行动"；党面临的任务是，把蒋介石与南京政府分开，争取南京及各地方政权中的抗日派，稳定CC派、黄埔派，推动欧美派及元老派，并具体指出要争取宋子文、孙科、孔祥熙、蔡元培、李石曾等；至于对蒋介石，提出要揭发其对外投降、对内镇压民众及强迫其部下坚持内战之罪状，号召人民及救亡领袖向南京提出明令罢免蒋介石、交付人民审判的要求。这份文件，反映了中共中央当时对蒋介石和南京内部各个派系的认识和态度。后来的事实表明，当时把蒋介石与南京政府分开是难以办到的。因为经过 10 年来的内战和国民党内各个派系的多次争斗，蒋介石已牢牢控制了南京政府，把党、政、军等大权集于一身。就是他在西安成了"阶下囚"，仍能指挥、调动南京的军队。当时南京又居于正统地位，得到国际上多数国家的承认。此时要求罢免和公审蒋介石，的确是对"逼蒋抗日"方针的反复和动摇。

中共中央得知蒋介石被张、杨扣留后，从 12 月 12 日中午起，一天之内接连三次给共产国际发电报，报告西安发生事变的有关情况。前两份电报，主要是转述张学良、刘鼎来电的内容和张、杨提出的八项救国主张。12 日午夜发出的第三份电报，除报告"张学良确已将蒋介石扣留西安"，"叶剑英、王稼祥已去西安，周恩来亦立即前去"外，主要是针对当时国内政局

---

① 刘少奇：《关于过去白区工作给中央的一封信》（1937 年 3 月 4 日），《六大以来》（上），人民出版社，1980，第 808 页。

提出了中共的应变设想，恳请共产国际特别是苏联予以支持。其内容是：由张学良、杨虎城、周恩来三人组成委员会，以叶剑英为参谋长主持工作；准备半个月内在西安召开抗日救国代表大会；南京政府暂由林森、孙科、孔祥熙、冯玉祥、宋子文、于右任、陈立夫等主持，等待国防政府成立，并防御亲日派勾结日军进攻京沪一带；争取蒋军全部抗日；以红军、东北军、十七路军和晋绥军为主组成抗日联军，争取陈诚领导的蒋系军队参加。从这个设想可以看出，当时中共是想把西安作为全国抗日的政治中心；认为南京各派会倒向西安，共同组成国防政府；争取团结中央军，共同抗日。

12月13日，中共中央召开政治局常委扩大会议，集中讨论西安事变问题。当时，中共中央负责人分散在各地，刘少奇在平津地区主持中共北方局工作；陈云、王明、康生在莫斯科中共驻共产国际代表团任职；彭德怀、王稼祥、任弼时在甘宁地区红军前方总部。在保安参加12月13日这次会议的只有张闻天、毛泽东、周恩来、博古、朱德、凯丰、张国焘等人。

会议由张闻天主持。首先由毛泽东向会议做报告，他热情称赞和充分肯定张、杨发动的西安事变。他说：西安事变具有革命意义，其行动和纲领都有积极意义；中国共产党对这个事变的态度，不是反对或中立，而应旗帜鲜明地拥护和支持！

会议讨论时，所有与会者对上述两点都表示同意；但在如何对待南京政府，特别是如何处置蒋介石的问题上，看法则不尽一致。

关于对蒋介石的处置，会议报告人提出，"要求罢免蒋介石，交人民公审"，甚至说"把蒋除掉，无论在哪一方面，都有好处"。[①] 对此，会议讨论时多数人没提异议，但也有不同看法。至于如何对待南京政府，即要不要在西安建立与南京政府对立的政权，则分歧明显，讨论颇多。毛泽东主张在西安建立一个名义上不是中央政府而实质上是政府的机构，名称可叫抗日援绥委员会。周恩来提出在政治上不与南京对立，在西安建立一个有各方面代表参加的群众团体，可称之为抗日救国会，实际上应发挥领导作用。周恩来认为，西安或以"陪都"形式出现更为有利。张国焘则在会上说西

---

① 引自张培森等《张闻天与西安事变》，《党的文献》1988年第3期。

安事变的意义"第一是抗日，第二是反蒋"，他公开提出"打倒南京政府，建立抗日政府"的口号。

当时在中共中央"负总责"的张闻天，听完上述发言后发表了重要讲话。面对这一突发事件，虽然他一时也提不出一套完整、周到的应变决策，但他临变不慌，头脑冷静地提出了一些重要的应变意见。他的通篇发言，没有一个"审蒋""除蒋"字眼，而且明确表示：在政权问题上"我们不采取与南京对立方针，不组织与南京对立方式（实际是政权形式）"。他主张要把西安抓得很紧，发动群众威逼南京。他认为张、杨提出的"改组南京政府"口号并不坏，要"尽量争取南京政府正统"。张闻天还提出，中共此时的策略应该"把抗日为最高旗帜"，在"军事上采取防御，政治上采取进攻"①。上述事实表明，张闻天不同意"审蒋""除蒋"口号，也不同意把蒋介石与南京政府分开。事实上当时蒋介石与南京政府密不可分，对蒋如何处置涉及是否维系南京政府的正统地位问题。当时的情况是，西安事变爆发后，国民党内的非蒋派系和地方实力派中的绝大多数都没有直接响应张、杨的行动，相反国内却出现了一股颇有声势的"拥蒋"潮流。要求张、杨无条件释放蒋介石的声明和通电纷至沓来，在"救蒋"旗号下大批蒋军涌入潼关。形势的发展告诉人们，如何处置蒋介石，不单纯是对蒋个人的问题，而成为影响时局的关键。在这事关革命前途和民族安危的重要关头，张闻天告诫大家"不要急躁"，不要"自己造成自己的困难"。他提醒全党在"新的困难，新的矛盾"面前，要"慎重考虑"，强调只有"我们党的策略正确"，才能把革命引向"顺利的方向"。他的结论是："我们的方针，把局部的抗日统一战线，转到全国性的抗日统一战线。"②

张闻天在 12 月 13 日中央政治局常委扩大会议上的发言，为中共中央确定和平解决西安事变的方针指明了方向，并对会议的进程产生了积极影响。此前，博古在发言中，曾赞同"审蒋"主张。他听完张闻天发言后作补充发言，修正了自己的意见，强调应把西安事变看成是抗日的旗帜，而不是抗日反蒋的旗帜。显然，这是不点名地批评张国焘的意见。博古补充发言

---

① 《张闻天西安事变前后发言和电报六篇》，《党的文献》1988 年第 3 期。

② 《张闻天西安事变前后发言和电报六篇》，《党的文献》1988 年第 3 期。

时还强调，不应与南京对立，要全国抗日，一定要争取蒋介石部队的大部或全部。他还明确指出，不能变更党以前的策略，显然这是说党的"逼蒋抗日"方针不能变。关于政权问题，博古认为不能重复党的"六大"后实行的苏维埃政权与地主资产阶级政权对立的政策，而应遵循共产国际"七大"确定的统一战线方针，在政权问题上不采取与南京对立的形式。他解释说，这样做是为了争取可能的同盟者。

毛泽东做会议总结时，部分吸收了与会者的正确意见，强调要争取更多的人，把抗日援绥的旗帜举得更高，在军事上采取防御方针；但对张闻天等提出的一些正确主张并未全部接受和采纳。因此，会议的总结在一些重大问题上处于矛盾状态，有一些调和主张，但其"审蒋""除蒋"的基调没变。如对蒋的处置问题，提出要反蒋又不正面反蒋，不要把反蒋与抗日对立起来；在政权问题上，提出要在西安建立政府，但不要政府名义，实际是政权性质。中央军委主席团14日在《对西安事变后斗争形势的估计》中也采取了类似态度，说："暂不公开反对南京政府，以便争取可能抗日的部分。"

上述情况表明，西安事变爆发后，中共中央决策层对一些重大问题的看法不尽一致；经过13日会议的讨论，意见也未完全统一起来。

鉴于西安事变刚刚发生，中共中央又地处偏僻闭塞的陕北，对事变的内情和各方面情况了解不多，中央决策层的意见又不尽一致，13日的中央会议决定：在周恩来未到西安之前，中共中央暂不公开发表宣言和谈话。这个决定无疑是正确的，它为中共中央更多地了解各方面情况、完善和确定正确的方针政策争取了时间。可是，事变爆发后，国内外反应十分强烈，南京决意讨伐，张、杨备受谴责，中共受到怀疑和攻击，形势迫使中共中央不能长期保持沉默。12月15日，以毛泽东、朱德、周恩来等15名红军将领名义致电国民党中央和南京政府，其中除批评南京当局错误的对内对外政策和为张、杨的爱国行动进行辩护外，还重申了中共将继续奉行多年来"谋国共之合作，化敌为友，共赴国仇"的统一战线政策，呼吁南京诸公"立下决心，接受张、杨二氏主张，罢免蒋氏，交付国人裁判，联合各党、各派、各军，组织统一战线政府"。①

作为中华苏维埃共和国政府机关报的《红色中华》，12 月 13 日在报道西安事变爆发的消息时，提出"要求将汉奸蒋介石交付人民审判"。16 日，该报第二版刊登题为《蒋介石罪大恶极》的长篇文章，系统揭露蒋介石"十年反革命，五年卖国"的罪行。显然，发表这样的文章，意在激发人们对蒋的愤恨，动员群众起来要求"审蒋""除蒋"。

西安事变后，中共为什么在对蒋介石的策略上出现反复和动摇？为什么由"逼蒋抗日"又一度回到"反蒋抗日"上去？究其原因，主要有两点：一是中共中央一些负责人在西安事变爆发后对形势的估计、判断过于乐观，对蒋介石在国民党内的影响力估计不足。他们以为，张、杨在西安把义旗一举，全国会群起响应。在 13 日举行的政治局常委扩大会议上，有的与会者发言时描绘出一幅事变后全国政治形势发展的图画：广大人民群众积极拥护张、杨的爱国行动；各地方实力派热烈响应张、杨的义举，特别是阎锡山、刘湘、李宗仁等可能加入抗日阵线。这样，晋阎和川刘将成为西安的左右两翼，共同对南京控制的东南七省形成半月形包围圈；南京内部出现分化，蒋的部下倒向西安方面，国民党内的元老派、欧美派及其他派系会支持西安事变。总之，他们认为蒋介石会成为孤家寡人，被彻底孤立起来。为了把这幅图画变成现实，中共中央书记处 12 月 14 日给中共北方局和上海地下党组织发电报，敦促他们动员社会各界响应张、杨的行动。在给刘少奇的电报中指出："必须多方面的活动驻华北名人和地方实力派，特别是阎、傅起来响应张、杨的抗日主张。"② 同一天，毛泽东、朱德、周恩来等 10 名红军将领致电张、杨，提议东北军、十七路军和红军合编为西北抗日援绥联军，建议张、杨"极力争取阎锡山先生及其他爱国将领加入，推阎锡山先生为全国抗日援绥联军总司令"。正确判断形势，是制定正确政策和策略的出发点；对形势判断不准，制定的政策和策略就难免有误。二是

① 《红军将领关于西安事变致国民党南京政府》（1936 年 12 月 15 日），《中共中央文件选集》第 11 集，中共中央党校出版社，1991，第 124 页。
② 中共中央党史资料征集委员会编《第二次国共合作的形成》，中共党史资料出版社，1989，第 156 页。

感情因素起作用。国共两党对峙 10 年，蒋介石推行反共、反人民、反革命政策，屠杀了无数共产党人和革命志士；九一八后他又坚持"攘外必先安内"的误国政策，招致国土沦丧，主权丧失，民族濒临危亡。西安事变爆发后，《红色中华》揭露说："蒋介石的罪恶滔天，他的罪状是数不尽的，他虽百死也不足以赎其于万一！"[①] 蒋介石在西安被张、杨扣留的消息传到陕甘苏区后，根据地军民喜出望外，拍手称快，纷纷集会，要求对蒋予以严惩。当时在保安中共中央机关工作的邓颖超，听到蒋介石被扣留后，"高兴地跑到院子里，和同志们一起，又唱又跳。她和许多同志一样，以为党中央一定主张杀掉蒋介石，替千千万万牺牲了的烈士报仇，给中国革命搬掉最大一块绊脚石"[②]。事变爆发时在定边的李维汉后来回忆说："我们在定边获此消息，欣喜若狂，当即在大庙里召开群众大会，由高岗主持，广为宣传，与会群众高呼：'枪毙蒋介石！'会后，我们致电党中央反映了群众的愿望。"[③] 党内外广大群众和干部的这种情绪和呼声，无疑会给中共中央决策层带来影响。

二　正确的决策

中国共产党对蒋介石策略出现反复和动摇是短暂的，前后不过 6 天时间。12 月 19 日，便正式确定了和平解决西安事变的方针。张闻天指出："在六天中，这事件的现象与本质都更充分"地显现出来。[④] 12 月 19 日的政治局常委扩大会议与 12 月 13 日的政治局常委扩大会议的显著不同，在于中共中央决策层经过对形势的观察，意见已趋于一致，于是便毅然放弃了"审蒋""除蒋"口号，做出了"和平调停"事变的决策。中共中央在短短几天内就完成这个决策的转变，其根本原因有以下四个方面。

---

① 《红色中华》第 316 期，1936 年 12 月 16 日。
② 金凤：《邓颖超传》，人民出版社，1993，第 209 页。
③ 李维汉：《回忆与研究》（上），中共党史资料出版社，1985，第 383 页。
④ 《张闻天在 1936 年 12 月 19 日政治局扩大会议上的发言》，《党的文献》1988 年第 3 期。

第一，西安事变爆发后，国内急剧变化的形势。国内并没有出现预想的那种张、杨登高一呼，各地群起响应的局面；相反，"拥蒋"气氛却弥漫全国。在国民党内部，不仅蒋的嫡系，就是那些非蒋派系也没有脱离南京而倒向西安；张、杨和中共都寄予厚望的冯玉祥，历史上多次反蒋，当时也备受歧视，他名为军委会副委员长，却有职无权，就是他也不支持张、杨扣蒋，却要求张、杨立刻无条件释蒋，他本人还愿为此而充当人质。那些平时与蒋矛盾较深的地方实力派，也没有像人们预计的那样响应张、杨的行动，除李济深通电表示同情和声援西安事变外，绝大多数则采取观望和中立态度，既不赞成南京讨伐西安，也不支持张、杨扣蒋。至于阎锡山，原来中共和张学良都坚信他会站到西安一边来，并允诺让他担任抗日援绥联军总司令，接受他的指挥。可是事变爆发后他态度暧昧，向张、杨提出一连串质问，甚至想把蒋介石弄到太原去，从中渔利。几年来，一直拥护抗日民族统一战线方针，反对蒋介石"攘外必先安内"政策，在抗日救亡运动中发挥了重要作用的全国各界救国联合会，在西安事变后发表宣言，表示不支持张、杨的"兵谏"行动，希望西安方面迅速释放蒋介石。一些在社会上有影响的知识分子，也反对张、杨的扣蒋行动，呼吁张、杨保蒋安全，迅速释蒋。当时国内舆论对西安相当不利，各地报刊纷纷谴责张、杨，要求立刻无条件释蒋。12 月 15 日，由上海《申报》牵头，全国 200 多家报社和通讯社联名发表《全国新闻界对时局共同宣言》，要求张、杨即日恢复蒋介石自由，安全护送其出境。新闻界著名人士、《大公报》主笔张季鸾，在西安事变期间接连为《大公报》撰写了 4 篇社评，其中第三篇题为《给西安军界的公开信》，于 12 月 18 日发表。张在此文中敦促事变发动者和参加者从心坎里悲悔认罪，赶快向蒋介石"谢罪"。南京将此文翻印几十万份，派飞机到西安附近上空散发。上述情况说明，在强敌侵入国土、民族危亡的情况下，对蒋介石如何处置，是当时国内各阶层人士普遍关注的焦点；保蒋安全，和平解决西安事变，是绝大多数国人的愿望。在这个事关大局的问题上，处理得好，可赢得群众，有利于早日结束内战，实现抗战；反之，则要脱离群众，使内战延长和扩大，只会对日本帝国主义有利。

第二，周恩来的西安之行，有助于中共中央做出正确决策。中共中央在事变当天收到张学良的"文寅电"后，立即决定派周恩来、博古、叶剑英前往西安，亲临事变发生地，实地了解各方情况，与张、杨共商大计。周恩来一行12月17日傍晚到达西安。他在飞机上听取了刘鼎的汇报，当晚又与张学良举行会谈，了解到许多在保安难以知道的情况：张学良发动"兵谏"的目的不是伤害蒋，只是逼他抗日。蒋只要放弃"攘外必先安内"政策，实行抗日，张仍拥戴他为领袖；蒋介石在被扣初期态度恶劣，拒绝与张谈任何问题，现在可以谈抗日问题了；就在周恩来到达西安之前，根据张、杨要求，蒋鼎文携带蒋介石给何应钦的手令已从西安飞回南京，蒋在手令中要求何对西安停止军事行动三天；以宋美龄、宋子文和孔祥熙为首的南京主和派，极力主张用和平方式救蒋，先派端纳来陕见蒋，现又决定派宋子文来西安与张、杨会谈；南京对张学良已下"讨伐令"，刘峙指挥的东路"讨逆军"已有5个师进入潼关，威逼西安；作为"讨逆军"骨干的黄埔系青年军官胡宗南、黄杰、邓文仪等275人于12月14日致电张学良，表示他们绝对忠于蒋介石，"早已将整个生命，交付于领袖"。他们要求张、杨即刻恢复蒋之自由，否则他们将"不顾一切，悉力以赴"，与张、杨"不共戴天"[1]。"讨逆军"东、西两路的总指挥刘峙、顾祝同以及樊崧甫、关麟征等同一天也致电张学良，要求即刻释放蒋介石，并说如释蒋则任何问题无不可从长计议，尽量采纳，见诸实施。这些情况表明，蒋介石虽在西安失去了人身自由，但他的军队仍完整无损；他仍能支配南京政府，指挥和调动国民党军队。周恩来通过与张学良会谈，进一步明确了西安事变只有和平解决，才能对民族、对革命有利。他当晚致电中共中央和毛泽东，除报告到西安后了解到的各方情况外，还对蒋的处置问题提出意见："答应保蒋安全是可以的，但声明如南京进兵挑起内战，则蒋安全无望。"[2]他的这个重大建议实际上已被中共中央采纳。中共中央12月18日致电国民党中央，以第三者调解人的立场向他们指出："援救蒋氏个人，亦非武力所能解决，武力的讨伐，适足以杜塞双方和解的余地。"中共中央呼吁国民党

① 《青年将领胡宗南等二百七十五人忠告张学良》，引自李云汉《西安事变研究》，台北，近代中国出版社，1982，第267页。

② 《中国共产党关于西安事变档案史料选编》，第214页。

中央"毅然决然立刻实行"全国人民的迫切要求，主要是：召集有各党各派各界各军参加的抗日救国代表大会，决定对日抗战，组织国防政府和抗日联军；将讨伐张、杨和进攻红军的中央军，全部增援晋绥前线，承认红军、东北军和十七路军的抗日要求；停止一切内战，一致抗日，等等。电文最后指出："本党相信，如贵党能实现上项全国人民的迫切要求，不但国家民族从此得救，即蒋氏的安全自由亦当不成问题。"① 这表明，中共中央对蒋的处置方针已开始转变，由要求"审蒋""除蒋"改为有条件地释蒋了。

第三，担心亲日派完全控制南京政府。当时被视为亲日派的南京军政部部长何应钦，在蒋介石被扣后，掌握了南京的军事大权，被任命为"讨逆军"总司令，成了南京主战派的首领。他不顾蒋介石死活，派大军威逼西安，派飞机到华县、渭南一带狂轰滥炸。当时人们认为，何应钦是想乘西安事变之机，置蒋于死地，自己取而代之。传说宋美龄托端纳带给蒋介石的信中有"南京戏中有戏"的字句。这理所当然地引起中共中央的高度警觉和注视。更令人注意的是，西安事变爆发当天，南京即电催当时在欧洲治疗伤病的亲日派头子汪精卫立刻回国。汪精卫得知西安事变消息后，得意忘形，与其在国内的同伙电报频传，密谋策划。在南京的陈璧君（汪精卫之妻，时任国民党中央监察委员）12 月 13 日也电催汪精卫速归，说"兄为朋友、为党，均应即归"。同时又诡秘地说："共匪奸人窥伺甚急，起程时除告我转中央外，勿为他人言。"14 日，汪复陈电表示："不问中央有电否，我即归。"同一天，汪精卫给国民党中央复电说："文电敬悉。事变突起，至为痛心，遵即力疾起程。"汪立即离开德国赶往意大利，12 月 22 日在热那亚登船东返。汪在离欧返国当天发表声明说："余因伤病，数月以来在欧疗治。本已决最近期内回国，自闻西安事变，尤切痛心，中央复有电催，故即日首途回国。"② 在当时，南京如果完全被亲日派控制，中国的命运将更令人担忧。因此，中共中央密切注视汪的行踪和活动。12 月 18 日，周恩来在西安向中共中央报告南京的动向时说："南京亲日派目的在造

---

① 《第二次国共合作的形成》，第 159～160 页。

② 《西安事变前后汪精卫与陈璧君等来往电函》，《近代史资料》第 60 号。

成内战，不在救蒋，宋美龄函蒋'宁抗日勿死敌手'（指何、汪），孔祥熙
企图调和，宋子文以停战为条件来西安，汪将回国。"① 中共中央对亲日派
的动向极为重视，认为中国"目前最大危机是日本与南京及各地亲日派成
立联盟，借拥蒋旗帜造成内乱，奴化中国"②。恢复亲英美派蒋介石的自由，
可阻止亲日派完全控制南京的图谋。因此，中共中央明确指出："争取蒋介
石、陈诚等与之开诚谈判"，"我们与西安策略，应扶助左派，争取中派，
打倒右派，变内战为抗战"。③ 由此看来，中共中央从要求"审蒋"改为
"争取中派"（当时把蒋视为中派），原因之一就是担心"右派"（指何、
汪）与日本勾结完全控制南京政府，造成大内乱，给日本侵华以可乘之机。

　　第四，共产国际电报指示和苏联报刊舆论的影响。中共中央得知西安
事变爆发消息后，接连致电共产国际，报告西安事变的有关情况和中共中
央的应变设想，目的在于获得共产国际特别是苏联的同情与支持。在 12 月
12 日午夜给共产国际书记处的电报特别提出："请你们支持我们的上述行
动，特别是：（一）在世界舆论方面援助我们；（二）争取英、法、美三国
赞助中国革命政府与革命的军队；（三）苏联积极援助中国。"可是，斯大
林和共产国际却认为张学良的行动有害于他们争取蒋介石的政策，会引起
中国更大规模的内战，为日本侵华提供方便。所以他们反对西安事变。联
共（布）中央机关报《真理报》12 月 14 日发表社评《中国发生事件》，说
西安事变是"帮助日本帝国主义推行奴役中国的事业的那些亲日分子的阴
谋活动"，张学良是"利用抗日运动以营私，名义上举起抗日旗帜，实质上
制造国家分裂，使中国继续混乱下去，使其不可避免地成为外国侵略强盗
的牺牲品"。苏联最高苏维埃机关报《消息报》，也发表了内容相同的攻击
西安事变的社评。这时中共中央还不了解斯大林和共产国际的上述想法和
态度，在苏联报刊舆论出笼 5 天后，中共就对其进行了抨击。在 12 月 19 日
举行的政治局常委扩大会议上，毛泽东在评论国际舆论对西安事变反应时，

---

① 《文献和研究》1986 年第 6 期。
② 《毛泽东关于向陈立夫提出五项合作抗日要求致潘汉年电》（1936 年 12 月 21 日），《第二次
　　国共合作的形成》，第 167 页。
③ 《中共中央关于西安事变问题致周恩来同志电》（1936 年 12 月 21 日），西安事变研究会资
　　料室编《西安事变电文选》，陕西师范大学出版社，1986，第 78 页。

就把《真理报》与日本的一份报纸放在一起进行了评论，说它们的相同点都是攻击反对西安事变，抹杀事变的反日本质；不同点是在剖析事变根源时，日本报纸说是苏联造成的，《真理报》说是日本造成的。面对党内对苏联舆论的惊愕与不解，张闻天在会上向大家解释说，"因为日本造谣，苏联……只能这么说"，"如果苏联表示同情"西安事变，便使自己"与南京对立"。接着他尖锐指出：苏联散布"这样的舆论""自然对局部的利益是有些妨碍的"。他郑重表示：我们当然"不能采取这一立场"。当然，苏联报刊舆论主张争取蒋介石及其军队共同抗日。应该说，这对中共中央决策层在处置蒋介石问题上统一认识、确定和平解决西安事变的方针是有益的。

蒋介石刚刚被张、杨扣押，斯大林就对如何应对这一突发事件，向共产国际做出了指示。据孟庆树（王明妻子）的《王明传记与回忆》记载：西安事变发生的当天夜里，"斯大林同志派人送给季米特洛夫和王明同志一个亲手用铅笔写的纸条，其中写道：'西安事变是直接有利于日本帝国主义'，并要他们立即发电给中共中央，作为共产国际对西安事变的指示"。[①]季米特洛夫从1935年10月担任共产国际执委会总书记起，就分工"负责处理中国问题"，[②] 是当年莫斯科负责处理中国事务的主要负责人。季米特洛夫根据斯大林的这个指示，12月14日主持召开了共产国际"关于中国工作的会议"，研究了西安事变爆发后中国共产党面临的形势和应采取的立场、对策。他们认为：西安事变的爆发，对于中共和红军来说，"出现了非常困难的局面"，"有必要劝告我们的中国同志采取独立的立场，反对任何内讧，以便和平解决冲突，一切捍卫中国领土完整和国家独立的党派在民主的基础上协商一致和所持共同行动，同时强调党以前在给国民党的公开信中和毛泽东答记者问中所持的立场"。[③]

季米特洛夫当天致信斯大林，向他报告共产国际讨论研究的结果，并附上刚刚到达莫斯科的邓发关于中国革命情况的报告，征询斯大林的意见

---

① 郭德宏编《王明年谱》，社会科学文献出版社，2014，第328页。
② 《共产国际、联共（布）与中国革命档案资料丛书》第15卷，中共党史出版社，2007，第45页。
③ 《共产国际、联共（布）与中国革命档案资料丛书》第15卷，第263页。

和指示。他在给斯大林的信中还谈到了他对中国共产党同张学良建立合作抗日关系的不满情绪。他说：今年 8 月 15 日，共产国际就告诫中共中央"不能把张学良本人看作是可靠的同盟者"。他认为，两广事变失败后，"张学良完全有可能产生新的动摇甚至是公然背叛我们"。① 四个月后，张学良突然发动西安事变，扣留蒋介石，季米特洛夫怀疑张学良事前一定会征得中共的同意甚至参与。

12 月 14 日深夜 12 点，斯大林亲自给季米特洛夫打电话。他怀疑西安事变的发动与共产国际的人有关。在电话中他质问季米特洛夫："中国的事件是在您的认可下发生的吗？"季米特洛夫断然否认，他用斯大林自己评论西安事变的话斩钉截铁地回答说："不是！""这事会对日本最有利。我们也是这样看这一事件的！"斯大林又追问："王明在你们那里做什么事？他是个挑衅者吗？"并说：王明想给中共中央发电报，"让他们枪毙蒋介石"。季米特洛夫表示他不知道这件事。斯大林说："那我给你送去这份电报！"随后，莫洛托夫又来电话通知季米特洛夫："明天下午 3：30 请你们到斯大林的办公室来，我们一起讨论中国的工作。"②

12 月 15 日，季米特洛夫前往斯大林的办公室参加这次"讨论中国问题的会议"。与会者还有库西宁、马努伊尔斯基、莫斯克文、王明、邓发、爱尔科利、曼达利扬等。16 日，季米特洛夫又去克里姆林宫参加联共（布）处理中国问题的"五人小组"会议，这个小组当时的成员有斯大林、莫洛托夫、卡冈诺维奇、奥尔忠尼启则、伏罗希洛夫（当天的会议，伏罗希洛夫未出席）。会议"对中国事件交换意见。磋商后同意向中共中央发以下电报"。③

共产国际执委会书记处发给中共中央的"回电"，全文如下：

答复你们的来电，我们建议采取以下立场：

1. 张学良的行动，无论其意图如何，在客观上只能损害中国人民

---

① 《共产国际、联共（布）与中国革命档案资料丛书》第 15 卷，第 244 页。
② 〔保〕季米特洛夫：《季米特洛夫日记选编》，马细谱等译，广西师范大学出版社，2002 年，第 49－50 页。
③ 〔保〕季米特洛夫：《季米特洛夫日记选编》，第 50 页。

的力量结成抗日统一战线，并助长日本对中国的侵略。

  2. 既然这次行动已经发生，就应该考虑实际情况，中国共产党要坚决主张以下述条件为基础和平解决冲突：

  （1）通过吸收几名抗日运动的代表和维护中国领土完整和国家独立的人士参加政府的办法改组政府；

  （2）保障中国人民的民主权利；

  （3）停止实行消灭红军的政策，并与红军合作抗击日本侵略；

  （4）与同情中国人民反击日本帝国主义进攻的国家实行合作。

  最后，我们建议不要提同苏联联合的口号。[①]

  这份"回电"的核心内容是要求中共采用和平的方法解决西安事变。关于这一点，事变结束后不久，共产国际给中共中央的另一份电报说得更为清楚和明确。电文告诫中共不能采取"通过排除蒋介石和推翻南京政府的办法来建立统一战线"，提醒中共要明确"现在党的主要任务是争取切实停止内战，首先是使国民党和南京政府放弃消灭红军的政策，争取同南京采取联合行动反对日本侵略者"。[②]

  这份根据斯大林指示，在季米特洛夫主持下，由共产国际起草、联共（布）中央以斯大林为首的"五人小组"讨论审定、共产国际执委会书记处署名的"回电"，到12月16日才正式成文，并同时决定作为"急件""向中共中央发出"。

  由于这封电报和另外一封电报发到陕北保安，电文不清，译不出来。中共中央18日致电共产国际说：两封电报"勤务组弄错了，完全译不出，请即检查重发，至要"。中共中央正式收到共产国际这封电报已是12月20日了。

  应该怎样看待共产国际的电报指示和苏联舆论，它们对和平解决西安事变发生了什么作用和影响？蒋介石被释放后，中共中央政治局几次开会讨论党在事变中的方针和策略，自然就谈到了这个问题。并对照共产国际

[①] 《共产国际、联共（布）与中国革命档案资料丛书》第15卷，第265～266页。

[②] 《共产国际、联共（布）与中国革命档案资料丛书》第15卷，第270～271页。

指示，对两年来抗日民族统一战线政策执行情况进行了回顾。在 12 月 27 日的会议上，凯丰发言说：在这次事变中，我们的策略是对的，共产国际的意见是对的，《真理报》所说的对我们慎重考虑问题是有帮助的，使我们着重地顾到整个的利益，同时也不放弃局部的利益。1937 年 1 月 24 日在会上他又说：国际指示，总的精神与我们是一致的，他们对我们有许多帮助，但对我们许多真实情况还是不了解的。林伯渠在 12 月 27 日会议上说：共产国际对西安事件总的分析是对的，但有些没有顾到中国的实际情形。我们应把中国具体情况和适合中国国情的策略告诉它。毛泽东在几次会议发言中，都谈到了共产国际指示问题，综合起来其主要内容是：国际的指示与我们的意见大致相同；提出抗日民族统一战线方针以来，我们总的是抛弃了反蒋策略。蒋被扣起来，我们还是主张和平解决，放了蒋，我们的错误是 1935 年 12 月决议提出了抗日，就应放弃反蒋。西安事变后，在宣言中提出把蒋交人民裁判是不对的。长期在莫斯科中共驻共产国际代表团工作、共产国际"七大"期间奉命回国向中共中央传达共产国际"七大"精神的张浩在会上发言说：国际的意见对我们是有帮助的，我们与国际的指示在路线上没有任何不同，有一点不同就是逼蒋抗日，国际主张用群众逼，我们还主张利用张、杨、阎、李、白、刘逼他。在中国的社会环境下，这种方法未尝不对。

中共中央在正式收到共产国际"复电"前一天，12 月 19 日再次召开政治局常委扩大会议。这次会议是经过 6 天对形势的观察，认识趋于一致的基础上召开的。这次会议放弃了"审蒋""除蒋"口号，正式确定了和平解决西安事变的方针。

毛泽东在会上发言，首先分析了西安事变后的形势。他指出，形势的发展有黑暗的方面（如南京把注意力集中在蒋被扣押上，对张、杨的一切抗日要求置之不问，并派兵讨伐西安），也有光明的方面（促进抗日与亲日的分化，扩大抗日力量）。中国共产党要坚定地站在抗日立场，发扬光大光明的方面，打击黑暗的方面。他说，西安事变后内战的发生与延长，对我们不利，只有利于日本帝国主义；内战延长与否，既要看国内力量，也要看国际舆论。我们的方针是消弭内战，不使内战延长。毛泽东还指出，西安事变有两个前途：一是胜利的前途，二是失败的前途。为了争取胜利的前途，就要壮大抗日力量，努力争取东北军，积极帮助他们击败"讨伐派"的军事进攻。与当时苏联报刊攻击和诋毁张学良相反，毛泽东在会上针锋相对地强调：我们不要远离张、杨，而是要与之接近，同情并帮助他们。

博古的发言，对随着日本帝国主义的侵略，国内阶级力量的变动和各个阶级政治态度的变化做了分析。他说，北平"一二·九"学生爱国运动的爆发，表示小资产阶级转到抗日方面来；两广事变，特别是最近西安事变的爆发，更明显地表示出资产阶级已转到抗日方面来。博古指出，在当前尖锐激烈的斗争中，各种力量都在企图利用西安事变来达到自己的目的。张、杨把全国人民的迫切要求公开举起来作为西安事变的旗帜，在此情势下，只要党的策略正确，就可以使西安事变成为发动全国抗日的起点。博古同样认为西安事变有两个前途：一是发动大规模内战，二是成为抗日战争的起点。他说，我们的基本方针是反对内战，团结一切抗日力量，争取抗日战争的前途，反对转为内战的前途，因为内战是中华民族的致命伤，只对日本侵略者有利。

张闻天的发言更为全面和明确。他对西安事变的发展前途、党对事变的根本立场、进行和平调解的方针等问题都做了深刻阐述。关于事变的发展前途，他同样认为有两个："一是全国抗日的发动，二是内战的扩大"。他指出，"全国舆论是不希望内战之扩大，然〔而〕日德是企图尽量这方面的扩大"，因为"这是两个阵营"。关于处理的方针，张闻天强调："我们的方针应确定〔为〕争取成为全国性的抗日，坚持停止内战、一致抗日的方针。"他同时提出"困难的前途亦应准备"，并且说："失败的可能如弄得不好是有的，而且相当的大。"关于党的立场，张闻天针对前几天党在对蒋策略上的动摇和反复，郑重而又明确地说：我们"不站在反蒋的立场，不站〔在〕恢复反蒋的立场，因为这一立场可以使蒋的部下对立，是不对的"。他公开批评13日会议上有人提出的"审蒋"主张，说："我们应以抗日为中心，对于要求把蒋介石交人民公审是不妥的"。对如何处置蒋介石这个当时至关重要的焦点问题，张闻天在19日会议上的讲话同13日会议上的讲话比较，精神贯通一致，旗帜更为鲜明。特别是他把对蒋介石的处置同全国抗日这个大局联系起来，因之态度更为坚决，主张始终如一。为了争取胜利，中国共产党在政治上、军事上应采取哪些方针？张闻天指出："我们应尽量争取时间，进行和平调解"；"具体的积极的援助张、杨，最主要〔是〕使他〔们〕部队的巩固，大规模的发动群众。我们应与张、杨靠近，应打胜仗，扩大影响，准备以防御战来反对内战"；"对东北军应尽量与之配合，而他亦应采取我们〔的〕许多办法，尽量争取同情者，不要太红，尽量争取时间性"。①

毛泽东在做这次会议总结时，集思广益，对有关事变的几个重大问题作了深刻和明确的阐述。他指出，西安事变要取得胜利，一定要吸收广大的小资产阶级参加，还要取得无产阶级政党的领导和广大人民群众的帮助。他再次肯定西安事变的革命性，说它实际上是抗日起义。毛泽东指出，围绕西安事变，国内外各种力量阵线分明：一方面是日本军阀、中国汉奸和南京右派，他们极力制造内战；另一方面是西安抗日军、红军、中国人民、反蒋实力派、南京左派和国际和平力量，反对内战，拥护抗日；这两者之间，还有很多处于动摇、中立的中间派，中国共产党要努力争取这些中间派。面对西安事变的两种前途，毛泽东坚定地指出：我们应变国内战争为抗日战争。他还指出，中国共产党对事变双方应实行调停方针，调停的办法有两种：一是用文章调停，二是用武装调停。意思是在政治上争取和平的同时，也要准备用武力制止南京的讨伐。毛泽东明确指出：我们要争取南京，更要争取西安。这意思就是要争取蒋介石停止"剿共"，共同抗日；同时要支持张、杨的爱国行动。他在全面分析国内外诸多因素后，满怀信心地预言：现在有争取和平、结束内战的可能。因为反对内战的国内外力量是强大的，而主张内战的只有日本、汉奸和利用战争做生意的人。他接着指出：我们要把国内外反对内战的各种力量团结起来，力争结束内战。

毛泽东在做总结时，还把本次会议通过的"通电"与 12 月 15 日"红军将领致国民党和南京政府电"这两个文件做了比较，指出它们的一个重要不同点是对蒋介石的处置问题。他称赞 19 日"通电"在这个问题上所采

① 《张闻天在 1936 年 12 月 19 日政治局扩大会议上的发言》，《党的文献》1988 年第 3 期。

取的是更为进步的方针。

中共中央确定的和平解决西安事变方针，集中反映在 19 日会议通过的两份文件里：一个是向国内公开发表的《中华苏维埃中央政府及中共中央对西安事变的通电》，一个是向党内发出的《中央关于西安事变及我们任务的指示》。《通电》向事变双方提出四项建议："（一）双方军队暂以潼关为界，南京军队勿向潼关进攻，西安抗日军亦暂止陕甘境内，听候和平会议解决。（二）由南京立即召集和平会议，除南京西安各派代表外，并通知全国各党各派各界各军选派代表参加。本党本政府亦准备派代表参加。（三）在和平会议前，由各党各派各界各军先提抗日救亡草案，并讨论蒋介石先生处置问题，但基本纲领，应是团结全国，反对一切内战，一致抗日。（四）会议地点暂定在南京。"① 《通电》主张和平会议由南京召集，地点选定南京，显然这是承认了南京政府的正统地位；至于讨论蒋的处置问题，前提是"团结全国，反对一切内战，一致抗日"，结果自然是有条件地释蒋。《指示》对西安事变前的形势，西安事变的意义，事变发展的两个前途及其拥护者和中共为结束内战、实现和平应持的基本方针等问题做了全面阐述。由于《指示》是党内文件，是发给党组织阅读的，它说得更为坦率。它在肯定西安事变意义的同时，也批评了它多少带有军事阴谋的方法，指出张、杨用这种方式"扣留了南京最高负责人蒋介石及其主要将领，以致把南京置于西安的敌对地位，而造成了对中国民族极端危险的新的大规模内战的可能。因此，这一发动又妨害了全国反日力量的团结"。② 《指示》提出中共应坚持的方针是："（一）坚持停止一切内战一致抗日的组织者与领导者的立场，反对新的内战，主张南京与西安间在团结抗日的基础上，和平解决。（二）用一切方法联合南京左派，争取中派，反对亲日派，以达到推动南京走向进一步抗日的立场，揭破日寇及亲日派利用拥蒋的号召，发动内战的阴谋。（三）同情西安的发动，给张、杨以积极的实际的援助（军事上的政治上的），使之彻底实现西安发动的抗日主张。（四）切实准备讨伐军进攻时的防御战，给讨伐军以严重的打击，促其反省。这种防御战不是要以扩

---

① 《中共中央文件选集》第 11 集，中共中央党校出版社，1991，第 130～131 页。

② 《中共中央文件选集》第 11 集，第 127 页。

大内战的方针代替抗日的方针，而依然是为了促成全国性抗日统一战线的建立与全国性抗日战争的发动。"①

在中共中央确定和平解决西安事变方针的当天，毛泽东致电在上海的潘汉年，请他"向南京接洽和平解决西安事变的可能性，及其最低限度条件，避免亡国惨祸"。②

从 12 月 19 日会议的进程和内容可清楚看出，和平解决西安事变的方针，是中共中央按照民主集中制原则集体讨论通过的，它是集体智慧的结晶；这一方针的确定，是中共中央在西安事变爆发后经过对形势发展的冷静观察和科学分析，在策略上做出的自我调整。共产国际指示和苏联舆论，对中共中央决策所起的帮助作用，也不容抹杀！

三 支持与帮助

中共中央从得知西安事变爆发的消息起，就认定张、杨的行动是爱国壮举，决定给予大力支持和帮助。

张学良扣押蒋介石后，感到势单力薄，仅靠东北军和十七路军的力量难以实现西安事变的要求，期望得到中国共产党的支持和帮助。12 月 12 日清晨他在给中共中央的"文寅电"中，除通报已扣留蒋介石及其重要将领的消息外，还询问"兄等有何意见"，"并盼红军全部速集中环县一带，以便共同行动"。张学良捉蒋后为什么要邀请周恩来来西安，他在被押解到台湾后谈及此事时说："事发之后，约周恩来之来，主要原因，系良自觉良部及杨部之无能，以及南京方面之作法，希周来共同谋划"，"谋变事前，并未同共党讨商。事发之后……彷徨束手，问策无人，除成立两委员会外，立即电请周恩来到西安，共商决策"。③

中共中央除决定派周恩来、博古、叶剑英前往西安直接与张、杨共商

---

① 《中共中央文件选集》第 11 集，第 128 页。
② 《中国共产党关于西安事变档案史料选编》，第 232 页。
③ 《西安事变回忆录》，毕万闻主编《张学良文集》（2），第 1201～1202 页。

大计外，还接连发电向他们提供重要建议，并从军事上策应和支持他们的反对南京的讨伐行动。

中共中央军委主席团 12 月 12 日向红军各部队通报蒋介石被张、杨扣留的消息，同时命令全军"抓紧准备待命行动"。当晚，毛泽东、周恩来复电张学良，除告知中共中央决定派周恩来即赴西安与其共商大计外，还建议他们"立即将东北军主力调集西安、平凉线，十七路主力调集西安、潼关线，固原、庆阳、鄜甘仅留少数"。怕他们有后顾之忧，毛、周在电报中向他们保证"红军不进占寸土"，并自告奋勇地"担任钳制胡、曾、毛、李仙（丹）各军"的任务。

面对樊崧甫部等 5 个师的蒋军在"救蒋"旗号下迅速涌入潼关，大批中央军继续沿陇海路西进，在西安承受巨大压力的形势下，12 月 13 日毛泽东、周恩来致电张学良，建议他把重兵置于潼关、平凉、凤翔，强调把守潼关尤为重要，"严拒樊崧甫"。毛、周在电报中还建议张不能单纯依靠军队，应注意发动和依靠群众，"号召西安及西北民众起来拥护义举"，指出："只有将全部行动基础置于民众之上"，西安起义才能获得胜利。电报还建议张要注意巩固和纯洁内部，"对全军举行深入的政治动员"，"逮捕和驱逐部队中的法西斯分子"。毛泽东、周恩来再次向张表示：在甘、宁一带的中央军胡、曾、关等部如向南压迫时，"红军决从其侧后配合兄部坚决消灭之"。

12 月 14 日，毛泽东、周恩来接连给张发去数电，将中共通过各种渠道了解到的南京动向和西安周围国民党军队活动情况，及时通报给他，还会同朱德、张国焘、彭德怀、贺龙、萧克、林彪、徐海东、徐向前等红军将领一起向张、杨表示，"弟等率领全部红军与全苏区人民坚决赞助二将领领导之革命事业"，并就"行动方针"问题向他们提出如下建议："（一）立即宣布西北抗日援绥联军之组成，东北军、十七路军和红军分别编为联军的第一、二、三集团军，由张学良、杨虎城、朱德分任各集团军总司令。还建议设立西北抗日援绥联军军政委员会，每个集团军推选三至五人参加，由张学良、杨虎城、朱德三人组成主席团，张为主席，杨、朱副之。（二）目前军事步骤，提议联军三部主力集中在以西安、平凉为中心的地区。张、杨如同意此方案，红军主力可于一星期内到达西峰镇，尔后视情况或增援西安或增援固原；红军留一小部在定、盐地区牵制胡宗南部，另部可置于肤、甘地区防止蒋军汤恩伯部南下。（三）当前的第一要务是巩固内部，战胜敌人。为此，在联军内部要提出共同口号，如在部队中进行热烈的政治鼓动，肃清部队中的亲蒋分子，鼓动全军战斗勇气，造成至死不屈精神等。"

除向张、杨提供建议外，中共对他们的支持和帮助主要是从军事上予以策应，以击败何应钦发动的"讨伐"战争。

西安事变爆发后，毛泽东和中央军委鉴于张、杨势孤力单，内部不稳，极力主张主力红军南下，与张靠拢，以"壮其胆而鼓其气"。① 对这一点，大家意见相同；但是，关于红军主力的行动方针或方向，开始时看法并不一致。毛泽东和中央军委给红军前方总部总指挥彭德怀、总政委任弼时的电报提出，无论从军事还是政治方面考虑，目前均须击破敌之要害。现在，敌之要害不是宁夏或甘肃，而是河南与南京。如今，南京已发动内战，对战争我们是后发而不是先发。在国民党军队大举进逼西安时，红军主力应进行大的战略迂回并击破敌人头脑南京。至于在甘肃的胡宗南部和在晋绥的汤恩伯部，都不过是南京内战军的两支支队。他们认为，红军的任务是击破敌之主力，对胡、汤这两个支队予以钳制即可。因此，他们主张原定红军集中西峰镇的计划应废止，改至延安、甘泉一带集中，然后迂回至敌主力之后方郑州等地，并进而直逼南京。红军前方总指挥部的彭德怀、任弼时经过认真研究，认为目前不宜采取上述方针。12 月 14 日他们致电中央军委陈述理由说，"目前战略方计，迅速停止内战，发动抗日战争，找机会争取宁夏，巩固兰州，一部东出绥远"，与傅作义"联合抗日"；如"红军出河南，取进攻姿势，这样可能延长内战"，与党的战略方针有悖，且要失去固原、兰州及陕甘公路，而且红军主力也来不及，因为"增援西安须时二十余天"。彭、任主张乘当时蒋军的混乱局面，主力红军仍坚守陕甘根据地，"首先打击胡宗南，消灭西北中心反动力量"，至少应压迫胡部西退，力求在运动中歼灭其一部，恢复原有苏区。这样，有利于争取毛炳文、曾

---

① 《毛泽东致彭、任电》（1936 年 12 月 14 日），《中国共产党关于西安事变档案史料选编》，第 199 页。

万钟及中立青海、宁夏的地方实力派，巩固后方，从而停止潼关之敌的进攻。当时担任红军参谋长的刘伯承，同一天致电中央军委，也提出相同意见。

周恩来12月17日到西安后，立即与张、杨会谈，磋商东北军、十七路军和红军联合军事行动问题。周恩来从12月18日起，接连致电毛泽东和中共中央，报告他就联合军事行动问题与张、杨磋商的情况。三方经过反复协商，12月21日确定：集中三方主力，采取诱敌深入的方针，在西安以东地区与刘峙指挥的东路"讨逆军"决战；同时以部分兵力钳制西线之敌胡宗南等部。当天，周恩来电告中共中央，说：张、杨赞同先打刘峙，红军主力10天到达长武、邠州，再用10天时间到达咸阳、兴平，尔后南下。红军所需被服、子弹可到咸阳补充。周恩来向中央建议，红军主力可分两路迅速南下，不顾一切地集中咸阳，消灭刘峙。

根据周恩来与张、杨达成的协议，中央军委决定：以红一方面军、红二方面军各两个军团和红四方面军的两个军共同组成红军突击集团，立即由定边、环县之间地区南下，协助东北军和十七路军打击刘峙指挥的东路"讨逆军"。除此之外，还决定抽出部分兵力警戒和钳制西线胡宗南等部。

彭德怀、任弼时根据中央军委指示，率主力红军分两路南下。他们日夜兼程，于12月25日、26日赶到庆阳及其南北地区。此时，由于蒋介石已获释返回南京，进入潼关的中央军也开始东撤，红军主力部队便在庆阳、合水、宁县、正宁一带休整待命。

中共中央12月20日召开会议，强调主力红军南下进入友军地区，一定要严格遵守纪律。彭德怀、任弼时12月23日指示各兵团严守友军区域纪律，不打土豪，不破坏其现有政权组织，所需粮食由当地政府及军政机关负责筹备和购买。奉命南下的有些部队，刚刚结束万里长征，疲劳尚未完全恢复，衣帽也不整齐，但他们的饱满精神和严明纪律受到沿途群众和友军的称赞与钦佩。作为总政治部副主任的杨尚昆当时写道："在南下中，我们深刻了解当时因西安事变而造成的严重局势，我们坚持着和平方针，我们关怀着民族的沦亡，而不求自身利害的报复。红军是上下一心的，团结在共产党和平主张的周围，为着阻止内战的爆发，实现国内和平而斗争。"

杨尚昆又写道：当时，"我们的衣服是破烂的，有的还穿着番人的衣服，一些部队，长征的疲劳还未克服，因此军容是不大整齐。当部队整着队伍，齐着步伐，高唱着救亡进行曲，通过城内大街的时候，友军士兵们，城内的群众们，都争先恐后的来看红军。在他们的脸上，现着惊异的微笑，他们都异口同声地说：'我们从来没有看过这样穷的军队，也从来没有看过这样有精神的军队'。他们表现着对红军无限的羡慕！当我们在西安附近扩大红军的时候，群众是大批的涌入红军，其成绩远远超出过去的记录。父母送儿子，妻子送丈夫来加入红军的事，日有所闻"。①

---

① 杨尚昆：《红军在统一战线中》，《解放》第 1 卷第 1 期，1937 年 5 月 24 日。

第十二章 谈判与释蒋

一 张、杨的诚意

　　西安事变经历了惊涛骇浪，克服了内战危机后，最终获得和平解决。促成事变和平解决的因素很多，应该说首要的因素是事变发动者张学良、杨虎城具有和平诚意，并为此做出了不懈努力。

　　张、杨在扣蒋前后一再宣布，他们发动"兵谏"不是要地盘和金钱，不是泄私愤，更不是要取而代之；只是为了挽救国家和民族的危亡，促使蒋介石放弃"攘外必先安内"的误国政策，停止内战，团结一切力量，共同抗日。扣蒋后，他们在通电中向国人郑重宣布：要保蒋安全，促其反省，对蒋绝无危害之意。为此目的，他们进行了不懈的努力。事变前，他们用口头诤谏的方式，要求蒋改弦更张。特别是张学良，在事变前一个月时间里，为劝蒋改变政策，"真是用尽心机，也可说是舌敝唇焦"，但其动机"绝对是纯洁的"。为当面向蒋诤谏，张曾接连遭到蒋的拒绝、斥责甚至辱骂。在万般无奈和忍无可忍的情况下，才对蒋采取"兵谏"行动。正如张学良事后所说："我们这次举动，把个人的生死荣辱完全抛开，一切都是为了国家民族！""我们对蒋委员长没有私仇私怨，我们绝不是反对蒋委员长个人，是反对蒋委员长的主张和办法；反对他的主张和办法，使他反省，正是爱护他。……如蒋委员长能放弃过去主张，毅然主持抗日工作，我们马上绝对拥护他，服从他！"① 张、杨那炽热的爱国深情和纯洁的"兵谏"目的，溢于言表。张学良不只是这么说，也是这么做的。12月11日，他向两位卫队营营长孙铭九、王玉瓒下达捉蒋任务时，要求绝对保障蒋的人身安全，不许伤害蒋。12日晨，孙铭九进入华清池五间厅不见蒋的踪影，他非常焦急。张对在场的双方文武官员们说：若找不到蒋，我要把自己的头割下来，请虎城兄拿到南京去请罪，了此公案，绝不能因为要停止内战，而引起内战。若再引起内战，那我张某人便成了千古罪人。捉蒋后，张、杨向全国发出的八项主张"通电"中郑重表示，对蒋要"保其安全"。张在事变当天给宋美龄的电报中解释发动事变的苦衷，表示此举只是"暂请介公留住西安，妥为保护，促其反省，决不妄加危害"，并且说："学良从不负人，耿耿此心，可质天日。敬请夫人放心，如欲来陕，尤所欢迎。"② 同一天，张给孔祥熙发了内容相同的电报，邀请他来陕，协商解决问题。宋美龄在给张学良的复电中说，孔祥熙因故不能去陕，要求允许宋子文和顾祝同去西安，张、杨当即复电表示同意。张16日给在南京的顾祝同发电，表示热切期望他和宋子文来陕。可见，张、杨欢迎南京要员前往西安，协商国事，和平解决事变的心情是何等急切，其态度是多么诚恳！

　　事变刚发生时，京沪一带谣言四起，蒋介石生死情况不明。端纳奉宋美龄命来到西安，亲眼见到蒋介石平安无事。张学良请端纳劝蒋采纳西安方面提出的救国主张，并表示：蒋只要接受停止内战、一致抗日条件，立即会获得释放，张还说他将亲自送蒋回南京。16日，西安召开市民大会，张、杨莅会讲话，再次申明发动事变的纯洁目的，杨虎城说："我们的义举是以国家民族为前提的，不是对蒋委员长个人而发的。"他说，对这一点，他和张学良"是可以质之天日而无愧的！"③ 为了回击英国《泰晤士报》的攻击和谩骂，张学良12月19日致电该报驻沪记者弗拉塞，说明发动西安事变的动机是促使蒋介石改变错误的政策，领导全国抗日。张在电报中说，对蒋介石"我们不得已扣留了他，但没有威胁他的生命，没有损伤他的地

① 张学良：《对总部职员的训词》，西安《解放日报》1936年12月16日。
② 《团结报》第1158号，1990年12月22日。
③ 《西安事变档案史料选编》，第16页。

位，他在我们的心目中依然是委员长"。张还说，蒋之"所以未恢复自由，这不能责怪我们。我在星期一（12月14日）的晚上电请南京政府派员听取委员长的意见，跟他商讨阻止内战爆发的必要措施。……委员长跟我们一样一直等待着京方要员来此处理这件事情，使委员长能够回京复职，但还没有等到。这事情竟迁延得这么久，实在奇怪得很。如果有人来到这里，则委员长早已回到南京了"。①

应当承认，张、杨的诚意是西安事变能够和平解决的前提，假如没有这个前提，和平解决西安事变根本不可能，其后果可想而知。正因为张、杨扣蒋只是为了逼他抗日，后来当他们与宋氏兄妹谈判，蒋答应抗日条件后，释蒋便是自然而然的了。再者，张释蒋后亲自送他回南京，这也不是张在12月25日释蒋时一时冲动做出的抉择，是他经过长期深思熟虑后做出的决断，并多次向国人做过表示。

二　端纳西安之行

南京统治集团内部，以宋美龄、宋子文和孔祥熙为首的主和派，坚决反对何应钦的武力"讨伐"主张，力主通过和平方式"营救"蒋介石，结束西安事变。这也是促使西安事变获得和平解决的重要原因。

宋氏兄妹的"营救"活动，首先从冲破何应钦阻挠，派端纳前往西安开始。端纳是英籍澳大利亚人，辛亥革命前作为新闻记者来到中国，曾先后给孙中山、张学良当顾问。张学良下野后，端纳陪他游历欧洲。回到中国后，又受聘担任蒋介石、宋美龄夫妇的私人顾问。

宋美龄、孔祥熙12日在上海获知西安事变的消息，由于电讯中断，蒋在西安生死情况不明，各种传说都有。为探明真相，宋美龄就决定派端纳前往西安。他认为端纳既可受到蒋的信任，又可被张学良接受，是前往西安探明真相并救蒋的最合适的人选。13日晨宋美龄、孔祥熙回到南京，见

---

① 毕万闻主编《张学良文集》（2），第1093页。

到以何应钦为首的主战派气焰嚣张，这些人不顾蒋介石死活，执意要对西安动武。对宋美龄提议派端纳去西安探明真相，何应钦当面予以反对，扬言任何人都不许去西安，他们要攻打西安，并说委员长已遇难身亡了。蒋在西安究竟是生是死，宋美龄到南京后"到处搜索消息，而消息始终沉寂，周遭接触者，唯紧张之流露，形形色色之猜测，辗转传布，如飞沙，如雷震，诸凡捕风捉影之传说，眩人欲迷"。① 探明蒋在西安死活的真相，成为当时迫在眉睫的头等大事。宋美龄和孔祥熙不顾何应钦的阻挠，也不等张学良复电是否同意，13 日中午毅然派端纳和黄仁霖乘机离京，经洛阳前往西安。黄仁霖当时是励志社的负责人，与蒋氏夫妇关系深厚，同张学良也相识，有交往。宋美龄托端纳带去两封信，一封是给蒋介石的，全文如下：

夫君爱鉴：昨日闻西安之变，焦急万分。窃思兄平生以身许国，大公无私，凡所作为，无丝毫为个人权利着想。即此一点，寸衷足以安慰。且抗日亦系吾兄平日主张，惟兄以整个国家为前提，故年来竭力整顿军备，团结国力，以求贯彻抗日主张，此公忠为国之心，必为全国人民所谅。目下吾兄所处境真相若何？望即示知，以慰焦思。妹日夕祈祷上帝赐吾兄早日脱离恶境，请兄亦祈求主宰赐予安慰，为国珍重为祷。临书神往，不尽欲言。专此奉达，敬祝

健康

妻　廿五年十二月十三日②

宋在信中竭力掩饰蒋介石对外屈辱妥协、丧权辱国的罪责，美化和吹捧蒋"以身许国""大公无私""公忠为国"，因为这封信既是给蒋本人看的，更是给张、杨看的，她知道此信一定要经过张、杨审查后才准端纳交给蒋。宋让端纳捎带的另封信是写给张学良的，主要内容是让张顾全大局，从公私两方面关系考虑处理好与蒋的关系。

---

① 宋美龄：《西安事变回忆录》。
② 罗家伦主编《革命文献》第 31 辑，中国国民党中央委员会党史料编纂委员会，1964，第 32～34 页。

当时的飞机速度很慢，从南京到洛阳飞行了 4 个多小时。端纳等在洛阳过夜，翌日再飞往西安。14 日晨，端纳从洛阳启程前接到了宋美龄从南京打来的电话，转告他张学良已复电同意他即刻飞往西安。宋美龄急切盼望端纳快快前往，探明蒋死活真相，并把蒋介石营救出来。端纳等 14 日上午从洛阳起飞，一个多小时就到了西安。张学良派他的私人管家、美国人杰米·埃尔德到机场迎接。端纳与埃尔德早就相识，这次一见面端纳就迫不及待地询问蒋介石的情况。埃尔德告诉端纳，蒋在西安被扣留，但十分安全，现住在杨虎城的西安绥靖公署所在地，并向端纳介绍了西安事变的大致经过。听了埃尔德的介绍，端纳松了一口气，两天来悬在心中的那块大石头这才落了地。

端纳一行在埃尔德陪同下驱车来到金家巷张公馆，在客厅刚落座，张学良就走出来接见他。端纳看见张由于几天来不得休息，两眼布满血丝，身体显得很疲惫。端纳将宋美龄的信当面交给他。在交谈中，张学良得知端纳还不知道西安方面的八项救国主张，便向他做了说明，并详细叙说了他发动西安事变的苦衷和长期以来与蒋围绕抗日问题的分歧和争论。据端纳后来回忆，张当时对他说："长期以来我很苦恼，因为我们的力量都消耗在打中国人而不是打日本人身上。委座来这里时，我问他为什么不开始抗日？我说，共产党人也是中国人。"张接着说：蒋听后"骤然震怒"，指责张是共产党人，蒋坚持认为"抗日的时机还没有到来"。张反驳蒋说：九一八时，"您曾宣称我们要做好准备，二年之内把日本人赶出中国。可是五年已经过去了。现在我们再不能对人民说，我们仍需准备，因为敌人正在深入我们的国土。当今，政府好比是一家银行，如果老是欠账，就要失去信誉。我们只说不做，等于是欠账"。张学良还向蒋指出：当今"我们只有三种选择：抗战、撤退或是屈服"。蒋听后"脸色铁青，尖叫着他决不投降"。张学良又说，他曾接受端纳建议，给蒋写了一封长信，"请他让我北上抗日。我说，如果他想'剿匪'或'剿共'，那就让其他军队去干，因为我的士兵除打日本人外，不愿打其他任何人"。张还告诉端纳，他曾批评蒋介石大肆屠杀共产党人，在上海逮捕救国会"七君子"，说蒋"像袁世凯干过的那样"。"蒋介石一听，又火冒三丈。"张学良说，蒋介石来西安后，拒绝接受他和杨虎城的关于停止内战一致抗日的诤谏，顽固坚持"攘外必先安内"的方针，甚至下令向参加一二·九纪念活动的学生开枪。当张学良把前去临潼向蒋请愿的学生劝说回去，当晚去向蒋做最后诤谏时，"蒋介石怒气冲天，咆哮不已。他大拍桌子，用不堪入耳的语言将少帅痛骂了一顿"。张到这时，已"实在忍受不了他的污辱"，决定同蒋的关系"中止"、决裂。

张学良向端纳诉说完发动事变的苦衷和原委后，又向他介绍了蒋被扣押以来的表现。张说：蒋被带到西安新城后，"非常愤怒。他突然提出要求，说我如想证明与此事无关，那就必须立即送他回南京；如果我不这样做，我们之间便是敌人，要我立即将他枪毙"。张一再"恳求蒋改变主意，并强调说，如果不采取抗日行动，中国就要毁灭"。蒋答道："我决不改变主意"，"我的主意全是对的"，还气势汹汹地说："杀我，放我，我全不在乎。"张学良严肃地对蒋说：这件事并非只是你个人的事，它关系到国家民族的生死存亡。"我们是爱国者，愿意服从您，但我们并不把您当偶像来崇拜。"张的这句话，更加激怒了妄自尊大的蒋介石。蒋本来是面壁而卧，这时他猛地转过身来大发雷霆，狂叫："滚开！你是我的敌人，我不跟你说话。如果你想枪毙我，那就请吧。"① 张无奈，只好退出。张介绍完蒋被扣押后的表现，郑重向端纳表示，他们对蒋没有恶意，只要蒋接受抗日救国主张，立刻释放他。

张学良还告诉端纳，他们从保证蒋的安全和改善其居住条件考虑，曾请求他搬出新城，迁到玄凤桥新落成的高桂滋公馆去住。那里环境清静，设施齐全，还有采暖设备，但遭到蒋的误解和拒绝。现在，张请端纳协助动员蒋搬家。

端纳会见杨虎城后，在张学良陪同下去新城见蒋，张担任蒋同端纳谈话的翻译。陪端纳来陕的黄仁霖被禁止见蒋，他被安置在张公馆门房中暂住。张学良和端纳进入蒋的住室时，蒋正躺在床上，用毯子蒙住头，面壁而卧。端纳用英语向他打招呼，蒋一听转身坐起来，双眼流出泪水，说："我知道你会来的。"端纳将宋美龄的亲笔信交给蒋介石，并说："我来了，

_____

① 符致兴编译《端纳与民国政坛秘闻》，湖南出版社，1991，第 322～326 页。

蒋夫人也要来的!"听说宋美龄也要来,蒋涨红了脸,大声对端纳说:"你不能带她来这里。"经端纳劝说、动员,蒋介石同意迁到高桂滋公馆去住。待蒋迁居后,端纳推心置腹地对蒋指出:你周围的"许多人则是秘密的亲日分子",要当心,不要被这些人所左右。端纳劝蒋"不必固执己见",应该认真"听取西安人民的意见",接受张、杨提出的八项主张,端纳说:"看不出这些要求有什么毛病。"端纳向蒋指出,只有这样做,才能为你平安"离开西安铺平道路"。① 在端纳向蒋讲这些话时,张学良觉得他不便翻译,于是在他建议下端纳请来杰米·埃尔德给翻译。

端纳到西安亲眼见到蒋介石平安无事并同他谈话后,14 日晚在西安致电宋美龄,报告蒋在西安的情况,并说张学良甚盼孔祥熙、宋美龄来陕谈判。端纳决定第二天去洛阳直接与宋美龄通电话。当晚他同蒋介石住在一起。

黄仁霖在张公馆门房中过了一夜,他想如果见不到蒋介石,回去后无法向孔祥熙、宋美龄复命。他绞尽脑汁,想出了一个使张、杨能够接受的办法。用这种办法,他能亲眼见到蒋,而蒋却看不见他。第二天(15 日)黄要求面见张学良,报告了他想出的办法,果然获得批准。张命其副官长谭海带黄到蒋居住的高桂滋公馆。蒋居室门上的玻璃是涂着白漆的,但有的地方漆已脱落。黄仁霖就从这些脱漆的地方窥见蒋坐在床上同端纳谈话,屋内还有杰米·埃尔德。黄仁霖完成了孔、宋的重托,如释重负,正准备回京复命时,蒋从端纳口中得知他已来陕,执意要见他。张学良只得同意蒋的要求,但约定蒋、黄二人见面时,只准说些问安和身体状况如何之类的话,不得谈论公事,否则黄便不能离开西安,以免把蒋不利于西安的话传到南京去。蒋、黄口头上都答应了这个条件。张带黄进入蒋的卧室,黄给蒋鞠躬后说:"我是奉蒋夫人之命前来看你,是否身体安好,请你多加保重,并且不要讲话太多。"② 蒋倒是没有讲话,但他要给宋美龄写信托黄带回南京。信中说:"余决为国牺牲,望勿为余有所顾虑。余决不愧对余妻,亦决不愧为总理之信徒。余既为革命而生,自当为革命而死,必以清白之体还我天地父母也。对于家事,他无所言,唯经国、纬国两儿,余之子亦

---

① 符致兴编译《端纳与民国政坛秘闻》,第 328 页。

② 黄仁霖:《西安事变及其余波》,台北《传记文学》第 41 卷第 6 期,1982 年 12 月。

即余妻之子，望视如己出，以慰余灵，但余妻切勿来陕。"① 蒋怕此信被张、杨扣留，写完后当着众人面连续念了三遍，意在使黄仁霖牢牢记在脑子里，回京后背诵给宋美龄。由于蒋介石违背了与黄仁霖见面时不谈论公事的诺言，黄仁霖见蒋后被留在西安，直到 12 月 25 日蒋获释后才获准离陕返京。

端纳 15 日下午从西安飞往洛阳直接与宋美龄通电话。行前，他在西安致电南京，报告蒋在西安甚平安，张、杨绝无伤害蒋介石之意；如无意外发生，事变可望于数日内解决。端纳到达洛阳后，先后与宋美龄通了几次电话。关于通话内容，宋美龄在他的《西安事变回忆录》中有如下记载："余于星期二（十二月十五日）突得端纳由洛阳打来长途电话，诚令余惊喜若狂。盖端纳于是晨冒恶劣气候之危险，飞抵洛阳，直接报告我以西安之真相，彼以简短之言词，叙述全局，谓委员长并未受苛刻待遇。端纳到达后，委员长已允迁入较舒适之房屋，斯时委员长始初次与张学良谈话，惟怒气仍未息，张表示决随委员长入京。盖自承举动虽错，然动机确系纯洁；张盼余入西安，亦盼孔部长同行……然最后又言，委员长坚嘱余切勿赴西安。余请端纳明日来京，端纳称，彼已允委员长及张当日返西安。惟气候恶劣，不利飞行，决于明晨返西安，京行势难办到。余因告以军事长官已决定立即进攻西安，彼返西安或有危险。并嘱其以此真相转告委员长。端纳复言，彼虽不能来京，张学良亲信之爱尔德与彼同机出陕，将于明晨飞京，可当面详叙经过情形"；"是晚余又以长途电话告端纳，孔部长因医生坚嘱不令飞陕，况孔为代理行政院长势难离职，因嘱端纳征求对方意见，可否以宋子文或顾祝同代之，且告以各方阻我成行，然余决心飞陕"；"星期三晨，余乘端纳未启行前，复与通话一次，余嘱端纳告张学良，彼若不愿手造惨酷之国难，应立即护送委员长返京，并请以目前余所处之境遇告委员长，详述余努力阻止战争之经过"。就在这天，南京政府颁布了对张学良的讨伐令，何应钦宣布就任"讨逆军"总司令职，大举进攻陕西的战争已箭在弦上。宋美龄让端纳去西安转达上述事项之后急速返京，否则有生命危险，并请他转告蒋介石，设法阻止何应钦的军事行动。端纳表示他愿

留在西安。当时就在宋美龄身边的孔祥熙接过话筒与端纳通话，他请端纳转告张学良，"当知彼之生死存亡亦将以能否确保委员长之安全为断，彼欲拯救自己，拯救国家，当以飞机护送委员长赴太原，恢复其自由，倘能照办，一切皆可不究"。

端纳 16 日从洛阳乘机返陕时，见 20 多架满载炸弹的飞机从洛阳起飞后向西飞行，到陕西境内示威并狂轰滥炸。端纳到西安后，先会见张、杨，转达宋美龄提出的可否以宋子文或顾祝同代替孔祥熙前来西安？此提议当即获得张、杨的同意。张学良当天致电在南京的顾祝同说："藉悉蒋夫人拟嘱兄与子文来陕，洽商一切。此间同人均极欢迎。在陕安全，弟可完全保证。请即日命驾。无任企盼。"① 接着，张学良和端纳一起去见蒋，端纳向蒋报告在洛阳几次与宋美龄通电话的内容，特别是报告以何应钦为首的讨伐派如何调兵遣将，进逼西安；南京飞机入陕境投弹滥炸；宋美龄在南京的困难处境及其为阻止武力讨伐、力争和平解决事变所做出的种种努力；并转达了宋美龄要蒋阻止何应钦进攻西安的意见。张学良也极力劝说蒋介石阻止何应钦的军事进攻。他向蒋指出："我们对你是一番好意，何应钦逼近潼关要打，我们就和他打。如果要轰炸，那就不知道会炸到我或炸到你！"

端纳是西安事变爆发后入陕的第一名南京使者。他的到来，使蒋在陕安全无恙的信息立刻传遍全中国和全世界；由于他与蒋介石、张学良的特殊关系，使他在南京与西安间、蒋介石与张学良间进行的斡旋、疏通卓有成效。蒋介石被扣押后不吃、不喝，不与张、杨对话的顽固态度出现松动。14 日，同意搬到条件较舒适的高桂滋公馆去住；17 日，派蒋鼎文回京传令南京停战三天，并开始讨论张、杨提出的八项救国主张，这为宋氏兄妹来西安后双方进行协商谈判最终和平解决事变奠定了基础。

三 蒋鼎文送手令

蒋介石被扣初期态度顽固，后经端纳解释、劝说和几天来他亲自观察，

---

① 《西安事变档案史料选编》，第 74 页。

发现张、杨确无危害他的意图，态度遂稍有缓和；可是他满脑袋充满封建伦理观念，不肯当面接受被他视为"叛逆者"的张、杨的要求。面对此种状况，需要"第三者"出面从中斡旋，化解危机，打破僵局。张学良意识到了这一点。何况，当时南京主战派气势汹汹的架势，使得张学良忧心忡忡。因为大规模内战的爆发，有违于他对蒋发动"兵谏"的初衷，只有利于日本侵略者。为扭转这种局面，必须迟滞甚至制止何应钦发动的武装进攻和狂轰滥炸，张学良除通过端纳来劝说蒋介石外，他还想到了当时在西安的蒋百里。

蒋百里（1882～1938）是中国近代著名的军事理论家，时任南京政府军事委员会高等顾问。事变前一天来到西安，向蒋介石汇报他赴欧美考察军事的情况。事变爆发后，也被扣押在西京招待所。他对南京当局在情况不明之际骤然发表"讨伐令"很不以为然，加上他那无党无派的"超然"立场，颇适合在张、杨与蒋介石之间从事调停、斡旋活动。当张学良请他出面劝蒋时，他欣然应允。16日晚，蒋百里在张学良陪同下来到玄风桥高公馆劝蒋。其大概情形，蒋介石在《西安半月记》中有如下记载："是晚，张挽蒋百里先生来见余，百里先生于事变前适来陕，同被禁于西京招待所，为余言：'此间事已有转机，但中央军如急攻，则又将促之中变。委员长固不辞为国牺牲，然西北民困乍苏，至可悯念，宜稍留回旋余地，为国家保持元气。'再三婉请余致函中央军事当局，告在不久即可出陕，嘱勿遽进攻，且先停轰炸。余谓：'此事殊不易做到，如确有一最少期限可送余回京，则余可自动去函，嘱暂停轰炸三天，然不能由张要求停战，则中央或能见信；如照彼等所言须停止七天，则为缓兵之计，不特中央必不能见信；余亦决不受其欺也。'百里先生谓： '当再商之，总须派一人去传述消息。'"① 从上述情况看出，蒋百里的斡旋使蒋介石有了台阶可下，僵持局面开始有了转机。

蒋百里不仅成功地说服了蒋介石给南京下达停战命令，还为西安选派合适人选去南京传达蒋的旨意出谋划策。他主张应派一名同南京关系很深

---

① 秦孝仪主编《革命文献》第94辑，第18页。

而与张、杨感情不太融洽的人，这样有利于南京方面相信和接受。张学良同意这个意见。经过商量，他们认为同何应钦关系密切的蒋鼎文适合去完成这一使命。当晚，张在蒋百里住处阜丰里派他的总务处长周文章去请蒋鼎文。蒋鼎文到后，张请他去南京传令停战。蒋鼎文表示，只要对大局有益，且有蒋介石的命令，任何使命，他都在所不辞。蒋鼎文当晚即宿于阜丰里，并先给南京去电，说他明天将携带蒋介石的停战命令飞返南京，请南京立即停止对西安的军事行动。17 日上午 9 时，张学良偕蒋鼎文前去见蒋，蒋介石当即给何应钦写了如下命令：

> 敬之吾兄：闻昨日空军在渭南轰炸，望即令停止。以近情观察，中于本星期六日前可以回京。故星期六日以前，万不可冲突，并即停止轰炸为要。顺颂戎祉。中正手启。十二月十七日。①

同时，蒋介石还给宋美龄写了一封信，托蒋鼎文带回南京。蒋鼎文 17 日中午乘机离开西安，当晚宿于洛阳，18 日中午飞抵南京。

端纳 16 日由洛阳飞回西安后，得知蒋介石将要下达停战 3 天的命令。他当晚即将此消息电告在南京的宋美龄。宋得此信息，即去面见何应钦要求他不要进攻西安，结果碰了壁。何"不独不愿与西安作谈判、且亦不愿在委员长离陕前接受任何命令"。其理由是"盖此书即出委员长手，又安能确证其为出于委员长之本意者"。②

就在蒋鼎文乘机到南京的当天，张学良致电何应钦，义正词严地向他提出停战撤兵要求，并批驳他对西安的攻击和诬蔑，电文说："惟委座南归，尚待商榷。在此时期，最好避免军事行动。弟部初未前进，而贵部已西入潼关，肆行轰炸，果谁动干戈耶？谁起内战耶？兄部如尽撤潼关以东，弟部自可停止移动。否则，彼此军人，谁有不明此中关键也哉？"③

蒋鼎文 18 日在洛阳起飞前，致电何应钦："文正预备起飞时，闻空军

---

① 《国闻周报》第 14 卷第 1 期，1937 年 1 月。
② 宋美龄：《西安事变回忆录》，秦孝仪主编《革命文献》第 94 辑。
③ 何应钦：《西安事变的处理与善后》，第 91 页。

轰炸三原，又生枝节。委座面谕手令，均要停止一切轰炸冲突，务望迅饬全线陆空军遵令办理。余俟文到京后面陈。"① 蒋鼎文到南京后，立刻向何应钦递交了蒋介石停止轰炸三天的手令，并分别拜会南京政府各要员，说明西安事变并不像外间所传说的那样，张汉卿出此也是由于集国难家仇于一身。蒋鼎文"恳切劝告"南京当权者，"勿任南京西安间之裂痕日见加深，谩骂之无线电广播及恶意之报纸论文皆以中止为佳。同时，其他方面，阻止冲突之努力，亦在进行中"②。在这种情形下，何应钦才不得不下令于19日下午6时前暂停轰炸。

四 宋氏兄妹到陕

停战令下达后，南京统治集团内部两派围绕下述两个问题仍然分歧很大，斗争激烈。一是停战期满后是否延长。以何应钦为首的主战派主张，19日下午6时前蒋介石如仍不能获释，军事"讨伐"行动应恢复；宋美龄和孔祥熙则认为南京与西安之间的和平大门已开，停战期限应延长。二是宋子文可否赴陕。宋子文当时是国民党中央执行委员、全国经济委员会常务委员。由于他与蒋介石有公私关系，和张学良有多年友谊，他极愿去西安为和平解决事变尽力。张学良欢迎他入陕的消息传出后，他17日从上海到南京，准备前往西安。可是何应钦却竭力阻挠，理由是宋有官方身份，他去西安与"叛逆者"谈判，有违国家"纪纲"。宋子文力排众议，遂提出以私人身份前往。他的这一举动得到孔祥熙、宋美龄的积极支持。19日下午，孔祥熙在其寓所召集会议，与会者除孔祥熙外，还有孙科、居正、何应钦、宋子文、宋美龄、叶楚伧、王宠惠等，经过激烈争辩，决定"一、准宋委员子文以私人资格即日飞赴西安，营救蒋公；二、准许至十二月二十二日（养日）暂行停止轰炸；但张、杨部队在此期间不得向南移动"③。允许宋子

---

① 何应钦：《西安事变的处理与善后》，第91页。
② 宋美龄：《西安事变回忆录》，秦孝仪主编《革命文献》第94辑。
③ 《西安事变资料》第1辑，第156页。

文前往西安和延长停战期限，这是主和派的重大胜利，主战派的巨大挫折。何应钦虽兵权在握，但在国内国外、朝野上下一致要求和平解决西安事变的强大呼声面前，也不得不退让。

19日下午2时，宋子文乘机离开南京。同行者有他的两名秘书和与杨虎城有密切关系的郭增恺。郭原为杨的部下，在《活路》事件中被误捕，但一直被南京关押着。宋子文为做杨虎城的工作，动身前从狱中把他要出来。本来，宋美龄要同宋子文一同前往，后被南京要员们劝阻。关于此事，她在《西安事变回忆录》中写道：余"决偕子文同机入陕，神经兴奋，几不能持。行前最后一瞬间，政府中高级长官群集余所，坚持暂留"，大家的理由是"余若留京，尚可于委员长未离西安以前，劝止中央军之进攻者；余乃自动与彼等约，倘子文去后，三日内不能返京，则不得再阻余飞西安。同时接张学良来电告余，倘不能阻止进攻，切勿往陕"。宋子文一行当日在洛阳过夜，20日上午10时由洛阳飞抵西安。张、杨和端纳亲到机场迎接，到张公馆稍事休息。张学良告诉宋子文。蒋介石在17日已经同意他们提出的救国主张中的四项条件："一、改组政府，接纳抗日分子；二、废除塘沽何梅察北协定；三、发动抗日运动；四、释放被捕七人。"可是今晨蒋又"改变主意，称其不会在胁迫下同意任何事情"。端纳向宋子文谈了自己对西安事变的看法。他认为张学良"使用了绝对错误的方式，然其动机出自爱国，所倡主张亦属正确"，并说蒋介石"太过顽固"。[1] 张学良向宋宣布：西安方面已拟好条件，准备与南京方面谈判。宋子文由张学良、端纳陪同去见蒋，他获准单独与蒋谈话的待遇。

蒋介石对宋子文的突然到来十分惊喜，感动得掉下了眼泪。宋两次单独见蒋，向他报告国内外对事变的反应和南京的情况，递交了宋美龄、孔祥熙给他的信。当他看到宋美龄信中说"如子文三日内不回京，则必来与君共生死"时，两眼落泪，一再叮嘱宋子文不要让宋美龄来。此前蒋一再嘱告端纳给南京打电话，要宋子文来。可如今宋子文已来到他身旁，他又担心宋会留下来参加张、杨的新政府。宋告诉蒋，他绝不会这么做。蒋告

① 《宋子文西安事变日记》，见林博文《张学良、宋子文档案大揭秘》，上海人民出版社，2010，第154页。

诉宋说"他不会在胁迫下接受任何条件"，只有加紧军事进攻他才能脱险，并将军事进攻的方略悄悄地告诉了宋子文。

宋子文向蒋阐述了当时的严峻形势，指出即使南京军队攻占了西安，也不一定能保证他的生命安全。况且张、杨会率部"撤退至附近的共产党地区，而使国家分崩离析，内战四起"。张学良还直言不讳地告诉宋说：他们"已经决定，若一旦发生大规模战争，为安全起见，他们将把委员长交给共产党，这并非凭空之威胁"。宋请求蒋允许他用自己的办法来解决此事。

陪宋来陕的郭增恺在与杨虎城会见中得知张、杨扣蒋的目的的确是逼蒋抗日，绝无伤害蒋的意思。杨还告诉郭增恺，中共对西安事变持和平解决方针。郭增恺建议宋子文会见当时已在西安的周恩来。宋子文害怕被何应钦抓住把柄，没有直接见周，委托郭增恺与周恩来见面。周恩来通过郭增恺转告宋子文：中共未参与西安事变，主张和平解决，希望蒋介石改变政策，为国家和民族做出贡献。并说，只要蒋介石抗日，中共将全力以赴，并号召全国拥护国民政府，组成抗日统一战线，共赴国难。

宋子文的第一次西安之行，虽然时间短促，但目睹的事实使他得出的结论是："一、他们的行动不只是由张、杨所发起，并获得全体官兵所支持。张、杨二人极为团结，南京有许多人希望他们闹翻，这种想法不但不可能，且极为危险。二、张、杨部队和共军可组成一支强大之势力，在目标、力量与地形统一的情况下，他们的军队将固守好几个月。三、中共已毫无保留地力挺张、杨。"加之，他亲眼看到了蒋在西安安全无恙；了解到张、杨的抗日决心和对和平解决事变的诚意；得知中共代表周恩来已来到西安，中共主张和平解决西安事变。所有这些，使他看到了和平解决事变的希望，从而进一步鼓舞了他制止新的内战爆发和力求和平解决事变的信心和勇气。宋在"日记"中说："离开南京前，我一直徘徊于军事或政治解决这两者之间。我探索整个问题后，坚信唯有通过政治解决能拯救中国"，和平解决西安事变。宋子文的到来，使蒋介石的态度有了明显变化。12月20日上午，经宋子文劝说蒋之后，张学良当日下午再去见蒋时，发现蒋已不像以前那样顽固，"比较讲道理"了。蒋后来对宋说，他当面已答应张学良："一、准许汉卿把部队开往绥远；二、开会讨论四项条件；三、改组陕西省政府，由杨虎城提名人选。"① 蒋要求宋子文与张、杨讨论这些问题。张、杨认为，蒋说的第一、第三点并不重要，关键是第二点中四项条件问题。宋只在西安过了一夜，21 日便匆匆飞返南京，向宋美龄、孔祥熙等报告西安之行的收获。和平解决事变曙光的出现，使宋美龄倍受鼓舞，她决心飞陕最后完成救蒋任务。后来她在回忆录中比喻说："当时余对西安事变已具一种感想，譬之造屋，端纳既奠其基，子文已树柱壁，至上梁盖顶，完成之工作，实为余无可旁贷之责任矣。"② 就在宋子文返京后的第二天（12 月 22 日），宋美龄便偕同宋子文、端纳、蒋鼎文、戴笠等一起飞往西安，开始与西安方面进行面对面地直接谈判。

五　周恩来的调解活动

中共中央应张学良邀请，派周恩来、博古、叶剑英等前往西安，与张、杨共商大计。12 月 14 日清晨，周恩来偕罗瑞卿、杜理卿（即许建国）、张子华、吴德峰等一行 18 人骑马离开保安，前往肤施，从那里乘坐张学良派来的飞机去西安。保安到肤施 170 多华里，但因沟深路窄，天寒地冻，马蹄打滑，不能走快，当天只走了 80 华里，宿于安塞西边一个小村子的窑洞里。15 日继续南进，下午 5 时到肤施城北蓝家坪，得知这天中午来了一架飞机，是张学良派来接中共代表的，没接到，又飞返西安。17 日刘鼎再次奉命乘机来延安，才把周恩来一行接到西安。周恩来等 17 日下午四五点钟下机后稍事休息，剪去了自己多年蓄存的长须，便去金家巷会见张学良。张热情欢迎周恩来的到来，把他公馆中的一栋楼房腾出来供周恩来等居住，杨虎城派其亲信厨师负责供应伙食。当晚张学良在公馆中楼设宴款待周恩来一行，张、周先后致辞。宴会后，周、张二人促膝交谈，直至深夜。③ 张向周介绍了蒋被扣后的表现、南京的动向和各方面的反应。当时面临的首要问

---

① 《宋子文西安事变日记》，见林博文《张学良、宋子文档案大揭秘》，第 155～156 页。
② 宋美龄：《西安事变回忆录》，秦孝仪主编《革命文献》第 94 辑。
③ 见童小鹏《在周恩来身边四十年》，华文出版社，2015，第 17～21 页。

题是如何处置蒋介石。张学良认为，现在争取蒋介石抗日的可能性很大，只要蒋答应停止内战、一致抗日的要求，就释放他，并拥护他做全国抗日的领袖。

周恩来面对错综复杂的局势，高瞻远瞩，紧紧把握中共中央确定的和平解决西安事变的方针政策，机智果敢地忘我工作。他听完张学良介绍情况后，表示同意张的上述看法，并充分肯定和热情赞扬张、杨的爱国行动。周在多次与张谈话中向他分析了当时的国内外形势，阐述了中共对西安事变的性质、前途的看法和处理方针。周恩来指出：西安事变是震惊中外的大事，但它跟革命战争和群众暴动不同，而是采取武装要求形式。现在的蒋介石，既不同于十月革命后的沙皇尼古拉，也不同于滑铁卢战役后的法国拿破仑。沙皇是经过群众暴动被推翻的，拿破仑是经过战争全军覆没后被流放的。这次扣蒋是出其不意，乘其不备。蒋介石虽被扣押了，但它的实力还原封不动地保留着。他的广大官兵，在抗日民族统一战线政策和抗日救亡运动推动下，抗日思想日渐增长。从各方面考虑，对蒋介石的处置极需慎重。周恩来接着指出，西安事变可能有两种截然不同的前途：如果说服蒋介石停止内战、一致抗日，就会使中国免于被日本侵略者灭亡，争取一个好的前途；如果宣布他的罪状，交付人民审判，甚至把他杀掉，这样不仅不能停止内战，还会引起更大规模的内战。不仅不能抗日，而且还会给日本帝国主义灭亡中国提供条件，这样使中国的前途更坏。历史的责任，要求我们争取中国走向一个更好的前途，这就要求力争说服蒋介石，只要他答应停止内战、一致抗日的条件，就释放他回去。蒋介石还实际统治着中国的大部分地区，迫使他走上抗日的道路，还拥护他做全国抗日的领袖，这有利于发动全面的抗日民族解放战争。[①] 张学良对中国共产党不计党派的历史恩怨，一切从民族利益出发的伟大胸怀，对周恩来精辟、透彻的分析甚为钦佩，受到鼓舞，更增强了他逼蒋抗日的信心。

在 12 月 17 日晚的长谈中，周、张还研究了如何统一部下思想和对付南京主战派军事进攻的部署问题。鉴于宋子文即将来陕，他们商定了与南京谈判

---

① 见罗瑞卿、吕正操、王炳南《西安事变与周恩来同志》，人民出版社，1978，第 45～46 页。

的五项条件："（一）立停内战，中央军全部开出潼关。（二）下令全国援绥抗敌。（三）宋子文负责成立南京过渡政府，肃清一切亲日派。（四）成立抗日联军。（五）释放政治犯，实现民主，武装群众，开救国会议，先在西安开筹备会。"①

周恩来在到达西安的第二天下午，由红军驻十七路军代表张文彬陪同前往杨虎城的别墅"止园"去会见他。这是周与杨第一次见面。此前，周派罗瑞卿向王炳南了解杨虎城及十七路军的情况，得知杨是一位爱国将领，联共、反蒋、抗日的思想比较坚定。在捉蒋的那天晚上，杨对其身边人员和亲信们曾破釜沉舟地说："把这个摊子（指杨的部队）这样摔了，响！值！"但他对捉蒋后又放蒋则缺少思想准备。在杨看来，既便张学良要放蒋，中共也不会同意。因为中共和蒋介石打了十年内战，有血海深仇。今日蒋被逮捕，中共即使不主张立即杀掉，也绝不会主张放他。正因杨的顾虑较多，周做他的工作可能要艰巨些。在18日下午的首次会见中，周恩来与杨虎城谈话的要点是：（1）因为杨虎城与中共有长期友谊关系，周首先代表中共中央向杨问候，并对最近一年来红军与十七路军间的关系表示满意。杨也说了一些他过去同中共的关系和他对中共一贯保持友好态度的做法，并问候中共中央各位同志好。（2）周向杨说明昨日夜间与张学良谈话的主要内容，并阐述中共中央对西安事变的看法，对事变发展前途的估计和和平解决的方针。杨听了周的谈话，感到惊异。因为照杨原来估计，共产党与蒋介石有血海深仇，现在蒋介石被捉，中共一定会借机报复。同时，近一年来他所接触的中共党员如王世英、汪锋、王炳南等，他们所讲的都是"反蒋抗日"，从来没有讲过"逼蒋抗日"或"联蒋抗日"，张文彬虽向他简单讲过这个问题，可是他当时因为没有思想准备，所以并未注意到这是中共对蒋的政策方针的转变。现在周的这番谈话，特别周所提出的和平解决的方针，完全出乎他的意料，因而内心不免产生惊疑。他首先向周表示态度说，他这次追随张副司令发动西安事变，完全以张的意旨为意旨，现在更愿意倾听和尊重中共方面的意见，只要张和中共方面意见一致，他

① 《周恩来致毛泽东并中央电》（1936年12月17日），《文献和研究》1986年第6期。

是无不乐从的。接着他向周说出自己的看法。他认为中共方面完全从国家民族利益出发，置党派的历史恩怨于不顾，这是令人极端佩服的！但是蒋介石将来能否抗日，是否不对发动西安事变的人施行报复，他不能不感到怀疑，不能不有所顾虑。

周对杨所谈的这些怀疑和顾虑表示理解，并作了解释。大意是说：现在不但全国人民用极大压力逼迫蒋介石抗日，就是国际上也有很大的力量争取他抗日。英美等国从其自身利益和它们与日本的矛盾出发，极力怂恿蒋抗日；苏联为抵制法西斯的反动力量，也努力争取蒋介石抗日。蒋现在除了抗日这条大路以外，其他的路都走不通。因此，蒋介石抗日的可能性是存在的。特别是现在，蒋是抗日则生，不抗日则死，他的抗日可能性更增大了。至于蒋将来是否报复的问题，这并不完全取决于他，只要我们西北三方面团结一致，并进而团结全国人民和全国实力派，只要我们紧密团结并有强大力量，蒋介石想报复也报复不成。再次，这次如果没有把握，也不能轻易把他放走。

杨当时表示同意周的看法。[①]

在这次会见中，周、杨还就迎击南京主战派进攻的军事部署、调南汉宸来西安帮助工作等问题进行了商讨，并取得了共识。关于十七路军的警三旅旅长、共产党员张汉民被红军俘虏后遭误杀，以及杨的孙蔚如部在陕南时与红四方面军签订协议后还遭袭击事，杨过去会见汪锋、王世英时都提出过，但他们的答复杨仍觉得不满意。今日见到周恩来他又提了出来。周恩来对此给以坦诚回答。周说，这是中共党内"左"倾关门主义错误所致，遵义会议后中共在清算和克服"左"倾错误，实行抗日民族统一战线政策。并说，张汉民的被杀，不仅是你的损失，也是我们的损失。周恩来代表中共中央做的自我批评，消除了杨虎城心中的一个疙瘩。

在西安期间，周恩来主要负责政治方面的工作，博古负责党和群众运动方面的工作，叶剑英负责军事方面的工作。周恩来除直接做张、杨的工作外，还注意做东北军、十七路军高级将领、中下级军官以及社会各界人

---

① 申伯纯：《西安事变纪实》，第 147～149 页。

士的工作，向他们宣传中共和平解决西安事变的方针；勉励张、杨两部将领及持有不同意见的朋友在民族危亡关头，应以民族大义为重，促进国内团结，共同对付日本侵略者。

当时在西安工作的一些共产党员，对和平解决西安事变缺乏思想准备。周恩来了解到这一情况后，19 日在西京招待所找中共东北军工委代理书记宋黎、中共西北特别支部谢华、徐彬如等谈话，给他们分析形势，传达和解释党对西安事变的方针，引导他们认识在民族矛盾上升为主要矛盾的时候，阶级斗争应服从于民族斗争的道理。指出，在国家危在旦夕的今天，共产党人应以国家和民族的大局为重，团结一切可以团结的人，救亡图存！

周恩来对西安地区群众运动的开展也很重视。他对担任西北民众指导委员会主任委员的王炳南说：事变后设立民运会是一个正确的措施，这个机构很重要，应该充分发动群众，支持张、杨的义举及其提出的八项救国主张；只有把群众发动起来，才能保证和平解决事变的胜利。① 当时西安的十几个群众团体多数没有共产党员。周恩来为加强党对群众运动的领导，从陕北调来潘自力、方仲如等，充实民运会的领导力量。周恩来还亲自做杜斌丞、杨明轩等知名人士的工作，召集群众代表座谈，号召他们带动广大群众积极支持张、杨的爱国行动，使西安事变朝着举国团结抗日的方向发展。

周恩来这些卓有成效的工作，为促成南京与西安的谈判，最终和平解决西安事变做出了杰出贡献。

六　谈判与释蒋

如果说宋子文 12 月 20 日第一次西安之行是以私人身份的话，那么 22 日他再赴西安则是作为南京方面的使者，身负南京方面赋予的调解两方关系的使命。

---

① 罗瑞卿、吕正操、王炳南：《西安事变与周恩来同志》，第 49 页。

宋子文 21 日由陕返京后，将在西安的所见所闻毫无保留地报告给宋美龄等。为获得南京当局的支持，他接连拜会南京当局的要员们，先后向叶楚伧、顾祝同、蒋鼎文、孔祥熙、熊式辉等通报了西安方面所提的条件，他认为其中首要的一条是改组南京政府。宋子文向他们坦陈经过亲自观察和判断得出的结论：要救蒋，靠"军事解决是不可能的"，其理由是中共如果"被打败，他们亦不会饶过委员长。反之，政府军未胜利，反倒会使委员长更陷危险"。① 宋要求南京当局给他四天时间进行斡旋，"在此期间，步兵不要攻城，空军不要去轰炸"。22 日上午，政府要员讨论了宋氏兄妹赴西安事，"他们同意我们去。比较令人满意的停战条件开出来了。我问蒋鼎文有关军情，他说十二月二十六日前不会开战"，因为军队的调遣、部署与实际投入战场，在此之前是完不成的。②

宋氏兄妹 12 月 22 日飞离南京，中途在洛阳停留。宋美龄亲眼看到洛阳"机场轰炸机罗列待发"，一派战争景象，于是她"心坎突增阴影"。下机后以她的特殊身份召见了驻洛阳的中央军将领，命令陆军停止向西安进攻；"坚嘱洛阳空军司令未得委员长命令，切勿派飞机飞近西安"。当他们的座机飞临西安上空时，宋美龄担心张、杨的部队对她粗暴无礼，便把一支手枪交给端纳，并嘱咐说："如遇军队哗噪无法控制时"，即用此枪打死我，"万勿迟疑"。事实上，宋氏兄妹受到了张、杨十分礼貌和热诚的接待。机停后，张学良首先登上飞机，表示热烈欢迎宋氏兄妹来陕。宋美龄要求张"勿令部下搜查我行装"。张"即悚然曰：'夫人何言，余安敢出此'"。杨虎城也赶到机场迎接宋氏兄妹一行。

宋氏兄妹 22 日下午 4 时下机后到张公馆稍事休息，宋美龄即去近在咫尺的玄凤桥高桂滋公馆见蒋。因为事前没通报，蒋介石突然见到宋美龄前来颇感惊异，他"愀然摇首，泪潸潸下"，说宋美龄来西安是入了"虎穴"，并说："余虽嘱君千万勿来西安，然余深感无法相阻也。"蒋向宋"历述被劫持之经过，并称，在劫持中决不作任何承诺"。他要求宋美龄等在与张、杨谈判时，"勿以签订某种文件"。宋美龄则向蒋介石通报了南京的情况和国际

---

① 《宋子文西安事变日记》，见林博文《张学良、宋子文档案大揭秘》，第 157 页。
② 《宋子文西安事变日记》，见林博文《张学良、宋子文档案大揭秘》，第 159 页。

上的反应，劝他今后"不应轻言殉国"，应更珍惜生命，"为国家努力也"。

宋美龄见蒋后又去会见张学良，批评张"性大急切，且易冲动"，行动"躁急"。张学良向宋申明兵谏的"动机确系纯洁"，绝无"伤害委员长之意"，并郑重地重申他们扣蒋"不要钱，不要地盘"，目的只是要求蒋答应抗日，至于签不签文件均可。宋美龄见张学良态度诚恳，"深信其言之由衷"，从内心承认其行动有异于"旧时军阀"。宋恳请张早日结束事变，释蒋离陕。张表示他"个人亟愿立即恢复委员长之自由。惟此事关系者众，不得不征求彼等之同意"。宋催张速将她的意见转告杨虎城等，并宣布凡愿见她者，她均可会见。她还特别向张说明，"凡委员长所不愿见者，余皆愿代见之"，① 显然这是暗指当时在西安的中共代表周恩来。当晚，张学良与杨虎城商量后告诉宋美龄：杨虎城等认为西安方面"所提之条件，无一承诺，遽释委员长，岂非益陷绝境？"②

蒋介石被扣后，经过几天来的观察与思考，深感要早日结束事变获得安全释放，"此事症结在于共产党"。③ 12 月 23 日"清晨未起，趁监视者不能窥视"，他悄悄地把这个想法告诉了宋美龄。此前，当宋子文探询其是否想会见在西安的周恩来时，蒋让宋氏兄妹先见周，并具体提出了以下几条意见："要求周必须同意：一、取消中华苏维埃政府；二、取消红军名义；三、放弃阶级斗争；四、愿意服从蒋委员长为全国统帅。并要告诉周，他一刻亦未忘记改组国民党之必要。他保证于三个月内召开国民大会，如有必要，他可让蒋夫人签署保证书，但召开国民大会前，应先行召开国民党大会以还政于民。改组国民党后，如共产党服从他就像他们过去服从总理一样，则他将同意：一、国共联合；二、抗日容共联俄；三、同时颁给汉卿手令以收编红军，收编人数以视其拥有多少精良武器为准。"④

12 月 23 日上午，根据蒋介石旨意，宋子文和张学良会见周恩来，主要听取周的意见，回去后再同宋美龄商量。在这次会见中，周向宋首先说明

---

① 宋美龄：《西安事变回忆录》，秦孝仪主编《革命文献》第 94 辑。
② 宋美龄：《西安事变回忆录》，秦孝仪主编《革命文献》第 94 辑。
③ 《蒋介石日记》（未刊稿），1936 年 12 月 23 日。
④ 《宋子文西安事变日记》，见林博文《张学良、宋子文档案大揭秘》，第 159 页。

中共未参与西安事变，并阐明了中共和平解决事变的主张。接着，周从中国革命所经历的困难和曲折谈起，说明九一八事变后，民族矛盾上升为主要矛盾，中共希望团结抗日，1935 年提出抗日民族统一战线方针，不久又把"抗日反蒋"的口号改为"逼蒋抗日"，发表了"致国民党书"，但蒋介石对中共团结抗日的要求始终不予理会。周说现在南京派往绥远的军队只有两个师，且未参战抗日，却有 50 万国军集结陕、甘"剿共"。中共此时已在其致国民党宣言中同意放弃"赤化"宣传，原则上同意取消苏维埃政府，表示愿在中央政府领导下参加对日作战。若委员长同意抗日，中共将不会要求参加政府之改组，中共将为共同目标而战，然红军人数不应限定在三千至五千人之间。陈立夫已代表委员长同意红军可拥有三万人。中共欲保留其军事系统，这点并不困难，因在委员长自己的系统外，已有相当多的军事系统。中共同意国民大会召开时参加大会，以一个民主的中央政府来取代中华苏维埃政府。同时他们亦将承诺放弃（赤色）宣传，并停止向不受苏维埃政府控制的地区进行渗透。中共理解委员长已有抗日之决心，但其目前的做法不利于开展有效之抗日。他们并非支持委员长个人，而是基于民族之义。他们感觉到委员长虽赞同联俄，却并不容共。周还一再提到委员长周围之亲日派，他说上述这些条件合情合理，与数月前向国民党多次提出的条件完全一样，他们并未因西安事变而另增加一些要求。他愿见委员长，使其明白委员长所提出之办法，很难向拥护中共的人民解释。他说，就在中共和张学良和杨虎城竭尽全力以图结束西安事变时，南京有些要员正摆设酒宴、成群结党，企图夺权，企盼委员长永远不会回来。① 当前，是改变政策的好时机，希望他们兄妹劝蒋回心转意，这对国家对个人均有好处。宋美龄说，周表示只要蒋介石同意抗日，中共拥护他为全国抗日领袖，并且指出除蒋介石外，全国没有第二个合适的人。周还谈到国防、经济上的问题，对唯武器论和抗日长期准备论作了分析和评论。宋望周恩来做劝说杨虎城的工作，使杨同意释蒋。宋子文听完周恩来的谈话，当即去向蒋介石报告，说他对周恩来"所谈结果，颇觉满意"。②

---

① 见《宋子文西安事变日记》，林博文《张学良、宋子文档案大揭秘》，第 161 页。
② 《蒋介石日记》（未刊稿），1936 年 12 月 23 日。

经过各方面的逼迫、劝说，特别是宋氏兄妹亲自来到西安，蒋介石终于改变了态度，同意了张、杨提出的停止内战、一致抗日的主张。蒋指定宋氏兄妹作为他的代表与西安方面进行谈判，并指示了谈判条件。他提出，对双方商定的条件，他以"领袖人格"担保，回南京后分条逐步实施，但不签署任何文件。西安方面以大局为重，对此表示同意。

关于 12 月 23 日上午的谈判情况，周恩来当天向中共中央做了如下报告：

我提出中共及红军六项主张：

子、停战，撤兵至潼关外。

丑、改组南京政府，排逐亲日派，加入抗日分子。

寅、释放政治犯，保障民主权利。

卯、停止剿共，联合红军抗日，共产党公开活动（红军保存独立组织领导。在召开民主国会前，苏区仍旧，名称可冠抗日或救国）。

辰、召开各党各派各界各军救国会议。

巳、与同情抗日国家合作。

以上六项要蒋接受并保证实行。中共、红军赞助他统一中国，一致对日。宋个人同意，承认转达蒋。①

上午会谈结束后，中午 12 时周恩来致电中共中央，除汇报上午他所谈的内容外，还就晤蒋与释蒋问题进行请示。电文说："如你们同意这些原则，我即以全权与蒋谈判，但要告我，你们决心在何种条件实现下许蒋回京？"②

23 日下午，谈判继续进行，主要由宋子文谈对六项条件的具体实施意见，并进行讨论。

子，宋提议先组织过渡政府，三个月后改造成抗日政府。目前先将何应钦、张群、张嘉璈、蒋鼎文、吴鼎昌、陈绍宽赶走。推荐孔祥

① 《周恩来选集》上卷，第 70～71 页。
② 《中国共产党关于西安事变档案史料选编》，第 263 页。

熙为院长，宋子文为副院长兼长财政，徐新六或颜惠庆长外交，赵戴
文或邵力子（张、杨推荐）长内政，严重或胡宗南长军政，陈季良或
沈鸿烈长海军，孙科或曾养甫长铁路，朱家骅或俞飞鹏长交通，卢作
孚长实业，张伯苓或王世杰长教育。我们推宋庆龄、杜重远、沈钧儒、
章乃器等入行政院。宋力言此为过渡政府，三个月后抗日面幕揭开后，
再彻底改组。我们原则同意，要宋负责；杜、沈、章等可为次长。

　　丑，宋提议由蒋下令撤兵，蒋即回京，到后再释爱国七领袖。我
们坚持中央军先撤走，爱国领袖先释放。

　　寅，我们提议在过渡政府时期，西北联军先成立，以东北军、十
七路军、红军成立联合委员会，受张领导，进行抗日准备，实行训练
补充，由南京负责接济。宋答此事可转蒋。

　　卯，在蒋同意上述办法下，我们与蒋直接讨论各项问题（即前述
六项）。宋答可先见宋美龄（子文、学良言她力主和平与抗日）。①

23 日的会谈结束后，宋子文和宋美龄一起向蒋报告。蒋介石简明地答
复一些问题：

　　一、他将不会担任行政院院长，拟任命孔祥熙出任阁揆。新阁绝
不会有亲日派。

　　二、返回南京后，始释放在上海被捕之七人。

　　三、1. 设立西北行营主任，由张学良出任。

　　　　2. 同意中央军调离陕、甘。

　　　　3. 共军应易帜，改编为正规军某师之番号。

　　　　4. 中日战争一旦爆发，所有军队一视同仁。

　　四、1. 派蒋鼎文将军命令中央军停止前进。

　　　　2. 将与张学良商议双方共同撤军，离开西安后，他将颁布手令。

　　我将上述答复通报张、杨和周，彼等表示满意。②

---

① 《周恩来选集》上卷，第 71~72 页。
② 《宋子文西安事变日记》，见林博文《张学良、宋子文档案大揭秘》，第 161~162 页。

鉴于双方意见已接近，周恩来面见蒋介石、最后敲定国共双方协议已迫在眉睫。所以 23 日晚周又向中共中央发出"梗亥电"，再次就释蒋条件请示中央，电文说："在宋子文、宋美龄担保下，蒋如下令停战撤退，允许回南京后实行我们提出的六项（见二十三日十二时电），是否可放蒋回京？我认为是可以的。张、杨都望此事速成。"①

第二天（24 日）继续进行谈判。除昨日参加人员外，宋美龄也参加了谈判。谈判结束后，周恩来立刻将谈判结果电告中共中央：

（子）孔、宋组行政院，宋负绝对责任保证组织满人意政府，肃清亲日派。

（丑）撤兵及调胡宗南等中央军离西北，两宋负绝对责任。蒋鼎文已携蒋手令停战撤兵（现前线已退）。

（寅）蒋允许归后释放爱国领袖，我们可先发表，宋负责释放。

（卯）目前苏维埃、红军仍旧。两宋担保蒋确停止剿共，并可经张手接济（宋担保我与张商定多少即给多少）。三个月后抗战发动，红军再改番号，统一指挥，联合行动。

（辰）宋表示不开国民代表大会，先开国民党会，开放政权，然后再召集各党各派救国会议。蒋表示三个月后改组国民党。

（巳）宋答应一切政治犯分批释放，与孙夫人商办法。

（午）抗战发动，共产党公开。

（未）外交政策：联俄，与英、美、法联络。

（申）蒋回后发表通电自责，辞行政院长。

（酉）宋表示要我们为他抗日反亲日派后盾，并派专人驻沪与他秘密接洽。②

周恩来 12 月 24 日下午向宋子文提出与蒋直接面谈的要求。宋子文认

---

① 《中国共产党关于西安事变档案史料选编》，第 264 页。
② 《周恩来选集》上卷，第 72 ~ 73 页。

为，当时"中共支配了整个局势"，所以他"力促此事"。① 经宋转蒋，约定当晚 10 时在蒋的住处见面。当晚，周恩来在宋氏兄妹陪同下见蒋。宋氏兄妹告诉周，蒋这两天生病，不能多说话。"夜间十时许，妻带周来见。此时余实已睡觉。余与之握手。一别多年，未免生情。"② 周见蒋躺在床上，"蒋见周进来，勉强在床上坐起来，请周坐。周这时看见蒋形容衰老憔悴，满嘴没有牙，难看得很，远非当年在黄埔军校的样子"。周先开口说："蒋先生，我们有十年没见面了，你显得比从前苍老些。"蒋点点头，叹口气，然后用眼睛看着周说："恩来，你是我的部下，你应该听我的话。"向周表示："若尔等以后不再破坏统一，且听命中央，完全受余统一指挥，则余不但不进剿，且与其他部队一视同仁。"③ 周立刻回答说："只要蒋先生能改变'攘外必先安内'的政策，停止内战，一致抗日，不但我个人可以听蒋先生的话，就连我们红军也可以听蒋先生指挥。"④ 周问蒋为什么不肯停止内战，宋美龄抢着回答说以后不"剿共"了，并说这次多亏周先生千里迢迢来斡旋，实在感激得很。接着，蒋介石向周恩来表示了三点："（子）停止剿共，联红抗日，统一中国，受他指挥。（丑）由宋、宋、张全权代表他与我（指周恩来——引者）解决一切（所谈如前）。（寅）他回南京后，我可直接去谈判。"⑤ 蒋讲完，坐在床上显得很疲劳的样子，指着宋氏兄妹说："你们可以同恩来多谈一谈。"周向蒋说："蒋先生休息吧，我们今后有机会再谈。"蒋连声说："好，好。"⑥ 周遂告辞。

上述事实表明，到 12 月 24 日，蒋介石已基本上接受了停止内战、一致抗日的条件。于是，在什么条件下释放蒋介石，便提上了议事日程。在这个问题上，西安各方面存在分歧。张学良主张，只要蒋表示接受停战、抗日条件，就无条件释放他。中共主张有条件地释蒋。至于释蒋的条件，中共中央 24 日午夜给周恩来的复电中提出在下列先决条件下恢复蒋自由：

① 《蒋介石日记》（未刊稿），1936 年 12 月 24 日。
② 《蒋介石日记》（未刊稿），1936 年 12 月 24 日。
③ 《蒋介石日记》（未刊稿），1936 年 12 月 24 日。
④ 申伯纯：《西安事变纪实》，第 156～157 页。
⑤ 《周恩来、博古致中央书记处电》（1936 年 12 月 25 日），《文献和研究》1986 年第 6 期。
⑥ 申伯纯：《西安事变纪实》，第 157～158 页。

"全部中央军分别向河南、绥远二省撤退";"南京宣布国内和平以民更始不咎一切,既望并召开救国会议之命令,蒋亦发表同样宣言,此条即取消讨伐令,承认张、杨与我们地位";"部分的释放国犯与共产党"。① 杨虎城一直主张有条件释蒋。捉蒋后,他曾与幕僚们商议过,设想与蒋签署秘密协议,至少要蒋向全国发表一次广播讲话,以表明态度,杨担心没有相当保证就释蒋,难免他回南京后不对事变发动者进行报复。张、杨部下也大都主张有条件释蒋。高崇民23日下午主持召开设计委员会,讨论有什么具体保证后才能释蒋问题。出席会议的有杜斌丞、申伯纯、王炳南、应德田、卢广绩等。大家情绪激昂,都主张有条件释蒋。"有的说,要他们先把潼关之内的军队撤出潼关,使我们免去军事威胁。有的说,要他们先释放上海被捕的爱国七君子,以取信于全国人民。有的说,要阎锡山出来做保证人,并将潼关到洛阳之间划为缓冲地带,由山西军队驻防,使蒋介石想报复也报复不了。"② 应德田甚至激烈地说:"蒋介石是大家提着脑袋捉的,不是张、杨两个人的事情。他们想捉就捉,想放就放,不行!现在蒋介石还在我们手里,不听我们的话,我们干脆就先把蒋干掉!"与会者一致决定"没有保证,蒋不能走"。③

张学良从高崇民的汇报中得知上述情况后非常着急,担心发生意外事件。24日下午,他把前一天参加设计委员会的人召集到一起,向他们简要介绍了与宋氏兄妹谈判的情况,说同蒋已达成六项协议,很快就要放蒋走,他还决定亲自送蒋回南京。张接着严肃地对大家说:"听说你们昨天开会,也有一些意见。这些意见你们可以向我提,但是我现在要警告你们,不许你们在外边随便乱讲,尤其不许你们任意胡闹。这是关系国家民族命运的大事,做错了一点,我们担不起。"④ 张当场征求大家意见,会议沉默片刻后有人问:"蒋、宋答应我们的这些条件,究竟有什么保证没有?他们将来说了不算怎么办?"张声色俱厉地问:"你们要什么保证?你说!你说!"被

---

① 《中国共产党关于西安事变档案史料选编》,第270页。
② 申伯纯:《西安事变纪实》,第157~158页。
③ 申伯纯:《西安事变纪实》,第158页;又见丘琴等主编《高崇民传》,第106页。
④ 申伯纯:《西安事变纪实》,第159页。

问者显得很紧张，但人们还是把昨天设计委员会上讲的保证条件一一说了出来。

张学良听完大家讲的保证条件，很诚恳又很自信地回答说："你们所提的这些意见，我都考虑过，都是行不通的。你们要知道，蒋现在是关在我们这里，他现在说什么话，何应钦都不见得肯听。我们逼着蒋下命令，如结果无效，怎么办？我们且不说这层，即使蒋的命令还生效，可是这是我们逼着他下的，不是他甘心情愿下的。那么，他的命令下了，也发生效力了，譬如潼关以西的中央军开出潼关以东了，上海爱国领袖七君子被释放了，政府也改组了，到那时，你们放他不放？保证实现了，当然要放他。但是他这样做是被逼迫的，不是心甘情愿的，一定心存报复。他回到南京，开出潼关的中央军又开回潼关以西来了，释放的爱国领袖又被逮捕起来了，改组的政府又改组回来了，甚至你们压迫他对日本宣战他都肯，可是回去以后，他又同日本妥协了。到那时，你们怎么办？所以我说你们那些意见都是行不通的。我们提出的条件，只能他在原则上承认了，就让他走，签字不签字都没有什么关系，签了字要撕毁，还不是一样地撕毁。"

张学良接着说："至于提到要阎锡山来做保证人，那更是不可能的。我们要'好汉做事好汉当'，自己的事自己了。我们不请客，更不请阎锡山那样的客。在西安事变以前，我们联共抗日的一些情况和主张，是同阎锡山说过的，他也曾向我们表示赞成和支持的。这次事变发生以后，我们打电报告诉他，向他请教。他回电向我们提出好几个'乎'，什么'促进抗日乎，破坏抗日乎，停止内战乎，扩大内战乎'，最后并质问我们'何以善其后乎？'只是满篇责备，毫无半句同情。他把给我们的电报，又送到南京的报纸去发表，不知他脑子里打的什么算盘？这样的人我们不同他共事，不让他投机取巧找便宜。"

人们都不同意张送蒋回南京，有人问："副司令还要亲自送他回南京，这是什么意思？"张郑重地回答说："是的，我打算亲自送他回南京。我这一着比你们想得高，这一着是要抓住他的心。你们要知道，这次事变，对蒋是个很大的打击，我们现在不但要放他走，而且今后还要拥护他做领袖，还要同他一起共事。所以我们现在万万不能再难为他，我们要给他撑面子，使他恢复威信，今后好见人，好说话，好做事，我亲自送他就是这个意思。并且我亲自送他去，也有向他讨债的意思，使他答应我们的事不能反悔。另外，我亲自去也可以压一压南京反动派的气焰，使他们不好再讲什么坏话。总之，做人情要做到家，同人家合作也要合作得彻底。我在这个问题上比你们想得深，想得高。你们这些人都要听我的话，都要受我领导，不许乱说乱闹。"①

高崇民对张学良的上述谈话本来不同意，可是当面又不便于反驳他，就在当晚给张写了封长信，反复说明无任何保证条件释蒋的危险性，并劝张不要亲自送蒋回京。与此同时，东北军和十七路军的高级将领也连夜联名给宋子文写了一封信，提出：商定的问题必须有人签字，并且必须首先把中央军撤出潼关以东，才能放蒋走，否则虽张、杨两将军答应，他们也誓死反对。这封信 25 日早晨送交宋子文，宋看后大吃一惊，赶快转给蒋介石、宋美龄看。蒋、宋看后也吓了一跳，让宋子文赶快去找张学良想办法，并让宋子文亲自去找杨虎城，恳求杨早日放蒋走。

此时的张学良受到两方面压力：一是宋氏兄妹。谈判条件大体商定后，他们要求张即刻释蒋，争取圣诞节蒋能回到南京，取个吉利；二是"三位一体"内部。当时西安三方面除张本人外，都坚决主张释蒋必须有保证条件。面对这种局面，张学良担心夜长梦多，怕拖下去会出大乱子，决心早日释蒋。24 日晚，他为此事与杨虎城发生了激烈争吵，按张学良后来的话说两人几乎闹翻了脸。这件事在当时宋子文和蒋介石的"日记"以及宋美龄"回忆录"中都有记载。多年以后，张学良奉蒋命写《西安事变忏悔录》，甚至到暮年向历史学家做口述历史时，都谈到了此事。当时的情形是，杨指责张由于与蒋、宋两家有私谊关系，竟不顾杨等的生命安全，坚持"在未获得任何保证的情况下"释蒋，其后果"肯定会使我们脑袋落地"。张强调说：为了停止内战，一致抗日，我们对蒋发动"兵谏"，今蒋已口头接受了抗日主张，国内和平的曙光已经显现，再不适时放蒋走，要引起再大规模内战，这有违于"兵谏"的初衷。张说，杨如果后悔、怕死，

---

① 申伯纯：《西安事变纪实》，第 159～160 页。

可以退出，"他对兵变负全责"。杨对张的这种态度"大为不满地离去"。①

当时在西安城内的兵力部署，十七路军占绝对优势，有九个团，而东北军只有一个团。张、宋为预防杨虎城用武力扣留蒋介石，张的部队秘密做了应变的准备。面对这种情况，张、宋又秘密策划"将委员长迅速移至机场而离城的可能性，但此举太过危险，因张的一举一动必然在杨的监视下。我们决定如情势未改善，则我将强使蒋夫人次日上午以延长停火期限为由，先行返回南京，入夜后我和张再用车把委员长带至张的营地，然后由陆路前往洛阳"②。张学良和宋子文的这个计划遭到了蒋介石和宋美龄的断然拒绝。宋美龄反对此计的理由是"不独委员长背伤不能受汽车长途之颠簸，且如此鬼崇行藏，亦决非为委员长所愿为"。她向张表示"委员长决不肯化装，倘彼不能公开乘飞机离陕，余必同留此殉难，决不愿离此一步也"。③

张学良在这种双重压力下，毅然决定采取破釜沉舟的手段，送蒋离陕返京。他在 24 日晚间，向其高级将领王以哲、何柱国、董英斌等宣布，他即将放蒋走，并亲自送到南京，向中央请罪，恢复蒋的威信。王等劝张不必送，怕蒋变卦。张坚持要送，并向他们交代：关于东北军，听命于于学忠；关于抗日联军总部之事，听命于杨虎城；有问题多和周恩来商量。25 日上午 8 时许，张学良在新城大楼遇见高崇民，对高说："你的信我看到了。我告诉你，咱们自己请神自己送，不要自己搬石头砸自己的脚。只要于国家有利，牺牲我个人，牺牲东北团体，在所不计。"高崇民问："这是三位一体的事，不能由咱一家决定啊。"张拍拍高的肩膀说："周先生比我还和平，只有虎城犹豫不决，我去说服他。"④

宋子文曾在 24 日中午亲自去新城大楼恳求杨虎城释蒋，杨仍坚持没有保证条件不能放蒋走。25 日下午，张学良打电话请杨虎城到金家巷一号，张对杨说："现在不走不行啦！夜长梦多，不知道会出什么大乱子。我今天

① 《宋子文西安事变日记》，见林博文《张学良、宋子文档案大揭秘》，第 163 页。
② 《宋子文西安事变日记》，见林博文《张学良、宋子文档案大揭秘》，第 163 页。
③ 宋美龄：《西安事变回忆录》，秦孝仪主编《革命文献》第 94 辑，第 47 页。
④ 高崇民：《西安事变杂谈》，《西安事变资料》第 2 辑，第 36 页。

决心送蒋走。我想我在几天内就可以回来的,请你多偏劳几天。假如万一我回不来,东北军今后即完全归你指挥。"① 杨对张这样放蒋虽有意见,但他一向尊重张学良,此时又深为张的真诚而感动,也不知周恩来是否同意张亲送蒋走,同时也怕出大乱子,因为他也听说十七路军军官们正在酝酿什么事情,便慨然同意了张的意见,并同张一起去送蒋。

25 日下午 3 时半左右,他们从蒋的住所出发。张同蒋介石、宋美龄同乘一车,杨则与宋子文、端纳同乘一车。张、杨怕部下知道会发生变故,行动非常秘密,连周恩来也没有通知。汽车从玄凤桥高公馆开出,悄悄地向西郊机场驶去。

汽车到机场时,这里正集聚着 2000 多人的群众队伍,准备欢迎来西安的傅作义将军。蒋介石不知底细,误以为群众是来难为他的,显得很紧张,赶忙向张、杨表示:"我答应你们的条件,我以'领袖的人格'保证实现,你们放心,假如以后不能实现,你们可以不承认我是你们的领袖。我答应你们的条件,我再重复一遍:(一)明令入关之部队于二十五日起调出潼关。从本日起如再有内战发生,当由余个人负责。(二)停止内战,集中国力,一致对外。(三)改组政府,集中各方人才,容纳抗日主张。(四)改变外交政策,实现联合一切同情中国民族解放的国家。(五)释放上海各被捕领袖,即下令办理。(六)西北各省军政,统由张、杨两将军负其全责。"② 蒋在机场还对张、杨说:"今天以前发生内战,你们负责;今天以后发生内战,我负责。今后我绝不剿共。我有错,我承认;你们有错,你们亦须承认。"③

张学良登机前把事先写好的手谕面交杨虎城,手谕的全文是"弟离陕之际,万一发生事故,切请诸兄听从虎臣、孝候指挥。此致,何、王、缪、董各军、各师长。张学良,二十五日。以杨虎城代理余之职。即日"。

张坚持乘飞机送蒋回京。蒋开始"不欲其同行入京",但张"强求同行",蒋"无法阻止,仍准其同飞"。④ 张向蒋、宋解释说,他坚持送蒋回

---

① 申伯纯:《西安事变纪实》,第 161 页。
② 申伯纯:《西安事变纪实》,第 162 ~ 163 页。
③ 周恩来:《与宋子文、宋美龄谈判结果》(1936 年 12 月 25 日),《周恩来选集》上卷,第 73 页。
④ 《蒋介石日记》(未刊稿),1936 年 12 月 25 日。

京，是表示，他"愿担负此次事变全部之责任；同时彼更欲证明此次事变，无危害委员长之恶意及争夺个人权位之野心"。①

下午 4 时，蒋、宋登机起飞，接着张学良亦登上自己的飞机随之飞往洛阳。

设计委员会 25 日下午在高崇民主持下开会，讨论释蒋问题。会议中间，总部秘书长洪钫跑来报告说副司令已送蒋起飞了。这个突如其来的消息如晴天霹雳，把大家震得目瞪口呆，浑身颤抖，好长时间说不出话来。会议已无法进行。杜斌丞拍胸顿足地说："我们是不是在做梦？天地间竟会有这种事！"说完就往床上一躺，两手抱头，不再言语。申伯纯眼含热泪，激动地说："既是走了，就算对吧！"② 高崇民认为"张急于送蒋是有他的想法的，一则张还是拥蒋的，二则他顶住何应钦等对西安讨伐。他以光明磊落，束身请罪的态度，亲自送蒋，以示拥蒋爱国，别无他意。"高当时对大家说："张一人送蒋去南京，可顶住五十万大军，西安方面可保证平安无事。"③

孙铭九从卫士报告中得知张、杨已送蒋去机场后，赶紧去问周恩来知道否，周听后感到愕然，说："我不知道！他们走了多少时候了？"孙说有十分钟了。周问有汽车没有，孙说有。于是，周与孙一同乘车赶往机场。周想劝阻张学良不要同蒋一起去南京。可是当他们赶到机场时，蒋、张等乘坐的飞机已飞上了蓝天。

25 日下午 5 时 45 分，蒋介石等在张学良陪同下到达洛阳。在这里，蒋命令张学良给杨虎城去电，将仍扣留在西安的南京要员陈诚、卫立煌、蒋鼎文、陈调元等释放回京。杨虎城 25 日夜间收到张学良来电，26 日晨与王以哲、周恩来商量此事。他们一致认为，既然已把蒋介石放走，再扣留这些人已没有意义，不如索性把所有被扣人员一齐放回。这个决定做出后，杨虎城于 26 日下午去分别拜访被扣人员，表示歉意，并于当晚在新城大楼设宴为他们饯行。27 日，被扣人员离陕返京。不久，应南京方面要求，西安方面把扣留的南京几十架飞机也放走了。

---

① 宋美龄：《西安事变回忆录》，秦孝仪主编《革命文献》第 94 辑。
② 申伯纯：《西安事变纪实》，第 162 页。
③ 丘琴等主编《高崇民传》，第 107 页。

第十三章　张学良被扣

一　"军法审判"

12 月 26 日上午 9 时许，蒋介石等乘坐的飞机从洛阳起飞。蒋介石与宋美龄乘坐第一架飞机，张学良与宋子文乘坐第二架飞机。两架飞机从洛阳起飞的时间相差两小时，但他们到达南京的情景则迥然不同。蒋介石、宋美龄乘坐的飞机降落在南京城内的机场，迎接他们的是南京的文武百官和欢腾雀跃的人群；张学良等乘坐的飞机降落在城外警备森严的军用机场，等待他们的是军统特务和宪兵。① 驾驶这架波音客机的张学良的私人飞行员罗亚尔·伦纳德在 1943 年出版的《我为中国飞行——蒋介石张学良私人飞行员自述》中披露："我们到达了一个军用机场。这里群情激昂，人声鼎沸。场面太乱了，我不得不把飞机停在跑道中间"。抱着善良愿望前来自投罗网的张学良，一下飞机，就受到了军统特务和宪兵警察的监视。为防止他乘这架自己的飞机逃跑，特务们逼着飞行员立即关闭了发动机。②

蒋介石一回到南京，立即翻脸不认账，命陈布雷代他杜撰一篇《对张杨的训词》，在 27 日的《中央日报》上发表，把他在西安的获释说成是由于他"伟大的人格"感召了张学良、杨虎城，掩饰他对张、杨做出的承诺；

---

① 罗亚尔·伦纳德著、刘万勇等译：《我为中国飞行——蒋介石、张学良私人飞行员自述》，昆仑出版社，2011，第 102 页。

② 见上书，第 107 页。

同时对张学良实施报复，亲自导演了一出"审张""赦张""管束张"的闹剧。

张学良在军统特务和宪兵的严密监视下，住进了北极阁宋子文公馆，实际上是被软禁在这里。蒋通过宋子文暗示张学良，应有来京待罪的表示。张在毫无戒备的心态下到京当天给蒋写了一封信，被蒋称为"请罪书"，全文如下：

> 介公委座钧鉴：学良生性鲁莽粗野，而造成此次违犯纪律、不敬事件之大罪。兹腼颜随节来京，是以至诚，愿领受钧座之责罚，处以应得之罪，振纪纲，警将来，凡有利于吾国者，学良万死不辞。乞钧座不必念及私情，有所顾虑也。学良不文，不能尽意。区区愚忱，俯乞鉴察。专肃
>
> 　　敬叩
>
> 　　　　　　　　　　　　　　学良　肃二十六日①

蒋介石立即把张的这份"请罪书"分送国民党中央和国民政府。蒋在呈文中假惺惺地说："此次西安事变，皆由中正率导无方，督察不周之过"，请求免去他的"本兼各职，并严加处分，以明责任"。蒋接着他在呈文中指出："查西北剿匪副司令张学良，代理总司令职务，而在其管辖区内，发生如此巨变，国法军纪，自难逭免。现该员已亲来都门，束身请罪，以中正为其直属长官，到京后即亲笔具书，自认违反不敬之咎，愿领受应得之罪罚。"②

按照蒋介石的安排，国民党中央于 12 月 29 日举行第三十一次常务委员会议，讨论处理西安事变有关问题。主持会议的居正首先致辞，欢迎蒋介石从西安平安归来。蒋介石在会上简要报告西安事变经过。会议通过的决议对蒋极尽阿谀逢迎之能事，说他"驰驱国事，督教三军，昕夕勤劬，不遑宁息，最近两度入陕，即以总理大仁大勇之精神，教化部队，统一军

---

① 《西安事变档案史料选编》，第 80 页。
② 秦孝仪主编《革命文献》第 95 辑，第 109 页。

心"，并吹捧他被扣留在西安期间"持浩然之正气，昭示伟大之人格，使倡乱者衷诚感动，悔悟自由"。会议决定："蒋同志对此事变，毫无引咎可言，所请辞职，应予恳切慰留，自请处分一节，应毋庸议。"① 蒋再次表示要辞去行政院院长和军事委员会委员长职务。30 日，国民党中央常委会又举行第三十二次临时会议，由邹鲁主持，决定再次对蒋慰留，并给蒋一个月假期。会后，与会者全体赴蒋宅，表示慰留的诚意。与此同时，国民党中央政治委员会又召开会议，不容讨论，即决定将张学良送军事委员会依军法处理，并成立高等军法会审，内定李烈钧为审判长。当天国民政府发表李烈钧担任审判长的任命，军事委员会又决定朱培德、鹿钟麟为审判官。蒋任用这些非嫡系的元老们来主持"审张"，无非是装出一副他与此事无关、超脱的样子。实际上他是"扣张"的元凶，"审张"闹剧的导演、幕后掌控者。西安事变使蒋成为"阶下囚"，让他蒙受了有生以来最大的打击和耻辱，把他推进了"万恶绝险之境"。两年后，蒋在"日记"中写道："回忆当日之险恶情形，与今日之安乐自由，虽在倭寇困迫之中，然较之遇难时之危急状态，则胜之千万矣"。② 对西安事变发动者恨之入骨的蒋介石，肯定会伺机报仇。

当蒋从西安获释返京时，张学良执意要亲自送他回京，他曾谢绝，劝张别送。刚到南京的张学良，对蒋充满幻想，认为蒋会很快放他回陕。蒋到京后的那些背信弃义的言行只是为了应付南京的"环境"，做给那些亲日派们看的。12 月 27 日，张在给杨虎城的信中说："京中空气甚不良"，蒋"为环境关系，总有许多官样文章，以转寰京中无味之风，但所允我等者……必使实现，以重信义"。就在这天晚上，张学良面见蒋介石时，还要求他践行在西安做出的承诺，"实行改组政府"。蒋斥责张"毫无悔过之心"，并告知张他将接受军法审判，之后可请求特赦，并予以戴罪图功之意"。③ 应该怎么处置陪蒋回京的张学良？12 月有 28 蒋介石亲自召集有南京政府各部长参加的中央座谈会，"征询对汉卿如何处理"的意见，在会上只有宋子文坚决

---

① 何应钦：《西安事变的处理与善后》，第 114~115 页。
② 《蒋介石日记》（未刊稿），1938 年 12 月 12 日。
③ 《蒋介石日记》（未刊稿），1936 年 12 月 27 日。

主张放张回陕，说他"深信张以后必能服从到底"。蒋介石批评宋子文的意见是"只知私人感情，而不顾国家"。其他与会高官们"多主张不能令汉卿（回）西北"。① 对这个棘手的问题，蒋介石在其"日记"中说，他绞尽脑汁，处心积虑地思索，也没找出一个"公私两全之法"，最后决定的方针是"决心不准其回西北，而保全其生命"。蒋介石为什么要如此处置张学良呢？他在"日记"中解释说："若复放其回任，不惟后患无穷，而政府之地位立即动摇。以彼回西北，不仅为所为想为，且可借口前所要求者如有一件不行，彼即可叛变也。彼所要求者，为中央在西北部队一律撤退。此为其唯一要求。如果放弃西北，任其赤化，则不惟国防失一根据，而且中华民族发祥之地且陷于永劫不复矣。况西北动摇，则统一之局全隳，经济计划无从实行，十年建设成绩毁于一旦。"② 蒋介石当时的如意算盘是扣留张学良，再逼杨虎城离开自己的部队，从而瓦解西北地区的"三位一体"局面，使其失去半独立状态，将西北直接控制在自己手里。这就是蒋介石在西安获释返回南京后，西北的所谓"善后问题"，也是西北地区形势再度紧张的根源。

蒋确定了上述"扣张"的方针后，就决定立即"审张"，这也是因为蒋得知张的"卫队陆续到宋寓，已十有一人"。他担心"如不审判，卸其武装则被逃也"。③ 审判前一天，他就定出处理程序："一，先发表判决文与呈请特赦文；二，特赦令暂缓发表；三，令速占宝鸡"。④ 李烈钧为"审张"事，12 月 30 日向蒋介石请示机宜。见面后，蒋倒先开口问："审判长对此案子如何处理？"李烈钧回答说："张学良发动西安事变是叛逆行为，有谋主帅的打算，但能悔改，亲送委员长回京。愿委员长宽大为怀，赦免对他的处分而释放他。"李还列举中国历史上齐桓公不记管仲的射钩之仇而拜其为相、晋文公宽容曾谋害过他的寺人披而终得其助而免遭暗害的例子，意思是问蒋"审张"可否按此办理，可是蒋听后反应冷淡。李见话不投机，遂

---

① 《蒋介石日记》（未刊稿），1936 年 12 月 28 日。
② 《蒋介石日记》（未刊稿），1936 年 12 月 29 日。
③ 《蒋介石日记》（未刊稿），1936 年 12 月 31 日。
④ 《蒋介石日记》（未刊稿），1936 年 12 月 30 日。

改口说："国民政府既任烈钧出任审判长，一切当依军法办理。"蒋这时才说："君慎重办理可也。"抗日战争时期李烈钧在昆明与人谈起当年"审张"这件事时说："那简直是演戏，我不过是奉命演这出戏的主角而已！张汉卿光明磊落，对话直率，无所畏惧。"①

高等军法会审于12月31日上午10时开始，审判的具体过程，李烈钧后来写的回忆录和档案馆保存下来的"审判记录"记载得颇为详尽："三十一日，我命副官先布置一下法庭，然后我偕同朱、鹿两审判官到法庭坐定。我环顾法庭四面布置周密，警戒森严。我命将张学良带上。不一会儿，张学良面带笑容，趋立案前。我因为他是陆军上将，又是未遂犯，让他坐下，但他仍笔直地站着。我招呼他走近一些。"

李问张："你知道犯什么罪吗？"

张回答："我不知道。"

李翻开"陆军刑法"给张看，并对张说："'陆军刑法'的前几条，都是你犯的罪。你怎样胆敢出此？"

张学良态度从容，答话直率，毫无顾忌，李烈钧心想：张学良真不愧是张作霖的儿子啊！李便问张："我们准备了一份向你提问的问题，你愿先看看这些问题吗？"

张回答："很好，给我看看。"② 张学良看了准备向他提问的八个问题，之后逐一作了回答。关于发动西安事变的目的，张说："我对委员长是极信服的，我曾将我们的意见，前后数次口头及书面上报过委员长。我们一切的人都是爱国的人。我们痛切地难过国土年年失却，汉奸日日增加，而爱国之士所受之压迫反过于汉奸，事实如殷汝耕同沈钧儒相比如何乎。我们也无法表现意见于我们的国人，也无法贡献于委员长，所以用此手段以要求领袖容纳我们的主张。我可以说，我们此次并无别的要求及地盘金钱等，完全为要求委员长准我们作抗日一切的准备和行动，开放一切抗日言论，

---

① 李烈钧：《南京高等军法会审审判张学良的经过》，吴福章编《西安事变亲历记》，第364～368页。

② 李烈钧：《南京高等军法会审审判张学良的经过》，吴福章编《西安事变亲历记》，第365页。

团结一切抗日力量起见，我们认为目下中国不打倒日本，一切事全难解决。中国抗日非委员长领导不可，不过认为委员长还未能将抗日力量十分发扬，而亲日者之障碍高过于抗日者之进行。如果我们有别的方法达到我们的希望，也就不做此事了。"关于送蒋回京的感想和到京后给蒋写"请罪书"问题，张说："我这次来京，也有三点意见：（一）维持纪律，不隳我中国在国际地位；（二）恢复及崇高领袖之尊严；（三）此事余一人负责，应当得应得之罚，我并无一点个人的希求，一切的惩罚我甘愿领受。我给委员长的信，不知道他要发表的，否则我不写。"张学良还表示："现在的要求是极端的抗日，贯彻始终。至于我个人的生死毁誉，早已置之度外"，"我对于我们之违反纪律之行动，损害领袖之尊严，我是承认的，也愿意领罪的。我们的主张，我不觉得是错的"。①

没等张学良把话说完，审判长就打断他的话，问他胁迫统帅，是受人指使，还是自己策划的。

张学良斩钉截铁地回答："我自己的主意。一人做事一人当。我做的事，我自己当之。我岂是任何人能指使的吗？"

审到这里，张反问李烈钧："我有一句话，请教审判长，可以吗？"

李答："当然可以。"

张说："民国二年，审判长在江西起义讨伐袁世凯，有这回事吧？"

李答："是的。"

张理直气壮地接着说："我在西安的行动，为的是谏止中央的独断专行……"

李烈钧忙打断张的讲话，斥责道："胡说！那袁世凯怎能与蒋委员长相提并论？你在西安搞事变，是自寻末路，怎能归罪于谁？"②

鹿钟麟见李烈钧大动肝火，建议暂时休庭，陪李到休息室稍事休息。复庭后又审问了几句，就草草宣布结案。待张在审讯记录上签字后，李即

---

① 《国民党军事委员会高等军法会审关于张学良的审判笔录》，《西安事变档案史料选编》，第81～83页。

② 李烈钧：《南京高等军法会审审判张学良的经过》，吴福章编《西安事变亲历记》，第365～366页。

将审讯记录送蒋介石审核。整个审问过程没超过两个小时。据鹿钟麟后来回忆说：审讯记录送去后，"计算时间，恐尚未寓目，蒋即把军事委员会军法处根据此授意而预为拟好的判决书发下，命令宣布判决"。① "判决书"给张学良罗织的罪名是"劫持统帅，强迫承认其改组政府等主张"，"戕害官员，拘禁将领"。结果是判处"有期徒刑十年，褫夺公权五年"。②

蒋介石按照他事前拟定的处置张的程序，把张送上法庭判刑后，再要求对张实行"特赦"。他在张被判刑的当天下午给国民政府的呈文中写道："窃以西安之变，西安剿匪副司令张学良，惑于人言，轻于国纪，躬蹈妄行……业蒙钧府饬交军事委员会依照陆海空军刑法酌情审断，处以十年徒刑"，"敬恳钧府俯念该员勇于改悔，并恪遵国法，自投请罪各情形……予以特赦"。③ 孔祥熙1月3日也致电国民政府，说在西安事变期间他代理行政院院长，与张学良函电往还，多次向张许诺："如能迅速护送蒋公回京，中央当可宽望既往，对其个人安全，愿为保证。继据往返人员声述，均谓其表示始终拥护，绝无危害之意，短期内可送蒋委员长回京。今果践其言，并上书请罪，证以事实"。孔据此恳请国民政府"俯纳蒋委员长所请，准予赦宥，以示宽大"。④

1937年1月4日上午，在林森主持下，南京国民政府举行会议，并邀请在京五院院长及有关人员列席。在林森对蒋介石的呈文和司法院的核议做了说明后，会议一致通过对张学良予以特赦。当日下午，国民政府发表命令："张学良所处十年有期徒刑本刑，予以赦免，仍交军事委员会严加管束。此令。"⑤ 这一纸命令，使张学良在长达半个世纪的时间里失去了自由，过着被幽禁的生活。

蒋介石回到南京后，自食诺言，扣押了张学良，但他还没有完全回到西安事变前"剿共"内战的老路上去。在"审张"的同时，他宣布对西安停止军事行动，撤销了何应钦的"讨逆"总司令部。12月31日，行政院根

---

① 鹿钟麟：《张学良南京受审记》，吴福章编《西安事变亲历记》，第375页。
② 南京《中央日报》1937年1月1日。
③ 南京《中央日报》1937年1月1日。
④ 《西安事变档案史料选编》，第89页。
⑤ 南京《中央日报》1937年1月5日。

据国民政府令发布"训令"说："此次西安事变，毁坏纪纲，全国震惊，事后追维，实堪痛惜。所幸当日倡乱之人，阅时未久，即已割除心迹，次第改悔，复据张学良亲向军事委员会委员长具呈请予制裁，来京待罪。政府念其尚知咎戾，兼为安靖地方，免致贴累人民起见，即日停止军事行动；并将讨逆总司令部及讨逆军东、西两路集团军总司令部一并撤消。"①

　　蒋介石刚获释返京，形势有所缓和。12月26日，蒋到京当天致电杨虎城、王以哲、何柱国、刘多荃等，说他已平安抵京。何应钦也给杨虎城发电，说蒋介石"留陕旬余，多得吾兄爱护，此间同仁咸深感念"。南京方面的樊崧甫与西安方面的缪澄流26日在赤水会晤，商量中央军撤出潼关事宜。蒋介石导演"审张""赦张""管束张"闹剧后，理所当然地引起西安方面的强烈不满和极端愤慨，形势再度紧张。蒋介石杜撰的《对张杨的训词》发表后，杨虎城12月29日致函陕西省各县县长，说明西安事变真相，披露事变经过和八项主张，公布蒋答应的六项条件。1937年元旦，东北军和十七路军联合在西安举行有4万人参加的阅兵式，杨虎城在演说中谴责南京扣押张学良并重新派兵西进的行径。南京1月4日发表对张学良实行特赦并交军事委员会"严加管束"后，西安方面知张已不能返陕，气愤至极。1月5日，发表由杨虎城领衔、东北军和十七路军高级将领共同署名的"歌电"，强烈抗议南京扣押张学良和妄图重新挑起内战的阴谋。"歌电"公开披露蒋介石在西安期间接受张、杨提出的救国主张和做出的"有我在决不任内战再起"的承诺；指出蒋回京后虽口头上令中央军向东撤出潼关，但实际上"中央军匪惟未遵令东还，而反大举西进，计有第六、第十、第二十三、第二十八、第七十九、第九十五、第六十、第十四、第一百零三、第八十三师暨教导总队等，集结推进至潼关、华阴、华县一带，筑垒布阵，积极作挑战之形势"。"歌电"严肃指出："国危至此，总不应再有其豆相煎之争，有可以促成举国一致、枪口对外之策，虎城等无不乐于听命。若不问土地主权之丧失几何，西北军民之真意如何，全国舆论之向背如何，而惟知以同胞之血汗金钱购得之武器，施之对内，自相残杀，则虎城等欲求对内和

---

① 《西安事变档案史料选编》，第85页。

平而不能，亦惟有起而周旋，至死不悔。"① 同一天，杨虎城致电蒋介石，要求"立即将张副司令之公权恢复"，明确指出"此间情形，张副司令一日不来，即军民一日不安"，请蒋让张"早日返陕，主持一切"。②

中共中央在张学良送蒋回京后，立即于 12 月 27 日召开政治局扩大会议，讨论蒋介石获释后的形势和中共应采取的方针。根据这次会议精神，中共中央当天向党内发出《关于蒋介石释放后的指示》，指出："蒋介石的接受抗日主张与蒋介石的释放，是全国结束内战一致抗日之新阶段"的开始；同时指出："要彻底地实现抗日的任务，还须要一个克服许多困难的斗争过程。"在新形势下，我们要推动蒋介石"结束他们的动摇地位，而坚决走上改革内政对外抗战的道路"。为此，要"继续督促与逼迫蒋介石实现他自己所允诺的条件"，"巩固东北军、西北军与红军的团结"，"继续推动各地方实力派参加对日抗战对内民主的运动"，"努力扩大全国人民的抗日救亡运动"。③ 12 月 28 日，针对蒋介石头一天发表的《对张杨的训词》，中共中央以毛泽东名义发表《关于蒋介石声明的声明》，指明蒋介石是在接受了张、杨提出的抗日要求后才获释的，并公开披露了蒋口头上答应的六项条件，郑重指出："今后的问题是蒋氏是否不打折扣地实现他自己'言必信，行必果'的诺言，将全部救亡条件切实兑现。全国人民将不容许蒋氏再有任何游移和打折扣的余地。蒋氏如欲在抗日问题上徘徊，推迟其诺言的实践，则全国人民的革命浪潮势将席卷蒋氏以去。"④

在张学良被扣留和蒋介石着手部署五路大军威逼西安就范的情况下，中共中央于 1937 年 1 月 2 日举行政治局会议，认为蒋介石的态度仍在动摇中，中共的方针是要争取他，使他与亲日派分离，主要火力应对准亲日派。1 月 5 日，张闻天和毛泽东致电在西安的周恩来和博古，向他们通报政治局 1 月 2 日会议精神，指出南京派兵威逼西安的用心是要把东北军和十七路军将领"吓得就范，然后慢慢宰割，孤立红军"。张闻天和毛泽东在此电中提

---

① 《西安事变档案史料选编》，第 92、93 页。
② 《西安事变档案史料选编》，第 92、93 页。
③ 《中共中央文件选集》第 11 册，第 141~142 页；又见《中国共产党关于西安事变档案史料选编》，第 277 页。
④ 《毛泽东选集》第 1 卷，人民出版社，1991，第 247 页。

出：目前的对策应该是西北"三方面团结，真正硬一下"，"使中央军不敢猛进"。该电还提出在政治上周恩来、博古要"速发拥蒋迎张通电"；在军事上彭德怀、任弼时要"速令十五军团出陕南"。1月9日，张闻天、毛泽东给周恩来、博古的电报再次明确指出："保持西北目前局面，非不得已不开火，乃目前基本方针。"①

中共中央为贯彻和平方针，接连指示白区的党组织，要他们发动和团结各方面力量，迫使蒋介石释放张学良，停止进攻西安。1月5日，张闻天、毛泽东指示在上海的潘汉年"应速找宋子文弄清南京近日之变化"，要宋实践诺言，履行周恩来在西安与蒋、宋商定的六项条件。1月9日，中共中央书记处致电主持中共北方局工作的刘少奇，指出"内战危险已迫在眉睫"，要求他发动白区党组织设法推动舆论机关、人民团体、国民党许多将领与多数党员、各省实力派，以及英法美在华人士，反对亲日派发动的自相残杀的内战，力争和平解决西安事变。1月15日，张闻天致电上海地下党冯雪峰、潘汉年，要他们策动韩复榘、刘湘发表通电，主张和平解决，恢复张学良自由；要他们设法找人向李宗仁、白崇禧活动此事，并请人向宋子文活动，"要他继续担负调解责任，表示我方拥护他调解之诚意"；还要求他们通过杜重远向熊式辉探听何应钦等的行动方针。潘汉年当天复电张闻天，说已请宋庆龄同宋子文说项，设法由他负责调停，"已派人去孙、冯、桂活动"，"已嘱杜重远、叶挺设法公开往南京"等。

应当承认，在蒋介石获释返京后，中共中央对形势的发展保持了清醒的头脑，并采取了正确的方针，这在1936年12月27日向全党发出的《关于蒋介石释放后的指示》中已有明确的表述。接着，对蒋回京后自食诺言、背信弃义的行为给予了必要的揭露和批评。这是贯彻和执行党的方针，逼蒋抗日的需要，是要巩固和促成刚刚开始形成的与国民党、蒋介石的抗日民族统一战线，而不是去破坏它。可是共产国际在1937年1月19日给中共中央的电报指示中，却指责中共中央"采取了错误的步骤"，它担心刚刚在西安与蒋介石、宋氏兄妹达成的还很脆弱的协议因此"可能遭到破坏"，批

---

① 《中国共产党关于西安事变档案史料选编》，第312、324页。

评中共"实际上在分裂国民党，而不是同它合作的方针"。① 要求中共在处理同国民党、蒋介石的关系时要谨言慎行，不得越雷池一步。实际上就是同蒋只能讲团结，对其背离抗日民族统一战线的言行不能进行必要的批评和斗争。共产国际的这个思想，和不久后王明回国推行的"一切经过统一战线"、"一切服从统一战线"的右倾政策一脉相承。

二 甲乙两案

在西安被扣留的 14 天，蒋介石自认是陷入了"万恶绝险之境"。回到南京后，为了洗刷自己遭受的耻辱，他痛下决心，拆散西北的"三位一体"，迫使张、杨离开自己的部队，中央军进驻陕西，再不容许西北地区存在半独立状态，要把西北完全置于南京的直接掌控之下。

1937 年元旦，蒋介石在南京召集军委会办公厅主任朱培德、重庆行营主任顾祝同、甘肃绥署主任朱绍良、参谋本部厅长林蔚等举行座谈，确定解决西北问题采取以政治为主、军事为从的方针；在具体行动上，用军事压迫手段，迫使西安就范。蒋做出上述决策后，立刻部署五个集团军的兵力分五路对西安形成夹击态势。其具体部署是：以顾祝同为总司令的第一集团军，辖 10 个师兵力，位于潼关以西至华阴、华县，沿陇海路西进；以陈诚为总司令的第四集团军，辖 10 个师兵力，位于第一集团的右翼，沿渭河北岸西进；以卫立煌为总司令的第五集团军，辖 4 个师兵力，置于第一集团军的左翼，在潼关以南的商、洛一带，从东南方向威逼西安。以上三个集团军属于东线；属于西线的，是以蒋鼎文为总司令的第二集团军和以朱绍良为总司令的第三集团军，位于陕甘边境，其最前线在咸阳附近，共有近 15 个师的兵力，从西面对西安构成威胁。东西两翼第一线部队共 39 个师，第二线部队约 10 个师。除上述陆军部队外，以毛邦初为指挥官的空军部队也列入战斗序列。顾祝同被任命为西安行营主任，赶到洛阳，代蒋指

---

① 《共产国际、联共（布）与中国革命档案资料丛书》第 15 卷，第 271 页。

挥上述部队。

蒋部署完军事后，便于 1 月 2 日离开南京前往奉化，料理其兄蒋锡侯的丧事，并疗养腰伤。他指令何应钦在南京负责与西安方面接洽；派戴笠来往于奉化溪口和南京之间，负责联络。蒋本人在溪口遥控对陕甘善后问题的处理。1 月 7 日，蒋介石在奉化两次致电前敌总司令刘峙、第一集团军总司令顾祝同，再次强调"对陕策略，应以政治为主，军事为从"的方针，并具体指出："我军各路，应照战略单位，先向各地区开进，周密布防。一面对各地区后方勤务，如通信、交通、粮秣等，积极筹备，充分补充；一面向张、杨交涉劝导，使其不得不为最后之服从。"蒋还授意刘峙和顾祝同，对张、杨所部可实行分化瓦解和金钱收买策略，"用各种传单，每日每时用（飞）机分送散发，并可用张名义代制，劝导其部队服从中央，接受命令"，"用最合情理、最简单文字，使其官兵离心，失却战斗力；并使其东北军遵命迅速集中甘肃，团结一致，保存实力"；"另以中央或中正名义散发传单标语，大略以爱护张杨，各军官兵，一视同仁，以及中央宽大为怀，优遇汉卿，与胁从罔治之意。如其服从中央命令，即是出路；否则，抗命盲从，即是死路。多以苦海无边，回头是岸之意动之。并由兄等名义，对于自拔来归者之各种赏项，定为等级轻重以动之"。① 蒋介石采用他以往消灭异己惯用的手法，分化瓦解、各个击破的策略，即"用政治方法"，使中央军"能有一部和平进驻西安，然后相机再用根本解决，是为上策。其次，使东北军能离陕入陇"，红军"旁观中立，俾杨逆孤立心寒，然后攻之，亦不失为中策"。② 看来，蒋介石是想要首先拆散西北的"三位一体"，之后再各个解决，力求避免出现中央军同时与红军、东北军、十七路军一起作战，完全依靠武力进攻西安的局面。

蒋介石担心刘峙、顾祝同不理解他上述指示的核心和意图，第二天（1月 8 日）再次去电加以详细说明："昨电总意：以战事应充分准备，但不轻易发动。又望以军事威胁为手段，而达到政治解决为目的。"为此，他不厌其烦地向刘、顾具体指出："各种军事计划之考虑，应于未开战之前，不嫌

---

① 《西安事变档案史料选编》，第 192 页。
② 《西安事变档案史料选编》，第 193 页。

其细密周到，亦不必求其急速也。然战事发动之后，应用迅雷不及掩耳手段，须定期攻克西安，亦不容有所迁移也。"他还具体指出，其嫡系部队"教导总队与三十六师既定为攻城队，则在未攻城之前即可作为总预备队，并令其携带防毒面具与即时练习，以免临时不惯也；并令空军充分准备各种瓦斯炸弹，以备万一之用"。他接着指示："此次作战，最先一战须猛须速，故最前部队，不仅作战准备要充分，而且亦要精强。"攻击令下后，"一面用空军轰炸与劝降，而主力则专意向西安猛进，期速达成攻克西安之主目的"。蒋介石还指示刘、顾要充分做好战前准备工作，研究"地形敌情"，准备攻城用的器材，令南北两路各纵队做好切实准备。总之，务求"开战后十日内攻克西安"。①

蒋介石把军事的决策权牢牢掌握在自己手里。1月10日他电示刘峙、顾祝同，"严令各路前方部队，未下总攻击令前，应力避冲突，勿使接触"，并明确规定"至总攻击令，必须候中（指蒋自己——引者）核定为要"。②第二天，蒋介石又进一步指示刘峙、顾祝同："在前方对逆方表示，不能不紧张激昂，并须限其解决日期，使其不敢拖宕。意对派来或我方派去之人，限定铣日（16日）为最后之期，如过此则再无商洽余地之意明告之。"总括起来，蒋介石的策略是："不忘政治为本，军事为从，而尤须以对逆紧急，对内严密。在前方，对逆方表示应激急严厉，多对军事说话，而政治之运用则属之后方。如此前后策应，刚柔并用，乃易达成目的。"③

在蒋介石的五路大军已部署于豫陕和甘宁地区，对西安已形成包围、夹击的态势下，蒋没有立即发动武装进攻，用武力解决陕甘善后问题，而一再强调解决陕甘善后要实行以政治为主、军事为从的方针，这和下述情况不无关系：第一，继东北四省丧失后，华北又岌岌可危。日本侵略者已大量增兵华北，全面侵华战争正在紧锣密鼓地准备中。日益严重的国难，不容许大规模内战再次发生。何况，蒋介石为了恢复自由，刚刚在西安做出了不再内战的承诺。第二，全国民众、各地方实力派和国民党内的爱国

---

① 《西安事变档案史料选编》，第193～194页。
② 《西安事变档案史料选编》，第194页。
③ 《西安事变档案史料选编》，第194页。

力量都呼吁和平解决陕甘问题，反对武力进攻西安。直接面临内战威胁的陕西民众选派以西安商会主席王怡然为首的 20 余名代表前往南京请愿。1 月 7 日他们途经潼关，当面向中央军前线指挥官樊崧甫"陈述陕民哀呼和平赤忱"，要求南京"对陕事以和平解决，俾得培养国力，一致对外"。此前，他们发表的通电说："旬日以来，交通迄未恢复，潼关复又进兵。设不幸因误会而启衅端，则此仅存之国力将对消于内战之中，其何以制方张之寇焰"，并指出："其豆之相煎，懍鹬蚌之足戒。"他们要求国民党当局"鼎力消弭内战，促现和平，以维国力"。① 广西各界抗日救国联合会 1 月 17 日发表通电，指出："连日报载，中央大军续向西安压迫，西北军民亦严阵以待，战云密布，大有一触即发之势"，并斥责南京当局说：蒋介石被释回京后，"中央对于西安抗战之主张，未能见诸实行，竟复派大兵入陕，重相煎迫，万一激成变乱，人将谓中央勇于对内，怯于对外，而亡国灭种之惨祸亦不旋踵而至矣！"通电要求国民党当局"迅行制止入陕部队，采取政治解决方法，以弭内战而培国力"，并吁请蒋介石"立即领导全国军民，发动民族抗战"。② 1 月 14 日，四川刘湘致电何应钦，指出中央对陕甘善后，应力除畛域，以全远大。令入陕甘部队毋得逼之太剧，以存国家元气。倘不幸发生战争，是外患既殷，内忧又起，前途不堪设想。③ 第二天，由刘湘领衔，广西李宗仁、白崇禧连署通电全国，揭露说："近接西安将士迭电谓，中央部队仍续向西安压迫，兵车络绎"，设不幸激起内战，恰给外敌以可乘之机。他们要求南京当局"本总理之宽大精神，采政治解决之途径"，"急令入陕部队停止进行，勿得逼之过戚，相煎太急"。④ 第三，担心陕甘红军渡河攻晋，抄中央军后路。当时竭力奔走和平的甘肃省财政厅厅长陈端 1 月 13 日致电孔祥熙，尖锐指出："关于陕省问题，如中央决以军事解决，势必全部赤化"。他说，在陕甘的红军、东北军、十七路军及地方民团总数总 20 万，"一经接触，势必向晋豫流窜。星火燎原，深为国家前途隐忧"。他建

① 《西安事变档案史料选编》，第 102 页。
② 《团结报》第 1174 号，1991 年 2 月 20 日。
③ 西安《解放日报》1937 年 1 月 15 日。
④ 《西安事变档案史料选编》，第 122～123 页。

议"最好中央军暂取缓和态度，向后稍退却"，求得和平解决。① 同一天，蒋介石在给刘峙、顾祝同和何应钦的密电中也明确指出："此时我军向西安进攻，赤匪必有一部向晋边渡河攻晋，以牵制我军。此着非常危险。明关附近，中央军能否派两师兵力协助晋军布防，河东岸务希特别注意。河东防务未固以前，我军暂勿向西安进攻。"② 1 月 16 日，孔祥熙用电报征询在华县前线的樊崧甫的意见，樊在复电中也担心"晋方东西两面空虚，我西进彼东窜，不能守则攻无益也"。③ 第四，国际上，英美苏等国希望蒋介石对日作战，反对他继续进行内战。

蒋介石为贯彻其政治为主、军事为从的方针，在调集 30 多个师的兵力威逼西安的同时，1 月 5 日炮制出"陕甘军事善后方案"，作为政治解决西北问题的方案，逼西安方面接受。这个方案的内容主要有两项：一是人事任免，决定"1. 以顾祝同为西安行营主任，承军事委员会委员长之命，综理陕甘青宁军事及西北国防准备事宜；2. 以王树常为驻甘肃绥靖主任，在行营指导之下担任甘肃绥靖事宜；3. 以杨虎城为西安绥靖主任，在行营指导之下担任陕西绥靖事宜，冯钦哉为二十七路总指挥。杨虎城、于学忠撤职留任，戴罪图功"。④ 上述任免，当天即以国民政府行政院名义公布。同时还公布"陕西省政府委员兼主席邵力子辞职照准，任命孙蔚如为陕西省政府委员兼主席"。⑤ 方案的第二项内容是军队驻地划分，规定：从潼关沿陇海线往西至天水、秦安，由中央军驻防，原海原、同心一带中央军暂时待命；十七路军第十七师及警备旅驻关中至长武、邠州一带。叛杨投蒋的十七路军四十二师冯钦哉部改编为二十七路，仍驻大荔、蒲城、白水、澄城、邠阳、韩城、宜川等原地；东北军一律恢复西安事变爆发前的位置。⑥

十分明显，南京当局抛出的"陕甘军事善后方案"意在拆散"三位一体"，不容许半独立状态存在，西北地区要由南京直接控制。蒋介石把他离

---

① 《西安事变档案史料选编》，第 113 页。
② 《西安事变档案史料选编》，第 196 页。
③ 《西安事变档案史料选编》，第 128 页。
④ 《西安事变档案史料选编》，第 94 页。
⑤ 南京《中央日报》1937 年 1 月 6 日。
⑥ 详见《西安事变档案史料选编》，第 95 页。

陕返京前在西安做出的"西北各省军政，统由张学良、杨虎城负其全责"的承诺，抛到了九霄云外。

　　面对张学良被扣押和几十万蒋军压境的严峻形势，以杨虎城为首的西安三方面高级负责人1月4日研究决定：东北军、十七路军和红军三方面团结一致，组成抗日联军，作必要的军事准备，以对付蒋军的压迫，但应力避冲突，求得和平解决，以遂停止内战、一致抗日的初衷。联军坚持拥护和平统一、团结御侮的方针；但在万不得已时，决定集中主要力量迎击由潼关西进之中央军。具体作战方案是：在渭南的赤水至长安，选择有利地带，构筑七道防线，配置6个师，巩固正面。在渭北，集结3个以上步兵师和2个骑兵师，准备施行突击，将敌歼灭于渭河以北、黄河以西之背水阵上。在张学良返陕前，由杨虎城统一指挥联军。红军秘密集结于淳化、枸邑地区，再经三原赶到高陵一带，依情况参加渭北决战或经蓝田突击中央军李默庵部，然后以主力向潼关迂回。在陕南的红军陈先瑞部和杨虎城部两个旅，依托秦岭，以运动战与游击战相结合，迟滞李默庵部前进。在西线，以东北军王以哲部、于学忠部和红军一部监视胡宗南、关麟征、毛炳文、曾万钟等部（约8个师兵力）。周恩来、博古1月4日将此方案电告中共中央，第二天毛泽东、朱德等即复电表示同意，并提出目前要加强"三方面团结，真正的硬一下"，"使中央军不敢猛进"。①

　　南京和西安虽都摆出了要动武的架势，但谁也没有要真正动武的决心，双方都不过是拿军事威胁作手段，来实现自己的要求与目的。所以，在严重军事对峙的情况下，双方又展开了和谈活动。

　　南京为缓解西安方面因张学良被扣和中央军西进而激起的愤怒和反抗，开始散布和平空气。1月4日从蒋的住地奉化回到南京的戴笠，根据蒋的旨意，宴请从各地赶来的东北名流阎宝航、王卓然、王化一、吴瀚涛等。戴向他们说，蒋介石曾写信给中央党部秘书长叶楚伧，让叶转请林森务必特赦张学良，但元老派在国府会议上竭力反对释张，为此宋子文愤而出走上海。戴的意思是说蒋是主张放张的，张之所以不能返陕，是因为元老派反

---

　　① 《张闻天、毛泽东关于巩固三方面团结速发拥蒋迎张通电给周恩来、博古电》（1937年1月5日），《中国共产党关于西安事变档案史料选编》，第312页。

对。杨虎城领衔发出"歌电"后，1月6日戴笠向王化一等表示，同意他们要求释放张学良的要求，并动员王和吴瀚涛去西安和谈。1月8日，何应钦也向即将赴陕的王、吴二人表示南京决意谋求和平解决，对西北绝不用兵，并说："你们此行就是为了和平解决双方的误会。军事行动停止，和平实现，汉卿先生即可回到西安，希望两位能代为转达西安有关人士。"①

蒋介石为利用张学良的影响促使西安方面就范，1月7日写信给张学良，除简告"陕甘军事善后方案"大意外，主要是促其写信给"虎城及各将领，勉以切实服从中央命令"，并威胁说："若再不遵中央处置，则即为抗命。国家对抗命者之制裁，决不能比附于内战。"② 当晚，张给杨虎城写信，说蒋介石"返奉为其老兄之丧，南京之处置，多有不合其意"，"但此事仍有转圜办法，切盼勿发生战事"，"请兄稍忍一时，勿兴乱国之机也，仍能本我等救国之苦心，全始全终为祷!"③

1月7日，张学良复信蒋介石，同意派人持他的亲笔信去西安商谈，并提出他对解决陕甘问题的方案。全文如下：

> 介公委员长钧鉴：雨农同志交来手示，已遵（嘱）派人持良亲笔函去西安矣。良有不得已而欲言者，夫以汤止沸，沸愈不止，去其火，则止矣。陕甘问题，良十分忧心，非只虑于陕甘，所虑者大局形势以及内乱延长，对外问题耳。冒死上陈，俯乞鉴宥。如蒙下问，愿述其详。盼钧座以伟大之精诚，更彻底而伟大之。敬祝吉人天相，钧体早复健康，深望为国珍摄。专肃。敬叩
>
> 钧安　　　　　　　　　　　　　　　　　　　　　学良谨肃七日
>
> 附：张学良意见书
>
> 甲、剿匪
>
> 一、调东北军全部驻开封、洛阳或平汉线上，整理训练，担任国

---

① 王化一：《我在西安事变前后的一些经历》，《西安事变资料选编》（第2集），全国政协文史资料委员会编印，1980，第52页。

② 《西安事变档案史料选编》，第103页。

③ 毕万闻主编《张学良文集》（2），第1118页。

防工程，由良负责调出及整理。

二、请虎城出洋考察养病半年，不开缺，以孙蔚如代理，由钧座给予充分之款项，对日发动，即召返国。

三、余陪同墨三等到洛阳，最好到潼关或临潼，由启予或庞炳勋派兵陪同前往，请虎城及各军长来会商。

乙、匪不剿

一、调虎城到甘，以何雪竹或刘经扶为西北行营主任，以庞、商、萧之楚、万等军驻陕。

二、调东北军驻豫鄂一带整理训练，担任国防，由王树常负责，由良帮助训练完毕，良愿去读书。

关于虎城讲话问题，良以为力子、雷竹兄或于先生协同良到潼关或到冯钦哉防地，请虎城来谈。①

　　从张学良的上述言行可以看出，他虽已被蒋介石扣留，身陷囹圄，但仍不改初衷，事事处处以抗日救国为前提。为避免内战重起，保存抗日力量，他对自己失去自由无怨无悔；并委曲求全，一再说服西安方面接受蒋介石提出的"陕甘军事善后方案"。同时还可看出，张学良对蒋介石的为人仍缺乏了解，过于轻信其花言巧语。张把自己的被扣留和南京五路大军威逼西安认为是有违于蒋介石的本意，是南京那些元老派特别是何应钦搞的；殊不知不论是"审张、赦张、管束张"的闹剧，还是派中央军威逼西安，都是蒋介石一手策划、导演和指挥的。

　　蒋介石得知张学良写给杨虎城等人的信件内容后，同意派人送去西安。1月8日下午，戴笠陪王化一、吴瀚涛去看张学良。见面后，戴即离去。张与王、吴二人交谈了两个多小时。张嘱王、吴到西安后向东北军将领转达他的意见，其要点是："（一）东北军和东北各阶层人士团结一致，不要给蒋以可乘之机拆散我们，只要能精诚团结，我就能回去，否则回去也没用；（二）和杨虎城将军及十七路军密切团结，不受国民党的离间；（三）和国

____

① 《西安事变档案史料选编》，第96～97页。

内各方面同情我们的人士，设法联系，取得支持。"① 张学良还托王、吴二人带给杨虎城和东北军将领一封亲笔信以及两份遗嘱（一份给家属，一份给张作相、万福麟、于学忠、王以哲等东北军将领），遗嘱的主要内容是"如果造成糜乱地方不可收拾的局面，他将自杀以谢天下，以明夙志"。②

王化一、吴瀚涛1月9日从南京起飞，在洛阳机场稍事停留，与顾祝同、刘峙晤谈，顾、刘希望王、吴此次西安之行能打开僵局，使西安与南京之间的对峙获得和平解决。王、吴则请顾、刘严厉制止前方双方部队的武力接触，设法与西安进行电话联系。当天下午4时，王、吴飞抵西安，在机场受到王以哲、高崇民、卢广绩、孙铭九等人迎接。到西京招待所稍事休息后，便去会见杨虎城。当时在场的还有东北军、十七路军的高级将领，以及马占山、鲍文樾、米春霖和中共方面的博古。王、吴向杨虎城递交了蒋介石、张学良的亲笔信，转达了张学良的口信。蒋亲笔信的主要内容是要杨和各将领息兵听命，不要为共产党所利用，许以改编后的种种优越待遇。张的亲笔信提出要以抗日救国为前提，为达到发动事变之初衷，应当双方和解。如引起内战，不论谁胜谁败，损失的都是抗日力量。

1月10日晨，王、吴再次面见杨虎城。杨说："我不同意张副司令亲自送蒋，自投罗网，但抗日救国的主张，我和张副司令始终是一致的。遵照张副司令意见，停止军事行动。关于张副司令恢复自由，军队改编、待遇、善后诸问题，须双方协商，然后决定。"③ 杨还表示，他对个人的去留毫无成见，一俟局势稳定，能够全国一致抗日，他可以无条件地牺牲一切干下去，否则可出国考察云云。

1月10日下午，西安方面通过电话与洛阳方面取得联系，前方的军事行动已停止。洛阳方面根据蒋的指示，11日将派代表祝绍周到西安，双方商谈停止军事行动、恢复交通问题。

王化一、吴瀚涛西安之行的任务已达到，11日上午便从西安乘机返京复命。

---

① 王化一：《我在西安事变前后的一些经历》，《西安事变资料选编》第2集，第55页。
② 《西安事变资料选编》第2集，第53页。
③ 王化一：《我在西安事变前后的一些经历》，《西安事变资料选编》第2集，第56页。

蒋介石为尽快拆散西北的"三位一体"，亲自修订了解决陕甘善后的方案，分为甲、乙两案，让1月15日返陕的米春霖带回，供西安方面择一而行。蒋修订方案的全文是：

甲案

一、东北军全部调驻甘肃。

二、第十七路各部仍驻陕西原防，归绥靖主任杨虎城指挥，该部得酌留若干部队在西安，以便行使绥靖主任之职权。

附记：陕西绥靖主任公署或移设三原亦可。

三、自潼关至宝鸡沿铁路各县，归中央军驻扎（铁路线各县以外，得由十七路军部队驻扎）。

乙案

一、东北军全部调驻豫皖两省，可先由西荆公路集中南阳、襄樊、信阳一带。

二、以王树常（或由汉卿另保一人）任安徽省政府主席。

三、调于学忠任绥靖主任，统率驻豫鄂皖之东北军。

四、调杨虎城为甘肃省政府主席，仍兼十七路总指挥，第十七路军全部调往甘肃。①

刚刚从南京移往奉化溪口在押的张学良，13日夜给杨虎城及西安各将领写了一封信，托米春霖带往西安。张在信中写道："弟今早同瑞峰（米春霖字）来溪口，为目前救此危机，勿为乱国计，商定办法二则，请兄速下最大决心，使委座及弟易收束陕甘之局。关于改组政府及对日问题，准我等可在三中全会提出公开讨论。关于两案，盼兄等速即讨论，下最后果断。如有意见补充，盼虎城派人来，更盼来一军长。如兄等认此二案之一案无问题，那是更好，盼即刻表示受命。委座告十六日为限，盼诸兄为国家为西北为东北请详计之，凡有利于国者，弟任何牺牲在所不惜，盼勿专为我

---

① 《西安事变档案史料选编》，第97页。

个人谋计。西望云天，无任期盼好音。"①

西安方面认为，当前首要的问题是争取张学良迅速返回西安；这个问题不解决，其他问题都无从谈起。杨虎城和东北军方面决定派李志刚和鲍文樾随同米春霖一起飞往南京，要求蒋介石迅速释放张学良回陕。行前，杨虎城向李志刚等交代说：此行主要任务，是要求早日放张学良，质问蒋介石派顾祝同统帅大军分路西进，并了解南京方面有无准备抗日和结束内战的迹象。杨对李、鲍、米表示，只要蒋介石经过这次事变把"先安内后攘外"的错误政策改变过来，"那么我们个人就是牺牲了也值得"。② 杨虎城把给蒋介石的信和解决陕事问题的方案让他们带交蒋介石，并让他们带去了给孔祥熙、宋子文、宋美龄、贺耀祖、戴笠、于右任的信，希望得到这些人的支持。

杨虎城给蒋的解决陕事问题方案的内容是：

〔一〕

甲、维持中央威信问题：

（一）杨虎城、于学忠、孙蔚如接受中央命令。

（二）取消 12 月 12 日以后临时组织，恢复一切常态。

乙、张副司令出处问题：

A：

（1）设陕甘绥靖主任，以张副司令为主任，杨虎城为副主任。

（2）行营顾祝同主任驻洛阳。

B：

（1）行营以张副司令为主任，杨虎城为副主任。

（2）行营以张副司令为主任，顾祝同、杨虎城为副主任。

丙、军事善后问题：

（一）

A：

为免除国际间误会起见，潼关、华阴一带酌留中央军驻扎；陕甘

---

① 《西安事变档案史料选编》，第 117 页。

② 申伯纯：《西安事变纪实》，第 179 页。

其他各地由东北军、十七路军、红军分驻，其防地经三方商定后，呈请委员长批准。

B：

（1）东北军驻武威、兰州、咸阳、固原、天水一带地区。

（2）十七路军驻西安、泾阳、洛川、韩城、朝邑、华县、商县一带地区。

（3）红军驻延长、延川、肤施、鄜县、庆阳、淳化一带地区，一部驻洛南，另一部驻凉州以西。

（4）中央军护路部队最大限三至四团。

（二）东北军、十七路军在委员长指挥之下，其用人行政及训练事宜由各本部全权处理。

（三）为免除国人疑惧起见，在承商期间，请委员长令何部长停止中央各军前进及其他一切军事行动。

附记：

委员长在西安所采纳之各项具体救国方案，请负责实现。此外，关于一切善后所需军费及军队编制饷糈，另定方案办理。

〔二〕

（一）给杨虎城以援绥名义率领十七路军及东北军或骑兵军一部，组织援绥军（但此条仍恐有不完满处）。

（二）东北军开甘肃，十七路军仍驻陕西，中央军驻潼关、汉中。

（三）为建设西北计，陕省主席仍由中央派人。至行营主任，拟请何雪竹带萧之楚部驻西安。[①]

李志刚、鲍文樾、米春霖 16 日由西安飞抵南京，17 日转赴奉化晤蒋。此时，蒋的腰伤未愈，正穿着钢架背心接受治疗。李、鲍、米向蒋略致问候后，便提出了东北军和十七路军全体将士希望张学良早日回陕的要求，还说张不回去大家的心里非常不安。蒋回答他们说：张学良"现在再三表

---

① 《杨虎城将军言论选集》，陕西人民出版社，1991，第 169 页。

示要跟着我学修养，跟着我读书。他自己不愿意回去，你们也不要强迫他回去"。谈到派顾祝同率大批中央军西进事，"蒋强调西安方面在军事上必须服从他的命令，必须在南京提出的甲、乙两案中择一而行，否则他是不能容忍的，蒋说到这里，声色俱厉"。①

当日下午，蒋介石单独召见李志刚时，软硬兼施，又打又拉。他恫吓说：西安方面如果要打，"我在几天以内就可以消灭他们"。接着又拉拢说："杨虎城与十七路军是有革命的历史的，不能与东北军相提并论"，"只要他听我的命令，我答应的话都可实现"。②

1月19日，蒋介石给杨虎城写了一封2000多字的长信，断然拒绝了西安方面关于释张的要求，全盘否定了杨虎城提出的解决陕事问题的方案。蒋在信中说："今观鲍、米、陈三君携来商酌之办法，乃知兄等依然固执己见。"蒋在信中指出，杨提出的方案，"一则为西北之军事善后与人事分配，须以兄等之意为可否；二则限制中央军队之驻地，使不得越潼华以西；三则部队之人事行政与训练，均须一任各部之自由。质言之，即不许中央过问西北之一切，亦无异使陕甘不为国家军令政令所及之陕甘"，指责西安方面是"进一步的割裂军政，破坏统一，以造成西北为特殊区域"。关于拒绝释张，蒋在信中说；"陕甘之统一一日未复"，他和张学良"之罪责一日不得而卸除。汉卿深知此意，故并无回陕之请求，而惟望问题之速了"。蒋要求杨等"勿再作此不可能之要求"。③

李志刚等返陕前再次见蒋，蒋除把他给杨虎城的信令其带回外，并嘱其回西安后转达他昨天讲的话，要杨立刻撤除二华（华阴、华县）防线，让顾祝同顺利进驻西安。蒋还希望李志刚两三天后再来奉化，报告西安方面的反应。

李志刚等1月20日飞返西安，带来了蒋介石和张学良写给杨虎城的信。张19日给杨的信中表示断不可以他个人的出处作为解决当前问题的焦点，提出："目下最要者，能本上次瑞峰带去之甲项办法立即实行，以免夜长梦

① 申伯纯：《西安事变纪实》，第180~181页。
② 申伯纯：《西安事变纪实》，第180~181页。
③ 《西安事变档案史料选编》，第133~135页。

多，或者违反我等救国不祸国之初衷。"他盼杨"以大仁大勇之精神，躬为倡导，毅然实行"。①

杨虎城在李志刚返回西安后，立即召集东北军、十七路军双方高级军政人员会议，首先由李志刚报告见蒋经过，之后宣读蒋介石给杨虎城的长信。与会者听完蒋的信，情绪激愤，"东北军到会的人听了以后，都纷纷地骂蒋介石背信弃义，说他是想分化东北军与十七路军"，表示"我们绝不能上他的当"，"孙蔚如表示他绝对不就陕西省主席职"。杜斌丞见东北军方面的人如此激愤，也表示："张先生不能回来，我们大家要坚决同蒋介石拼命。"② 会议无结果而散。

会后，杨虎城留下李志刚单独谈话。李把晤蒋经过详细向杨说了一遍，"杨认为蒋是一手用军事威胁，一手用政治分化，首先要分化东北军与十七路军的关系"。杨说："当前我们斗争的目的，在实现抗日和团体的存在，团体的存在也能监督抗日的实现，要求张汉卿回来和停止顾军西进，就是为了这个目的。现在我们也应了解蒋和南京方面对结束内战和实现抗日，究竟有没有转变的准备？"他说："如果经过这次举动能够把过去'先安内而后攘外'的误国策改正过来，就是牺牲了个人，也是值的。"③ 杨让李志刚再去南京，多找几个人谈谈。第二天（1月21日），杨虎城又召集东北军、十七路军方面负责人开会，周恩来也应邀出席。杨把李志刚晤蒋的详细经过和他本人的分析判断说了一遍，提出准备派李志刚再去南京、奉化，任务有三：要张回来；质问中央军为什么大举西进；看看蒋介石是否有转变国策的准备。大家比较冷静，都同意杨的意见。于是决定派李志刚再去南京、奉化。

会后，李志刚立即飞赴南京。1月21日下午和22日，李志刚在南京分别访问于右任、冯玉祥、何应钦、陈立夫等人，探询南京是否有转变政策的准备，结果并无所获。1月23日，李志刚在戴笠陪同下，由南京乘汽车经杭州到奉化，立刻受到蒋介石的召见。李先向蒋递交了杨虎城的信，杨

①　毕万闻主编《张学良文集》（2），第1122页。
②　李志刚：《奉命奔走和谈的经过》，吴福章编《西安事变亲历记》，第345页。
③　李志刚：《奉命奔走和谈的经过》，吴福章编《西安事变亲历记》，第346页。

在信中对蒋说："前示甲案，应当接受。惟西北情形已趋复杂，各方实际上之困难仍属不少。凡此情况，谅蒙洞察。谨再派李志刚趋前晋谒，陈述一切，务恳钧座对于此间实际各问题详加训示。"① 按照蒋的要求，李志刚详细汇报了杨虎城召集会议讨论蒋介石信件的情况。蒋听到西安方面仍坚持要求张学良返陕，一面摇头一面说："我在西安上飞机时，张汉卿要送我到南京来，我当时劝他不要来，他不听，一定要来，我也只好听他来。他现在住在这里，你可以看到他，你问他是不是那样。他来南京的时候，由他也由我，但是他来到南京以后，要想回去，就不由他也不由我了。"李志刚听蒋如此讲，觉得再谈也无益，便改谈顾祝同率军西进问题，蒋说："顾祝同部西进，目的不在打仗，而是为调度军队恢复秩序。"蒋让李转告杨虎城，必须服从他的命令，否则就要军事解决，并说他已通知顾祝同要相机处理，西安方面要找顾接洽，把真正困难的地方提出来与顾商洽解决，他们解决不了的再由顾请示他，他一定能给解决，以后再不要直接去问他了。

李志刚第二次去奉化期间，经蒋允许见到了被幽禁在雪窦寺内的张学良。当李谈到西安方面坚持要求他返陕和遭蒋拒绝时，张感叹地说："蒋是不会让我回去的，回去会增加他不喜欢的力量。请告诉虎城多容忍，要团结。我估计除非全面抗日，东北军还存在，可以利用我在东北军中发挥作用时，我才有可能回去。否则是不能出去的。"言时神色凄惨。

李志刚在奉化时，宋子文从上海赶来向他透露：目前情况，张汉卿更不能回去了。宋说，他为此事找过蒋，蒋说释张的要求决不能办到。李志刚在奉化还见到从南京来此看蒋的汪精卫。汪对李说西安事变虽出于爱国热情，但万一在乱中伤害了领袖，后果不堪设想。汪批评杨虎城现在不该拥兵抵抗，应该服从中央，以免地方涂炭等等。李问汪当前国家政策怎样转变，汪答怎样变动必须由中央全会做出决定，他这次来奉化就是与蒋商量召开中央全会事宜。得知南京正在酝酿召开国民党五届三中全会，讨论转变国策问题，这是李志刚第二次奉化之行的一个意外收获，正是杨虎城急欲了解的南京动向。

---

① 《杨虎城复呈蒋介石书》（1937 年 1 月 21 日），《西安事变档案史料选编》，第 137 页。

1月25日李志刚飞回西安。从他的汇报中，杨虎城和东北军、十七路军的高级将领们得知张学良已无望获释返陕，无不大失所望；同时，杨虎城等也认识到蒋介石已有变内战为抗战的可能。其根据是，蒋、汪已在酝酿和准备召开旨在讨论转变国策的国民党五届三中全会；蒋获释返京后，冯玉祥说"内战蒋介石再也打不下去了"，这句话反映了举国上下的共同呼声，是大势所趋。结束内战，发动对日抗战，这是张、杨发动"兵谏"的初衷；如实现全民抗战，无疑这是西安事变取得的最重要成果。杨虎城等决定，派代表去潼关与顾祝同谈判。

三　潼关谈判

西安方面从发表"歌电"起，掀起了一场以谴责蒋介石背信弃义、自食其言、纵兵西进和要求释放张学良为中心内容的政治攻势，旨在揭露蒋介石违背诺言、背信弃义的行为，反击南京的军事威胁，以维护和巩固西北的"三位一体"局面。可是，时间仅仅过了半个月，西安方面的政治攻势就被蒋介石给遏制住了，不得不坐下来与南京的代表谈判，考虑接受蒋提出的旨在分化、瓦解"三位一体"，由他直接控制西北的甲乙两案。个中原因，从力量对比看，西安处于明显劣势，蒋介石凭借其雄厚的实力和所处的中央地位，对西安采取军事威胁、政治分化和金钱收买策略。1月7日蒋介石在给刘峙、顾祝同的电报中，就令他们假借张学良名义印制传单，诱骗东北军"服从中央，接受命令"；蒋还指示刘、顾："对于自拔来归者之各种赏项，定为等级轻重以动之。"① 在蒋的上述方针指导下，刘峙就以金钱、地位为诱饵，促使驻防蒲城的东北军骑兵军第十师师长檀自新率部叛变投蒋。有的军官在蒋的诱惑下，也向南京暗送秋波。张学良被扣后，东北军群龙无首，少壮派和元老派在和、战问题上的分歧日趋尖锐和激化。十七路军内部除冯钦哉已叛杨投蒋外，又发生王劲哉的叛杨投蒋事件。杨

---

① 《西安事变档案史料选编》，第192页。

虎城本人在和、战问题上犹豫动摇，举棋不定。所有这些，都削弱了西安与南京相抗衡的实力，为蒋介石分化瓦解"三位一体"提供了条件。

1月20日后，蒋介石决定将同西安谈判陕甘善后事宜交给顾祝同在前方进行。1月22日，蒋通知杨虎城说，"因贱恙未愈，静养山中，对于陕事已交墨三（顾祝同字）兄在前方全权处理"，今后可找顾"就近接洽可也"。① 与此同时，蒋两次致电顾祝同和刘峙，就与西安方面谈判提出了七项条件：

一，中央军本月二十八日以前暂驻原防地。

二，东北军、十七路军须于本月二十八日前撤至泾阳、咸阳、鄠县以西地区；徐海东、陈先瑞在陕南各部应同时撤至陕北。二月五日以前，中央军进至咸阳至宝鸡一线，接防完毕。

三，中央军定于本月二十九日进驻西安与咸阳之线。

四，东北军可酌留一师约三团兵力暂驻西兰公路咸阳至邠州一段。

五，十七路军可酌留一团至两团兵力驻西安附近，但其驻地由行营指定，并于中央军到达西安时，十七路军驻西安部队暂时集结于王曲与新城二地，以免误会。

六，张副司令之出处与名义，须待西北问题完全解决时另定之。

七，对第三者部队（指红军——引者），准由杨主任秉承顾主任之意，设法接济。②

西安与南京双方代表在潼关的谈判从1月24日开始。西安方面派出的代表先是米春霖、谢珂。李志刚1月25日由奉化返陕后，作为杨虎城的个人代表也于26日赶到潼关参加谈判。他们把谈判情况及时电告在西安的何柱国（何柱国与顾祝同曾是同学），何有时通过电话直接与顾祝同谈判。顾祝同奉蒋命代表南京与西安方面代表谈判，他将谈判情况及时电告在南京的何应钦，何再转报在奉化溪口的蒋介石。操纵谈判实权的，南京方面是

---

① 《西安事变档案史料选编》，第141页。
② 《西安事变档案史料选编》，第141～142页。

蒋介石，西安方面是杨虎城、何柱国和王以哲。

米春霖、谢珂与顾祝同在潼关的第一次谈判，除质问大批中央军西进是不是要发动内战外，其主要内容，何应钦25日向蒋介石作了如下报告：

（一）张学良之名义问题，彼方要求于东北军移动时发表名义。

顾主任回答：俟西北问题解决，顾到西安后呈请中央发表，惟在未解决前由中央自行发表亦未不可（何部长说：东北军最重视此点）。

（二）关于双方军队之行动，双方派负责人互相视察。东北军撤退时，我方警戒步〔部〕队撤回，以免误会。

（三）东北军酌留二至三团驻西兰公路咸阳至邠州一带。彼方嫌名额太少，要求增加。

（四）十七路得驻一旅在西安附近。

彼方无甚表示（似系默认，或因米、谢均为东北军代表，故无表示）。

（五）第三者（指红军——引者）之接济，由杨主任秉承行营意旨办理。

彼方要求第三者部队移动之先，发款若干（何部长意拟发十万至二十万）。

△彼方另有要求两点：

A、彼方对此次西安事变之经费，请中央承认补给（顾问其数目）。

B、十七路东北军移动时，请先给三个月伙食（顾答可先给一个月，如一个月以上须请示中央）何部长意拟发给两个月。

至撤退日期，俟以上数项决定后再研究。①

从上述内容可看出，潼关谈判是在西安方面接受并准备执行蒋介石提出的甲案前提下举行的；所谈问题都是执行甲案中的问题，而且双方已无重大的和原则的分歧，达成协议已指日可待；南京已答应给红军以接济，这表明蒋介石"剿共"政策在开始改变。

---

① 《西安事变档案史料选编》，第145～146页。

顾祝同与米、谢谈判结束后，又通过电话与何柱国进行谈判。何柱国直接向顾祝同提出两条要求："请求西兰公路上东北军驻一军"；"西安附近请求驻十七路军约两旅"。顾祝同"认为兵额稍增加似亦无妨"。双方约定1月25日上午10时再谈。

顾祝同当天通过何应钦向蒋介石请示两个有关经费补助问题："一，第三者移动时发给若干，总须三十万（至少）至五十万。二，西安事件已用之费六百万彼方请予核销，可否准许二百万。"①

蒋介石针对潼关谈判第一天涉及的问题，1月25日上午9时提出"七项要点"，这既是对何应钦两次电话报告的答复，也是对进一步谈判做出的指示。"七项要点"内容如下：

一，东北军在西兰公路上可先驻四团，待其移动完毕以后准再增两团亦可，但咸阳城内不可驻部队。

二，十七路军在西安附近，于其他各部未移防完毕以前不能超过两团兵额。待各部移防完毕后，如有必要亦可酌增一、二团。惟其驻地仍须由行营指定令行。

三，第三者移动时，以三十万元为度。

四，西安事件报销之费用，最多不得过二百万元。

五，十七路军、东北军移动时，准发一个月伙食；待其移防完毕时，准再先发一个月。

六，张汉卿名义必须待其部移防完毕后方能呈请，此时如果请求不惟无益，适增国民之反响，徒庋汉卿而已。

七，第一步，各部撤至西安、咸阳以西时期，最迟不得超过本月三十日；第二步，移防完毕不得超过下月十日。但东北军入甘路程较长，准予酌量展申，然亦不得过下月十五日也。惟中央军接防陇海全线至宝鸡，必须于下月五日以前完毕。②

---

① 《西安事变档案史料选编》，第146页。
② 《西安事变档案史料选编》，第147页。

顾祝同及时把蒋介石的上述"七项要点"告知米春霖，"由米与何柱国在电话中商谈约半小时，顾亦与何谈约二十分钟。东北军方面表示大体可接受，但要求先发表张之名义而后移动。"①

1月26日"下午四、五时何（柱国）杨（虎城）联名电顾"，要求南京"早日发表张一名义，因东北军中下级长官甚不放心，恐政治解决后张无一保障"。②

同一天，何应钦根据顾祝同的报告致电蒋介石说：潼关谈判之所以"不能迅速开展，杨（虎城）之态度并不如何坚持，第三者（中共）亦未出面捣乱，问题全在东北军"。何接着报告说："东北军高级将领大体均可接受命令，但对下级不能不妥为运用……军官中亦有态度甚恶者，均为下级居多"。③

蒋介石接到何应钦的上述报告后，非常恼火，当日（26日）晚7时20分他致电刘峙、顾祝同，提出"如东北军作梗，至明日（即27日）正午再不撤退，则可通告自明日午后起即为和平破裂，先对东北军前线阵地及其前方司令部开始轰炸，对于西安新城各目标暂缓轰炸，以示区别"④。

张学良得知潼关谈判陷入僵局的消息后，焦急万分。27日他通过南京方面的电台致电东北军各将领，提出千万再不要因他个人出处问题而影响谈判，他力主接受并实施蒋提出的甲案。张给东北军各将领的电文如下：

> 知前方仍未接受移防命令，万分焦急。此事如前次瑞峰、志一两兄回陕时，兄等接受甲案并即实行，则良之出处刻已不成问题。今因迁延，引起误会，委座实属为难万分。若今日再不接受，而仍以良之问题为先决条件，则爱我即以害我，且害我团体，害我国家矣。时机迫切，务望诸兄立命部队于今日正午以前开始移撤，勿再固执误事为要。学良手启。感辰。⑤

---

① 《西安事变档案史料选编》，第148页。
② 《西安事变档案史料选编》，第148页。
③ 《西安事变档案史料选编》，第149页。
④ 《西安事变档案史料选编》，第150页。
⑤ 《西安事变档案史料选编》，第150～151页。

同一天，蒋介石致电顾祝同，令他通过米春霖、谢珂转告东北军各将领："关于汉卿出处问题，一俟移防完毕后，中可保证必为负责请求，使汉卿出而效力国家，至于复权更不成问题。但此时万勿提出事实上不可能之问题，以延大局也。"①

西安方面经过反复研究，同意接受甲案，但仍提出三个问题："（一）渭河南岸连同在西安部队，五日内撤至渭河北岸三原一带；（二）希望部队移动时，中央发给伙饷；（三）部队撤至渭河北岸后，希望中央办理张之复权授职等手续，并使其出席全会。"

西安方面的上述要求，经由何应钦转报蒋介石后，蒋1月27日午后批示说："可由顾（祝同）酌允办理（俟撤至渭北后当为向中央呈请）"。蒋同时指出："须使东北军知悉，如再迁延反复，待至军事开始后，则对张汉卿一切均不过问，亦难为之保障矣。"②

当张学良得知在潼关谈判中西安方面已接受蒋提出的甲案，但东北军中的少壮派仍在救张口号下坚持主战时，1月29日写信给东北军高级将领于学忠、何柱国、马占山、董英斌、王以哲、缪澄流、沈克、鲍文樾、刘多荃等说："顷闻大家皆能接受中央命令，甚为欣快。但又闻各师团长中多有以良之问题尚未能一致者。"张指出："目下大局及问题重于良个人问题千百倍，诸兄对良之爱护，听闻之下，十分感愧。但良有求于诸兄者，请恳切转告各师旅长暨各团营长与各级官兵：良与诸位共患难十余载，愚昧之处不知有几，但未尝敢计及个人利益，而将国家置为缓图，想为诸同志所见及。""在今日情势之下，切盼兄等劝谕部下，本良救国勿祸国之初衷，万勿斤斤于良个人问题，致误大局。现陕事委座已交由顾主任全权处理，瑞凤（米春霖）、韵卿（谢珂）两兄亦已代表兄等前往接洽。"希望他们遵照潼关谈判中达成的协议，"迅速实施，勿再迁延"。③

双方经过讨价还价，到1月30日就实行甲案的有关问题已大致取得一

①　《西安事变档案史料选编》，第151页。
②　《西安事变档案史料选编》，第152页。
③　《西安事变档案史料选编》，第153页。

致，南京方面也作了一些让步，如进驻西安至潼关一线的中央军由 12 个团减到 3 个团，并对部队驻地划分、移驻时间、军饷、指挥系统等作了具体规定。协议中还包括东北军留少数部队在西兰公路一线，十七路军留少数部队在西安，同意三中全会前恢复张学良公权，给以职务等。根据这个协议，东北军已开始从前线撤兵。但在这个关键时刻，东北军内部在和战问题上的分歧达到白热化，以致酿成内部互相残杀的流血事件。

四　"二二"事件

东北军这个封建军事集团，向来就派系林立，矛盾重重。在西安事变前一年多时间里，张学良为改造东北军，实行联共抗日方针，提拔重用了一批年轻的军政干部。于是，在东北军内逐渐形成了以应德田、孙铭九、苗剑秋为首的少壮派。他们同以于学忠、董英斌、王以哲、何柱国等为首的老派平日就有分歧，张学良送蒋回京被扣留后，围绕和、战问题，也就是用什么方法营救张学良问题，这种分歧和矛盾便愈演愈烈。

张学良送蒋回京时，虽临时指定于学忠指挥东北军，但于难以承担此项重任。况且于率部驻防兰州，与西安相距遥远，鞭长莫及。张在南京被扣后，东北军群龙无首，少壮派与老派之间的分歧与矛盾更日趋尖锐和激化。少壮派是张学良实行联共抗日方针和发动西安事变所依靠的主要力量，深受张学良的信任和重用。他们听到张学良在南京被扣押的消息后，情绪激昂，甚至号啕大哭，声言蒋不放张返陕就誓与南京决一死战，主张武力救张；而东北军老一代高级将领，反对打仗，主张通过谈判营救张学良，王以哲等认为中共和平解决西安事变的方针是从整个国家民族利益出发，更主张和平解决。也有极个别高级将领一面主和，一面在蒋的利诱下向南京靠拢，引起少壮派的强烈不满。

在蒋介石被扣押在西安后期，少壮派强烈反对张学良释蒋的决策。12月 24 日设计委员会讨论释蒋问题时，应德田声色俱厉地喊道："西安事变是大家提着脑袋干的，不是张、杨两个人的事情，他们想捉就捉，想放就放，不行！现在蒋介石还在我们手里，不听我们的话，我们干脆先把他干掉。"① 张学良送蒋回南京被扣留后，少壮派又反对通过与南京谈判救张，从王化一、吴瀚涛来西安时即已开始。1月9日，王、吴到西安后在杨公馆向西安方面传达张学良的口信：希望西安方面和平解决西北善后问题、巩固"三位一体"的团结，当时在场的少壮派成员、东北军总部直属炮兵团团长刘佩苇将手枪向桌子上一放，大声吼道："不放副司令，一切谈不到，我全家老婆孩子一大堆，都准备牺牲。"杜维纲团长也嘟嘟囔囔，两人都带有示威的样子。王化一"估计，可能是孙铭九等人事先布置的"。② 当1月11日王、吴从西安返京时，应德田、孙铭九在西安机场对王、吴说："下次中央来人，希望将张副司令送回，否则我们对来人将不客气。"③ 这更是露骨的威胁与恫吓。

1月20日，鲍文樾、李志刚、米春霖从奉化飞回西安，带来了蒋不肯释放张学良的信息，少壮派的主战活动更加卖力。他们认为，要营救张学良，只有打仗这一条路。他们把那些主和的东北军高级将领都说成是为了升官发财，王以哲成为少壮派集中攻击的目标。在此前后，他们发起了请战签名运动，鼓吹为营救张学良，不惜与中央军决一死战。应德田、孙铭九带头签名，主战的少壮派随之签名。他们扬言谁不签名，谁就是不拥护、不想营救张副司令，只顾个人升官发财，等等。在这种舆论压力下，有些团长、师长，甚至军长也签了名。签名者共达100多人。少壮派据此宣称：对中央军作战，用武力营救张学良，是东北军上下一致的意见。他们的主战气焰更加嚣张！

面对错综复杂的形势，中共仍坚持和平方针。1月10日，周恩来在给张学良的信中表达了中共的立场。周在信中说："弟居此仍本蒋先生及兄在此时所谈之对内和平、对外抗战的一贯方针，尽力调处。只要中央军不向此间部队进攻，红军决不参加作战。若进入潼关之中央军必欲逼此间部队，为自卫而战，则红军义难坐视。"周在信中还对张说："弟纵处客位，亦当

---

① 申伯纯：《西安事变纪实》，第156～157页。
② 王化一：《我在西安事变前后的一些经历》，《西安事变资料选编》第2集，第54页。
③ 秦孝仪主编《革命文献》第95辑，第172页。

尽力所及，为赞助蒋先生完成抗日统一大计，而首先赞助兄及杨先生完成西北和平伟业也。至一切西北赤化谎言，蒋先生及兄均知之，必能辨其诬。弟敢保证，凡弟为蒋先生及有关诸先生言者，我方均绝对实践。"如蒋介石"乃依前令尽撤入陕甘之兵，立保兄回西北主持大计，则和平可坚，内战可弭，一切人事组织都好商量"。① 从这封信的内容到行文看，周恩来既是写给张学良看的，也是写给蒋介石看的。周恩来深知，张学良当时已失去自由，托王化一、吴瀚涛捎去的这封信，必然要经过蒋介石检查才能转到张的手中。周恩来1月11日也专门写信给蒋介石，正式表明态度，指责他背信弃义，敦促其实践在西安的诺言，"力排众议，坚持前令，尽撤入陕之兵，立释汉卿先生回西北主持"。对蒋通过潘汉年邀周赴南京会谈事，周在信中答复说："来承召谈，只以大兵未撤，汉卿先生未返，暂难抽身。一俟大局定，当即入都应约。如先生认为事宜速决，请先生以手书见示，保证撤兵释张，则来为促进和平，赞助统一，赴汤蹈火亦所不辞。"②

正当东北军内和、战两派分歧尖锐化时，红军将领彭德怀和任弼时1月下旬来西安会晤杨虎城、王以哲等人。他们了解到和、战两派的严重分歧后，曾邀请两派主要人员在张学良公馆的大客厅里举行座谈。彭等在会上首先发言，深刻分析当时的国际形势，说明中国面临亡国之祸，必须举国一致，共挽危亡；并说明民族矛盾已上升为国内主要矛盾，阶级斗争应服从于民族斗争，这是中共抗日民族统一战线主张的主要依据，也是当前的基本政策；彭等指出：蒋介石是亲英美派大地主大资产阶级的代表，在日本与英美有矛盾的今天，蒋有参加抗日的可能，释蒋和平解决西安事变是正确的。只要大家团结一致，在抗日高潮中对蒋施加压力，张学良是可以回来的；目前形势不适宜用战争去解决问题，打仗会使局面更加混乱，更不利于张学良回来，高兴的只是日本侵略者。

彭、任等苦口婆心地谈了近两个小时，之后问大家有什么意见？本来有不同意见，可是会上无人发言，座谈会只好散会。这表明，靠说服教育已很难消除内部分歧，对东北军中的少壮派就更为困难，"三位一体"的局

---

① 《周恩来书信选集》，第123页。
② 《文献和研究》1988年第6期。

面面临着分裂的危险。

在这关键时刻，当时在西安独撑危局的杨虎城，在和、战问题上也左右摇摆，举棋不定。张学良临行前虽下手谕，指定他和于学忠指挥东北军，但他对解决东北军内部元老派与少壮派之间的矛盾和分歧感到束手无策、无能为力。因此，他衷心希望并坚决要求张学良返陕，以巩固"三位一体"的团结，支撑西北的局面。为了帮助杨虎城这位关键人物在维护团结、稳定局势、贯彻和平方针中发挥其不可替代的作用，周恩来经常和他在一起分析形势，指明前途，并为他出谋划策，排除干扰，杨对此深受感动。可是他总觉得自己是蒋介石的下属，和能与蒋分庭抗礼的共产党地位不同，张学良与蒋的关系非同一般，还受到蒋的迫害，一旦言和，释放蒋介石，自己迟早要成为牺牲品。所以他对主战派的意见容易接受。1月下旬，以东北军少壮派为主的60多名军官，痛哭流涕地要求杨率领他们与中央军决一死战，营救张学良，杨深受感染，与南京方面打而后和的思想又有所抬头。1月25日，申伯纯在十七路军指挥部纪念周上讲话，主张和平解决善后问题，反对用战争手段营救张学良。杨虎城得知后十分恼火，批评申伯纯是胡闹，立即撤了他的政治处长职务。[①] 1月28日凌晨3时，杨虎城把住在新城大楼的南汉宸从睡梦中唤醒，郑重地对他说："我今天有要紧的事情同你谈。我们两人是十几年的朋友关系，这种朋友关系可分为两部分：一部分是纯朋友关系，一部分是政治关系。在政治关系方面，十几年来我是对得起你的。1928年在皖北的时候，你们要暴动，蒋介石又派韩振声到皖北要我逮捕你，我不肯。我当时宁愿离开我的部队，去了日本，我不愿同你们决裂。1930年入关以后，我用你当秘书长。1932年冬，黄杰兵压潼关，持蒋介石命令要逮捕你，我不惜冒着引起战争的危险，将你放走，从此，我与蒋介石的关系一直搞不好。因此，在政治上我是对得起你的。你这次来西安，我当然不反对你站在你们党的立场，但是我希望你也要替我打算打算。你刚一来到时我就对你说，和平解决就是牺牲我，张汉卿主张和平解决并亲自送蒋回南京，结果如何，现在差不多可以看出来了，回来的希望

---

①　申伯纯：《西安事变纪实》，第198页。

不大，张的牺牲是差不多了。共产党主张和平，可以同国民党、蒋介石分庭抗礼，他们是平等的。我是蒋的部下，蒋的为人是睚眦必报的，和平解决以后，叫我怎么对付蒋！所以和平的前途就是牺牲我。""我们现在的政治关系是不能再继续下去了。但是我仍愿与你保持纯朋友关系。现在局势的发展很险恶，不知道会演变出什么事来，我现在把你送到我老太太家里去（三原县东里堡），你在那里是安全的，你今后不要再过问西安的事情。"杨对南说的这席话，是他当时真实思想的表露。南当即表示："我是共产党员，绝对不能离开党的工作，不能就这样丢手不管。目前的严重局势怎样处理，我马上就去找周先生研究这个问题。"① 南说完就去找周恩来，向他汇报了杨虎城方才对他说的话。周恩来对南汉宸说：你回去告诉杨先生，我们将去云阳镇红军总部开会商量，请杨先生放心，我们一定对得起朋友，绝不做对不起朋友的事。在这之前几个小时，东北军少壮派头目曾来找周恩来"请愿"，经过是这样：

1月27日晚间，东北军少壮派应德田、孙铭九、苗剑秋、何镜华等来到张公馆，以有紧急事项为由，要求面见中共代表。周恩来、博古、叶剑英、刘鼎接见了他们。应德田等提出，要张副司令回来后再撤兵，问中共代表意见如何？周恩来等表示：这样容易引起战争，指出撤兵之后，"三位一体"团结好，仍可要求张副司令回来。接着，应德田作了长篇发言，其大意是：东北军是以张学良为唯一核心的团体，张不回来，群龙无首，还可能走向瓦解；东北军内部对联共抗日的态度不一致，张不回来，不仅联共抗日的方针难以坚持，甚至"三位一体"的局面也面临威胁；西安方面把南京的军政大员和飞机都放回去是个错误，现在已到最后关头，如先撤兵，等于告诉南京，西安已放弃了释张要求。没有"三位一体"的中心人物张学良，无论甲案或乙案，东北军、十七路军和红军总是分离了；先释张后撤兵不会引起战争，现在蒋处在不利地位，各地方实力派反对战争，支持西安。东北军除个别人，都这个主张。杨主任、十七路军也赞成这样主张。希望红军支持这个主张，如果发生战争，请红军全力帮助，打退中

① 申伯纯：《西安事变纪实》，第198～199页。

央军的进攻。

周恩来向他们说：共产党与蒋介石有血海深仇，我们永远不会忘记；共产党与东北军、张学良的关系，我们永远不会忘记；东北军的特殊性与张学良在东北军中的重要性，我们十分了解，我们极愿把张学良营救回来。但打仗对营救张学良不利，所以红军不主张打仗，一打仗，容易引起更加混乱的局面；营救张学良的办法很多，西安三方面保持团结，有这个强大力量，张学良总会回来的。但周恩来等的这番话，他们根本听不进去。苗剑秋大哭大闹，质问说：你们不帮助我们打仗，红军开到关中来干什么？你们不帮助，我们也要打，你们是不是看着蒋介石把我们消灭掉？苗甚至威胁说：你们不帮助我们打仗，咱们就先破裂！他们从晚上九十点钟开始，一直闹到下半夜。最后，周恩来表示：共产党是有纪律的，这样重要的事，不仅我们要好好商量，还要请示，然后再答复你们。

为挽救危机，促进和平实现，27 日毛泽东和周恩来分别打电报给潘汉年，通过他向蒋介石说明：我们在西安已尽最大努力，东北军多数干部痛于张学良不能回陕见面，决不先撤兵。务请蒋以手书告东北军将领保证撤兵后给张恢复公权，许以出席三中全会，并许来陕训话，以安定东北军之军心。

就在这矛盾尖锐、形势险恶的时刻，中共中央负总责的张闻天于 1 月 27 日秘密来到西安，与周恩来、博古等商讨当时的形势和应采取的方针。之后，他住进王以哲一个副官家里。当晚，就发生了东北军少壮派头目向周恩来等"请愿"事件。28 日上午，博古到张闻天住地向他报告了夜间发生的事情，说现在形势很紧张，住在这里不安全，于是用备好的汽车把他送到云阳镇红军前敌总指挥部。张闻天离开西安前，在给毛泽东并转告彭、任的电报中，分析了西安的和、战形势，提出"我们的方针应该毫不迟疑的坚决的为和平奋斗"。他指出，应将"左派中之大多数分子"与"少数过激分子"区别开来，应"向左派公开表示我们坚决主张和平，反对内战态度，反对一切挑拨行为"，"争取左派中之大多数"，对极少数不听说服的过激分子"应与之斗争"，万一发生意外事件，我们仍然"坚持不参加内战的决心"。

张闻天 28 日到达云阳，当时彭德怀不在总指挥部，张即与在此的任弼时、杨尚昆和王稼祥（在此养病，待机去苏联）商讨对策。当天，以张个人名义致电毛泽东和周、博，提出重要建议："红军主力向渭北方面撤退"；朱、毛对这一行动发表谈话，主张和平统一团结御侮，坚决反对新的内战，表示红军愿意服从南京中央政府的指导。29 日和 30 日上午，张闻天又接连致电毛、周、博，申述支持和平方针和实行自卫战的原则。指出，目前方针仍应力争和平，即使和平绝望、战争或局部接触发生，红军也应公开表示"不愿参加内战"，"愿为和平继续奋斗"，只有在实行甲案后南京仍向我们进攻、破坏和平时，我们才"应实行自卫战"。

东北军少壮派向中共代表"请愿"后，自以为得到了红军支持，更加趾高气扬。在他们的提议和要求下，1 月 29 日在渭南召开东北军团以上军官会议，共有 40 多人参加。王以哲因病未出席，委托董英斌代为主持。何柱国首先在会上发言，他认为根据当时的形势，东北军只有听命撤兵，才对营救张学良有利，对东北军前途有利；否则，打起仗来，东北军必败，那时蒋更不会放张回来，东北军的前途更加暗淡。接着，应德田作长篇发言，其主旨是坚决反对和平解决，并且扬言现在杨主任和十七路军都主张张学良不回来，坚决不撤兵，中央军如再进逼，不惜拼命打一仗；红军代表也表示支持我们的主张，必要时帮助我们打仗，难道我们反而胆小怕死吗？在应德田发言的煽动下，会场群情激愤，一致赞成应德田的主张，反对何柱国的意见。会议做出决议：在张学良未回来之前，中央军如再进逼，不惜决一死战。到会的 40 多名军官，全都在这个决议上签了名。

杨虎城对南汉宸的讲话和东北军渭南会议的决议，表明此时主战派的主张在西安占了上风，形成了不论红军参加与否均要与中央军决一死战的局面。内战阴云再次笼罩西北上空。

在此严峻形势下，周恩来、博古和叶剑英于 1 月 30 日下午近 5 时从西安乘汽车赶到云阳镇红军前敌总指挥部，同在这里的张闻天、彭德怀、任弼时、王稼祥等中央负责人研究西安的和战形势，商讨对策。大家认为，从全局看，应该接受甲案，实现和平；接受甲案后，如果中央军继续进攻，则实行自卫。但我们的这个主张不能为东北军、十七路军接受。面对这种局面，我们有两种选择：一是如果友军打，我们不参加，则与友军处于对立地位；二是同友军一道打，打的过程中仍同南京谈判和平，打得好和平仍然有望，如果打败，使友军从实践经验中相信我们的和平主张，在更不利的条件下实现和平。但不论打与不打，我们为和平奋斗的基本方针仍不变。因此，会议决定：只要东北军、十七路军两方面朋友完全团结一致，意见一致，红军可以暂时保留原来的和平主张而支持他们的主张，跟他们一起同中央军打仗。30 日 22 时，"周、博、彭、任、王、洛"联名将云阳会议的决定电告在延安的毛泽东、朱德、张国焘，两小时后毛、朱、张复电同意，指出："（甲）和平是我们基本方针，也是张、杨的基本方针。（乙）但我们与张、杨是三位一体，进则同进，退则同退。我们不能独异失去张、杨。（丙）向张、杨两部表示我们始终同他们一道，在他们不同意撤兵之前，我们不单独行动，协助他们争取更有利条件。（丁）用以上态度争取最后的和平。"① 周恩来、博古、叶剑英当夜赶回西安。31 日，他们根据中共中央的意见分别答复了杨虎城和东北军主战派，表示：只要你们意见一致，团结一致，我们绝不会对不起张先生，绝不会对不起你们这两位朋友，包括打仗在内，我们一定全力支持你们。

王以哲、何柱国认为，东北军渭南会议通过的决议与潼关谈判达成的协议内容相抵触，他们不愿执行，可是他们又无法说服少壮派，便于 1 月 31 日派飞机去兰州把于学忠接来，因为于是张学良临走时指定的指挥东北军的代理人，把希望寄托在于身上。

于学忠到西安后，立刻前去探望患病的王以哲。在王宅，王以哲、何柱国向于学忠说明了他们主和的主张，请于支持；少壮派的应德田、孙铭九、何镜华等也赶到王宅，要求于学忠支持渭南会议决议。

当晚，在王以哲家中召开"三位一体"最高会议，由杨虎城主持，出席者有于学忠、王以哲、何柱国、周恩来。洪钫旁听，应德田记录。少壮派的何镜华、张政枋、刘启文、刘佩苇、杜维纲、孙铭九等在外屋旁听。

杨虎城宣布会议开始后，经过相当一段时间的沉默，在别人的催促下，

---

① 《毛泽东等致周恩来等电》（1937 年 1 月 30 日），《文献和研究》1986 年第 6 期。

于学忠才发言，他说："我刚从兰州来，不了解整个局势的情况，到西安后，才知道东北军内部有的主张决不撤兵、坚决要求副司令先回来，有的主张先撤兵，再慢慢营救副司令，意见很不一致。我的意见还是和平解决，按照与顾祝同谈妥的条件撤兵，不应打仗。"[①] 他接着解释说：根据目前形势，既不能也不应该打仗，打仗非但不能把张先生打回来，恐怕还要害了他。当前的军事形势，不能光顾招架东线的中央军，西线胡宗南的军队已到了宝鸡，正向凤翔前进，我们内部檀自新、沈克两师也有不稳的迹象，已形成内外夹攻、腹背受敌的态势。想打也不能打。

王以哲说，他自来主张暂时不必坚持要求张副司令先回来，那样，南京会认为我们不服从命令，一定要打我们，我们怎能打得过中央军？副司令怎能回来呢？岂不是白白牺牲吗？他说，只有先撤兵，再慢慢营救副司令。何柱国表示同意王以哲的意见。

杨虎城虽同意派人去潼关与顾祝同谈判，但他一直没放弃必要时不惜一战的打算。如今他见东北军三名军长都主和，便在会上说："现在孝侯、鼎芳、柱国代表东北军一致认为先撤兵为好，恐怕坚持要求副司令回来会引起战争，以致陷无谓牺牲而无助于营救副司令。我们十七路军，在捉蒋、放蒋、送蒋以至释放军政大员、放走飞机问题上，都已跟东北军采取一致行动，现在我们仍愿与东北军一致行动。"

杨虎城问周恩来的意见，周说："西安事变的目的在于停止内战，团结抗日，我们原认为先撤兵而后设法营救张先生的办法是对的，不过你们两方面有不少人主张不撤兵，先要求张先生回来，为了三方面的团结，我们也考虑到副司令在东北军和'三位一体'中的重要性，只要东北军、十七路军一致主张，我们也可以改变原来的意见。现在，你们双方既然一致主张先撤兵，以后再设法营救副司令，我们当然同意。不过，请你们千万注意内部团结和设法说服你们的干部，否则恐怕还会发生问题。"会议到半夜才结束。

"三位一体"最高会议做出决定后，大多数原来主战的军官都服从了这

---

①　申伯纯：《西安事变纪实》，第 203～204 页。

个决定；但是应德田、孙铭九等少数人仍顽固坚持主战立场，一意孤行，造成了极为严重的恶果。

2月1日上午，于学忠向东北军军官传达了"三位一体"最高会议的决定，按潼关谈判达成的协议，和平解决事变。此时，潼关谈判双方意见已趋一致，杨虎城准备当天派李志刚去潼关签署和平协议。

应德田、孙铭九等人拒绝执行"三位一体"最高会议决定，竭力阻挠与顾祝同签署和平协议。当王劲哉把李志刚奉杨命将去潼关签署协议的消息透露给孙铭九后，孙下令封锁了从西安去潼关的必经之地——西安城东城门，不准任何人迈出城门一步。孙铭九指挥的东北军卫队团协同宋文梅指挥的十七路军特务营，在市内到处检查过往车辆，制造紧张气氛。他们策划谋杀一批主和的将领，然后与中央军开战。2月1日夜间，应、孙派人在市内张贴"除奸"标语，为其谋杀行动制造舆论。尽管他们的行动十分诡秘，但其阴谋诡计还是露出了蛛丝马迹。1月28日，周恩来等就风闻少壮派拟出了暗杀名单。2月1日下午，在渭南前线的缪澄流致电杨虎城，说他从刘多荃电话中"藉悉一切"，请杨保护于学忠、何柱国、王以哲诸公安全，并望杨和于学忠"以国家团体为重，坚决主持，勿乱步骤"。杨虎城立即派人去接于学忠、王以哲、何柱国、马占山、孙蔚如、周恩来到新城暂避。王以哲经两次派人劝说也不肯去，当晚杨虎城亲自登门动员，王认为自己忠于张学良、忠于东北军，没什么可怕的，所以没动。同时王也担心杨虎城与少壮派一鼻孔出气，那样去新城无异于自投罗网。

2月1日晚间，应德田、孙铭九、何镜华三人在金家巷张公馆应的办公室里密谋策划，他们认为只有王以哲、何柱国二人不同意坚持要求副司令回来，应该赶快想法铲除他们。应德田鼓动孙铭九率卫队团去执行这项任务。何镜华担心杀掉王、何可能引起东北军内乱与对立，他提议不如把王、何二人弄到张公馆来扣押起来。孙铭九说他没有力量看管他们。孙当时有些犹豫，还没下最后决心。

2月2日上午，应德田、孙铭九、苗剑秋在启新巷一号孙铭九家开会。出席者还有少壮派的刘启文（一一五师师长）、杜维纲（工兵团团长）、刘佩苇（炮兵团团长）、邓玉琢（参谋处处长）以及孙东园、贾国辅、孙聚魁和商同昌等人。十七路军中几个主战的青年军官王劲哉、王俊、许权中等也来到会场，鼓动拒不撤兵。王劲哉说："在张副司令没有回西安之前，剩下我一个旅长也守西安不撤。你们打算怎么办？撤退还是守西安？"[①] 王劲哉的鼓动起了火上加油的作用。应德田在会上发言，决定要杀掉王以哲、何柱国，因为他们出卖东北军，出卖张副司令，并说，他要写一篇宣言作为传单散发，揭露王、何的"罪过"。于是，孙铭九决定派卫队团五连连长于文俊率一排人去王宅杀害王以哲，让当时到会的卫队团营副商同昌去向于文俊交代任务。商先到粉巷侦察了王宅门前的警卫情况，之后找到于文俊作了布置。于率一排士兵乘卡车到粉巷胡同口下车，装着若无其事的样子，列队唱着歌走近王宅大门，然后采用突然袭击手段将门口两个警卫缴械，冲入院内，于文俊向卧病在床的王以哲连开十几枪，王当即死在床上。

与此同时，孙铭九派卫队团七连连长王协一带队去何宅杀何柱国，因何事先已住进新城杨虎城处，王协一没完成任务。但他们不甘心，孙又串通十七路军特务营营长宋文梅，让宋带卫队团几个士兵去新城，企图诱捕何柱国加以杀害。此事被杨虎城察觉后，予以制止。同一天，少壮派还在西安杀害了参谋处处长徐方、交通处副处长宋学礼和原交通处处长蒋斌。

主战派在西安杀害王以哲的当天，还以孙铭九、刘佩苇、杜维纲、洪钫、张东园等36人名义给前线各部队下达作战命令，大致内容是："（一）×已回到长安，决定以武力贯彻副座回陕之要求，三位一体，绝对切实合作到底。（二）后方无虑，请准备为副司令归来而奋斗到底。（三）据闻敌拟明日下总攻击令，务必严阵以待，予以痛创。（四）战斗开始后，友军决能及时加入战斗，万请放心。（五）杨主任之决心极坚定，曾表示只剩我十七路，亦不能屈服投降，必为争取副司令回陕奋斗到底。（六）大势已如此，纵有一二人或有异见，亦无所施其奸计。（七）今日在西安所有全体文武同志会议结果，如副司令不回陕，则绝对死守现阵地，不再交涉任何条件。（八）聆（盼）割断电话线以防奸人利用。"[②] 这个作战命令被戴笠截获，并上报给了蒋介石。

---

① 商同昌：《我所经历的二二事件》，吴福章主编《西安事变亲历记》，第505页。
② 秦孝仪主编《革命文献》第95辑，第186页。

　　"二二"事件，立即引起东北军的分裂和内讧。2月2日下午，杨虎城、于学忠签发了东北军代参谋处处长邓玉琢起草的坚持不撤兵的命令，当用电话通知渭南前线的东北军将领刘多荃和在高陵的缪澄流时，刘和缪均拒绝接电话。刘多荃听到王以哲被杀消息后，立即倒转枪口，派一〇五师一个团回师临潼，向西安方向警戒，声言为王以哲报仇。2日晚间，马占山、鲍文樾及刘澜波等奉杨、于之命来到刘多荃指挥部，劝说刘顾全大局，稳住局面，已无济于事。4日，刘多荃派人将于文俊杀死，血祭王以哲。对东北军联共抗日做出重大贡献、并未参加"二二"事件的高福源，也被刘派人杀害。

　　2月3日晨，东北军刘多荃部开始从渭南前线撤退。他们北渡渭河，去高陵与缪澄流部靠拢，把陇海路正面阵地给中央军让开，使其畅行无阻地向西安开进。

　　"二二"事件后，古城西安笼罩在一片恐怖气氛中。周恩来临危不惧、沉着冷静地应付这紧张险恶的局面。得知王以哲被杀害消息后，他偕同中共代表成员率先赶到王宅吊唁，当时王以哲家属恐慌悲愤，乱成一团，灵堂尚未设好。周恩来的行动，使王的家属及东北军老一辈将领深受感动。2月4日，毛泽东、朱德等中共中央领导人向杨虎城、于学忠和王以哲家属发出唁电，对王的被害表示深切哀悼，唁电说："鼎芳先生遇难，不胜惊悼！鼎芳先生努力于抗日民族统一战线，不但国家民族之干城，亦爱国人民之领袖。此次力持和平，力求统一团结，乃见恶于少数不顾大局之分子，遽以身殉，苏区军民同声惋惜，特电致唁，敬候起居。"这样，说应德田、孙铭九等人惨杀主和将领的行动得到中共代表团支持的谎言，便不攻自破。

　　身陷囹圄的张学良闻知"二二"事件后，非常痛心。2月17日他在给于学忠的信中写道："鼎芳诸兄之遭殃，真叫弟不知如何说起，泪不知从何流！"① 他为自己的爱将无辜遇害而无限悲愤，也为自己统帅和苦心经营多年的东北军的前途和命运而深感忧虑。

　　"二二"事件后，应德田、孙铭九等人遭到众人（包括他们认为是自己

────────────

① 　毕万闻主编《张学良文集》（2），第1126页。

的支持者）批评与谴责，这才知闯了大祸。周恩来为了维持"三位一体"的团结，避免东北军内讧，竭力设法把张学良惨淡经营多年的这支部队保留下来，因为这既有利于抗日，还可继续营救张学良。他不惜冒风险决定把应德田、孙铭九、苗剑秋送往云阳镇红军前敌指挥部。经与杨虎城、于学忠商量，得到了他们的同意。2月4日，刘鼎将应、孙、苗送到云阳镇。孙指挥的卫队团以及抗日先锋队、一一五师撤出西安，开往邠州。应、孙、苗三人在云阳待了个把月便离开陕北，后来走上歧途，投敌附逆。

5日，东北军于学忠、何柱国、缪澄流、刘多荃四名军长在高陵开会，决定放弃甲案，接受乙案，东北军东开。周恩来力劝东北军接受甲案，仍留在西北，与红军、十七路军靠拢，以便日后共同东出抗日，但东北军将领都不接受。至此，东北军分裂已成定局，"三位一体"的瓦解也已不可挽回。

以杨虎城为首的东北军、十七路军7位将领，2月4日发表了一篇《和平宣言》，宣言在简要回顾了九一八后和西安事变以来的历史后，向蒋介石和顾祝同提出了四项要求："甲、在三中全会前，由委员长呈清国府，恢复张副司令公权，并发表职务，俾得自救。乙、陕甘军队部署原案，酌为变更，容纳此间切合实际之意见。丙、军队移防，除一部略变现时位置外，均俟张副司令返陕训话后再行开始。丁、陕甘民众爱国团体均仍旧维持，并对流亡人员尽力妥为安置，以定人心，而备国用。"[①] 杨虎城还先后致电宋子文、宋美龄、阎锡山、何应钦等人，力求使张学良能回陕训话一次，以安定东北军。

鉴于西安局势紧张混乱，中共中央2月2日致电周恩来和博古，提醒他们十分注意自己的安全，"紧急时立即移至三原"。周恩来同博古商量后决定把在西安的中共人员大部分撤往云阳，周和机要科长童小鹏留在西安。6日周等迁出张公馆，搬入七贤庄红军联络处，准备与即将进入西安的顾祝同进行谈判。

潼关谈判2月4日恢复后，很快达成了西安方面接受乙案的协议。东北军

---

① 西安《解放日报》1937年2月5日。

于 2 月 5 日撤出西安，十七路军绝大部分退出西安，杨虎城于 6 日回到三原。

潼关方面的国民党第一集团军，2 月 4 日发布由总司令顾祝同、副总司令陈继承签署的命令："本集团军即以主力推进至西安咸阳一带，一部进驻临潼、渭南、华县、华阴各县，沿渭河南岸及陇海线附近严密警戒，并担任护路。"① 按照这个命令，宋希濂指挥的国民党第三十六师和平进入西安，逐步接受城防。2 月 9 日，顾祝同进入西安，履行西安行营主任之职。

顾祝同进入西安前一天，收到蒋介石电报，蒋令其入城后做好杨虎城的工作，应把杨看作是"三位一体之中心，自当稍加另眼相待，如使其能自动与我方就商其彻底办法则更妥也"。② 顾祝同进入西安后，立即会见周恩来、孙蔚如、于学忠、何柱国等，并当即派黄杰、王宗山、卢广绩分别代表西安行营、陕西省政府与东北军去三原迎接杨虎城回西安，以履行西安绥靖公署主任职责，处理善后交接事宜。杨虎城见顾颇有诚意，遂于 2 月 14 日离开三原返回西安。

西安事变和平解决后，张学良 2 月中旬写信给东北军诸将领，勉励他们"必须将吾们的血及此一点武装，供献于东北父母之前"，"以期在抗日战场上，显我身手"。③ 何柱国去奉化看望他时，他请何转告东北军将领要保持与红军的关系，他说："我为国家牺牲一切，交了一个朋友，希望各袍泽维持此一友谊。"④

东北军各部队，除在"二二"事件后公开投靠南京的檀自新师、沈克师仍留驻陕甘外，其余东北军部队，从 1937 年 3 月起全部东调，分别开往豫南、皖北和苏北地区接受改编：原一〇五师改编为第四十九军，军长刘多荃，调驻河南南阳、方城和新野一带；第五十一军，军长于学忠，调往江苏淮阳、淮安和安徽蚌埠一带；第五十七军，军长缪澄流，调驻河南周家口、淮阳、西华一带；第六十七军，军长吴克仁，调往豫鄂边区的正阳、罗山、武胜关一带；骑兵军，军长何柱国，调往河南上蔡、汝南一带。被改

---

① 《西安事变档案史料选编》，第 208 页。
② 《西安事变档案史料选编》，第 212 页。
③ 毕万闻主编《张学良文集》（2），第 1126 页。
④ 吴福章编《西安事变亲历记》，第 7 页。

编后的东北军，由原来的二十五个师，缩减为十个师。他们不仅驻地分散，而且互不统属。抗日战争爆发后，东北军各部均开往前线，参加对日作战。

经过西安事变，十七路军兵力几乎减员过半，先是冯钦哉率一个军叛杨投蒋，后又有警备三旅的两个团和王劲哉的一个旅叛逃而去。到事变结束时，杨的兵力只剩下 3 万来人。面对他苦心经营二三十年建立起来的这支队伍的现状，杨极为伤感，特别是他的亲信、能打硬仗的王劲哉的叛逃对他刺激最大。1937 年部队改编时，十七路军的剩余部队改编为第三十八军，由孙蔚如任军长。下辖两个师，赵寿山、李兴中分别担任师长。七七事变后，三十八军开到山西、河北参加对日作战。

1937 年 3 月末，杨虎城应召到杭州见蒋介石。杨在于学忠、邓宝珊、李志刚陪同下 3 月 29 日中午到杭州，下午就由宋子文、吴铁城等陪同见蒋。蒋当着杨、于的面说他向来待人宽厚，不记私怨；张学良私通中共，对得起谁？张学良是这么一个人，虎城竟跟着他走，仔细想想，对得起谁！幸亏没有荒谬到底，否则还能有今天吗？第二天，蒋又单独见杨，说他手下的人员经过这次事变，对他有不满情绪，一时转变不过来，他继续任职，在感情上有些不便，劝杨出国，到欧美考察一段时间，再回国任职。

杨虎城口头上答应出国考察，但内心却不愿离国，不愿离开他亲手创建的部队。杨的部属也大都不愿意他离开。而蒋介石则一再催促杨辞职出洋。中共曾力争挽留杨虎城继续留任，毛泽东、张闻天曾致电周恩来，请周在西安向张冲、顾祝同反映杨的心愿，妥善处理好同杨及其部属的关系。怎奈蒋介石去杨的决心已定。4 月 30 日蒋介石致电杨虎城，免去他的一切军政职务，命其出国考察。南京当局任命他为欧美军事考察专员。

杨虎城 1937 年 6 月 29 日搭乘"胡佛总统号"邮轮离开上海，先后考察了欧美 12 个国家。所到之处，向广大侨胞和国际友人宣传中国人民反抗日本帝国主义侵略、捍卫国家主权独立的斗争。全面抗战爆发后，他满怀爱国热情，毅然返国，想投身抗日战争，献身民族解放事业。可是，他一踏上国土，即被国民党特务扣押，长期监禁。一直到蒋介石从大陆败逃前夕，1949 年 9 月 6 日在重庆被国民党特务秘密杀害。同时被杀害的还有杨虎城的一双儿女及其秘书宋绮云一家三口。

第十四章　国共再次合作

一　从秘密接触到正式谈判

从张、杨临潼捉蒋到顾祝同率中央军进入西安，前后不到两个月光景，中国政局经历了一场翻天覆地的大变动。这场震惊中外的西安事变，迫使蒋介石放弃了"九一八"以来一直坚持的"攘外必先安内"国策，停止了"剿共"内战，促进国共两党第二次合作和全民族抗战的早日到来。首先，它把已陷于僵局的国共两党代表的秘密接触推进到两党领导人的直接对话。

西安事变前，国共两党的代表围绕着双方停止内战、联合抗日问题进行了长达一年的秘密接触。蒋介石指挥百万军队对红军革命根据地进行的第五次"围剿"，迫使红军放弃了南方各革命根据地，开始了举世闻名的二万五千里长征。在战胜了国民党军队的围追堵截和令人难以想象的恶劣自然环境后，红军胜利到达陕北，但实力大减。在蒋介石看来，这些为数不多又退入穷乡僻壤的红军已构不成他的"心腹之患"，用政治收编办法即可解决；同时，日本侵略者步步进逼，从东北到华北，从边陲到腹地，越来越严重地威胁着他的统治；日本对中国侵略的步步深入，也损害和威胁着英美的在华利益，作为亲英美派政治代表的蒋介石，不得不考虑和谋划及早结束内战抵抗外敌。中国要迎击并战胜日本强盗，必须争取和接受外援。考虑到中日战争爆发后，中国的东南沿海不可避免地要被日本海军封锁，最可靠的外援通道是西北地区，这里连接着苏联。当时苏联已提前完成了第一个五年计划，正在实行第二个五年计划，它的经济实力、军事力量有了显著增强，已成为世界反法西斯的主力之一，而且它对中国人民反对外来侵略、捍卫国家独立和主权的斗争表示同情和支持。蒋介石为谋求苏联对未来抗日战争的援助，从1935年起与苏方代表在南京和莫斯科进行秘密谈判。苏方代表要求他停止"剿共"内战，与红军结成抗日统一战线，指出只有这样才能有效地抵抗日本侵略。蒋介石为取得苏联援助，在国内也不得不做出联共姿态。蒋介石在后来发表的《苏俄在中国》一书中回忆当时情形说："中日战争既已无法避免，国民政府乃一面着手对苏交涉，一面亦着手中共问题的解决。"这就是蒋发起与中共秘密接触的背景。

如何打通与共产党的关系，开始蒋介石把希望寄托在苏联身上。在两国代表会谈中，蒋要求苏联在国共两党间进行斡旋，给中共施加压力，迫使红军交出武器，接受他的改编。他的这一提议遭到苏方拒绝后，蒋便国内国外同时并举，多渠道地寻找共产党的关系。

蒋介石把在国内打通共产党关系的任务交给了陈果夫、陈立夫。陈立夫为遮人耳目，又把这项任务交给了曾养甫。曾时任南京政府铁道部次长，他经过挑选，认为他的下属、劳工科科长谌小岑胜任此项任务。谌是他北洋大学时期的同学，可以信赖；谌在五四时期是天津觉悟社成员，与中共上层人物周恩来、邓颖超相识，后来又办过进步杂志，与左翼文人有交往，易于寻找到中共的关系。谌小岑受命后，写信给在北平中国大学任教的历史学家吕振羽（是中共外围组织"北平自由职业者大同盟"的书记），打通了与中共北方局的联系。应谌小岑邀请，中共北方局先后派吕振羽、周小舟（任中共北京市委宣传部部长）多次到南京，会晤谌小岑、曾养甫，探讨两党联合抗日的有关问题。到1936年5月，国内政局突变，两广地方实力派准备发动反蒋事变。南京为牵制中共不与两广采取联合反蒋行动，一度对两党谈判表现积极，所提条件也有所松动。陈立夫于5月中旬在曾养甫家中口授四项办法，作为对此前中共所提"组织国防政府和抗日联军""停止内战，一致抗日，停止进攻苏区，承认苏区的合法地位"等条件的答复。其四项办法中，"K方"代表国民党，"C方"代表共产党，大意是：

（一）K方欢迎C方的武装队伍参加对日作战；

（二）C方武装队伍参加对日作战时，与中央军同等待遇；

（三）C方如有政治上的意见，可通过即将成立的民意机关提出，供中央采择；

（四）C方可选择一地区试验其政治经济理想。[①]

两广事变爆发后，7月国民党方面要求中共公开发表要求与国民党合作的宣言，企图以此孤立两广并给其施加压力。共产党方面代表表示：只要你们抗战，"我们便可以合作"。对发表宣言，拒绝了国民党的要求，理由是中共"在许久以前便已公开表示，并且就在（国民党）二中全会的时候，我们党中央还有公开信给你们"。[②]

围绕陈立夫口授的四项办法，周小舟、吕振羽曾与曾养甫、谌小岑谈判多次，终未取得一致意见。后来，曾养甫提出要与中共中央主要负责人直接谈判，欢迎周恩来去南京，他本人也可以去陕北。不久，陈济棠反蒋失败，曾养甫去广州担任市长，他去陕北已不可能。于是，他又邀请周恩来去广州。在两党内战尚未停止的情况下，周不可能前往广州。

潘汉年被任命为中共中央代表与南京当局直接谈判后，中共中央在1936年9月23日通知北方局："关于与宁方交涉问题，我们已派有正式代表谈判，请不必过问。"至此，中共北方局与国民党陈果夫的秘密接触便告结束。

1935年底，宋子文经与宋庆龄商议，决定派董健吾（曾是中共党员，当过上海圣彼得教堂牧师，是宋子文在上海圣约翰大学的同学）去陕北送信，直接打通与陕北中共中央的联系。1936年1月初，宋庆龄将一封重要信件交给董，托他送到陕北瓦窑堡，交给毛泽东、周恩来。行前，宋还给董一张由南京政府财政部部长孔祥熙签署的委任状，委任董为"西北经济专员"，以作为董沿途的护身符。董健吾于1936年1月到西安，由于一时找

① 谌小岑：《西安事变前一年国共两党联合抗日问题的一段接触》，《文史资料选辑》第71辑，中华书局，1980。

② 《小舟向中央报告——关于数次与蒋谈判的情况》（1936年8月19日）。

不到进入苏区的交通工具，在此滞留月余。后得到张学良帮助，2 月 25 日乘张的飞机与同行者张子华一起从西安到肤施，再由驻肤施的东北军骑兵护送进入苏区，2 月 27 日到达瓦窑堡。

当时毛泽东在晋西东征前线，周恩来在陕北前线随刘志丹部队一起活动，董健吾在瓦窑堡受到了博古、林伯渠的接见。董向他们递交了宋氏姐弟的密信，转达了南京当局愿与中共谈判的意向。当毛泽东、张闻天等得知上述信息后，3 月 2 日让博古偕董健吾前去晋西石楼，讨论与国民党谈判，同时要求周恩来一同去。由于董健吾急欲返回上海复命，张闻天、毛泽东、彭德怀 3 月 4 日遂发出一封请博古转董健吾的电报，提出了与南京当局谈判的意见，内容如下：

（甲）弟等十分欢迎南京当局觉悟与明智的表示，为联合全国力量抗日救国，弟等愿意与南京当局开始具体实际之谈判。

（乙）我兄复命南京时望恳切提出弟等之下列意见：（一）停止一切内战，全国武装不分红白，一致抗日。（二）组织国防政府与抗日联军。（三）容许全国主力红军迅速集中河北，首先抵御日寇迈进。（四）释放政治犯，容许人民政治自由。（五）内政与经济上实行初步与必要的改革。

（丙）同意我兄即返南京，以便迅速磋商大计。[①]

董健吾携带中共中央提出的上述条件，于 3 月 5 日离开瓦窑堡，回上海向宋氏姐弟复命。

与董健吾结伴而来陕北瓦窑堡的张子华，具有国共两党双重使者的身份。他原名王绪祥，1930 年加入共产党，张子华是他在党内的化名。他1935 年在中共上海临时中央局工作，曾到陕北苏区巡视工作，对陕北的地形和交通比较熟悉。他受中共长江局委派，与谌小岑进行接触，交谈打通共产党关系问题。张子华建议国民党派人直接去陕北联系、谈判。此建议

---

① 《文献和研究》1985 年第 4 期。

得到曾养甫同意。

这时，上海党组织决定派张子华随董健吾去陕北，向中共中央报告曾养甫等人的情况。张子华动身去陕北前，通过谌小岑征得了曾养甫的同意。张子华与董健吾同行，但董并不了解张的身份与去陕北的目的。他俩到瓦窑堡后，张受到博古的单独接见，汇报了国民党内部各派的政治态度和陈立夫、曾养甫等人到处找共产党关系的动向。3 月下旬，张子华赶到晋西前线，当面向毛泽东等做了汇报。

张子华 4 月中旬从陕北返回上海，4 月底在南京受到曾养甫接见。从 5 月到 10 月，他作为国共两党秘密谈判的信使，为促成国共两党停止内战、联合抗日，多次在京沪与陕北之间奔波往返。

南京在国内通过多渠道打通共产党关系的同时，还设法在莫斯科与中共驻共产国际代表团取得联系。1935 年秋，担任中国驻苏使馆武官的邓文仪①回国述职，蒋命其设法沟通与中共的联系。邓先找苏联驻华大使鲍格莫洛夫，请苏联当局从中斡旋，遭拒绝。邓在苏联驻上海领事馆见到新出版的《共产国际》杂志刊载的王明在共产国际第七次代表大会上的发言和论述抗日民族统一战线新政策的文章，便找人译成中文，呈送蒋介石。蒋看后命邓文仪赶回莫斯科，设法与王明接触。

邓文仪于 1936 年 1 月 3 日赶回莫斯科，他求助于当时正在莫斯科与中共代表团有联系的胡秋原（陈铭枢驻莫斯科的代表），通过胡向中共驻共产国际代表团转达要求见面，商谈两党联合抗日问题。中共代表团的多数成员怀疑这位国民党代表的诚意，但还是派潘汉年先见他，投石问路，视情况再决定王明是否与邓会面。

1 月 13 日晚，潘汉年与邓文仪在胡秋原寓所第一次见面，交谈两个小时。潘问邓：你找王明谈两党合作抗日，是以私人身份，还是正式代表南京政府？南京当局对全国人民的抗日要求持何态度？邓文仪回答说，他这次来，"完全是受蒋先生的委托，要找王明同志讨论彼此间合作抗日问题"。

---

① 邓文仪，1905 年生，湖南醴陵人。黄埔军校一期毕业，1925 年被国民党派到莫斯科中山大学学习。1927 年回国后投靠蒋介石，长期在蒋身边担任随从秘书、参谋等要职。1935 年 4 月被蒋派往莫斯科，担任驻苏使馆武官。

他介绍说："我们在南京曾召集过几次高级干部会议，蒋先生亲自提出统一全国共同抗日的主张，大家都同意蒋先生的主张。可以说联合共产党的原则已经决定了。因此我可以代表蒋先生与你们谈判合作的初步条件。"他在解释蒋介石要再次联共的理由时说："蒋先生主张，现在要抗日，首先要集中 80 个师的人马，否则必然受日本所制。可是现在这 80 个师的人马全都被红军牵制住了，因此我们两党需要合作。"

潘汉年向邓文仪表达了中国共产党建立抗日民族统一战线的真诚愿望。他说：虽然我们过去政见不同，但遭受亡国之耻辱，大家是一样的。面对外敌入侵，大家应该把内政问题上的歧见暂时搁在一边，首先携手救国。潘请邓相信中共的诚意，并郑重地向他表示："我可以代表中国苏维埃与红军的领袖朱、毛两同志和王明同志，向全体国民党员以及南京军队的全体将士宣布说：只要你们立即停止进攻红军，表示抗日，我们愿意与你们谈判合作问题。"

邓文仪向潘汉年提出了国共联合抗日需要解决的三个难题：统一指挥、粮饷和武器供应及外交上争取苏联援助问题。潘汉年说，要真正抗日，这些都不难解决。关于统一指挥，可以研究出一个双方都能接受的办法；在外交上，可以争取英美援助，至于争取苏联援助，只要南京政府站在民众立场坚持反对帝国主义侵略，相信苏联是会援助的。

邓文仪针对中共怀疑南京方面是否有抗日的决心和准备，解释说："要抗日其实政府早有准备，不然的话日本为什么总要威胁蒋先生呢？关于我们抗日的准备问题，将来会有文件来证明的。"他还说，时间紧迫，日本可能三个月后就发动全面侵华战争，而我们之间尚未停战，希望与中共的谈判早日成功。

潘汉年与邓文仪会见结束时，邓再次要求面见王明，说这是他这次来莫斯科时蒋介石再三叮嘱的。

1 月 17 日和 22 日，王明先后两次会见邓文仪。王明首先向邓文仪阐述了中共的抗日民族统一战线方针，他说："对于任何政党和任何军队，只要他们愿意参加抗日战争，我们愿意与他们谈判建立统一战线。"接着他坦率地问邓说："我们很多同志都不相信南京政府真希望参加反日斗争，你有什么事实能够说明南京政府确实在准备抗日呢?"邓文仪回答说他可以举出例子,如修了许多道路,便于军事行动;召开了许多会议,研讨如何对付日本侵略;在庐山办军官训练团,名义上是为反共,实际上是为抗日。王明向邓文仪指出,事实证明上述措施是针对共产党的,没有事实证明是针对日本侵略者的。对此,邓文仪又作了解释。

在王明的一再要求下,邓文仪转述了蒋介石提出的关于两党合作抗日的条件,主要是:"第一,关于政府问题,取消苏维埃政府,邀请所有苏维埃政府的领导人和工作人员参加南京政府的工作。第二,关于军队,红军应当改编为国民革命军,因为要抗日,一定要有统一的军事指挥。……第三,关于党的问题,蒋先生考虑了两个办法,首先是恢复 1924 ~ 1927 年的两党合作形式,其次是共产党独立存在。这个问题可以以后再来解决它。蒋先生知道红军没有军事装备和食品,南京政府可以提供一批军事装备和食品给红军。第四,关于防线问题,南京政府打算派一些军队和红军一起到内蒙去参加抗日斗争。因为南京政府的军队主要用来保卫长江流域……"王明听完邓文仪说明后,强调两党合作抗日第一位的条件是"互相信任"和"停止内战",他向邓指出:"如果国民党方面不能结束对红军的战争,红军的领导人是不会信任你们的。"

中共代表团经过讨论,认为蒋提出的上述条件"只是对红军有害",比如取消苏维埃政府,改编红军,给最困难的内蒙古防线。第二次会见时,王明向邓文仪指出了这些问题,邓说:既是谈判,就不能要求中共单方面做牺牲,比如防线,你们嫌内蒙"离中心地区太远,缺乏食品",可给西北的某些地区,便于"保持与国际的联系"。[①]

双方经过协商,国共两党联合抗日的谈判要到国内去进行,确定潘汉年和邓文仪近日同时归国,代表双方进行秘密谈判。不久,邓文仪由于奉命要去德国柏林接待陈立夫(化名李融清,陈赴欧本是要同苏联谈判签订军事互助条约,实际上未进行)推迟归期,潘汉年自己便于 1936 年 4 月离苏归国,直接与南京代表谈判。潘 5 月到香港,按离苏前与邓文仪商妥的办

[①] 王明与邓文仪 1936 年 1 月 17 日"谈话记录"、1 月 23 日"谈话速记录",均载于《共产国际、联共(布)与中国革命档案资料丛书》第 15 卷,第 89 ~ 102、108 ~ 110 页。

法写信给南京的陈果夫，陈便派国民党中央组织部调查科总干事张冲到香港与潘汉年会见，邀请潘到南京，与曾养甫见面。曾建议潘先去陕北见中共中央负责人，了解红军对谈判的条件并取得中共中央和红军方面的正式代表资格后再来南京与陈果夫谈判。

潘汉年经西安于 8 月 8 日到达陕北保安，向中共中央汇报了邓文仪与王明等商谈两党合作抗日的情况以及他与曾养甫、张冲接触的情况。10 月中旬，潘汉年作为中共中央的代表携带着中共中央 9 月起草的《国共两党抗日救国协定草案》和周恩来 9 月 22 日给陈果夫、陈立夫的信到达上海。经张冲安排，11 月 10 日在上海沧州饭店与陈立夫谈判。潘向陈递交了周恩来的信，口头阐述了中共中央起草的两党协定草案中提出的八项条件。此前，蒋介石平定了两广事变，解除了后顾之忧，他决心集中兵力"围剿"陕甘的红军，事实上已派 30 万大军北上，准备发动第六次"围剿"，扬言在短期内即可将红军消灭，或把红军赶到大沙漠中去，因之对两党谈判态度大变。陈立夫在听完中共的条件后，向潘转达了蒋介石的意见："第一，既愿开诚合作，就不好有任何条件；第二，对立的政权与军队必须取消；第三，目前可保留三千人之军队，师长以上领袖一律解职出洋，半年后召回按才录用，党内与政府干部可按材适当分配南京政府各机关服务；第四，如军队如此解决，则你们所提政治上各点都好办。"① 潘汉年当即严肃指出："这是蒋先生站在'剿共'立场的收编条例，不能说是抗日合作的谈判。"潘问陈："当初邓文仪在俄活动，曾养甫派人去苏区，所谈均非收编，而是合作，蒋先生为甚目前有如此设想，大概误会了红军已到无能为力的时候。"陈也承认"是的，条件很苛刻，谈判恐一时难于成就"。他邀请周恩来前来谈判，他说："那样蒋也许把条件放宽，军队人数由三千扩大到一万。"他强调："蒋先生中心意旨，必须先解决军事，其他一切都好办。"潘又提议先就"双方停战，各守原防"进行谈判，遭到陈的拒绝。

11 月 19 日，应陈立夫要求，潘汉年到南京与陈再次举行会谈。陈说：蒋介石坚持原有所提各点，无让步可能。他要求潘汉年将上次谈判情况电

① 潘汉年：《关于与国民党谈判情况给毛泽东等的报告》（1936 年 11 月 12 日），《党的文献》1993 年第 5 期。

告中共中央，并威胁说：日、德两国已签订反共协定，他们正在拉蒋先生加入反苏阵线，说不定中苏关系会变得更加恶劣，那时中共的处境更不利。潘汉年斩钉截铁地说："联俄是我们对中国抗日反帝的主张及认为中国可以抗战的唯一出路，如蒋先生要加入反苏阵线，当无抗日之可言，则我们所谈均属无谓。"当谈到曾养甫提出的国共合作四项条件时，陈立夫矢口否认，说："纯属子虚，蒋先生并未对第二人讲过关于与你们谈判的条件。"①

中共中央收到潘汉年的电报，得知谈判情况后，断然拒绝了蒋介石的无理要求，明确指出：红军仅可在抗日救亡前提下，承认改换抗日番号，划定抗日防线，服从抗日指挥，红军不能减少一兵一卒，并须在抗日战争中扩充。彼方如有诚意，须立即停战，并退出苏区以外，静待谈判结果，绝对不做无原则让步。

至此，谈判陷入僵局。历时一年的国共两党秘密接触，到此告一段落。时间仅仅过去了半个月，震惊中外的西安事变突然爆发，顽固坚持"攘外必先安内"政策的蒋介石成为爱国将军张学良、杨虎城的阶下囚。严酷的事实告诉蒋介石：他的误国政策，不仅遭到中国共产党和全国人民反对，也受到国民党内爱国人士包括处在"剿共"第一线的爱国官兵的抵制和反对。坚持这个政策，他个人将身败名裂，他的统治将彻底垮台。在此情势下，加上张、杨和中共的极力争取，端纳和宋氏兄妹的劝说，国际上进步力量的推动，蒋终于抛弃了"攘外必先安内"政策，接受了张、杨提出的停止内战、共同抗日主张。西安事变改变了近代中国历史的前进方向。国共两党间绵延 10 年之久的内战从此结束，全民族抗日的新局面展现在人们面前。

二　国民党五届三中全会

1937 年 2 月举行的国民党五届三中全会，是国民党开始转变国策，由

---

① 潘汉年：《关于与国民党谈判情况给中共驻共产国际代表团的报告》（1936 年 11 月 21 日），《党的文献》1993 年第 5 期。

反共内战走向联共抗日的标志。

蒋介石在西安获释返回南京后，国民党中央于 12 月 29 日举行第三十一次常务委员会，确定于 1937 年 2 月 15 日在南京召开五届三中全会，讨论和决定西安事变后国民党和南京政府的对内对外政策。1937 年 2 月 15 日至 22 日，国民党五届三中全会在南京举行。参加会议的有国民党中央执行委员、候补中央执行委员、中央监察委员、候补中央监察委员等共 175 人。蒋介石、汪精卫、戴传贤、王法勤、冯玉祥、于右任、孙科、邹鲁、居正被推举组成主席团，叶楚伧为会议秘书长。

会议期间，蒋介石报告西安事变经过，何应钦做军事报告，张群做外交报告，居正做国民党中央常务委员会工作报告。与会者提出许多提案。会议还通过了决议和宣言。

如何看待和评价国民党的这次中央会议？中国共产党在会议结束不久，就对它做出了积极的、恰如其分的评价："国民党三中全会是一个有重大意义的会议。虽然三中全会的宣言和决议，没有明确性和具体性，没有坚定的方针，没有批评自己过去的政策的错误，有许多非常含混的语句，但无论如何它是表示国民党政策开始转变。"[1] 1937 年 5 月，毛泽东对国民党五届三中全会做了如下评述："由于其内部有亲日派的存在，没有表示它的政策的明确和彻底的转变，没有具体的解决问题。然而由于人民的逼迫和国民党内部的变动，国民党不能不开始转变它过去十年的误国政策，这即是内战、独裁和对日不抵抗的政策，向着和平、民主和抗日的方向转变，而开始接受抗日民族统一战线政策，这种初步转变，在国民党三中全会上是表现出来了。"[2]

在对外政策方面，会议通过的宣言提出：面对外敌入侵，国家"蒙受损失超过忍耐之限度，而决然出于抗战"，[3] 这是国民党第一次提出"抗战"，比几个月前国民党二中全会提出的"牺牲未到最后关头，决不轻言牺

---

① 《国民党三中全会后我们的任务》，《第二次国共合作的形成》，第 202 页。

② 毛泽东：《中国共产党在抗日时期的任务》，《毛泽东选集》（合订本），第 235 页。

③ 《中国国民党第五届中央执行委员会第三次全体会议记录》，中国第二历史档案馆藏，第 67 页。

牲"又前进了一步。2月16日全会通过冯玉祥等16人提出的《促进救国大计案》，决定"密交常务委员会及国民政府分别切实办理"。此议案提出要"努力收复失地，首先督助华北军队，并增派劲旅，先行收复察北、冀东以为收复东北四省之准备"；议案还提出要"采取积极外交"，改变长期以来外交上的被动局面，"今后应采取积极方针，以图废除不平等条约，收回被侵占之土地"①。李宗仁等9人向全会提出的议案，抨击了南京政府的独裁统治，提出要保障人民的爱国言论自由，解放群众的爱国运动。议案说："我政府数年以来，对于民众救国之言论，民众爱国之运动，皆以外交上之困难，而多方抑制，长此以往，不徒民众对于本党之信仰日益低落，而民族意识之逐渐消沉，必将陷于不可振拔之境地。宗仁等目击时艰，认为目前之中国，非保障民众爱国之言论，不能使民众发扬其聪明才智，以共趋救亡图存之目的；非解放民众爱国之运动，不能使民众发展其团结御侮之力量，以从事于民族主义之斗争也。"②

在对内政策方面，宣布放弃武力统一政策。会议宣言提出："此后唯当依据和平统一之原则，以适应国防，且以奠长治久安之局。"③ 会议主张在某种条件下开放言论和释放政治犯，潘公展等21人在《请确定巩固和平统一之实施步骤案》中提出："在不违背建国最高原则，不抵触中央最近国策范围以内，尽量宽放言论自由之路，使正当舆论得以宣扬。"④ 孙科、冯玉祥、于右任等六人提出的《请特赦政治犯案》，批评南京当局近十年来对"人民从事爱国活动，或发为政治言论者，动辄指涉嫌疑，因为反对，罗致既多，冤抑日众，或致流离失所，或者幽羁图圄"。孙科等人主张"请自民国十六年北伐以后，历次政变，所有一切政治犯，无论已被逮捕或尚在通缉判决，应由国府明令予以特赦"⑤。

关于对中国共产党的问题。中共中央于1937年2月10日，致电即将召开的国民党五届三中全会，提出了"五项要求""四项保证"。早在半年前，

---

① 《中国国民党第五届中央执行委员会第三次全体会议记录》，第97页。
② 《第二次国共合作的形成》，第311～312页。
③ 《中国国民党第五届中央执行委员会第三次全体会议记录》，第68页。
④ 《中国国民党第五届中央执行委员会第三次全体会议记录》，第99页。
⑤ 《中国国民党第五届中央执行委员会第三次全体会议记录》，第97～98页。

中共中央在决定放弃"反蒋"口号、确定"逼蒋抗日"方针时，就在1936年8月25日向国民党发出了"致国民党书"，承诺放弃已实行了多年的苏维埃运动，郑重宣布："在全中国统一的民主共和国建立之时，苏维埃区域即可成为全中国统一的民主共和国的一个组成部分。"[①] 西安事变发生后，共产国际于1937年1月20日向中共中央建议："鉴于中国的国内和国际的形势，特别是在日本侵略的影响下……在你们的地区，从苏维埃体制转变为民主基础上的人民革命管理体制"，这"有利于团结中国人民的所有力量来保卫中国和建立人民共和国的事业"。并具体指出：要将"苏维埃政府变为人民革命政府"，"将红军变为人民革命军"，"放弃普遍没收土地的做法"。[②] 中共中央就是接受了共产国际的上述建议，向国民党五届三中全会提出"五项要求"和"四项保证"的。中共中央的电文说："当此日寇猖狂，中华民族存亡千钧一发之际，本党深望贵党三中全会，本此精神，将下列各项定为国策：

（一）停止一切内战，集中国力，一致对外；

（二）保障言论、集会、结社之自由，释放一切政治犯；

（三）召集各党各派各界各军的代表会议，集中全国人才，共同救国；

（四）迅速完成对日抗战之一切准备工作；

（五）改善人民的生活。

中共中央的电报接着表示："如贵党三中全会果能毅然决然确定此国策，则本党为着表示团结御侮之诚意，愿给贵党三中全会以如下之保证。"

（一）在全国范围内停止推翻国民政府之武装暴动方针；

（二）工农政府改名为中华民国特区政府，红军改名为国民革命军，直接受南京中央政府与军事委员会之指导；

---

① 《中国共产党关于西安事变档案史料选编》，第112页。
② 《共产国际、联共（布）与中国革命档案资料丛书》第15卷，第274页。

（三）在特区政府区域内，实施普选的彻底民主制度；

（四）停止没收地主土地之政策，坚持执行抗日民族统一战线之共同纲领。①

国民党三中全会主席团决定对中共中央的来电不做公开的正面的处理，而以该会主席团名义另提"根绝赤祸案"，经 2 月 21 日大会第六次会议通过。该案对中国共产党虽多有攻击诬蔑之词，但它没有拒绝中共提出的两党合作共同抗日的要求。它提出四项"最低限度之办法"，即"彻底取消红军"，"彻底取消所谓'苏维埃政府'"，"根本停止其赤化宣传"，"根本停止其阶级斗争"②。周恩来 1945 年 4 月在中共"七大"会上发言时对此评论说："这个东西是双关的，因为红军改了名称，也可以说是取消红军，但红军还存在；苏区改了名称，也可以说是取消苏区，但苏区还存在。所谓停止阶级斗争，停止赤化宣传，就是不许我们在国民党统治区有政治活动。"③这个决议同中共中央致国民党三中全会电提出的"四项保证"有一致的地方，因此说国民党三中全会实际上接受了中国共产党提出的抗日民族统一战线主张。

宋庆龄为了反对蒋介石背叛孙中山的"联俄、联共、扶助农工"的三大政策，表示与其划清界限，多年来从未参加国民党中央的会议，这次他会同何香凝、冯玉祥等 13 人于会议开幕当天提出《恢复中山先生手订联俄、联共、扶助农工三大政策案》，其中说："在过去六月中，我们得到中国共产党几封致本党中央委员会的公开信和通电，请求国共再度合作，联合抵抗日本。它证明团结反对侵略者的斗争已经成为中国人民一致的要求，此事更进一步地为西安事件证明了。中国共产党既愿停止危害本党政治权力的活动，并支持统一抗日，所以本党更加便利来取得恢复先总理三大政策的机会，以挽救本党和祖国免受奴役，并完成我们的革命工作。"④ 此项

① 《中共中央文件选集》第 11 册，第 157~158 页。
② 《中国国民党第五届中央执行委员会第三次全体会议记录》，第 97 页。
③ 《周恩来选集》上卷，第 194 页。
④ 《社会公社》第 1 卷第 2 号，1937 年 3 月 1 日。

提案未被会议接受。2 月 18 日，宋庆龄亲自出席三中全会并发表了题为《实行孙中山的遗嘱》的演说，猛烈地抨击了当时在一些政客中盛行的"恐日"症，指出"这种错误的观念是没有根据的"，这是由于"过高估计日本帝国主义的力量，过低估计中国人民的力量造成的"。宋庆龄指出，日本帝国主义的侵略，把中国人民逼到了忍无可忍的境地。我们要战胜日本帝国主义的侵略，拯救中国，政府必须执行孙中山的遗嘱，忠实执行他的三大政策，停止内争，"而且必须运用包括共产党在内的全部力量，以保卫中国国家的完整"。她针对亲日派汪精卫之流在会上提出的坚持"剿共"的政治决议案尖锐指出："令人万分遗憾的是，直到今天，政府中仍有些个别人士仍然不了解救国必先结束内战的道理。在今天居然还可以听到'抗日必先剿共'的老调，这是多么荒谬！我们要先打断一只手臂之后再去抗日吗？我们已经有了十年的内战经验。在这期间，国力都耗费在内争上面，日本军阀将我们的土地一块一块地割去，使我们的国家受到蹂躏。"[1]

五届三中全会是国民党、南京政府的国策基本转变的开始。国内政局结束了停止内战一致抗日的阶段，开始了巩固国内和平和准备对日作战的新时期。国民党的这种转变不仅反映在五届三中全会文件上，也体现在会后的行动中。这就为国共两党合作抗日的谈判提供了前提。

三 西安谈判

西安事变和平解决后，国共两党合作抗日的谈判被提上日程。1937 年二三月间，两党代表首先在西安进行谈判。参加谈判的代表，中共方面是周恩来，不久叶剑英也参加了；国民党方面是顾祝同，后来又增加了张冲和贺衷寒。

延安和南京对两党谈判都很重视，早就开始酝酿和准备。在蒋获释返京后，中共中央政治局 1 月 24 日就开会讨论与南京谈判问题，希望通过谈

---

[1] 宋庆龄：《为新中国奋斗》，人民出版社，1952，第 76~78 页。

判扩大红军防地和解决给养问题，以解燃眉之急。1月末，周恩来通过何柱国向顾祝同提出中共派代表参加南京与西安方面的潼关谈判，31日蒋介石同意并电告顾祝同：红军驻地陕北，南京每月给经费20万~30万元。中共代表李克农到潼关后，顾祝同还同意红军在西安设立联络处，以第十七路军为掩护。李克农2月4日回到西安，周恩来和红军代表团人员随即从金家巷迁到七贤庄一号，设立红军联络处，对外称"第十七路军通讯训练班"。在顾祝同进入西安前一天，蒋介石指示他入城后"对恩来及共党代表态度，凡实际问题，如经费地区等皆令其仍由杨间接负责处置，不可与之有确切具体之表示，但可多与之说感情话，最好派代表与之接洽。墨兄本人不必多与见面，即使第一次允其见面时，亦须用秘密方式，均勿公布，以免其多来求见也"。① 蒋介石当时与中共的接触采取如此保密方式，除他在电文中说的理由外，可能还与要躲避日本人的耳目有关。因为日本当时正千方百计地反对和阻挠南京与中共和解、合作。顾祝同进入西安第二天，蒋便把原来在京沪秘密与潘汉年谈判的张冲派来西安，协助顾祝同与周恩来接触、谈判。

中央军进入西安后，中共中央提出了与国民党谈判的条件，由张闻天、毛泽东电告在西安的周恩来。这些条件主要是：政治立场，以即将发出的中共中央致国民党三中全会电为依据；军事方面，红军改编为12个师、4个军，由林彪、贺龙、刘伯承、徐向前分任军长，4个军之上设总指挥部，由朱德、彭德怀分任正、副总司令。陕甘以外各省游击队，一律改为民团或保卫团，不宜调来陕甘集中。红军防地，要包括金积、灵武。东北军调走后，要求海原、固原、镇原及西峰镇。原来提出的要求整个陕北和宁夏，可再提一下；红军经费，红军如立即改编，要求照中央军待遇领受。如暂缓改编，则要求南京每月至少接济80万~100万元，经费须从2月领起；目前我们可参加国防会议等军事机关，抗日时再参加政府；至于南京提出向红军派政训联络员，要设法拒绝，至少拖延之；党的问题求得不逮捕、不破坏组织即可，红军中组织领导不变。

---

① 《西安事变档案史料选编》，第212页。

2月11日，周恩来与顾祝同、张冲开始在西安会谈。张冲在会谈中说，蒋介石不久前提出的处理西北问题的甲、乙两案，甲案是临时的，乙案是基本的。他还提出取消苏维埃政府改为特区；改变红军番号名称，照国军编制，由国民政府军事委员会派政训人员及联络员，其他地区的游击队改为民团。周恩来要求以甲案为基础交换意见，并根据中共中央指示提出：释放被捕的共产党员，保证不再逮捕、不再破坏中共党组织；中共不再暴动与没收地主的土地，实行抗日纲领；苏区改特区，实行民主制度，受国民政府领导；红军改国民革命军，但军官不变，政治领导不变；中共代表可以苏区和红军代表名义参加国民大会、国防委员会和军委会，目前不参加政府。首次会谈后，张冲回南京出席国民党五届三中全会。

2月12日下午，周恩来同顾祝同继续会谈。周将中共中央致国民党三中全会电交给顾看。周、顾会谈结果是：中共承认国民党在全国的领导，停止武装暴动及没收地主土地，实行御侮救亡的统一纲领。国民政府分期释放关押的中共党员，对中共党员和党组织不再逮捕和破坏，允许中共在适当时候公开；取消苏维埃制度，现时苏区政府改为特区政府，直接受国民政府指导，实施普选制；红军改编为国民革命军，接受军事委员会及蒋介石统一指挥和领导，其领导人员由中央及军委会任命，其政训人员自任，中央派少数人员任联络，各边区红色游击队改为地方民团；中共派代表参加国民会议，红军派代表参加国防会议；希望三中全会关于和平统一团结御侮，容许民主自由，改善人民生活，有进一步的主张和表示。

蒋介石见到周、顾会谈情况报告后，2月16日密电顾祝同，提出红军人数"中央准编其四团制之师两师，照中央编制，八团兵力当在一万五千人。以上之数不能再多"，关于干部，"各师之参谋长与师内各级之副职，自副师长乃至副排长人员，皆由中央派充也"，"至其他对于政治者待军事办法商妥后，再由恩来来京另议可也"。① 显然，蒋介石的上述提议，目的是削弱并控制红军。

周恩来以中共中央致国民党三中全会电为依据，参考与顾祝同、张冲

---

① 申伯纯：《西安事变纪实》，第213～214页。

初步谈判的情况和刚刚闭幕的国民党三中全会精神，2月24日致电张闻天、毛泽东，向中央提出同国民党谈判方针的建议：（1）可以服从三民主义，但放弃共产主义信仰绝无谈判余地。（2）承认国民党在全国领导，但取消共产党绝不可能。唯国民党如能改组成民族革命联盟性质的党，则共产党可整个加入这一联盟，但仍保持其独立组织。（3）红军改编后，人数可让步为六七万，编制可改4个师，每师3个旅6个团，约15000人。（4）红军改编后，实施统一的政训纲领，国民党不得派政训人员，不能辱骂和反对共产党。（5）苏区改特别区后，俟共产党在非苏区公开后，国民党亦得在特别区活动。中共中央书记处2月25日复电周恩来，同意他提出的上述方针。

张冲参加完国民党三中全会后立即返回西安，2月26日与周恩来会谈，向周介绍了三中全会经过，说明国民党容共的基础已定。周恩来对国民党三中全会通过的《关于根绝赤祸之决议案》的措辞表示遗憾，保留将来声明的权利。周还向张表示，中共目前无意参加政府，只要求参加国防机关。

从2月27日至3月4日，周恩来与张冲在西安继续举行了多次会谈，双方分歧和争论的焦点仍然是红军改编后的编制和人数。根据中共中央指示，周恩来开始提出红军改编后的人数至少六七万，以6个师计，每师3个团，总指挥部在外。张冲说，蒋介石、顾祝同不是轻视红军，而是恐其壮大，红军只能改编成4个师4万人。周说，中共方面对此不能接受。3月1日，张闻天、毛泽东指示周恩来，红军主力编5万人，红二十七、二十八、二十九、三十各军不在此内。3月初，张冲向周恩来提出，红军主力编4个师16个团，另编2个徒手工兵师8个团，共6万人。张闻天、毛泽东3月3日致电周恩来，表示对张冲的上述提议可以接受，同时指出：我们今天的中心在谈判成功后，我们在南京政府下取得合法地位，使全国各方面的工作得以开始。

3月4日，周恩来与张冲继续会谈。张冲转告：南京复电，只允红军改编为3个师9个团。经周与张协商，达成如下协议：（1）将现有红军中最精壮者选编为4个步兵师，计4万余人，并设某路军总指挥部；（2）将现有红军中精壮者选编为2个徒手工兵师，计2万余人，指定工程，担任修筑；（3）原有红军军委直属队，改编为统率4个师的某路军总指挥部的直属队；（4）原有红军地方部队，改编为地方民团、保安队及特别行政区的直属队；（5）原有红军学校保留，办完这一期后结束。

在历次会谈中，周恩来都要求国民党、顾祝同设法停止西北马家军对河西走廊红军西路军的攻击。

3月8日，周恩来、叶剑英同顾祝同、贺衷寒、张冲举行会谈。鉴于双方意见大体趋于一致，决定将一个月来的谈判做一总结，委托周恩来写成条文，送蒋介石最后决定。周的总结共三项15条，全文如下：

〔甲〕政治问题：

（一）中国共产党承认服从三民主义的国家及国民党在中国的领导地位，彻底取消暴动政策及没收地主土地政策，停止赤化运动。要求国民政府分批释放共产党，容许共产党在适当时期内公开。

（二）取消苏维埃政府及其制度，现红军驻在地区改为陕甘宁行政区，执行中央统一法令与民选制度，其行政人员经民选推荐，请中央任命，行政经费请由行政院及省政府规定之。

（三）红军取消，改编为国民革命军，服从中央军事委员会及蒋委员长之统一指挥，其编制人员给养及补充，统照国军同等待遇，其各级人员由自己推选，呈请军委会任命，政训工作由中央派人联络。

（四）政治方面，请求参加国民大会。

（五）军事方面，请求参加国防会议。

〔乙〕改编问题：

（一）改编现有红军中之最精壮者为三个国防师，计六旅十二团，步兵团及其他直属之工炮通信辎重等部队。

（二）在三个国防师上，设某路军总指挥部，其直属队为特务营、工兵营等。

（三）红军现有之骑兵三个团及一个骑兵连，共约一千四五百人马，拟编骑兵一个团。

（四）改编后的经费、给养补充，统照国军同样待遇，国防师编制表于9日下午可到手。

〔丙〕善后问题：

（一）编余的老弱残废，统请中央负责解决，给资遣散。

（二）红军中之地方部队，改编为地方民团及行政区的保安队，其数目及经费，由行营及省府商定之。

（三）编余的精壮人员改编为徒手工兵队，担任修路，工兵人数及经费，由中央点验后确定之。

（四）红军学校约四千五百人（连工作人员），请办完本期后结束，优秀者送军校或陆大训练。

（五）红军中的医院工厂，请予保留。

（六）河西方面，请停止马军长继续进攻，如无效，请即许可自卫增援。①

周恩来在 3 月 10 日会见张冲时，得知顾祝同约张冲、贺衷寒对他 3 月 8 日写成的总结提案作了重大修改。第二天收到贺衷寒交来的书面修改案。在这里，顾、贺等将"承认改为服从，要求改请求"；"陕甘宁行政区"改为"地方行政区"，分属各省；取消"民选制度"；将红军定员裁减为 1 个师 1 万人，共 3 万人；将服从"统一指挥"改为"服从一切命令"；不提在河西走廊停止进攻红军西路军等。周恩来当即将顾、贺的修改案内容电告中共中央，指出在小问题上可做些让步，但上述这些重大问题须由中央考虑。他认为，中共同顾、贺的这些争执，基本上还是民主政治和红军独立领导问题。这些，不是同顾、贺谈判能够解决的。周恩来建议中央宜在政治上争取主动，率先实行中共中央致国民党三中全会电中提出的五项要求和四项保证，争取在全国进一步的公开和影响，造成国民党重新"剿共"的困难。

3 月 12 日，中共中央召开政治局会议，讨论同国民党谈判问题。与会者认为，顾、贺在谈判中玩弄把戏，企图让中共服从蒋的一切命令，把陕甘宁划成 3 个苏区，缩小武装，他们的修改案对红军实际上是"收编"，中共绝对不能接受，接受了便是投降，便是服从资产阶级的领导，便是无产

---

① 《周恩来关于一月来与国民党谈判结果向中央的报告》（1937 年 2 月 8 日），《第二次国共合作的形成》，第 195～196 页。

阶级做资产阶级的尾巴。会后，中共中央立即电告周恩来，严正指出：贺、顾所改各点，太不成话，其企图是使中国共产党放弃独立性，变成资产阶级政党的附属品。关于这点，我们必须坚持自己的立场，绝对不能迁就，在整个谈判中必须坚持无产阶级政党的立场。

周恩来3月13日会见张冲，与张约定致函顾祝同，说明修改原案使一切有根本动摇之虞，要求将3月8日提案报告蒋介石，否则请张冲去南京见蒋。14日，周恩来根据中共中央指示，将中央书记处3月13日关于"顾、贺案完全不能承认""谈判须重新作起"的电报交给张冲。15日，周恩来和张冲谈判，张向周说明，顾、贺修改案作废，仍以3月8日方案作为谈判基础。周恩来说明，3月8日方案只是对一个月来谈定的问题做一总结，现又被顾、贺推翻；加以进攻河西红军西路军问题拖延至今，使我方怀疑国民党方面是否有诚意。目前只有回延安重新讨论。张冲又提出改政训工作派人联络为派人参加；改红军学校办完这一期为准备结束；红军改编后，国民党派副佐人员到任。对此，周恩来表示中共不能接受。

四　杭州谈判

蒋介石在西安会见周恩来时，曾邀周在他返京后去南京会谈。蒋返京不久，又通过潘汉年邀请周去南京。中共中央鉴于蒋不顾信义，扣留张学良，担心周去南京后会成为"张学良第二"，故决定"恩来无去南京之必要"，而"委潘汉年全权接洽"。当国共两党代表在西安的谈判不能顺利进行时，中共中央决定派周恩来去南京直接与蒋商谈解决。3月13日，中共中央书记处在给周恩来的电报中提出："两星期后，周去宁与蒋谈。"

周恩来根据中共中央指示，3月下旬由西安飞抵上海。在那里，他会见了宋美龄，将根据中共中央十五项谈判条件拟成的书面意见交给宋，请她转交蒋介石。宋向周表示中共可以合法存在。周在沪还会见了宋子文、蒋鼎文和东北抗日将领李杜等。

因蒋介石当时在杭州，周恩来便在潘汉年陪同下由上海去杭州见蒋。

周托宋美龄转递的中共书面意见已交到蒋介石手中。这些意见是:

第一部,共产党方面承认:

(一)拥护三民主义及国民党在全国的领导地位。

(二)取消暴动政策及没收地主土地政策,停止赤化运动。

(三)取消苏维埃政府及其制度。现在红军驻在地区,改为陕甘宁边区,执行中央统一法令与民主制度。其行政人员,由地方推荐,中央任命,行政经费另定之。

(四)取消红军名义,改编为国民革命军,服从中央军委会及蒋委员长之统一指挥,准备国防需要而调赴前线参加作战,其编制人员给养及补充,按照国军同样待遇,其各级军政人员由其部队长(官)推荐,呈请中央军事委员会任命。

(五)改编现在红军中之最精壮者为三个国防师计六旅十二个团,及其他直属之骑兵、炮兵、工兵、通信、辎重等部队,在三个师上设某路军总部。

(六)其余处置:原苏区地方部队改编为地方民团及行政区的保安队,编余的精壮人员改为徒手工兵队,担任修路工程,老弱残废由中央给资安置,红军学校俟办完本期后结束。红军中的医院工厂保留。

第二部,要国民党方面保证者:

(一)实现和平统一团结御侮的方针,全国停止"剿共"。

(二)实行民权,释放政治犯,在全国各地分批释放共产党员,不再拘捕共产党员,容许共产党在适当时期公开。

(三)修改国民大会组织法及选举法,使各党各派、各民众职业团体、各武装部队均能选派代表参加,以制定民主的宪法。

(四)修改国防会议条例,使国防会议成为准备与指导对日抗战的权力机关,并使共产党亦能参加。

(五)实行准备对日抗战工作及改善人民生活的具体方案。①

---

① 《中央关于同蒋介石谈判经过和我党对各方面策略方针向共产国际的报告》(1937 年 4 月 5 日),《中共中央文件选集》第 11 册,第 178~179 页。

周恩来当面向蒋着重说明中共所以要同蒋介石、国民党合作，"系站在民族解放、民主自由、民生改善的共同奋斗的纲领上的，因此中共为表示合作之诚意，特承认上述书面中之六项条件，同时要求蒋及国民党给以上述五项保证"①。针对在西安谈判中同顾祝同的争执，周恩来向蒋介石特别强调以下6个问题：

（一）陕甘宁边区须成为整个行政区，不能分割。

（二）红军改编后的人数须达四万余人。

（三）三个师上必须设总部。

（四）关于副佐及政训人员不能派遣。

（五）红校必须办完本期。

（六）红军防地须增加。

接着，周恩来还向蒋"说明中共为国家民族利益计与蒋及国民党合作，但决不能忍受投降收编之诬蔑"。周还向蒋表示："对各省分裂运动，我们坚决反对，但愿蒋与南京给机会，提高他们对抗日民主的认识，以彻底实现和平统一。"②

蒋介石在看了中共的书面意见和听完周恩来的口头说明后发表谈话，他对周谈话的大意是：

（1）承认中共"有民族意识革命精神，是新生力量，几个月来的和平运动影响很好"。他要求中共"检讨过去决定，并坚守新的政策，必能达到成功"。

（2）"承认由于国共分家致十年来革命失败，造成军阀割据帝国主义者占领中国的局面，但分家之责，他却归过于鲍罗廷。他指出彼此要检讨过去，承认他过去亦有错误，其最大失败，在没有造出干部，他现在已有

---

① 《中央关于同蒋介石谈判经过和我党对各方面策略方针向共产国际的报告》（1937 年 4 月 5 日），《中共中央文件选集》第 11 册，第 178 ~ 179 页。

② 《第二次国共合作的形成》，第 209 ~ 210 页。

转变。"

（3）要中共"不必说与国民党合作，只是与他合作。一个党在环境变动时常改变其政策，但一个政策，必须行之十年二十年方能有效。人家都说共党说话不算话"，他希望中共"这次改变，要与他永远合作，即使他死后也要不生分裂，免得因内乱造成英日联合瓜分中国"。

（4）要中共"商量一永久合作的办法，恩来答以共同纲领是保证合作到底一个最好办法，他要恩来赶快进来商量与他的关系及纲领问题，恩来再三问他尚有何具体办法，他均说没有，但要我们商量"。

（5）"关于具体问题，他认为是小节，容易解决，他说国民大会国防会议在几个月后"，中共"可以参加。行政区要整个的"，须中共"推荐一个南京方面的人来做正的，以应付各方；副的以下均归"中共，并由中共"自己干，他不来干涉。军队人数"不同中共争，"总的司令部可以设，他决不来破坏我们部队，只是联络而已，粮食接济愿设法，即使永久合作的办法尚未肯定，他也决不再打"。①

杭州会谈结束后，周恩来先去上海，3 月 30 日再由上海乘机返西安，4 月初回到延安，在中共中央政治局扩大会议上汇报杭州谈判情况。会议认为，同蒋谈判的结果尚好，决定在抗日救国十大纲领和国民党第一次代表大会宣言的基础上起草民族统一战线纲领，并提议在这个纲领基础上成立包括国共两党和赞成这个纲领的各党派及政治团体的民族联盟，共同推举蒋介石为领袖。

周恩来在出席中共中央政治局会议期间，4 月 9 日致电蒋介石，说："归肤施后述及先生合作诚意，均极兴奋，现党中正开会计议纲领及如何与先生永久合作问题"，并说会后即将再次南下晤蒋。

4 月 26 日，周恩来携带中共中央起草的《关于御侮救亡、复兴中国的民族统一纲领（草案）》飞往西安，一面继续同顾祝同、张冲进行会谈，一面做再次南下晤蒋的准备。

---

① 《中央关于同蒋介石谈判经过和我党对各方西策略方针向共产国际的报告》（1937 年 4 月 5 日），《中共中央文件选集》第 11 册，第 180 ~ 181 页。

五　中央考察团在陕甘

在蒋介石的"剿共"内战已经停止、国共两党高级代表的谈判正在进行时，5月中旬，南京当局通过顾祝同、张冲向正在西安的周恩来、叶剑英提出派"中央视察团"到陕甘苏区视察，"目的在调查红军苏区是否具备合作诚意"。5月16日，周恩来、叶剑英将南京的要求电告延安。中共中央经过研究，当天做出决定，并电复周、叶，同意国民党方面派考察团来苏区，并力争由张冲率领进来；考察的目的应增进团结，绝对不能有妨碍团结的表现；坚决反对康泽及其他任何中共叛徒进来，非叛徒而蓄意破坏的分子也坚决拒绝。经周恩来、叶剑英与顾祝同、张冲交涉，国民党接受中共建议，将"中央视察团"更名为"中央考察团"，决定不派康泽和背叛中共的人员参加。

考察团正式成员18人，都是经过精心挑选的。团长是陆军中将涂思宗。涂为广东蕉岭县人，1918年中学毕业后入粤军许崇智部，参加过东征和北伐。由于在东征作战中战功显赫，被升任团长，并兼任大埔县长，与当时任潮汕行政专员的周恩来和兼任梅县县长的叶剑英时有过从。后长期在顾祝同部队中任职，1936年6月被任命为陆军第十四军副军长（军长是卫立煌）。考察团副团长是萧致平（西安行营高级参议）、邵华（国民党中央监察委员、西安市党部常委）；顾问是李英华（南京军政部参事，曾在滇军中任职，与朱德有旧）。

考察团组成后，在西安准备了一个星期。5月17日，涂思宗在西安拜会周恩来、叶剑英，"对合作抗日，表示热诚期待"。在临行前召开的会议上，顾祝同说明考察团的任务与职责，并介绍周恩来、叶剑英与大家见面。周、叶致辞，欢迎他们去苏区考察。会后，叶剑英与他们商定了考察路线和日程，决定先去陕北，之后再去陇东。叶剑英陪同他们前往延安。

关于考察团内部分组及其考察内容，周恩来和叶剑英5月21日电告中共中央说：该团内部分四个组。第一组考察共产党最近活动，如不久前举行的全国党代表会议情形、与张国焘斗争经过等，看中共对两党合作有无诚意；第二组考察红军人枪数目、官长姓名、驻扎地点、教育情形和物质生活，看红军有无改编的实际准备；第三组考察红军大学及教育机关活动，看有无违反三民主义之处；第四组考察苏区的地方行政机关和群众运动，看有无取消苏维埃的准备。

5月23日，考察团全体成员乘汽车离开西安，当天到达红军前方总指挥部所在地三原县云阳镇，受到当地军民热情欢迎。他们在这里参观了机关、部队，出席了座谈会和联欢会。红军前方总指挥彭德怀接见了考察团，介绍有关情况，并回答他们十分关注的中共全国代表会议的内容，彭说：这次会议主要内容是"传达与动员改苏维埃政府为特区政府，改红军为国民革命军"；"讨论抗日准备阶段中，红军抗战教育问题"；"如何巩固国内和平统一问题"。这些与共产党和红军对立、作战长达10年之久的国民党军政要员初入苏区仿佛进入一个新天地，对所见所闻均感十分新鲜。涂思宗说，他现在见到的与过去听说的不一样。邵华公开说，他在云阳感觉很好。24日和25日，考察团在庄里镇一带考察。经过短短两天的初步考察，他们感到"共党合作具诚意"，"红军抗日情绪极高涨"，"一切红色人员均有艰苦卓绝精神"。

考察团结束在三原、庄里的考察后，乘车北上，经铜川、宜君、中部、洛川、鄜县、甘泉，于29日到达延安。延安当时是中共中央和红军总部所在地，考察团在这里受到热烈欢迎和款待。陕甘宁特区政府派要员专程前往甘泉迎接，《红色中华报》发表题为《欢迎中央考察团》社论，指出：在"日本帝国主义之侵略步调正日益加强"之际，"自中国共产党致国民党三中全会通电发出后三月，遂有中央考察团到苏区一行，在中华民族团结抗日更推进一步之意义上，此实为颇堪庆贺之事"。社论接着说："盖此公开使节之派遣，实足以证明十年来对立之局面可告最终之结束，今后经过国共两党之愈益接近与努力，中华民族之光明的前途实可有更大踏步之发展"①。

---

① 《红色中华报》1937年5月26日。

涂思宗在后来写的《延安点验共军记》中记述了中央考察团到达延安时受到热烈欢迎的情景："城外马路满布人群与旗帜，又是欢迎队伍，停车略整衣冠，徒步向前，见林伯渠、贺龙、林彪、陈赓、周士第等高级人员，都站在仪队前头，向我们脱帽，或举手致敬，号兵奏三番号，武装仪队约一营，行礼后，高呼：'欢迎中央视察团'、'拥护蒋委员长抗日'口号，最后歌唱新编'国共合作，打倒日本'的军歌，场面相当隆重。"①

陕甘宁特区政府当晚 6 时设宴，为中央考察团洗尘。宴会由林伯渠主持，毛泽东、朱德等出席。毛泽东在致辞中说："今天这个欢迎会是有伟大的历史意义，因为第一次大革命时代，是由国共两党一起干的。现在比那个时候更加不同了，民族比那个时候更危险，两党一致团结在今天比以前合作的意义与作用是更增加了。过去十年两党没有团结，现在情形变了，如两党再不团结，国家就要灭亡。中央考察团此来，使两党团结进入新阶段，其意义是很重大。"针对有人怀疑中共缺乏合作诚意，毛泽东强调中共两年来在文件宣言中一再强调两党团结，在西安事变中坚持和平解决方针，并且"不怕敌人挑拨，始终没有动摇"。中共愿同国民党"结成坚固团体去对付我们的敌人，以求民族独立、民主权力、民生幸福的实现"。毛泽东还说："有人怀疑两党没有长期合作的诚意"，这是一种没有根据的"猜想"。他说，共产党过去的工作是增进团结，西安事变后的事实更证明了这一点，共产党真诚"希望两党长期合作下去，并且努力向这个目标干"。毛泽东最后说："共产党方面诚意地欢迎中央考察团，丝毫没有假意。今天这个欢迎会，就是国共两党合作充分的表现。"中央考察团的涂思宗和邵华也在会上致辞。涂思宗在讲话中"非常感激"苏区军民对他们的欢迎，他说："刚才毛先生的许多指示及沿途观察的结果，我相信全国精诚团结，定能使国家民族复兴。"他"希望两党彼此开诚布公，扫除误会矛盾，才能对付我们的敌人"。他还表示，南京对抗日已下定决心，有通盘计划，希望"举国上下努力，为民族生存打算，想办法来贡献中央"。邵华则"希望在最近时候宣布共产党红军领袖与中央负责人能够聚集一堂，倾谈一切，来研究最有效

---

① 涂思宗：《延安点验共军记》，《八年抗战是谁打的》，香港现代中国研究社，1986，第 107 页。

的办法"，并期望"国共两党紧握着手，长期的握着手，向着打倒日本帝国主义的目的前进"。①

5月30日下午，延安各机关、群众团体和武装部队五六千人在东门外大操场集会，纪念五卅运动并欢迎中央考察团。大会由冯文彬、刘长胜、林彪和延安县长、抗救会主任五人组成的主席团主持，毛泽东在报告中列举九一八后日本帝国主义的一系列侵华罪行后指出：日本侵略者的"目的是灭亡全中国"，我们"现在最中心最主要的任务是打日本救中国。我们欢迎中央考察团也是为了打日本救中国。要打日本救中国，就要国内团结。现在国共两方均感觉要团结，共同抗日救国，考察团来此就是为了在蒋委员长领导下去打日本"。朱德和林伯渠接着致辞，热烈欢迎中央考察团来苏区考察。中央考察团的萧致平应邀在大会上讲话，他激动地说："本团奉中央命来延安与各同志各同胞见面，非常高兴。从今天谈话后，我们将一致团结起来了，民族独立自由也一天一天的完成了，希望大家在民族抗战的决心上，在国民政府统一指挥下一致奋斗，把我们的敌人驱逐出中国去，收复失地，到那时我们再举行一个盛大的庆功大会。"他还说："日本和汉奸经常挑拨我们的团结，使我们抗战阵线不能联合，我们今后更要永远地团结在一起。"②

中央考察团在延安期间，考察了抗日军政大学和红军部队。在抗日军政大学，考察团由校长林彪陪同先考察校本部，然后在大操场检阅千余人的师生队伍，并与个别师生谈了话。抗大的艰苦生活环境、紧张的学习生活，给考察团留下深刻印象。在红军部队，他们受到贺龙的盛情款待，并饶有兴趣地听取红军长征经过松潘草地时艰苦生活的感人故事。

涂思宗在延安还拜访了毛泽东。涂后来在回忆文章中写道："我以视察团长身份，率随从往毛泽东官邸拜访。毛邸是连着窑洞的一幢草房，会客室亦是寝室，也是办公室。待人接物，礼貌颇周，木床上铺着毛毡，帐内薄被约五六张，毛穿灰毛布棉军服，与士兵穿的相同，惟领钮未扣。毛习于夜生活，以夜作昼，白日非到下午一二时，不能见客。"在交谈中，毛

---

① 《中央考察团抵西安》，《新华号外》1937年5月31日。
② 《延安市举行五卅纪念大会欢迎中央考察团代表》，《新华号外》1937年5月31日。

"郑重质问我，国共既然合作抗日，国民党五届三中全会何以又公然宣布根绝赤祸的决议案呢？我答以：'共产党在与国民党执政的中央政府为敌的时候，依国法不得不称为赤匪。后共产党成为合法政党，红军成为正式国防军，赤匪不就已经根绝了吗？过去事已成过去，请勿介意，希望今后在国家民族利益大前提下，真诚合作。'"①

中央考察团 5 月 31 日乘车离开延安南返，由陈赓陪同前往陇东西峰、泾川、镇原等地苏区继续考察。

经过十几天的多方考察，考察团获得的深刻印象是：共产党确有与国民党合作的诚意；红军团结坚固，抗日热情高涨，但生活过于艰苦，战术教育较差；共产党、红军与苏区群众关系密切。实践使他们认到，实地考察是消除误会、增进了解、加强团结的一个有效方法。因此，他们在延安时曾建议红军派代表到京沪一带考察南京政府准备抗日的情况。毛泽东接受了这一提议，责成叶剑英、林伯渠负责筹备。6 月 2 日，毛泽东、朱德又提出待周恩来、叶剑英与国民党的谈判有结果后再决定此事。

六　庐山谈判

1937 年 6～7 月间，国共两党代表在庐山先后进行了两次谈判。

6 月 4 日，周恩来带着中共中央起草的《关于御侮救亡、复兴中国的民族统一纲领（草案）》及 13 个问题到达庐山。他同蒋介石从 8 日到 15 日，进行了多次谈判。周恩来将中共中央草拟的《关于御侮救亡、复兴中国的民族统一纲领（草案）》交给蒋介石。这个纲领共有 52 条，主要内容是争取民族独立，反对日本帝国主义；实现民权，保障人民自由；实现民生幸福，建立国防经济。

蒋介石反复无常、出尔反尔，如今他比两个月前杭州谈判时后退了一大步。本来，在杭州会谈中他提出让中共提出合作纲领；现在，他把周恩

---

① 涂思宗：《延安点验共军记》，《八年抗战是谁打的》，第 108 页。

来交给他的"民族统一纲领（草案）"抛在一边，又新提出一个新的主张，就是成立国民革命同盟会，其具体办法是：

> （1）成立国民革命同盟会，由蒋指定国民党的干部若干人，共产党推出同等数量之干部合组之，蒋为主席，有最后决定之权。（2）两党一切对外行动及宣传，统由同盟会讨论决定，然后执行。关于纲领问题，亦由同盟会加以讨论。（3）同盟会在进行顺利后，将来视情况许可，扩大为国共两党分子合组之党。（4）同盟会在进行顺利后，可与第三国际发生代替共党关系，并由此坚定联俄政策，形成民族国家间之联合。①

显然，蒋介石的新主张是企图利用"民族革命同盟会"这个组织，把共产党融合到国民党中去，从而取消共产党的独立性。

蒋在杭州会谈中答应的一些问题虽言犹在耳，可他公然推倒。他虽仍表示共产党发表宣言后，红军可改编为 3 个师 45000 人；但推倒了答应在 3 个师上设总司令部的承诺，改为"三个师以上设政治训练处指挥之"，并公然提出"请毛先生、朱先生出来做事"。② 他还提出：陕甘宁边区政府"由南京派正的长官（可由共方推择中央方面的人），边区自己推举副的，可由林伯渠担任"；各根据地的红军游击队"由共方派人联络，经调查后实行编遣，其首领须离开"；国民大会代表，共产党员可参加，"但不以共党名义出席"。③

对蒋提出的这些问题，周恩来明确表示：成立国民革命同盟会，事关重大，必须请示中共中央后才能决定；有关红军"指挥与人事问题"，"都不能同意"。围绕这些问题，他"与蒋争论很久不能解决"，"经宋子文、宋美龄、张冲往返磋商，仍不能解决"。在此情况下，周恩来只得离开庐山回延安报告和讨论，"并最后声明：不能解决时，要张冲进苏区来

① 《第二次国共合作的形成》，第 225～226 页。
② 《第二次国共合作的形成》，第 225～226 页。
③ 《第二次国共合作的形成》，第 226 页。

谈判"。①

　　周恩来 6 月 18 日回到延安，汇报与蒋谈判情况。中共中央经过认真研究，为顾全大局，准备做重大让步。为此，制定出与国民党谈判的新方案。新方案"原则上同意组织国民革命同盟会，但要求先确定共同纲领，以便奠定同盟会及两党合作的政治基础"；"同盟会组织原则，在共同承认纲领的基础上，可同意国共两方各推出同数干部组织最高会议，另以蒋为主席，承认其依据纲领有最后决定之权。其组织原则，则我方拟出草案与蒋商定"；"关于同盟会将来发展之趋势及与第三国际关系问题，我们可不加反对（不使之成为合作之障碍），但目前应着重保持共党之独立组织及政治宣传和讨论之自由"；"我们运用同盟会使之成为政治上两党合作的最高党团"。关于当时要解决的一些具体问题，新方案确定：中国共产党准备在 7 月中旬发表国共合作宣言，"其内容以中共中央致国民党三中全会电及上次交蒋方案为根据"；"在宣言发表后，如蒋同意设立总的军事指挥部，红军即待其名义发表后改编，否则即于'八一'自行宣布改编，采用国民革命军暂编师名义，编三个正规师，共四万五千人"；"陕甘宁边区民主选举在 7 月内自动实行，并向蒋推荐张继、宋子文、于右任三人择一人任边区行政长官（仅为挂一名义，蒋甚坚持），林伯渠同志为副长官。其下各行政部门由我方推荐负责人选，将来由边区参议会推出，请行政院任命。县长及其下各局长，则由县议会选出"；"对其他各游击区，原则上一律停止没收土地及建立苏维埃政权，取消红军名义，改以抗日义勇队名义出现"；"即着手调查各省在狱共党及一般政治犯名单，俟宣言发表后交蒋实行分批释放"；"与蒋及国民党谈判在全国公开发行《解放》周报（现在延安出版）"；"朱、毛出外问题，力争朱为红军改编后的指挥人，军事或政治名义可不拘，原则上毛不拒绝出外做事，但非至适当时机则托故不去"。此外，新方案还对国民大会有关问题提出了意见，决定：周恩来"再次见蒋加上博古、林伯渠、董必武"，"以便讨论纲领与蒋切实商谈国防计划及修改和召开国防会议问题"；还决定"宣言发表后，如得蒋同意，即组织我们考察

---

　　① 《第二次国共合作的形成》，第 226 页。

团赴各地考察，扩大影响"。①

南京方面 6 月 26 日来电邀请周恩来再上庐山，与蒋继续谈判。周恩来7 月初为中央起草完《中共中央为公布国共合作宣言》草案后，7 月 4 日便同博古、林伯渠一道到达西安，7 日再由西安飞往上海。

就在周恩来一行到达上海的当天晚间，卢沟桥事变爆发。日本侵略军进攻北平西南郊区卢沟桥，当地驻军国民党第二十九军第三十七师奋起抵抗，吹响了全民族抗战的号角。

周恩来等在上海短暂停留期间，会见了潘汉年和地下党负责人刘晓，要他们注意局势的变化，做好党的统一战线工作，发动群众性的抗日运动。

周恩来等到庐山时，蒋介石、汪精卫正在邀请各方人士举行庐山谈话会，听取他们的意见。但是，正如周恩来说的那样，这个谈话会"不是大家坐下来开圆桌会议，一道商量，而是以国民党作主人，请大家谈话一番"，"庐山谈话会的时候，共产党没有份，我同林伯渠、博古同志三个人不露面，是秘密的"。②

面对卢沟桥战火燃起后的形势，中共中央为力争这次谈判成功，7 月 14日向南京当局表示：愿在蒋指挥下努力抗敌，红军主力准备随时出动抗日，已令各军 10 天内准备完毕，待令出征，同意担任平绥线防务。

这次庐山会谈，是在周恩来、博古、林伯渠同蒋介石、邵力子、张冲之间进行的。此前，周恩来已将《中共中央为公布国共合作宣言》送给蒋看。宣言提出中共奋斗的总目标是：战胜日本帝国主义的侵略，争取中华民族的独立自由与解放；实现民权政治；实现中国人民的幸福和愉快的生活；并重申中共提出的四项保证。蒋看后态度十分冷淡。谈判中争执的焦点仍是红军改编后的指挥和人事问题。在这个问题上，蒋又向后退。上次庐山谈判，他曾同意红军改编后 3 个师之上设政治机关行使指挥权；现在又改口，7 月 14 日他通过张冲告诉周恩来：红军改编后的各师直属行营，政治机关只管联络，无权指挥。第二天，周恩来写信给蒋介石，指出他的上

---

① 《中央关于与国民党谈判的方案问题致彭德怀、任弼时、叶剑英电》（1937 年 6 月 25 日），《第二次国共合作的形成》，第 228～230 页。
② 《论统一战线》，《周恩来选集》上卷，第 194～195 页。

述要求与 6 月在庐山所谈"出入甚大,不仅事难做通",而且"恐碍此后各事之进行"。17 日,张闻天、毛泽东致电周恩来、博古、林伯渠,提出从大局出发,可承认平时指挥人事等之政训处制度,请要求设正副主任,朱正彭副;但战时不能不设军事指挥部。18 日,周恩来提出 12 条要解决的具体问题,包括张闻天、毛泽东 17 日来电中的意见,通过宋美龄转交蒋介石。但蒋介石仍坚持红军改编后不设统一的军事指挥机关,3 个师直属行营管理,3 个师的参谋长由南京派遣;政治主任只能转达人事、指挥,周恩来为政治主任,毛泽东为副主任。周恩来当即严正表示:蒋的上述意见,中共决不接受。

张闻天、毛泽东 7 月 20 日致电周恩来等,提出:"日军进攻的形势已成,抗战有实现的可能","我们决采取蒋不让步不再与谈之方针",并"请你们回来面商之"。[①] 周恩来等根据中央指示,离开庐山,飞往上海,暂观时局的发展变化。7 月 21 日晨,他们致电朱德、彭德怀和任弼时,提出无论如何,我们须立即自行改编 3 个方面军、6 个单位的统一组织,每个方面军编足 15000 人,独立军、师都编入,加强干部,使各方面军都能独立工作。27 日,新任西安行营主任蒋鼎文转告周恩来:蒋介石催红军在 10 日内改编后,出动抗日,并发布 3 个师番号及其师旅团与政治主任、副主任(康泽)名单。28 日,周恩来、博古、林伯渠回到延安。中共中央书记处研究后决定,红军主力集中三原迅速改编,编为 3 个师 45000 人,上设总指挥部,朱德为总指挥,彭德怀为副总指挥。并设政治部,任弼时为主任,邓小平为副主任(不要康泽)。另编地方保安队 1 万人,高岗为司令员,萧劲光为副司令员。此时,朱、彭均在三原云阳镇。30 日,周恩来和张闻天、博古赶赴三原,出席在此召开的红军高级干部会议,并同博古、朱德、彭德怀等商议红军改编的有关事宜。

七 南京谈判

张冲 8 月 1 日急电延安,言说蒋介石密邀毛泽东、朱德、周恩来即飞南

---

① 《第二次国共合作的形成》,第 237 页。

京，共商国防问题。周恩来 8 月 2 日复电张冲：如开国防会议，他同朱德、叶剑英同去；如系谈话，他同博古、林伯渠前往。4 日，张冲复电说是召开国防会议。5 日，周恩来、朱德到西安。9 日，偕同在西安的叶剑英一道飞南京，出席国防会议。

8 月 12 日，周恩来、朱德与张冲、邵力子、康泽会谈。康泽对中共 7 月交给蒋介石的《中共中央为公布国共合作宣言》提出许多无理要求：不提民主，取消对民族民权民生三条的解释，不提与国民党获得谅解、共赴国难等。周恩来、朱德当即严词批驳，并要求将中共的意见报告蒋介石。

8 月 13 日，日军进攻上海，淞沪战役爆发。战火烧到了南京政府的心脏地带。形势的发展，迫使蒋介石认识到中日间的全面战争已不可避免，并已迫在眉睫，迫切需要红军开赴前线共同抗日。于是，国共两党谈判久拖不决的局面迅速改观，僵持已久的红军改编后的指挥和人事问题获得解决；蒋介石 18 日同意发表红军改编为国民革命军八路军，任命朱德为总指挥，彭德怀为副总指挥，并于 22 日正式发表。9 月 22 日，国民党中央通讯社公布《中共中央为公布国共合作宣言》，蒋介石也同时发表谈话，在事实上承认中共的合法地位。至此，国共两党的第二次合作正式开始。

八　全民受惠　国共双赢

西安事变的发生及和平解决，根本扭转了国内的时局。首先，它使蒋介石精心谋划和炮制的第六次"围剿"红军的计划尚未付诸实施，便暴死胎中。两广事变一平定，蒋便将注意力移向西北。他不允许张学良、杨虎城、红军"三位一体"局面继续存在，决心在最短时期内将陕甘一带红军歼灭或赶到蒙古大沙漠中去。他把原来对付两广的几十万军队北调，部署在陕甘苏区周边各省；其最信任、最得力的战将蒋鼎文、陈诚、卫立煌等先后调来西北，准备接替"剿共"不力的张、杨来指挥西北地区的"剿共"内战。突然爆发的"兵谏"，使蒋的这个如意算盘化为泡影。第二，西安事变使蒋沦为"阶下囚"，开始其态度顽固，但在张、杨武力逼迫和宋氏兄妹以及端纳的劝说下，终于答应改弦更张，接受张、杨提出的救国主张，停止内战，共同抗日。蒋顽固坚持的"攘外必先安内"政策宣告破产，持续了10年之久的国共内战戛然而止。第三，蒋从西安返回南京后，背信弃义，自食诺言，扣留了张学良，一度撤回潼关以东的中央军又重返关中，用武力迫使西安方面接受他提出的所谓解决"善后问题"的"甲乙两案"。双方几十万大军在潼关内外对峙，形势再度紧张，大规模内战一触即发。可是蒋介石毕竟刚刚做出了不再内战的承诺，在各方强力呼吁下，他不敢贸然重燃战火，一再训令其前线指挥官刘峙、顾祝同，强调解决陕事的方针是政治为主、军事为从，以军事威胁为手段，迫使西安方面就范，接受他提出的条件。第四，蒋对共产党的方针从要斩尽杀绝，改为"容共""限共"。在西安事变中，中共对他并未乘机报复，而是以民族大义为重，在西安与南京间尽力进行和平调解，在蒋答应了停止内战、联共抗日的情况下又劝杨释蒋。蒋在会见周恩来时，亲口承认不再"剿共"、共同抗日，并邀请周恩来去南京与他直接谈判。第五，促进了全民抗战提前实现。西安事变前夕，蒋并没有立即发动全民抗战的打算，他准备再迟缓、"隐忍"三五年，继续执行他"攘外必先安内"的政策。蒋在1936年9月26日的"日记"中写道："三年之内，倭寇不能灭亡中国，则我何患其强迫，但此时尚不可不隐忍耳。"同年10月12日，蒋参观空军轰炸机演习，感慨中国空军在时任空军建设委员秘书长的宋美龄的帮助指导下所取得的进步，他在当天"日记"中说："五年之内赶上倭国空军，则可保证我国安全矣。"事实上，并没有再迟延三五年，西安事变后半年多，也就是他在"日记"中写出再延迟三五年后的十个月，日本侵略军在北平郊区卢沟桥畔发起挑衅，历史已不容许蒋再隐忍、延迟，一场全民族的抗日战争就爆发了！[①]

历史事实雄辩地证明，西安事变改变了近代中国历史发展的方向。中国历史迈入了由分裂走向团结、由内战走向抗战的新时期。时局的转换不是一蹴而就的，都经历了一个过程。但需强调指出的是，西安事变对时局的转变起了关键作用，它成了时局转换的枢纽。任何轻视或无视西安事变

①　黄仁宇：《从大历史的角度读蒋介石日记》，台北时报出版公司，1994，第160页。

对历史发展、时局转换所起的关键作用的观点都是违背客观历史，站不住脚的。当蒋介石刚刚从西安获释返回南京，毛泽东就在 12 月 27 日的中共中央政治局扩大会议上指出：西安事变成为国民党转变的关键，如果没有西安事变的发生，这个转变时期也许会延长。

西安事变的结局如何，谁从这次历史事件中受益？答案十分清楚和明确。西安事变推动近代中国历史前进，功在国家，利在民族。它制止和结束了内战，提前发动了全民族抗战，凝聚全国之力，反抗日本帝国主义侵略，经过八年艰苦卓绝的浴血奋战，付出了巨大的牺牲，最终取得了近百年来中国人民反侵略战争的首次胜利。中国人民的抗日战争，也为世界人民反法西斯战争做出了巨大贡献，成为反法西斯战争东方的主战场，有力地牵制了日本侵略军，策应和支援了各国人民的反侵略战争。我国因而赢得了民族的尊严和荣耀！受到世人尊敬的张学良、杨虎城二位将军，由于发动西安事变，被国人称为"千古功臣""民族英雄"是实至名归、当之无愧！

可是，有人不能正确地总结历史的经验教训，错误地把国民党、蒋介石在大陆上的失败转嫁到张学良身上，说是张发动的西安事变使当时处于绝境的中共及红军"起死回生"，最终夺取了大陆，迫使蒋介石败退台湾。无可讳言，中央红军经过长征到达陕甘不久，处在陕北"剿共"第一线的张学良、杨虎城就与红军建立了统一战线关系，秘密签订了停止内战、共同抗日的协定，双方化敌为友；特别是他们发动的西安事变，彻底粉碎了蒋介石的"剿共"计划与部署，这为红军在西北这个落脚点站稳脚跟并获得发展提供了有利的环境和条件。在当时红军处于最困难的时候，张学良、杨虎城不仅从政治方面给红军支持，还从经济、武器弹药、服装以及购买军需物资等方面给予帮助，真是雪中送炭，急人所难！凡对中国革命事业做出过贡献，对民族大义尽过心力的人，中国人民都铭刻在心，不会忘记他们！当毛泽东在陕北保安听到张学良在西安扣留了蒋介石的消息，十分惊喜，他和千千万万个红军战士与苏区群众一样，认为张、杨此举为中国革命道路清除了最大的拦路虎，搬掉了最大的绊脚石。他在中共中央政治局常委扩大会上以满怀感激的心情评述张学良的革命义举，形象地比喻说：

他对我们的友好是公开的，把我们从牢狱情况下解救出来。周恩来更是终生不忘张学良在红军困难时的宝贵帮助和深情厚谊，真到弥留之际，当他从昏迷状态下苏醒过来时，急忙把有关方面负责人找到病床前，叮嘱不要忘了台湾的老朋友，这里指的首先应该就是张学良。①

实事求是地说，西安事变的发生及和平解决，不仅有益于共产党，国民党也是受益者。诚如一位旅美的历史学家说的那样，在西安事变中，国共两党是双赢。② 不管国民党、蒋介石是否承认，是张学良、杨虎城发动西安事变的冲击波把陷在内战泥潭中而不能自拔的蒋介石救了出来，并拥戴他做全国抗日的领袖。其实，这也就是张学良对蒋实行"兵谏"的本意。事变后，张一再申明：扣蒋，是"使他反省，正是爱护他。我们这种举动对蒋委员长是绝对无损的。如蒋委员长能放弃过去主张毅然主持抗日工作，我们马上绝对拥护他，服从他！"③ 张学良扣蒋后是这么说的，放蒋后也是这么做的。相比之下，蒋回南京后，自食诺言，审判、"管束"张学良，后又杀害杨虎城，这不仅是挟机报复，也是恩将仇报！西安事变后，蒋介石顺应民心，停止了"剿共"内战，与中共化干戈为玉帛，双方结成统一战线，共同抗敌。到这时，他适应了时代的需要、人民的要求，才真正成为全国领袖和最高统帅。回想1930年的中原大战，蒋固然在张学良的协助下打败了阎锡山、汪精卫等人的反蒋联盟，保住了南京政府的中央地位；但那时蒋能直接控制的地方也只有东南几省，其他广大地区（特别是西南、西北和北方），仍保持着半独立状态，与南京若即若离。各地方实力派拥兵自重，截留税款，南京无可奈何。而且，反蒋事件也时不时地发生。从中原大战结束到抗战爆发，短短六年时间，重大的反蒋事件就发生了三起（福建事变、两广事变、西安事变）。直到西安事变和平解决后，全国的统一局面才大为改观，蒋介石受到了国人的拥戴。中共创建的苏维埃政权改为陕甘宁边区政府，表示接受南京行政院领导。工农红军接受"改编"，在

---

① 罗青长：《情深意重割不断——忆周恩来与张学良的情谊》，人民网·时政2002年4月2日。

② 唐德刚：《论三位一体的张学良将军》，见《张学良口述历史》，第397页。

③ 张学良：《一二·一二事件原委》（1936年12月13日），《西安事变档案史料选编》，第8页。

蒋统一指挥下，出兵华北战场，参加对日作战。各地方实力派则率众聚集到蒋介石的麾下，万众一心，同仇敌忾，共挽危亡。西安事变后八年抗战，成为蒋介石人生的亮点。举全国之力，团结对敌的大好局面，在近代中国历史上并不多见，起码从 1927 年蒋介石在南京建立政权后没有出现过。追本溯源，这种大好局面的出现，正是张、杨发动的西安事变结出的硕果！

后　记

　　在这里，主要向读者交代一下我参与西安事变研究的大体经过和出版《西安事变史略》的缘由。应该说，我接触这个课题较早，是在20世纪60年代初，屈指算来已逾半个世纪了。我1958年从吉林大学历史系毕业，留校任教，系里准备让我讲授中国现代史，以前只讲中国革命史，现代史还是一门新课程，系里基础较差，便派我到当时高教部所属的《中国新民主革命通史》编写组学习进修。这个编写组驻北京东城区东厂胡同一号近代史研究所，由李新同志主持。从1961年到1964年暑假，我在这里待了整整三年。此间，参加了一些力所能及的工作，主要是跟李新、彭明同志进修学习。那时，全国政协根据周恩来总理指示，刚刚设立专门的领导机构和办公室，征集有关西安事变的资料，发动和组织西安事变参与者以他们的亲历亲闻来撰写回忆录。李新同志常常应邀参加他们的会议，他回来后及时向我们透露有关内容，我们也能及时看到政协打印的有关西安事变的资料。中国近代史上这个突发事件及其对历史进程所产生的影响和作用，吸引我对这个专题的注意，并产生了深入学习、探讨的兴趣。但是真正深入、系统地研究这个课题，还是在20年之后。"文革"结束后不久，我调入中国社科院近代史所工作。当20世纪80年代李新同志主持并与陈铁健共同主编《中国新民主主义革命史长编》时，分工让我撰写有关西安事变初稿，我欣然接受了这项任务。

　　为了保证这部12卷本学术专著的质量，我开始对这个历史事件进行全面深入的探讨，广泛地搜集和占有第一手资料，用了很长时间，花费不少精力。海峡两岸出版、发表的相关回忆录、资料汇编，当年报刊发表的消息评论，我都尽量搜集、阅读，还到南京中国第二历史档案馆查找南京政府的相关档案。在这里看到了南京政府驻苏大使蒋廷黻与苏方交涉的大量原始档案。特别是他当时与南京往返的大量电报。1989 年利用去苏联进行学术访问的机会，同苏联科学院远东研究所的同行就苏联对西安事变的态度这个问题进行了切磋、交流，并搜集了一些资料。1996 年，趁去美国明州探亲机会，到明尼苏达大学东亚图书馆查找并复印台湾出版的有关西安事变资料。这部书稿，可以说是凝聚了许多学者的辛劳和汗水。本研究室的陈铁健、王士花在访日期间，到日本外务省档案馆，帮助查找并复印有关档案资料。李玉贞帮助将本所图书馆收藏的俄文版《苏联对外政策文件汇编》中有关内容译成中文。本所已故的周天度，在他生前最后一段时间，利用在美国居住的便利，到斯坦福大学胡佛研究所查阅《蒋介石日记》。全文抄录有关西安事变的部分，提供给我使用。我的大学同窗、好友申晨星是专门讲授世界近代史的教授，曾在俄罗斯大学做访问学者。当他得知我需要苏联 30 年代有关资料时，从长春给我寄来两大本有关的资料。对这些同志的慷慨协助，表示衷心感谢！在这里，还要对中央档案馆的协助，表达最诚挚的感谢！在 20 世纪 80 年代，我们撰写的《中国新民主主义革命史长编》是院、所的重点项目，为了保证这部书写得真实、准确和生动，经申请，一些撰稿人获准到中央档案馆查阅原始档案。正是由于他们的协助，通过查档，我对很多问题有了更加真实、全面也可以说是权威性的了解和掌握。

通过本研究室同志们（包括李义彬、唐宝林、陈铁健、包凌云、刘树发）共同努力，我们负责撰写的《中国新民主主义革命史长编》第 6 卷《从内战到抗战》（1935～1937）终于完成，经主编审定后，于 1995 年 7 月由上海人民出版社出版。随后，我又应邀参加了《中华民国史》第 8 卷的撰写工作，仍然分工撰写有关西安事变的部分。

1993 年退休后，没有了集体项目的重担，我便在过去多年研究的基础上，撰写了一部有关西安事变史的专著，以迎接即将到来的西安事变 60 周年。那时，学术著作市场不景气，出版遇到困难。由于与上海人民出版社有多年合作关系，他们欣然答应出版这本书，而且分文不收。那时张学良重获自由不久，社会上的张学良热方兴未艾。为适应这种情况，上海人民出版社同志建议，书名定为《震惊世界的一幕——张学良与西安事变》。1998 年 3 月第一次印了 5000 册，半年后又加印了 3000 册。

时光流逝，该书出版近 20 年了。这期间，西安事变研究不断取得进展，一些重量级的珍贵资料相继面世。《蒋介石日记》的开放，对西安事变研究来说，虽然没提供什么"重磅炸弹"，主要是印证了现有的研究成果，但也补充了一些资料。《宋子文西安事变日记》的发表，引起学界关注，因为它是国民党方面的资料，第一次承认蒋介石是由于接受了张、杨的救国主张，口头答应停止"剿共""共同抗日"的条件才获释的，不像蒋在《西安半月记》中说的那样是因他的"伟大人格"感召了张、杨。由中共中央党史研究室组织，黄修荣同志牵头引进、翻译的《共产国际、联共（布）与中国革命档案资料丛书》的出版，使我们不仅对中共中央关于应对西安事变的决策有了更深入全面的认识，而且还清楚了这些决策的来龙去脉。海内外也出版了一些有分量的牵涉西安事变的专著，如郭德宏编的《王明年谱》发表了王明妻子孟庆树根据王明谈话整理的《王明传记与回忆》，第一次披露了斯大林在西安事变爆发第一时间对中共如何应对西安事变所做的指示。而且，西安事变 80 周年纪念日离我们越来越近。

上述情况激励和鞭策我对旧作做一次修改、补充，为对这个历史事件感兴趣的读者提供一个更真实、准确的文本。我虽已年届耄耋，体衰多病，但在朋友们的热情鼓励和家人的大力支持下，奋战一年，完成了修订工作。这次修订，主要是修正了已发现的错讹；吸收和补充了学术界的最新研究成果和新面世的珍贵资料；在全书最后加写了一小节"全民受惠、国共双赢"，针对西安事变研究中的两个问题谈谈我的看法，与大家共同探讨。为了使书名与内容更相符，将书名改为《西安事变史略》，也因此相应增加了西安事变另一"主角"杨虎城的相关内容，使西安事变两个"主角"张、杨在书中的篇幅更近合理。

感谢中国社会科学院老年科研基金资助本书出版。

社会科学文献出版社的徐思彦和责编同志为本书的出版劳心费力。尤其我是一个"电脑盲"，不会用电脑打字，所有书稿都是一笔一画用手写出来，错别字、漏字时有出现，给他们的审读、编辑工作增添了许多麻烦，特此向他们表示歉意和感谢。

我虽做了努力，但水平有限，错误和欠妥之处仍难免，恳请读者和同行批评指正。

李义彬

2016 年 2 月

于京东温榆河畔·优山美地

图书在版编目（CIP）数据

西安事变史略/李义彬著. —北京：社会科学文
献出版社，2016.5
　（中国社会科学院老年学者文库）
　ISBN 978 - 7 - 5097 - 7985 - 9

　Ⅰ.①西…　Ⅱ.①李…　Ⅲ.①西安事变（1936）
Ⅳ.①K264.8
　中国版本图书馆 CIP 数据核字（2016）第 038097 号

·中国社会科学院老年学者文库·

西安事变史略

著　　者/李义彬

出 版 人/谢寿光
项目统筹/宋荣欣
责任编辑/黄　丹　宋荣欣

出　　版/社会科学文献出版社·近代史编辑室(010)59367256
　　　　　地址：北京市北三环中路甲 29 号院华龙大厦　邮编：100029
　　　　　网址：www. ssap. com. cn
发　　行/市场营销中心（010）59367081　　59367018
印　　装/三河市尚艺印装有限公司

规　　格/开　本：787mm × 1092mm　1/16
　　　　　印　张：24　字　数：369 千字
版　　次/2016 年 5 月第 1 版　2016 年 5 月第 1 次印刷
书　　号/ISBN 978 - 7 - 5097 - 7985 - 9
定　　价/65.00 元